普通高等学校优秀教材

电子商务概论

主　编　张淑丽

编　者　张淑丽　崔岩　王蕾　李青

西北工业大学出版社

西　安

【内容简介】 本书以电子商务的交易模式和相关技术为主要内容，以案例教学为主要教学方式，注重培养学生的实际操作技能。

本书共10章，分别介绍电子商务的基本概念、电子商务的交易模式、电子商务的安全、电子商务网站的开发与建设、电子支付、电子商务物流、网络营销、电子商务法律、电子商务案例分析以及跨境电子商务与移动电子商务等，每章都有大量的案例、课后习题和实际操作训练。

本书可作为高等院校电子商务专业和经济管理类专业相关课程的教材，同时也可供商务人士阅读参考。

图书在版编目（CIP）数据

电子商务概论/张淑丽主编. —西安：西北工业大学出版社，2019.5

ISBN 978-7-5612-6497-3

Ⅰ.①电… Ⅱ.①张… Ⅲ.①电子商务-概论 Ⅳ.①F713.36

中国版本图书馆CIP数据核字(2019)第107701号

DIANZI SHANGWU GAILUN

电 子 商 务 概 论

责任编辑：李文乾		**策划编辑**：雷　军	
责任校对：胡莉巾		**装帧设计**：李　飞	
出版发行：西北工业大学出版社			
通信地址：西安市友谊西路127号		**邮编**：710072	
电　　话：(029)88491757，88493844			
网　　址：www.nwpup.com			
印 刷 者：兴平市博闻印务有限公司			
开　　本：787 mm×1 092 mm		1/16	
印　　张：16.875			
字　　数：443千字			
版　　次：2019年5月第1版		2019年5月第1次印刷	
定　　价：45.00元			

如有印装问题请与出版社联系调换

前　言

随着互联网的全面普及和迅猛发展，电子商务作为一门新型学科、一个新兴行业，正日新月异地发展着。作为一门交叉学科，电子商务融计算机科学、市场营销学、管理学、法学和现代物流于一体。“电子商务概论”是学习电子商务系列课程的入门课程，在本课程里不仅要学习电子商务的基本理论，更要将其应用于实践。只有把课程中所阐述的理论和生活中的实践结合起来，不断融合、碰撞，电子商务才能更好地发展并成熟。因此，本课程具有较强的实践性，学生不仅要理解电子商务的理论知识，还要掌握电子商务的实际操作。

电子商务涉及网络和信息技术的许多相关技术，电子商务技术就是网络和信息技术在商务方面的应用。Internet 技术构建起纵横交错的网络，将大量的计算机联系在这个网络之中；以计算机通信技术和电子数据交换技术实现了网络中可靠的信息交流；网络安全技术为网络信息的交换提供了安全保障；电子支付技术则使资金流在网络中的畅通成为可能；而电子商务网络则给各种形式的电子商务交易提供了一个平台。有了这些技术基础的支持，就可以在企业原有内部网的基础上开发电子商务系统，从事电子商务活动。

本书理论内容通俗易懂，实际案例鲜活，按照电子商务发展的框架精心安排内容和结构，知识新颖，系统全面，注重理论与实际的结合，有助于为国家培养一批懂技术、会应用的新型专业人才。

本书分为 10 章，全面、系统、深入地介绍电子商务所涉及的重要模式、平台和相关技术的发展及应用。每章都结合相关理论，分析国内外具有典型意义的实际应用案例，同时，介绍当前电子商务发展中应用的一些新技术、新理念，比如 O2O、大数据、人工智能以及跨境电子商务、移动电子商务等，以便拓宽学生的知识面，强化学生的信息意识。每章均设置了本章小结、课后习题和实际操作训练，帮助学生更好地掌握本章所学的知识。

本书由具有多年高校电子商务相关课程讲授经验的教师精心编写，具体编写分工如下：张淑丽负责编写第 1～3、8、10 章；李青负责编写第 4 章；崔岩负责编写第 5 和第 9 章；王蕾负责编写第 6 和第 7 章。

本书既可作为本科院校（应用型）电子商务专业和相关专业的电子商务概论课程教材，也可作为自学参考书和电子商务师的参考书。

编写本书曾参阅了相关文献资料，在此，谨向其作者深表谢意。

由于水平有限，书中不足之处在所难免，恳请读者批评指正。

编　者

2019 年 3 月

目　　录

第1章　电子商务导论

【引导案例】

随着电子商务在全球的推广及应用，跨国企业为了更加节约成本、增加效益，纷纷把目光投向全球。作为世界第四大白色家电制造商，也是中国电子信息百强企业之首的海尔集团（www.haier.net，见图1-1），必须发展自己的电子商务模式。海尔在2000年3月10日投资成立电子商务有限公司，4月18日海尔电子商务平台开始试运行，6月份正式运营。在2005年创业21周年之际，启动了它的第四个发展战略阶段：全球化品牌战略阶段，本阶段的实施除了在全球建立30多个科研生产中心以外，主要依靠实施电子商务战略，为企业建立全球网络信息平台做好了有效的载体。

图1-1　海尔官方网站

1999年初，在确定企业发展思路时，张瑞敏总裁明确提出了将1999年作为"海尔的国际化年"，全面实施国家化战略，使海尔成为国际知名品牌。为了实现这一目标，海尔集团制定了重建企业内部构架、提高企业竞争力等一系列整合方案，以确保"海尔国际化"目标的实现。这些都为海尔开展电子商务奠定了必要的基础。

海尔认为，电子商务的核心是"商务"，做电子商务并不是建"空中楼阁"，许多传统资源经过改造可以应用到电子商务之中。海尔的优势可以概括为"一名两网"："一名"即知名品牌，据权威部门评估，当时海尔品牌价值786亿元。"两网"即配送网络和支付网，前者拥有全国电话服务中心30多个，营销网点10 000多个；后者通过与建设银行全面合作，基本解决了海尔B2B电子商务的支付问题。

不管是企业的上下游还是企业的内部业务，来自市场的压力是最直接、有效的。海尔与世界经济体系的“链接”会越来越紧密，所以海尔就必须发展电子商务，并与原来运营模式相结合，开发新的运营模式来提高自己的可持续发展能力。

为了实施电子商务，海尔对整个集团进行了重组。2000年3月10日，在业务流程重组的基础上，海尔投资成立了电子商务有限公司，正式启动电子商务工程，包括B2B电子商务和B2C电子商务两部分。B2C电子商务主要是为搭建以现代网络为核心，以直接消费者为对象的产品分销系统，从而促进海尔零售业务在线交易额的快速增长，并满足个人用户的个性化要求。B2B电子商务主要是完成同供销商的商务活动。

2005年前后，大批网民逐步接受了网络购物的生活方式，而且这个规模还在高速扩张，海尔也从电子商务中获得了更多的订单和销售机会。而“网商”的概念也深入到了海尔之心。海尔电子商务基础环境不断成熟，物流、支付、诚信瓶颈也得到了基本解决，在B2B、B2C、C2C领域里，海尔都在迅速成长，积累了大量的电子商务运营管理经验和资金。

2008年是我国物流和电子商务快速发展的一年。海尔电子商务发展呈专业化、规模化、国际化、主流化态势。海尔电子商务在经历了多年来由定性模式向创新模式的艰难探索中找到了适合自己的发展之路，而且已经迈向跨国电子商务大市场。2008年大批国外资源的进入，也迫使海尔的电子商务呈现多样化快速发展态势。

海尔是我国企业全面应用电子商务的典型，网络技术不仅应用于客户服务，而且也充分应用于企业内部管理及海尔与其供销商之间的商务合作。海尔开展电子商务的基本策略：一是建立一个有鲜明个性的垂直网站，通过电子商务手段进一步增强海尔在家电领域的竞争优势。海尔不依靠价格而依靠服务与创新来竞争，目前海尔提供服务的主要内容就是通过网站为客户提供更多的便利与个性化服务。二是通过电子商务技术优化供应链，外包本公司的部分制造业务，变推动销售的模式为拉动销售的模式，提高新经济下的企业核心竞争力。

资料来源：

百度百科 https://baike.so.com/doc/5341042-5576485.html

海尔官网 http://www.haier.net/cn/

1.1 电子商务的产生与发展

电子商务的发展是伴随着互联网等电子技术的发展而逐步发展起来的，所以互联网是电子商务发展的技术基础。

1.1.1 互联网的产生与发展

互联网(Internet)，又称网际网路或因特网，是网络与网络之间所串连成的庞大网络，这些网络以一组通用的协议相连，形成逻辑上的单一巨大国际网络。

1946年，人类历史上第一台现代电子计算机——埃尼阿克在美国问世，从此人类进入信息时代。

1961年，美国麻省理工学院的伦纳德·克兰罗克(Leonard Kleinrock)博士发表了分组交换技术的论文，该技术后来成为互联网的标准通信方式。

1969年，美国国防部开始启动具有抗核打击性的计算机网络开发计划ARPAnet，它把美国的几个军事及研究中心的计算机主机连接起来。

1971 年，位于英国剑桥的 BBN 科技公司的工程师雷·汤姆林森(Ray Tomlinson)开发出电子邮件。此后 ARPAnet 的技术开始向大学等研究机构普及。

1983 年，ARPAnet 宣布将通信协议“NCP(网络控制协议)”向新协议“TCP/IP(传输控制协议/互联网协议)”过渡，从技术层面解决了互联网的组网问题，诞生了真正的互联网。

1986 年，美国国家科学基金会(NSF)利用 ARPAnet 发展出来的 TCP/IP 通信协议，在 5 个科研教育服务超级计算机中心的基础上建立了 NSFnet 广域网。ARPAnet——网络之父，逐步被 NSFnet 所替代。

1991 年，美国国家科学基金会进一步放宽对互联网商业活动的限制，并开始对互联网实现私有化。从此互联网由美国开始向全球各国普及，并应用于各行各业，逐渐成为人们生活必不可少的一部分。

全球互联网自 20 世纪 90 年代进入商用以来迅速拓展，已经成为推动当今世界经济发展和社会进步的重要信息基础设施。

1.1.2　互联网的应用

Internet 起源于美国国防部高级研究计划署的 ARPAnet，该网于 1969 年投入使用。现在它已经渗透进了人们日常的学习、工作、生活、娱乐等各个方面，为我们带来了前所未有的方便(见图 1－2)。

图 1－2　互联网的应用

互联网的典型应用如下：

◆ 网络媒体

互联网作为一种新兴的传播媒体，由于互动性良好、表现形式多种多样、感染力突出，成为继报纸、广播、电视之后的“第四媒体”，各大新闻网站、门户网站、企事业单位，都相继开通了这一宣传通道。

◆ 信息检索

在浩如烟海的网络中，如何找到自己所需要的信息？网络搜索技术帮助我们收集着各种各样的信息。只需要输入关键词，就可以通过它查询到我们所需要的相关信息。

◆ 网络通信

网络通信分为电子邮件和即时通信两大类。很多网民都在使用网上免费的电子邮件，通过它与其他人交流。即时通信也在飞速发展，其功能也在日益丰富，一方面正在成为社会化网络的连接点，另一方面也逐渐成为电子邮件、博客、网络游戏和搜索等多种网络应用的重要接口。

◆ 网络社区

网络社区的主要服务内容有交友网站和博客。通过交友网站，结交五湖四海的朋友；通过博客，可以把自己在生活、学习、工作中的点点滴滴记录下来，放在网上，同网民共享。

◆ 网络娱乐

网络娱乐主要包括网络游戏、网络音乐、网络视频等。

◆ 电子商务

电子商务是与网民生活密切相关的重要网络应用，通过网络支付、在线交易，卖家可以用较低的成本把商品卖到全世界，买家则可以用较低的价格买到自己心仪的商品。

◆ 网络金融

这方面主要有网上银行和网络炒股。开通网上银行的客户可以在网上进行转账、支付、外汇买卖等，股民可以在网上进行股票、基金的买卖和资金的划转等。

◆ 网上教育

围绕教学活动开设的网络学校、远程教育、考试辅导等各类网络教育正渗透到传统的教学活动中。在支付一定费用后，就可以获得一个登录账号和密码，然后可以随时登录网站学习，或参加考试辅导。

◆ 电子政务

国家机关在政务活动中运用计算机、网络和通信等现代信息技术手段，实现政府组织结构和工作流程的优化重组，超越时间、空间和部门分隔的限制，建成一个精简、高效、廉洁、公平的政府运作模式，以便全方位地向社会提供优质、规范、透明、符合国际水准的管理与服务。

1.1.3 电子商务的发展历程

(1)电子商务的产生

在人类发明了电报和电话后，经济活动中就存在利用电子技术进行的部分商务活动。在商务活动中，人们使用电话和电报来互通商务交易中的信息、传递交易中的凭证和文件及合同，但当时却没有人认为这就是电子商务。原因是，它未能成为经济活动中商务活动的主流，社会还没有形成电子商务交易的环境和条件。只有在 20 世纪 80 年代，计算机和网络技术的发展，构建了电子商务赖以存在的环境，并预示着未来商务活动的一种发展方向，人们才提出电子商务这个概念。因此，电子商务的产生必然具备以下基本条件：

a. 在商务活动中利用电子这种载体作为媒介来传递商务中的交易信息。

b. 开始形成有利于电子商务发展的社会大环境。

c. 商务的交易方式将由于电子技术的使用而得以改变。

d. 越来越多的人采用或即将采用这种交易方式。

e. 全社会已经有一个电子商务交易的技术环境和平台。

f. 未来的经济增长将会以电子商务为新的热点。

g. 经济全球化的步伐得以加快。

20 世纪 80 年代，正是在这样的背景下，计算机技术与通信技术结合产生的 Internet 技术在全社会得以普及和推广使用。在 Internet 上的商务应用，对经济全球化产生了重大影响，也产生了电子商务，电子商务这个新的概念从此应运而生。

没有 Internet 技术就没有电子商务运行的技术环境，没有经济全球化也就没有电子商务应用的市场经济支撑；没有 20 世纪 60 年代末电子数据交换在经济活动中的成功应用，也就没有电子商务发展的效益前景；没有知识经济时代高科技的发展和人们思想观念的改变，也不可能有电子商务模式的创新和发展。

电子商务的产生是技术、经济和知识交融在经济领域应用的结晶，也是商务活动在发展过程中的必然结果。

(2)电子商务的发展

1)电子商务的发展阶段

从20世纪90年代中后期开始，电子商务的发展经历了3个阶段（见图1-3）。

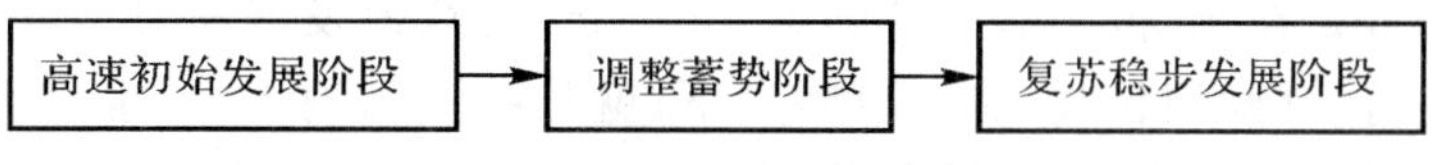

图1-3　电子商务的发展过程

第一阶段：高速初始发展阶段。20世纪末，基于计算机技术与通信技术结合的网络环境出现，通过Internet从事商务活动成为经济活动中的热点。基于对发展前景的美好预期，电子商务得到了长足发展。大量的风险投资涌入电子商务领域，不断有企业宣布拓展电子商务领域，新的电子商务网站不断大量涌现。根据著名咨询公司CMP Research在1998年初做的一项调查，大约有1/3的美国企业宣称将会在一年内实施他们的电子商务；而在已经实施了电子商务的企业当中，64%的企业期望能在一年内收回投资。据另一项调查显示，美国1997年1月到6月间申请商业域名(.com)的公司从17万个增加到近42万个。到1997年底，这一数据又翻了一番。可见，电子商务的竞争达到了白热化程度。

在当年电子商务的爆炸式发展中，资本市场的投资起到了推波助澜的作用。从20世纪90年代开始，在IT业快速发展的推动下，美国股市连续上涨10年，创造了经济奇迹。20世纪90年代中期以后，网络概念股在美国股市受到青睐。网上图书销售商亚马逊的营业收入从1996年的1 580万美元猛增到1998年的4亿美元。面对Internet良好的应用前景，网络概念股节节走高。以高新技术类上市公司为主的美国纳斯达克(NASDAQ)股票市场，1996年初的指数点位还只有1 000点，而2000年初该点位已经超过4 000点。在财富效应的驱动下，各种资金蜂拥进入以网络为核心的IT领域，电子商务经历了初期的爆炸式发展阶段。

第二阶段：调整蓄势阶段。2000年初，在投资者的疯狂追捧下，NASDAQ指数接近5 000点大关。然而就在这个时候，IT业经过10多年的高速发展之后积累的问题开始暴露，电子商务也未能例外。尽管一些电子商务网站的营业收入已经很大，但支出更大，一直不能实现赢利。此外，随着规模的扩大，物流、管理等方面的问题开始突出，如何继续保持高速发展成为问题。

从2000年中期开始，和整个IT业一道，电子商务开始了调整。股市泡沫开始破灭，NASDAQ指数在一年的时间内就从5 000点跌破至2 000点以下。随着资金的撤离，许多依赖资本市场资金投入的网站陷入了困境，不少网站开始清盘倒闭。据不完全统计，超过1/3的网站销声匿迹。电子商务经历了其发展过程中的寒冬。

第三阶段：复苏稳步发展阶段。2002年底至今，电子商务步入复苏和稳步发展阶段，经过电子商务发展"寒冬"的严峻考验，生存下来的电子商务网站开始懂得网站的经营必须要有务实的精神，就是首先要在经营上找到经济的赢利点。宝贵经验和经营实践、务实的经营理念，使这些经营性的网站一改长期亏损局面而出现赢利。人们看到了希望，电子商务网站的经营实现了突破，开始出现了又一个春天。电子商务毕竟是具有强大生命力的新生事物，短暂的调整改变不了其上升趋势。在惨烈的调整之后，从2002年底开始复苏，其标志是不断有电子商务企业开始宣布实现赢利。

目前，电子商务出现了许多新的发展趋势，如与政府的管理和采购行为相结合的电子政务服务、与个人手机通信相结合的移动商务模式、与娱乐和消遣相结合的网上游戏经营等，都得到了很好的发展。

2)电子商务在中国的发展

我国的电子商务是在20世纪后期伴随着Internet的快速发展而发展起来的。物流配送的各项措施越发完善,互联网科技飞速发展,当下,就算我们相隔千里,也只需要数秒之间,就可以通过互联网完成交易行为。电子商务,不再跟20年前一般,只是一个概念,而是随着这20年的发展,变成了我们很多人的一个习惯。

◆ 1996—2002年　萌芽期

1996—1998年是中国电子商务的概念萌芽期。电子商务的基石是互联网,而在20年前,互联网在中国的发展非常不成熟,因此电子商务也只停留在理论层面,只能算是一个概念。

到了1999年,中国互联网的征程开始了实质性的商业化阶段。这一年,几乎可以称之为中国电商元年,一切都充满了机会和未知数。

在8848网成立4个月以后,其策划了一场72小时网络生存活动。也就是说,在不通过实体购物的前提下,仅仅借助互联网来产生消费购物度过这72小时,也就是这72小时的吃喝全都必须通过互联网搞定。不过让人感到无奈的是,12位参加活动的选手绞尽脑汁,到了最后,仅仅通过网络买到了永和豆浆!由此也可以看出,在电子商务发展初期,所面临的发展空间和未来展望,一切都是迷茫的。

不过就算如此艰难的时期,也并未阻止电子商务的发展脚步。这一年,不仅仅萌生出许多民营互联网企业,一些国企单位也开始介入互联网建设。1999年9月6日,中国国际电子商务应用博览会举办,招商银行启动一网通网上银行服务,12月中国建设银行推出网上支付,携程旅行网、上海盛大网络发展有限公司等都在这一年成立。

1999年底,正是互联网高潮来临的时候,国内诞生了370多家从事B2C的网络公司,到2000年,变成了700家。随着电子商务雏形开始,网民暴增至890万,能上网的计算机有350万台,电子商务开始有了市场。

但就在他们刚刚起步之时,美国的互联网泡沫破灭,资本再次远离互联网,新浪、网易、搜狐在纳斯达克都没有讨到好处,8848网等一批电子商务企业更是在这个阶段倒闭,2001年,人们还有印象的企业只剩下三四家。随后电子商务经历了一个比较漫长的“冰河时期”。但也许正是这样的冷热变化,让诸多公司找到了新的方向。

◆ 2003—2008年　成长期

冰冻时期一直延续到2003年,这一年对于中国的实体经济来说,是极其艰难的,因为“非典”的肆虐令许多行业在春天里感受到寒冬的冷意,但却让电子商务时来运转。

2003—2008年,绝对是中国电子商务的成长期。电子商务界经历了一系列的重大事件:2003年5月,阿里巴巴集团成立淘宝网,进军C2C市场。2003年12月,慧聪国际在香港创业板上市,成为国内B2B电子商务首家上市公司。2004年1月,京东涉足电子商务领域。2004年12月,阿里巴巴成立支付宝,打通电子商务第一个第三方支付平台。2005年9月,腾讯依托5亿QQ用户,成立拍拍网。2007年11月,阿里巴巴网络有限公司成功在香港主板上市。

再加上腾讯对于网络社交的推动,新浪对网络社群的建设,网易对网络游戏的引领,还有天涯、百度贴吧等互动交流平台的诞生,盛大、17K等一批网络文学引领,整个互联网已经在短短的几年时间里,变成了一个活跃度最高的战场。这些互联网平台的发展,也在无形之中推动了电子商务领域建设的加速。

同时,随着网民和电子商务交易的迅速增长,电子商务成为众多企业和个人的新的交易渠道，如传统商店的网上商店、传统企业的电子商务部门以及传统银行的网络银行等，越来越多的企业在线下渠道之外开辟了线上渠道。2007 年，我国网络零售交易规模为 561 亿元。网络经济的崛起，逐步将电子商务延伸至供应链环节，促进了物流快递和网上支付等电子商务支撑服务的兴起。

◆ 2008 年至今　群雄期

2008 年，随着中国电子商务发展势头大好，任何企业和个人，都希望抓住这一次互联网新的浪潮机遇；在这个阶段，也是 PC(个人电脑)互联网开始向移动互联网转型的关键期。如果能把这一次的转型机会掌控好，势必能在未来电子商务领域中占有一席之地。

此时的 B2C，已经被淘宝占据了大半江山，并且，淘宝早已将 B2B 和 C2C 无缝链接，所以电商领域的市场，可谓是阿里巴巴一家独大。可是对于整个中国的消费市场来说，其空间还是非常大的。于是，京东开始发力，朝着 B2C 的市场布局发展，也夺得了自己的一片天下。紧接着，聚美、唯品会、凡客等一些小众领域的市场，也在互联网经济浪潮的带领下，逐步获得了消费市场的认可。

到了 2010 年，整个电子商务市场可谓是百花齐放。随着移动互联网的普及，智能手机取代了传统手机，互联网触手可及。2010 年，小米推出了全新的互联网营销思维，又进一步推动了新的电子商务营销进程。

在微信逐步取代了 QQ 的社交“一哥”位置，成为中国最大的社交应用后，C2C 的销售模式，不再局限于第三方平台作为支撑的营销方式，慢慢地，微商成为一套全新的商业模式。随着李克强总理提出的“双创”理念在中国全面开展落实，整个电子商务领域呈现出了更多新的经营理念和模式。

不得不说，在电子商务发展的高速成长期，对线下的实体市场确实造成了极大的冲击。不过正是因为遇到了这样的冲击，线下实体的商家，才开始思考如何随着大环境的转变而改变自身的经营模式。

在当今这个年代，任何一个旧行业都有可能在两极分化极其突出的时间里，被新的行业所颠覆甚至替代，但并不代表传统市场就没有任何的发展空间。随着共享经济和分享经济的推动，仅仅两年不到的时间，在今天的众多一、二线城市里，我们都能搜寻到各色共享单车的身影。传统的产业链，并不一定随着电子商务的出现，就会陨落或者消失；重点是，我们该如何寻找一个两者之间的契合点。例如共享单车，就是最好的互联网与传统经济产业结合的例子。

而电子商务就算发展得再快，受到的拥护程度再高，也不可能作为一个永久延续的市场发展空间。毕竟，电子商务的根本，还是需要依托实体行业来提供可销售的产品的。在电子商务占领传统商务一段时间后，就必须开始将两者之间的资源整合起来。让线上流量带动线下市场，线下实体承接线上产品，两者之间无缝融合，打造共赢生态圈。在未来，B2C 和 C2C 的商业模式稳定沉淀下来后，随着市场的饱和，线上市场也不一定就会一直好下去。不过，任何时候终端消费者都是产品最终使用者，而产品流通零售渠道，将成为未来任何一个商业模式的最大考验。阿里巴巴的创始人马云先生率先提出，“未来的十年、二十年，没有电子商务这一说，只有新零售。”

1.2 电子商务的概念

电子商务，顾名思义是通过电子技术手段所进行的商业贸易活动。国内外许多有影响的国际组织、机构和个人从不同的角度出发，对“电子商务”给出了不同的定义。

1.2.1 什么是 EDI

EDI 被称为 B2B 电子商务的雏形，有人认为 EDI 贸易方式就是电子商务，只不过是在专用网络平台上。如果通信网络系统采用 Internet 平台，即 Web 式 EDI，它就是 B2B 电子商务的一种开展形式。

(1)EDI 定义

EDI(Electric Data Interchange)也称电子数据交换，它是一种在公司之间传输订单、发票等作业文件的电子化手段。它通过计算机通信网络将贸易、运输、保险、银行和海关等行业信息，用一种国际公认的标准格式，实现各有关部门或公司与企业之间的数据交换与处理，并完成以贸易为中心的全部过程。它是 20 世纪 80 年代发展起来的一种新颖的电子化贸易工具，是计算机、通信和现代管理技术相结合的产物。由于 EDI 的使用可以完全取代传统的纸张文件的交换，因此也有人称它为“无纸贸易”或“电子贸易”。

由 EDI 的概念我们可以看出，EDI 包含了三方面的内容，即计算机应用、通信网络和数据标准化。其中计算机应用是 EDI 的条件，通信网络是 EDI 应用的基础，标准化是 EDI 的特征。这三方面相互衔接、相互依存，构成 EDI 的基础框架，如图 1－4 所示。

图 1－4 EDI 系统模型

(2)EDI 的特点

电子数据交换的使用对象是不同的组织之间，电子数据交换传输的企业间的报文是企业间信息交流的一种方式。

电子数据交换所传送的资料是一般业务资料，如发票、订单等，而不是一般性的通知。

电子数据交换传输的报文是格式化的，是符合国际标准的，这是计算机能够自动处理报文的基本前提。

电子数据交换使用的数据通信网络一般是增值网、互联网。数据传输由收送双方的计算机系统直接传送、交换资料，不需要人工介入操作。

电子数据交换与传真或电子邮件的区别：传真与电子邮件需要人工阅读、判断、处理才能进入计算机系统。人工将资料重复输入计算机系统中，既浪费人力资源，也容易发生错误，而电子数据交换不需要再将有关资料人工重复输入系统。

(3)手工方式与 EDI 方式的比较

图 1－5 所示为手工条件下贸易单证的传递方式。操作人员先使用打印机将企业数据库

中存放的数据打印出来，形成贸易单证，然后通过邮件或传真的方式发给贸易伙伴，贸易伙伴收到单证后，再由录入人员手工录入数据库中，以便各个部门共享。手工方式的缺点是买卖双方之间重复输入的数据较多，容易产生差错，准确率低，劳动力消耗多及延时增加。在 EDI 中这些问题都将得到良好的解决。

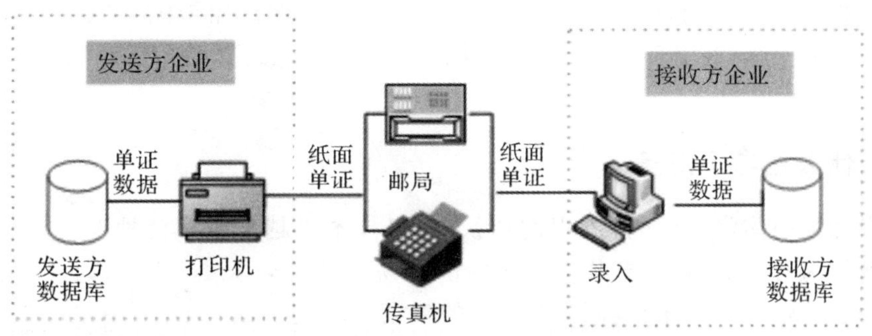

图 1－5　手工条件下贸易单证的传递方式

图 1－6 所示为 EDI 条件下贸易单证的传递方式。数据库中的数据通过一个翻译器（即图中的 EDI 软件）转换为字符型的标准贸易单证，然后通过网络传递给贸易伙伴的计算机。该计算机再通过翻译器将标准贸易单证转化成本企业内部的数据格式，存入数据库。由此，不难看出使用 EDI 的好处。但是，由于单证是通过数字方式传递的，缺乏验证的过程，因此加强安全性，保证单证的真实、可靠性成为一个重要的问题。

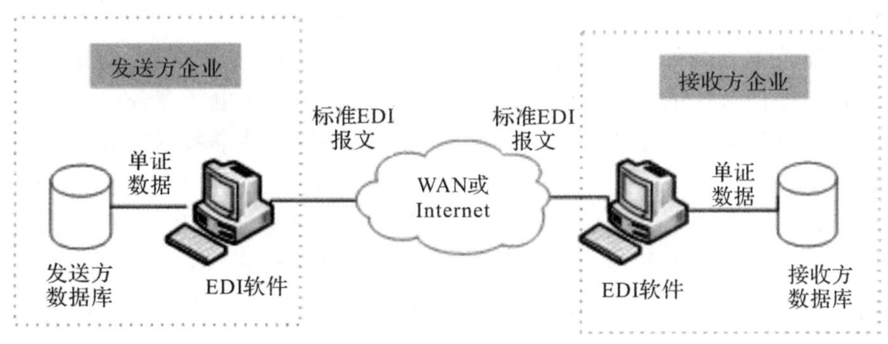

图 1－6　EDI 条件下贸易单证的传递方式

(4)EDI 的分类

根据功能，EDI 可分为以下四类。

第一类是订货信息系统。这是最基本的，也是最知名的 EDI 系统。它又可称为贸易数据互换系统（Trade Data Interchange，TDI），它用电子数据文件来传输订单、发货票和各类通知。

第二类是电子金融汇兑系统（Electronic Fund Transfer，EFT），即在银行和其组织之间实行电子费用汇兑。EFT 已使用多年，但它仍在不断的改进中。最大的改进是同订货信息系统联系起来，形成一个自动化水平更高的系统。

第三类是交互式应答系统（Interactive Query Response）。它可应用在旅行社或航空公司，作为机票预定系统。这种 EDI 在应用时要询问到达某一目的地的航班，要求显示航班的时间、票价或其他信息，然后根据旅客的要求确定所要的航班，打印机票。

第四类是带有图形资料自动传输的EDI。最常见的是计算机辅助设计(Computer Aided Design,CAD)图形的自动传输。比如，设计公司完成一个厂房的平面布置图，将其平面布置图传输给厂房的主人，请主人提出修改意见。一旦该设计被认可，系统将自动输出订单，发出购买建筑材料的报告。在收到这些建筑材料后，自动开出收据。如美国一家厨房用品制造公司——Kraft Maid公司，在PC上以CAD设计厨房的平面布置图，再用EDI传输设计图纸、订单、收据等。

1.2.2 什么是电子商务

随着世界经济一体化、全球化进程的加快，信息技术正越来越广泛地应用于经济贸易领域。电子商务作为计算机应用技术与现代经济贸易活动结合的产物，已经成为人类跨入知识经济新纪元的重要标志之一(见图1-7)。

图1-7 电子商务

(1)世界电子商务会议关于电子商务的概念

1997年11月6~7日，国际商会在法国首都巴黎举行了世界电子商务会议(The World Business Agenda for Electronic Commerce)。全世界商业、信息技术、法律等领域的专家和政府部门的代表，共同探讨了电子商务的概念问题。这是迄今为止电子商务最有权威的概念阐述：

电子商务(Electronic Commerce)，是指实现整个贸易活动的电子化。从涵盖范围方面可以定义为，交易各方以电子交易方式而不是通过当面交换或直接面谈方式进行的任何形式的商业交易；从技术方面可以定义为，电子商务是一种多技术的集合体，包括交换数据(如电子数据交换、电子邮件)、获得数据(如共享数据库、电子公告牌)以及自动捕获数据(如条形码)等。

电子商务涵盖的业务包括：信息交换、售前售后服务(如提供产品和服务的细节、产品使用技术指南、回答顾客意见)、销售、电子支付(如使用电子资金转账、信用卡、电子支票、电子现金)、运输(包括商品的发送管理和运输跟踪，以及可以电子化传送的产品的实际发送)、组建虚拟企业(组建一个物理上不存在的企业，集中一批独立中小公司的权限，提供比任何单独公司多得多的产品和服务)、公司和贸易伙伴可以共同拥有和运营共享的商业方法等。

(2)电子商务的一般概念

电子商务是指采用数字化电子方式进行商务数据交换和开展商务业务活动。它是在因特网的广阔联系与传统信息技术系统的丰富资源相互结合的背景下应运而生的一种相互关联的动态活动，在因特网上展开。

电子商务系统是指商务活动的各方，包括商店、消费者、银行或金融机构、信息公司或证券公司和政府等，利用计算机网络技术全面实现在线支付功能，为了顺利完成整个交易过程，需要建立电子商务服务系统、通用的电子交易支付方法和机制，还要确实保证参加交易各方和所有合作伙伴都能够安全可靠地进行全部商业活动。

由于电子商务是在因特网等网络上进行的，因此网络是电子商务最基本的构架。电子商务还强调要使系统的软件和硬件、参加交易的买方和卖方、银行或金融机构、厂商、企业和所有合作伙伴，都要在 Intranet、Extranet、Internet 中密切结合起来，共同从事在计算机网络环境下的商业电子化应用。Intranet 是整个交易的基础，通过 Intranet 的建立和完善，解决好内容管理(Content Management)和协同及信息(Collaboration and Messaging)问题。在此基础上才能顺利扩展 Intranet 至 Extranet，最后扩展到 Internet，完成真正意义上的电子商务。

(3)电子商务的分类

1)按商业活动运作方式划分

a. 完全电子商务：可以完全通过电子商务方式实现和完成整个交易过程的交易。

b. 不完全电子商务：无法完全依靠电子商务方式实现和完成完整交易过程的交易，它需要依靠一些外部要素，如运输系统等来完成交易。

2)按电子商务应用服务的领域范围划分

a. 企业对消费者(也称商家对个人客户或商业机构对消费者，B2C)的电子商务。商业机构对消费者的电子商务基本等同于电子零售商业。目前，Internet 上已遍布各种类型的商业中心，提供各种商品和服务，主要有鲜花、书籍、计算机、汽车等商品和服务。

b. 企业对企业(也称为商家对商家或商业机构对商业机构，B2B)的电子商务。商业机构对商业机构的电子商务是指商业机构(或企业、公司)使用 Internet 或各种商务网络向供应商(企业或公司)订货和付款。商业机构对商业机构的电子商务发展最快，已经有了多年的历史，特别是通过增值网络(Value Added Network，VAN)运行的 EDI，使企业对企业的电子商务得到了迅速扩大和推广。公司之间可以使用网络进行订货和接受订货、合同等单证的传递以及付款。

c. 消费者对消费者的电子商务(Consumer to Consumer，C2C)。C2C 的意思就是消费者(Consumer)与消费者(Consumer)之间的电子商务。打个比方，比如一个消费者有一台旧电脑，通过网上拍卖，把它卖给另外一个消费者，这种交易类型就称为 C2C 电子商务。

d. 企业对政府机构的电子商务。这种类型的电子商务可以覆盖公司与政府组织间的许多事务。目前我国有些地方政府已经推行网上采购。

e. 消费者对政府机构的电子商务。政府将会把电子商务扩展到福利费发放和自我估税及个人税收的征收方面。

3)按开展电子商务的信息网络范围划分

a. 本地电子商务通常是指利用本城市内或本地区内的信息网络实现的电子商务活动，电子交易的地域范围较小。本地电子商务系统是利用 Internet、Intranet 或专用网将下列系统连接在一起的网络系统：①参加交易各方的电子商务信息系统，包括买方、卖方及其他各方的电子商务信息系统；②银行金融机构电子信息系统；③保险公司信息系统；④商品检验信息系统；⑤税务管理信息系统；⑥货物运输信息系统；⑦本地区 EDI 中心系统(实际上，本地区 EDI 中心系统连接各个信息系统的中心)。本地电子商务系统是开展远程国内电子商务和全球电子商务的基础系统。

b. 远程国内电子商务是指在本国范围内进行的网上电子交易活动，其交易的地域范围较大，对软硬件和技术要求较高，要求在全国范围内实现商业电子化、自动化，实现金融电子化，交易各方具备一定的电子商务知识、经济能力和技术能力，并具有一定的管理水平和能力等。

c. 全球电子商务是指在全世界范围内进行的电子交易活动，参加电子交易各方通过网络进行贸易，涉及有关交易各方的相关系统，如买方国家进出口公司系统、海关系统、银行金融系统、税务系统、运输系统、保险系统等。全球电子商务业务内容繁杂，数据来往频繁，要求电子商务系统严格、准确、安全、可靠，应制订出世界统一的电子商务标准和电子商务（贸易）协议，使全球电子商务得到顺利发展。

(4)电子商务的优点

电子商务是因特网爆炸式发展的直接产物，是网络技术应用的全新发展方向。因特网本身所具有的开放性、全球性、低成本、高效率的特点，也成为电子商务的内在特征，并使得电子商务大大超越了作为一种新的贸易形式所具有的价值。它不仅会改变企业本身的生产、经营、管理活动，而且将影响整个社会的经济运行与结构。以互联网为依托的“电子”技术平台为传统商务活动提供了一个无比广阔的发展空间，其突出的优越性（见表 1－1）是传统媒介手段无法比拟的。

表 1－1　传统商务与电子商务的比较

项目	传统商务	电子商务
交易时间	规定的营业时间内	24 小时
交易地点	需要销售空间（店铺）	虚拟空间
交易对象	部分地区的消费者	全球的消费者
顾客方便度	受时间与地点的限制	随心所欲，顾客按自己的方式购物
顾客需求	需要用很长时间掌握顾客的需求	能够迅速捕捉顾客的需求
信息获取	根据销售商的不同而不同	透明、准确
销售方法	通过各种关系买卖	完全自由购买

电子商务将传统的商务流程电子化、数字化，一方面以电子流代替了实物流，可以大量减少人力、物力，降低了成本；另一方面突破了时间和空间的限制，使得交易活动可以在任何时间、任何地点进行，从而大大提高了效率。互联网使得传统的空间概念发生变化，出现了有别于实际地理空间的虚拟空间或者虚拟社会。处于世界任何角落的个人、公司或机构，可以通过互联网紧密地联系在一起，建立虚拟社区、虚拟公司、虚拟政府、虚拟商场、虚拟大学或者虚拟研究所等，以达到信息共享、资源共享、智力共享等。

电子商务所具有的开放性和全球性的特点，为企业创造了更多的贸易机会。互联网跨越国界，穿越时空，无论你身处何地，无论白天与黑夜，只要您利用浏览器轻点鼠标，就可以随心所欲地登录任何国家、地域的网站，与想交流的人“面对面”地直接沟通。

电子商务使企业可以以相近的成本进入全球化市场，使中小企业有可能拥有和大企业一样的信息资源，提高了中小企业的竞争能力。

电子商务重新定义了传统的流通模式，减少了中间环节，使得生产者和消费者的直接交易成为可能，从而在一定程度上改变了整个社会经济运行的方式。

在电子商务交易中，通过互联网，商家之间可以直接交流、谈判、签合同，消费者也可以把自己的建议反映到企业的网站，而企业则要根据消费者的反馈及时调查产品种类及服务品质，做到良性互动。

电子商务一方面破除了时空的壁垒，另一方面又提供了丰富的信息资源，为各种社会经济要素的重新组合提供了更多的可能，这将影响到社会的经济布局和结构。21世纪是信息社会，信息就是财富，而信息传递速度的快慢对于企业而言可以说是生死攸关。互联网以其传递信息速度的快捷而倍受企业青睐，可以说，北半球刚刚发生的事情，南半球的人们便可在十几分钟、几分钟甚至更短时间内通过网络获知。互联网真正使整个地球变成了一个地球村。

1.2.3　新电商的概念与特点

近年来，传统电商的流量红利正在逐年流失，流量争夺战不断加剧。与此同时，市场对于产品品质的需求也在持续提升，新的市场变革一触即发。在此背景下，易观亚太在“2016(第十一届)易观电商峰会暨天马盛典”(见图1-8)上首度提出“新电商”概念。本次易观电商峰会更是全面聚焦“新电商”，围绕新电商·消费升级的六大核心——新生态、新精神、新生机、新生活、新力量、新升级，从资本层面、精神内核、表现形式、内生动力等角度全方位多角度诠释新电商和消费升级，希望以此为电商从业者们提供更多思路与灵感。

图1-8　易观电商峰会

新电商是创新的实体企业以数字化工具在和粉丝互动中，打通营销链和供应链，创造独特价值、传播独特价值、建立多场景成交价值的商业行为。

较之传统电商，新电商在六个方面全面实现革命性的变化：

主体变了：不再是互联网公司主导的电商，而是实体企业创新的电商；

核心变了：不再是核心化的电商，而是多极的电商；

玩法变了：不再只是流量化的电商，而是粉丝深度互动的电商；

成交变了：不再是店铺成交的电商，而是多场景成交的电商；

战场变了：不再只是销售电商，而是用户驱动供应链的电商；

合作变了：不再仅限于平台电商卖货，而是和平台电商的深度融合。

新电商跟老电商有什么样的不同呢？老电商本质是大多数实体企业贴钱为平台贡献商品销售总量(Gross Merchandise Volume，GMV)和利润。考核老电商平台最重要的指标是GMV。GMV越高，意味着平台上的玩家与平台上的品牌商和商家投入的营销费用就越高。因为只有更高的营销费用，才能够带来更高的GMV。

新电商是优秀的实体企业在满足粉丝追求的同时开心赚钱。也就是说，实体企业在新电商的规则下需要跟粉丝有共同的追求，赚钱只是顺带的结果。实体企业的考核指标是商品利润总额(Gross Merchandise Profit，GMP)，最后一个词从量变成了利。一字之差，就有了本质区别。

老电商只考虑销售额和销售量，不考虑毛利和利润；新电商是以持续购买的粉丝能够带来的毛利和利润作为必然结果；老电商在平台上烧钱拉新，新电商是通过极致产品、自媒体和社交媒体汇聚粉丝；老电商是汇聚流量的平台为王，而新电商是实体企业当家作主；在老电商平台上多卖不一定赚钱，显而易见，通过新电商的打法多卖一定多赚。

新电商打法的三板斧是什么？首先是粉丝互动，找到能够彼此喜欢的粉丝用户，主动与他们沟通，了解他们的痛点和兴奋点，然后提取用户喜欢的元素，创造具有独特价值的产品，最后把产品通过合适的沟通方式(即线上线下多场景沟通方式)推给用户。

1.3 电子商务的基本框架

1.3.1 电子商务的概念模型

对于每个电子商务交易主体来说，他所面对的是一个电子市场，必须通过电子市场来选择交易的内容和对象。因此，电子商务的概念模型可以抽象地描述为每个电子商务交易主体和电子市场之间的交易事务关系。

电子商务的概念模型是对现实世界中电子商务活动的一般抽象描述，它由电子商务实体、交易事务、电子市场、物流、资金流、商流和信息流等基本要素构成，如图 1-9 所示。

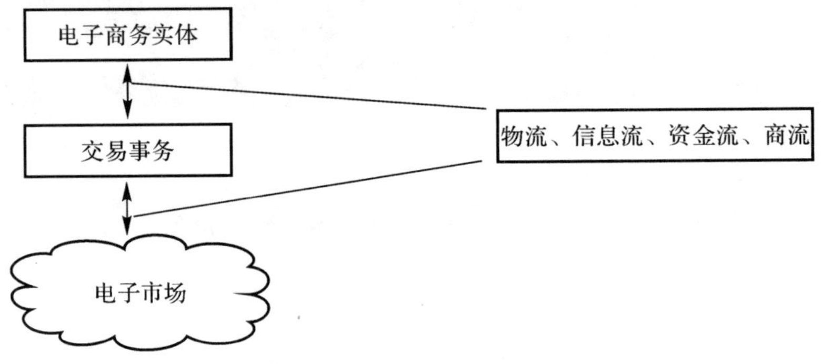

图 1-9 电子商务的概念模型

在电子商务概念模型中，电子商务实体是指能够从事电子商务活动的客观对象，它可以是企业、银行、商店、政府机构、科研教育机构和个人等；电子市场(Electronic Market，EM)是指电子商务实体从事商品和服务交换的场所，它由各种各样的商务活动参与者利用各种通信装置，通过网络连接成一个统一的经济整体；交易事务是指电子商务实体之间所从事的具体的商务活动的内容，即交易前的准备、交易磋商、签订合同与办理手续、合同的履行和支付过程，如询价、报价、转账支付、广告宣传和商品运输等。

电子商务的任何一笔交易都包含着物流、资金流、商流和信息流。其中物流主要是指商品和服务的配送和传输渠道，对于大多数商品和服务来说，物流可能仍然经由传统的营销渠道；然而对有些商品和服务来说，可以直接以网络传输的方式进行配送，如各种电子出版物、信息咨询服务、有价信息等。资金流主要是指资金的转移过程，包括付款、转账、结算、兑换等过程。商流是指商品或服务所有权的转移，它的标志是提货单、房产证等法律文书。信息流既包括商品信息的提供、促销行销、技术支持、售后服务等内容，也包括诸如询价单、报价单、付款通知单、转账通知单等商业贸易单证，还包括交易方的支付功能、支付信誉和中介信誉等。

在电子商务的应用中，十分强调物流、资金流和信息流的整合。对于某些可以通过网络传输的商品和服务，甚至可以做到“三流”同步处理。

1.3.2　电子商务的整体结构

电子商务的整体结构分为电子商务应用层结构（简称应用层）和支持应用实现的基础结构，基础结构一般包括三个层次和两个支柱。三个层次自下而上分别为网络层、传输层和服务层，两个支柱分别是安全协议与技术标准、公共政策与法律规范（见图1－10）。前三个层次为基础层次，其上就是各种特定的电子商务应用，可见三个基础层次和两个支柱是电子商务应用的条件。

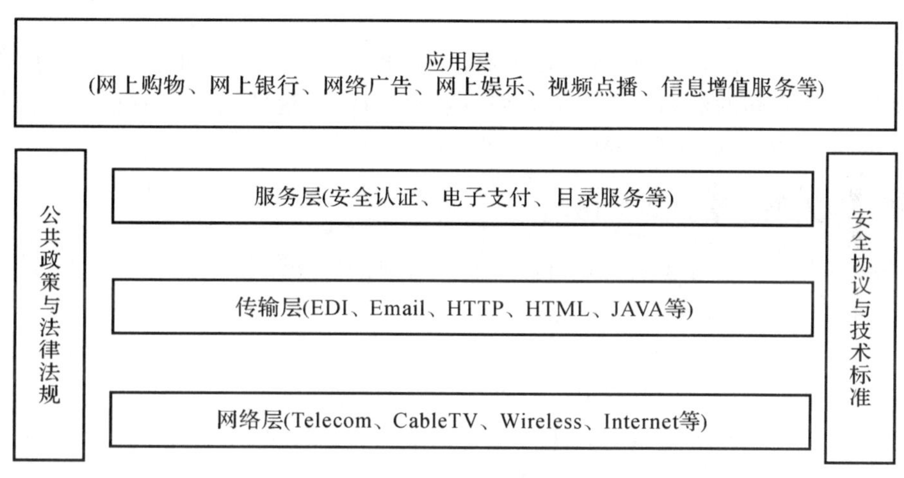

图1－10　电子商务的整体结构

主体应用层＋基础结构层如下：

a. 网络层（网络平台）是电子商务的硬件基础设施，是信息传输系统，包括远程通信网（Telecom）、有线电视网（Cable TV）、无线通信网（Wireless）和互联网（Internet）。远程通信网包括电话、电报，无线通信网包括移动通信和卫星网，互联网是计算机网络。

b. 传输层（信息发布平台）为网络层提供了信息传输的线路，线路上传输的最复杂的信息就是多媒体信息，它是文本、声音、图像的综合。最常用的信息发布应用就是WWW，用HTML或JAVA将多媒体内容发布在Web服务器上，然后通过一些传输协议将发布的信息传送到接收者。

c. 服务层（电子商务平台）实现标准的网上商务活动服务，以方便交易，如标准的商品目录/价目表的建立、电子支付工具的开发、保证商业信息安全传送的方法、认证买卖双方合法性的方法等。

d. 应用层（电子商务各应用系统）。

两大支柱如下：

a. 公共政策与法律法规。公共政策包括围绕电子商务的税收制度、信息的定价、信息访问的收费、信息传输的成本、隐私问题等，需要政府制定的政策。其中，税收制度的制定是一个至关重要的问题。例如，对于咨询信息、电子书籍、软件等无形商品是否征税，如何征税；对于汽车、服装等有形商品如何通过海关，如何征税；税收制度是否应与国际惯例接轨，如何接轨。这些问题不妥善解决，则阻碍电子商务的发展。

b. 安全协议与技术标准。安全问题可以说是电子商务的核心问题。如何保障电子商务活动的安全,一直是电子商务能否正常开展的核心问题。作为一个安全的电子商务系统,首先必须具有一个安全、可靠的通信网络,以保证交易信息安全、迅速地传递;其次必须保证数据库服务器的绝对安全,防止网络黑客闯入盗取信息。电子签名和认证是网上比较成熟的安全手段。同时,还制定了一些安全标准,如安全套接层协议(Secure Sockets Layer)、安全 HTTP 协议(secure-HTTP)、安全电子交易协议(Secure Electronic Transaction)等。

1.4 电子商务的影响

随着电子商务魅力的日渐显露,虚拟企业、虚拟银行、网络营销、网上购物、网上支付、网络广告等一大批前所未闻的新词汇正在为人们所熟悉和认同,这些词汇同时也从侧面反映了电子商务正在对人们的生活、经济和社会产生的影响。

1.4.1 对人们生活方式的影响

电子商务对人们生活方式的影响可以说是多方面的。

(1)信息获取方式的改变

在电子商务方式下,人们除了从电视、广播、书籍和报纸杂志等传统媒体中获取信息以外,还可以从一种全新的媒体——互联网——获取所需的信息。

互联网通过大量的每天至少有几千人乃至几十万人访问的网站,起到了真正的大众传媒的作用。它可以比任何一种方式都更快速、更直观、更有效地把一个信息或思想传播开来。而且网络传播信息有着双向性的特点,客户根据自己的需要获取信息,且没有时间、地域的限制。股票信息站点之所以火爆,是因为可以进行股票交易和股票查询;体育站点吸引众多体育爱好者,是因为它不仅有实时的体育报道,而且允许体育爱好者在上面发表自己的评论。通过网络还可以得到其他双向的信息服务,如通过黄页可以找到商业机会,通过招聘站点可以寻找工作等。

另外,与传统的印刷出版物相比,网上出版物具有许多优点。首先,网上出版物(电子杂志、电子报刊等)的成本极为便宜,在当今纸张昂贵的情况下,这一优点尤为明显。其次,网上出版物的读者面广。随着网络用户的增加,好的网页比好的书报传播得更广。网上信息量更大,获取更方便。由于网上出版物使用超文本文件,可以通过链接的方式指向互联网中所有与该网页相关的内容,不管是进行理论研究,还是阅读新闻,或是寻找商业信息,都可以很方便地找到相关的资料。所以,越来越多的人利用网络获取信息,网上信息服务成为电子商务的一个重要方面。

(2)购物方式的改变

电子商务的推广,已经使在家购物成为现实。只要消费者打开电脑,敲一敲键盘,就能进入网上商店,查看成千上万的商品目录,从中挑选自己想要的商品,然后查看商品的规格和性能,还可以在计算机屏幕上看到商品的照片甚至三维图形。对于选定的商品,消费者只需调出订单进行填写,然后把自己的信用卡号码加进去,用于付款。订单确认后发出,商家几乎立即可以收到订单,随即就会送出或寄出顾客购买的商品。

支付方式也得到很大的改变。消费者只需要拥有一个网络账号,就可以在任何地点、任何时间得到银行业务服务,包括储蓄、转账、查询、信用卡、证券、交易、保险和财务管理等业务。

(3)教育方式的改变

互联网与电子商务带来了人们接受教育方式的改变。随着互联网的广泛应用、电子商务的推广,网络学校应运而生,其属于现代远程教育的一种方式。它以计算机通信技术和网络技术为依托,采用远程实时多点、双向交互式的多媒体现代化教学手段,可以实时传送声音、图像、电子课件和教师板书,身处两地的师生能像现场教学一样进行双向视听问答,是一种实现跨越时间和空间的教育传送过程。与传统的学校比较,网络学校的优势在于:①它不需要服务学生生活的庞大后勤辅助机构,学校管理人员和机构也大大减少。②可以排除地域差别,缩小先进地区与落后地区教学质量的差距。实时性、交互性远程教育还可使多种观念得以沟通和交流。③可以最好地发挥好教师、好教材的优势。传统学校和局部授课只能影响一个教室、一个学校至多一个地区。而网络学校覆盖面可以达到整个网络。网络学校与其他远程教育方式如广播大学、电视大学等比较,很好的交互性、实时性是其突出的优点。总之,网上教育是一种成本低、效果好、覆盖面大、便于普及高质量教育的新型教育方式。

这种新的教育方式在现代社会有着重大意义。因为,社会的进步和发展要求全社会各个领域和层次的人们不断学习、不断更新知识。这就给教育提出了新的任务。教育的对象已不仅仅是学校的学生,还包括各种年龄层次、知识结构、需求层次和行业的从业者。这种终身继续教育和培训的任务,从时间和空间上都不是现在的学校形式和结构能够胜任的,特别需要利用电子商务这种商业化手段及其相应的应用技术加以支持。

(4)娱乐、休闲方式的改变

互联网与电子商务给人们的娱乐、休闲方式也带来了改变。人们足不出户就可以在网络上购买并欣赏各个国家制作的新老电影、电视节目、歌曲,可以在网络上得到令人爱不释手、种类繁多的游戏,而且可以通过网络与地球上任何一个地方的人共同参与一个游戏。如果你愿意,可以在网络这个广阔天地中找到志趣相投的朋友,对感兴趣的问题推心置腹聊个痛快,甚至网络可以成为红娘,帮你找到终身伴侣。在网络上,还可以做现实生活中无法做的事情,比如可以喂养自己喜欢的宠物,可以种花植树,可以播种、耕耘以获得丰收的喜悦,当然这一切是虚拟的,是网络给人们提供的新的休闲方式。可以预见,网上娱乐、休闲对人们会有越来越大的吸引力,因而提供这种新的娱乐、休闲方式是电子商务新兴的行业。

1.4.2　对企业经营的影响

(1)电子商务对企业经营环境的影响

1)市场模式

电子商务的普遍应用,将促使经济由迂回经济向直接经济过渡。从以依靠中间物、分离生产与消费、浪费资源为特征的工业经济,向依靠网络、使生产与消费直接见面,人、资源、环境可持续发展为特征的网络经济过渡。其实质就是减少中间费用、库存和流动资金,使生产"直达"消费。如果买卖双方都在网络上,那么就可以从电脑上看样品、谈价格、签合同、付价款。

2)商业结构

传统商业存在的全部基础就是生产者和消费者在时间和空间的距离,商场的作用就是充当他们中间的桥梁。商场是物质流(货物)和信息流(价格)汇聚的中枢。在工业经济中,离开了传统商业作中介,生产和消费就会既不方便又缺乏效率。但在网络经济下,商场存在的根本原因被动摇了。越来越多的厂家拥有了自己的官方网站,可以大量地发布产品信息和价格信息。中介业将大批消亡,新兴产业将产生和兴起。

3)行业结构

电子商务对行业结构的影响主要表现在两个方面:①以服务为主的新行业产生。如网络交易中心、电子商场、电子商务咨询服务公司、电子商务应用软件开发公司等。他们的人员构成具有年轻化、高素质、跨学科、跨专业等特点,且大都是工商管理、金融财经、信息管理、计算机网络专业的综合人才。②电子商务系统的建立,使得大规模的跨国组织、跨地区的商业活动成为可能。一些著名的零售业纷纷扩大营业范围和规模,组织跨地区、跨国界的商业活动,以降低成本和抢占市场份额。一些大的连锁巨商如麦当劳、沃尔玛等,都在网络上创立了自己的虚拟商店,调整传统的商业结构和布局,以适应新的管理模式。

(2)电子商务对企业管理的影响

电子商务对企业经营环境产生的影响,使企业的整个生存环境发生变化,这就要求企业在战略和策略上做出相应的调整,以适应企业经营环境的变化。电子商务对企业管理的影响是深远的,主要表现为以下几个方面。

1)组织结构

电子商务给传统的企业组织形式带来了猛烈的冲击。它打破了传统职能部门依赖于分工与协作完成整个任务的过程,形成了并行工程的思想。在电子商务的构架里,除了市场部与销售部要和客户打交道外,其他职能部门也可以通过电子商务网站与客户频繁接触。原有各工作单元之间的界限被打破,重新组合成了一个直接为客户服务的工作组。这个组直接与市场接轨,并以市场的最终效果来衡量流程的组织状况。企业间的业务单元不再是封闭的金字塔结构,而是相互沟通、相互学习的网状结构。这种结构使业务单元广开信息交流渠道,共享信息资源,增加利润,减少摩擦。

在电子商务模式下,企业的经营活动打破了时间和空间的限制,出现了一种类似于无边界的新型企业——虚拟企业。它打破了企业、产业、地域的一切界限,把现有资源组合成一种超越时空、利用电子手段传输信息的经营实体。虚拟企业可以是企业内部几个要素的组合,也可以是不同企业之间的要素组合。其管理由原来的相互控制转为相互支持,由监视转为激励,由命令转为指导。

2)管理模式

在电子商务模式下,企业组织信息传递的方式由单向的"一对多"到双向的"多对多"转换,信息无须经过中间环节就可以到达沟通的双方,工作效率明显提高。这种组织结构的管理模式叫"第五代模式",这是21世纪的管理模式——信息模式。信息模式下的企业管理有三个主要特点:

a.企业内部构造了内部网(Intranet)、数据库。所有的业务单元可以通过内部网快捷地交流,管理人员之间沟通的机会大大增加,组织结构分布化和网络化。

b.中间管理人员获得更多直接信息,他们在企业管理决策中发挥的作用更大,使整个组织架构趋向扁平化。

c.企业管理由集权制向分权制转换。电子商务的推行,使企业过去高度集中的决策中心组织改变为分散的多中心决策组织。单一决策下的许多缺点(官僚主义、低效率、结构僵化、沟通壁垒),都在多中心的组织模式下消失了。企业决策由跨部门、跨职能的多功能型的组织单元来制定。这种多组织单元共同参与、共担责任、共享利益的决策过程,增强了员工的参与感和决策能力，调动了员工的积极性，提高了企业决策的科学水平。

3)生产经营

电子商务对企业生产经营的影响主要表现在以下几个方面：

a. 降低企业的交易成本。首先，电子商务降低企业的促销成本。据国际数据公司的调查：利用因特网做广告，进行网上促销活动，结果是销售额增加10倍，而费用只是传统广告费用的1/10。其次，电子商务降低采购成本。利用电子商务采购系统，企业可以加强与供应商之间的合作，将原材料采购与产品制造有机地结合起来，形成一体化信息传递和处理系统。通用电气发言人称：自从采用电子商务采购系统后，公司的采购费用降了30%(人工成本降低了20%，原材料成本降低了20%)。

b. 减少企业库存。IBM个人系统集团从1996年开始应用电子商务高级计划系统。通过该系统，生产商可以准确地依据销售商的需求来生产，这样就提高了库存周转率，使库存总量保持在适当的水平，从而把库存成本降到最低。

c. 缩短企业的生产周期。网络技术的飞速发展为产品的开发与设计提供了快捷的方式。第一，开发者可以利用网络快速地调研市场，了解最新的需求；第二，开发者可以利用信息的传播速度迅速收到产品的市场反馈，随时对开发中的产品再改良；第三，开发者可以利用网络了解到竞争对手的最新情况，从而适当调整自己的产品。

d. 增加企业交易机会。网络的开放性和全球性使得电子商务不受时空的限制。企业必须连续不断地为世界各地的客户提供技术支持和销售服务。不间断地运作给企业增添了许多交易机会。

1.4.3　对政府事务的影响

政府承担着大量的社会、经济、文化的管理和服务的功能，在电子商务时代，对政府管理行为提出新的要求，电子政务或称网上政府，将与电子商务一起快速发展推进。在电子商务环境下，网络技术的推广和应用实现了信息资源共享，让社会公众与政府更接近信息。通过网络及其他各种信息传媒，公众更及时地了解政府在做什么，一些原本只有政府可以提供的服务，公众也可通过网络获得。以前的平衡不再维持得下去，必将导致政府管理方式发生巨大变化。

第一，在技术层面，大力推动统一的政务信息化建设。政务信息化是政府在电子商务时代建立的首要适应性变革。然而，当前的政务信息化存在着典型的缺乏顶层设计、缺乏统筹的问题。这就直接导致了在整个系统内部，信息难以实现有效的直接传递，极大降低了信息传递的效率，从而导致整个体系的决策、执行、监督的信息成本上升。因此，要在同一管理体系内，建立完善覆盖整个政府体系的统一政务信息系统，杜绝信息无法直接沟通、交换、传导的现象。

第二，大力推动政务信息的内部交换。当统一的信息平台建立后，就要大力推动不同部门之间的信息交换与整合。只有当不同部门的信息实现充分交换、整合与优化后，不同业务管理部门才能协调配合起来，也才能实现信息在整个体系内的均匀分布，才能使得每一个节点都拥有充分的信息，实现整个体系的有效协同。

第三，大力推动政务信息的公开与交换。在实现了政府内部信息的充分交换与共享后，同时也要推进非涉密信息与政府外部的整合与交换，也就是通常说的信息公开。实践证明，通过信息公开，社会充分挖掘和整理政府无法整理的信息，从而挖掘出社会治理的方向和价值洼地。这既促进了经济发展，也有利于社会治理水平的提升。

第四，加强对电子商务领域的市场监管。明确电子商务平台责任，加强对交易行为的监督管理，推行网络经营者身份标识制度，完善网店实名制和交易信用评价制度，加强网上支付安全保障，严厉打击电子商务领域违法失信行为。加强对电子商务平台的监督管理，加强电子商务信息采集和分析，指导开展电子商务网站可信认证服务，推广应用网站可信标识，推进电子商务可信交易环境建设，健全权益保护和争议调处机制。

第五，建立产品信息溯源制度。对食品、药品、农产品、日用消费品、特种设备、地理标志保护产品等关系人民群众生命财产安全的重要产品加强监督管理，利用物联网、射频识别等信息技术，建立产品质量追溯体系，形成来源可查、去向可追、责任可究的信息链条，方便监管部门监管和社会公众查询。

第六，实现政府职能与管理手段的战略性调整，建立适应世界贸易组织（WTO）规则和市场经济要求的政府管理新体制，避免“越位”“缺位”和“错位”。这包括一整套关于产权保护、公平交易、平等竞争、诚实信用等市场经济的制度与法律，以及高效、廉洁、透明的政府工作部门与素质高、能力强的复合型官员。同时，完善、加强宏观经济调控机制，增强对外部冲击的抵御能力。

第七，运用大数据创新政府服务理念和服务方式。充分运用大数据技术，积极掌握不同地区、不同行业、不同类型企业的共性、个性化需求，在注册登记、市场准入、政府采购、政府购买服务、项目投资、政策动态、招标投标、检验检测、认证认可、融资担保、税收征缴、进出口、市场拓展、技术改造、上下游协作配套、产业联盟、兼并重组、培训咨询、成果转化、人力资源、法律服务、知识产权等方面主动提供更具针对性的服务，推动企业可持续发展。

1.5 电子商务面临的问题

电子商务作为一种新的商业模式，和传统的交易方式相比，具有很多优越之处，比如它可以突破地域和时间的限制，使处于不同地区的人们自由地传递信息、互通有无、开展贸易。它的快捷、自由和交易的低成本为人们所乐道。但是，电子商务在发展过程中还存在一定的问题，主要表现在以下几个方面。

(1)电子商务平台空间巨大，但缺乏规范专业性

电子商务行业能够快速发展与电子商务对当今经济模式的创新不可分割。网络平台模式的运营，不仅为企业提供了更多可利用的资源，同时也突破了传统实体经济模式中消费行为的多重局限性。在电子商务平台的运转过程中，真正实现了“生产＋消费者”的直销模式，不仅减少了企业产品到消费者手中的流通环节，为企业在渠道的运转开源节流，同时也为消费者的购买过程提供了极大的方便。新模式下的购物环境和消费模式很快得到了消费者的认可，这也为企业带来了更加丰厚的利润。

但由于企业过度追捧网络平台运营模式，也很快暴露出电子商务运营的弊端。首先，涉及电商行业的企业众多，但网络平台的行业针对性不够明显。在网络平台中，企业往往是一拥而上，消费者可以有全方位多方面的购物体验，但由于各个网络平台缺乏针对性，行业专业性的说服力降低。其次，涉足网络平台的门户众多，但其资质良莠不齐。能够利用网络平台进行产品销售和市场拓展的不乏各行各业的大中小型企业，同时个人的创业梦想也可以在网络平台得到实现，也正因为如此，网络平台上卖家的资质没有得到严格筛选。最后，电商行业兴起时间较短，行业规则还存在较多的漏洞，这为一些居心叵测的不良商家提供了可乘之机，也对正规的经营商家和网络的运营模式造成不可挽回的声誉影响。

(2)缺乏监管，维权困难

2015年1月23日，国家工商总局公布2014年下半年对网络交易产品的监测结果。从其数据分析结果来看，网络交易产品的真实性不容乐观，在看到这样结果的同时，也提出这样的问题：是谁纵容了网络平台上假冒伪劣产品的泛滥？当消费者遭遇假冒伪劣产品的时候，是如何处理的？

根据某网站的数据报道，消费者在网络购物的满意率仅为64.3%，而其中造成消费者不满意的包括商家的虚假宣传、售后服务和快递服务等方面。当消费者遭遇各种形式网络欺诈后，只有23%的消费者选择了维权，而剩余77%的消费者选择了沉默。对于选择维权的消费者，其中有三成消费者选择向购物网站投诉，最具有效果的政府设立的监管机构接到的投诉率不足10%。对于这样的统计结果我们不难发现，电子商务网络平台的确改变了消费者的传统消费模式，也调整了新型的消费结构，但是由于消费者不满意因素的增加，其中所涵盖的大量消极情绪势必影响电子商务的未来发展。而究其缘由，电商行业也应该进行如下的思考：

a.在消费者进行网络维权时，所进行维权的问题是否能够得到及时的解决？

b.对于政府设立的网络监管机构宣传不到位，造成大部分消费者根本不知道应该如何进行维权。

c.作为第三方的网络平台，为了避免承担连带责任，在接到消费者维权投诉时，是否偏袒商家？

当然在维权过程中，消费者所要付出的时间、精力、成本也是影响消费者维权的重要因素。

(3)配套产业的发展仍需完善

电子商务的快速发展，也带动了其他相关产业的兴起，因此，相关配套产业的发展不能忽视。电子商务在能够完善其自身发展的同时，必须对相关的行业进行合理有效的规范化。

电子商务行业存在的问题越来越突出，而消费者的关注程度也越来越高，如果电子商务行业中现在遭遇的问题不能够得到妥善的解决，或者说电子商务行业在如此现状中没有明确的立场和态度，其发展效益必然要在消费者的口诛笔伐中受到牵连。

(4)安全问题

1)电子商务中的安全隐患

a.篡改。电子的交易信息在网络传输的过程中，可能被他人非法修改、删除或重放(指只能使用一次的信息被多次使用)，从而使信息失去了真实性和完整性。

b.信息破坏。包括网络硬件和软件的问题导致信息传递的丢失与谬误，一些恶意程序导致电子商务信息遭到破坏。

c.身份识别。如果不进行身份识别，第三方就有可能假冒交易一方的身份破坏交易，败坏被假冒一方的声誉或盗窃被假冒一方的交易成果等。如果不进行身份识别，交易的一方可不为自己的行为负责任，进行否认，相互欺诈。

d.信息泄密。主要包括两个方面，即交易双方进行交易的内容被第三方窃取或交易一方提供给另一方使用的文件被第三方非法使用。

2)电子商务的安全性需求

电子商务的安全性需求可以分为两个方面，一方面是对计算机及网络系统安全性的要求，表现为对系统硬件和软件运行安全性和可靠性的要求、系统抵御非法用户入侵的要求等；另一方面是对电子商务信息安全的要求，即信息的保密性，信息的完整性，信息的不可否认性，交易者身份的真实性，系统的可靠性。

(5)税收问题

电子商务正以前所未有的速度发展，这是知识经济和经济全球化的必然结果。电子商务飞速发展并日趋成熟，越来越多的企业搬到网上经营，其结果是一方面传统交易数量减少，使现行税基受到侵蚀，另一方面由于电子商务是一个新生事物，税务部门的征管及其信息化建设还跟不上电子商务的发展，造成了网上贸易的“征税盲区”，网上贸易的税收流失问题十分严重。在电子商务税收征与不征及如何征的问题上，发达国家与发展中国家在理论与实践上都存在着较大差异，也缺乏现成的征管模式和征管办法。现在的问题具体表现为税源监管难度大，税务管理环节困难，电子商务状态下税务稽查的难度加大且效率较低。

(6)物流问题

物流管理是保证企业生产经营持续进行的必要条件。企业的生产经营活动，表现为物质资料的流入、转化、流出过程。一旦某一环节不能及时获取所需物资，企业正常的经营活动秩序将被扰乱。我国电子商务发展的另一大障碍是没有一个适应电子商务需求的全国性货物配送体系。目前，我国多数从事电子商务的公司主要依靠其内部建立的物流平台，通常其效率不高，规模不大，且较为零散。但即使是这样的内部平台，也是许多小公司所无法企及的。由此看来，国内的物流状况与电子商务交易所需的配送服务要求还有很大的差距。

(7)法律问题

电子商务的出现加快了经济全球化的进程，促进了产品、劳务和信息在全球范围的流动。然而通过互联网开展电子商务，将面临一系列的法律问题，如国际民事诉讼、隐私权、电子合同的有效性、电子商务签名的认证、电子商务中知识产权的法律保护等。出现这些问题是因为电子商务相对于传统交易方式有许多不同之处，原有法律在处理这些新问题时显示出了局限性和不足。

(8)人才问题

电子商务的发展需要跨学科领域的复合型人才，这些人才既要掌握互联网技术，又精通商务管理的知识。现代网络技术和通信技术日新月异，公众难以跟上知识和技术发展的步伐，而我国又是一个发展中国家，群众整体文化素质不高，互联网和电子商务方面的知识还非常欠缺。要促进电子商务的发展，必须在各个层次上普及上网技能和电子商务知识，才能在我国大规模推进电子商务，但我国目前非常缺乏高水平电子商务方面的复合型专业人才。电子商务技术的快速发展，使整个社会对电子商务专业人才的需求日益迫切。

本章小结

电子商务是国际商务活动发展的必然产物，互联网是电子商务发展必不可少的工具，也是电子商务的先天因素。本章首先介绍了互联网的产生与发展、互联网的应用，由此引出了电子商务的产生与发展历程，接下来，从电子商务的雏形——EDI开始，详细介绍电子商务的各种概念、电子商务的分类和优点、电子商务的框架，同时，顺应时代发展介绍了新电商的概念与特点，还介绍了电子商务对人们生活方式、企业经营以及政府事务的影响，最后，概述了电子商务发展过程中面临的各种问题，希望大家能针对这些问题，引起深思，将电子商务继续发扬光大。

课后习题

1. 简要介绍互联网的发展历程。
2. 当今互联网的应用主要体现在哪些方面？
3. 简要介绍电子商务的产生与发展经历的阶段。
4. 什么是 EDI？ EDI 的特点有哪些？
5. 谈谈你对电子商务概念的理解。
6. 电子商务的分类有哪些？
7. 与传统商务相比，电子商务的优势有哪些？
8. 什么是新电商？新电商与传统电商相比有哪些不同？
9. 谈谈电子商务对人们生活方式、企业经营以及政府事务的影响。
10. 简要叙述电子商务发展过程中面临的问题，并提出自己的见解。

实际操作训练

1. 电子商务影响你每天的生活了吗？请结合自己在电子商务方面的实际应用，完成对电子商务理解的专题报告。

2. 使用互联网资源，搜索查阅当地著名企业网站，写出一份企业电子商务状况调研报告（如企业规模、网站结构与栏目、网站提供信息量以及点击率等）。

3. 小组分工合作（要求每组不超过 4 名学生），完成某电子商务网站策划书，可以参考的主题有以下几类：

(1)三农电子商务、电子商务物流、移动电子商务。

(2)跨境电子商务、互联网金融、校园电子商务。

(3)旅游电子商务、康养电子商务、其他类电子商务。

(4)小组自拟题目。

第 2 章　电子商务模式

【引导案例】

国内提起 B2C 模式，不能不提京东商城（以下简称“京东”）。京东的快速发展已经成为 B2C 领域内的经典案例。1998 年 6 月 18 日，刘强东在中关村创业，成立京东公司。仅仅不到 3 年时间，2001 年 6 月，京东已经成为光磁产品领域最具影响力的代理商，销售量及影响力在行业内首屈一指。京东速度初现。2004 年 1 月，京东多媒体网正式上线，开始了其电子商务的第一步。2007 年 6 月，正式启用全新域名（www.360buy.com），并对网站成功改版（见图 2－1）。

图 2－1　京东官方网站

据京东官方网站披露，目前拥有超过 6 000 万注册用户，近万家供应商，京东在线销售 12 大品类的品牌产品，每天的订单处理数量超过了 500 000 单，日均页面浏览量（Page View，PV）超过 1 亿。

京东之所以能够快速成长，源于其几大优势：

第一，是其成本优势。①经营成本低。与苏宁、国美相比，京东没有门店投入，不需要支付大量的门店租金。②物流、信息流、资金流的运作效率更高，降低了财务成本。物流上，京东可以统一配送，而传统渠道则需要在不同店面之间进行调动；信息流上，京东不仅可以在后台实时更新销售和库存等数据，而且可以对消费者的购物行为进行数据分析，而传统渠道只能进行每日数据汇总和更新，对消费者的调研分析也需要巨大的投入；资金流上，京东通过上游供应商和第三方卖家可以实现巨额资金的沉淀。

不仅如此，京东在整个产业链上的运营效率更是惊人。电子商务平台平均的库存周转期大约是12天，而京东可以在7天内将供应商的产品配送给消费者。快速的供应链响应速度以及B2C平台的低成本运作，使得京东以低成本作为利器，大刀阔斧地进行市场拓展和营销推广。“价格战”在京东的快速成长中扮演着不可或缺的角色。

京东和当当网的价格战：2010年12月，京东针对当当网率先发起价格战。2011年3月14日，当当网发动图书返利大促销，展开了对京东的价格战报复。经过两轮的价格战，京东一举打响在图书单品市场的成名之战。价格战为京东不仅带来了巨额流量，也带来了天价广告效应。

京东和苏宁电器的价格战：2012年8月14日，京东CEO刘强东称，京东大家电“三年内零毛利”，所有大家电保证比国美、苏宁连锁店便宜10%以上，对国美和苏宁发动价格战。通过此次价格战，京东直指苏宁核心赢利产品——大家电。因为对京东而言，大家电的赢利水平低，以此作为突破口打击苏宁核心产品。此次价格战引发了媒体的大量关注，在带来流量和成交量的同时，京东的价格战策略也带来了一定的负面影响。国家发改委价格监督检查和反垄断局对电商“价格战”展开调查，发改委价监局调查认为，价格战过程中，有电商的促销宣传行为涉嫌虚构原价、欺诈消费者。此次“价格战”使得消费者对电商的信任度大大降低。一再的依靠“价格战”噱头吸引消费者的促销手段，渐渐对电商品牌形象造成了负面影响。

第二，是京东的品牌效应，良好的用户体验。京东以低价正品的形象，与淘宝网的中小店主形成对比，正逐渐赢得了网购人群的信赖。与中小店主不同，京东销售的产品都是成熟的品牌产品，而淘宝网上的产品则参差不齐。人们生活消费水平提高，已经从低价网购阶段慢慢转向更好的用户体验阶段。京东成立了专门的用户体验部，该部门的主要工作内容有两个方面：一是发现、跟进、改善用户购物过程中存在的问题，进行流程审查，提供满意服务；二是在体验中超越客户期望，创造全新体验，给用户带来意外惊喜。京东为更好地提高用户体验，曾推出“211限时达”“先行赔付”“上门取件”等服务，通过更好的服务用户，建立品牌忠诚度。

第三，京东拥有自建物流，能够更快地实现库存周转。对于电子商务零售业的物流配送，主要有两种模式，一是自建物流，成立专门的物流公司，二是利用第三方物流。第三方物流是指专门从事物流运输的企业。京东商城拥有自己的物流公司。这样的好处是京东能够更好地掌控物流，形成自己独特的配送服务标准，提升用户的购物体验。京东商城初期的口碑，一方面是其更低的价格，另一方面就是其物流配送服务更好。

资料来源：

百度百科 https://baike.baidu.com/item/%E4%BA%AC%E4%B8%9C/210931?fr=aladdin

京东官网 https://passport.jd.com/new/login.aspx?ReturnUrl=http%3A%2F%2Fhome.jd.com%2F

电子商务作为一种全新的商务模式，代表未来贸易方式的发展方向，也是21世纪主流商业与贸易形态。电子商务是一个没有边界的庞大的虚拟市场，世界将变成一个全新的数字化的庞大的虚拟市场。电子商务正在改变着中国的经济，改变着中国的未来，电子商务给世界经济带来的变革将势不可挡。

从目前世界所流行的电子商务模式来看，传统观点认为电子商务的发展主要有以下几种模式。

2.1 B2B 电子商务

2.1.1 B2B 电子商务概述

(1)B2B 电子商务的定义

B2B(Business to Business,商家对商家)电子商务是一种伴随着互联网技术发展起来的新型商务模式。它兴起于美国,至今为止美国仍是 B2B 最繁荣的市场。B2B 电子商务在国内被认为是提振实体经济、推进供给侧改革的利器。

B2B 模式,是最早出现、发展最完善的电子商务模式,是指企业与企业之间通过专用网络或 Internet,进行数据信息的交换、传递,开展交易活动的商业模式。它将企业内部网,通过 B2B 网站与客户紧密结合起来,通过网络的快速反应,为客户提供更好的服务,从而促进企业的业务发展。近年来,B2B 发展势头迅猛,趋于成熟。

传统的企业之间的交易往往要耗费大量资源和时间,无论是销售、分销还是采购,都要占用产品成本。通过 B2B 的交易方式,买卖双方能够在网上完成整个业务流程,从建立最初印象,到货比三家,再到讨价还价、签单和交货,最后到客户服务。B2B 减少了企业交易中的许多事务性的工作流程和管理费用,降低了企业经营成本。网络的便利及延伸性扩大了企业的活动范围,使得企业发展跨地区跨国界更方便,成本更低廉。B2B 不仅建立一个网上的买卖者群体,也为企业之间的战略合作提供了基础。任何一家企业,不论它具有多强的技术实力或多好的经营战略,要想单独实现 B2B 是完全不可能的。单打独斗的时代已经过去,企业间建立合作联盟已成为发展趋势。网络使得信息通行无阻,企业之间可以通过网络在市场、产品或经营等方面建立互补互惠的合作,形成水平或垂直形式的业务整合,从规模、实力到运作真正达到全球运筹管理的模式。

(2)B2B 电子商务的优势

B2B 电子商务的实施将带来企业成本的下降同时扩大企业收入来源,主要表现在以下几个方面:

1)降低采购成本

企业通过与供应商建立企业间电子商务,实现网上自动采购,可以减少双方为进行交易投入的人力、物力和财力。另外,采购方企业可以通过整合企业内部的采购体系,统一向供应商采购,实现批量采购,获取折扣。如 Wal-Mart 将美国 3 000 多家超市通过网络连接在一起,统一进行采购配送,通过批量采购节省了大量的采购费用。

2)降低库存成本

企业通过与上游的供应商和下游的顾客建立企业间电子商务系统,实现以销定产,以产定供,物流的高效运转和统一以及最大限度控制库存。如通过鼓励顾客网上订货,实现企业业务流程的高效运转,大大降低库存成本。

3)节省周转时间

企业可以通过与供应商和顾客建立统一的电子商务系统,实现供应商与顾客直接沟通和交易,减少周转环节。如波音公司的零配件是从供应商采购的,而这些零配件很大一部分是满足它的顾客航空公司维修飞机时使用。为减少中间的周转环节,波音公司通过建立电子商务系统实现波音公司的供应商与顾客之间的直接沟通，大大减少了零配件的周转时间。

4)扩大市场机会

企业通过与潜在的客户建立网上商务关系，可以覆盖原来难以通过传统渠道覆盖的市场，增加企业的市场机会。如通过网上直销，有 20%的新客户来自于中小企业，通过与这些企业建立企业间电子商务，大大降低了双方的交易费用，增加了中小企业客户网上采购的利益动力。

5)规模大、竞争力强

企业网站提供的是一个信息发布平台，信息由网上的各类厂家提供，内容相当丰富。这样的网站年轻，再加上结构很复杂，往往有十分强大的技术研究团队，对于搜索引擎优化的技术实施比较有保障。

(3)B2B 电子商务系统的组成

B2B 电子商务系统可以分为三个层次，如图 2－2 所示。

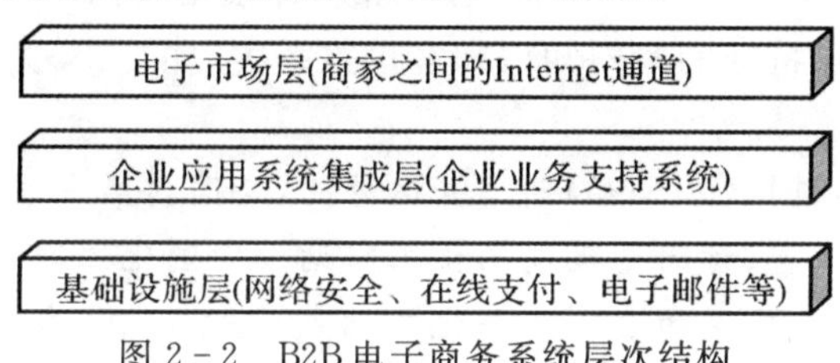

图 2－2　B2B 电子商务系统层次结构

电子市场层实现企业间交易的各项功能，包括卖方的产品目录生成、发布和搜索系统，在线订单生成和查询系统，买方的企业采购目录信息生成、发布和搜索系统，自动采购系统，在线支付用户系统等。

企业应用系统集成层实现买卖双方企业为实现交易而必须完成的企业内部作业和管理的各项功能，因而这一层可称为企业业务支持系统。这一层可以完成企业内部的各项业务工作，并实现在各个系统或部门之间的统一信息交换。其中，企业内部的各项业务工作既包括采购审批流程中的填单、核算、审批、下采购订单等基本步骤，也包括因库存和采购需求的变化而需要在企业的各个应用系统之间进行的功能切换和协调。目前，企业应用系统集成主要是指 ERP 系统、财务系统、CAD/CAM 系统、供应链管理系统、人力资源系统、后勤系统和办公自动化系统的集成和协调。

基础设施层的功能是实现网络系统安全和在线支付，如防火墙和 SET 协议的安全技术等。B2B 电子商务由于交易金额大、风险高，而企业又有自己的交易付款规则和习惯，所以对交易的支付方式或者安全级别的要求比 B2C、C2C 更加特殊。因此，网络系统安全问题是至关重要的，它是 B2B 电子商务实施的必要条件，也是基础。

2.1.2　B2B 电子商务的商务模式

B2B 电子商务有多种模式，目前企业主要采用垂直模式、综合模式和自建模式。

(1)垂直模式

面向制造业或面向商业的垂直 B2B(Direct Industry Vertical B2B)可以分为两个方向，即上游和下游。生产商或商业零售商可以与上游的供应商形成供货关系，比如戴尔电脑公司与上游的芯片和主板制造商就是通过这种方式进行合作的；生产商与下游的经销商可以形成销货关系，比如思科公司与其分销商之间进行的交易。

简单来说，这种模式下的B2B网站类似于在线商店，这类网站其实就是企业网站，就是企业直接在网上开设的虚拟商店，通过这样的网站可以大力宣传自己的产品，用更快捷更全面的手段让更多的客户了解自己的产品，促进交易达成。或者也可以是商家开设的网站，这些商家在自己的网站上宣传自己经营的商品，目的也是用更加直观便利的方法促进、扩大商业交易，这种模式最典型的代表就是中国化工网。

垂直B2B电子商务网站成功的最重要的因素是专业技能。垂直B2B电子商务网站主要面向制造业与商业，一般以直销的方式为主，其销售领域较小，往往只是特定的一个行业或者专业领域，因此，网站本身应该对这个领域相对熟悉。运作垂直网站需要较深的专业技能，专业程度越高的网站，越需要投入昂贵的人力资本。那些狭窄的、专门性的业务，才能发挥该虚拟市场的商业潜能。

垂直B2B电子商务模式还面临一个很大的挑战，即很难转向多元化经营或向其他领域渗透，这是由其具备鲜明行业特征的专门知识和客户关系决定的。

【引申阅读】

中国化工网是由网盛科技(002095)创建并运营的，是国内第一家专业化工网站，也是目前国内客户量最大、数据最丰富、访问量最高的化工网站。中国化工网建有国内最大的化工专业数据库，内含40多个国家和地区的2万多个化工站点，含25 000多家化工企业，20多万条化工产品记录；建有包含行业内上百位权威专家的专家数据库；每天新闻资讯更新量上千条，日访问量突破1 000 000人次，是行业人士进行网络贸易、技术研发的首选平台。

公司拥有一支由博士、硕士、学士组成的层次合理的技术开发队伍、市场开拓及服务队伍，现有员工1 000余人，平均年龄26岁，98%为大学本科以上学历。公司先后在北京、上海、广州、南京、济南、成都、沈阳、韩国首尔、美国西雅图等地设立了分支机构，形成遍布全国、辐射全球的市场及服务体系。

它提供橡塑、化工、冶金、纺织、能源、农业、建材、机械、电子、电工、五金、仪器、汽车、照明、安防、服装、服饰、家电、百货、礼品、家具、食品等40多个大类商品的在线采购批发和营销推广服务(见图2-3)。

图2-3 中国化工网主页

资料来源：百度百科 https://baike.baidu.com/item/%E4%B8%AD%E5%9B%BD%E5%8C%96%E5%B7%A5%E7%BD%91

(2)综合模式

这种交易模式是水平 B2B，面向中间交易。它是将各个行业中相近的交易过程集中到一个场所，为企业的采购方和供应方提供一个交易的机会，这类网站既不是拥有产品的企业，也不是经营商品的商家，它只提供一个平台，在网上将销售商和采购商汇集起来，采购商可以在其平台上查到销售商的有关信息和销售商品的有关信息，这种模式最典型的代表就是阿里巴巴(见图 2-4)。

图 2-4　阿里巴巴主页

【引申阅读】

阿里巴巴网络技术有限公司(以下简称“阿里巴巴集团”)是以曾担任英语教师的马云为首的 18 人于 1999 年在浙江杭州创立的。阿里巴巴集团不仅是全球电子商务的领导者，而且是中国最大的电子商务公司。阿里巴巴集团经营多项业务，另外也从关联公司的业务和服务中取得经营商业生态系统上的支援。业务和关联公司的业务包括：淘宝网、天猫、聚划算、全球速卖通、阿里巴巴国际交易市场、1688、阿里妈妈、阿里云、蚂蚁金服以及菜鸟网络等。

2003 年 5 月，马云投资 1 亿元人民币建立个人网上贸易市场平台——淘宝网。2004 年 10 月，阿里巴巴集团投资成立支付宝公司，面向中国电子商务市场推出基于中介的安全交易服务。2014 年 9 月 19 日，阿里巴巴集团在纽约证券交易所正式挂牌上市，股票代码“BABA”。2017 年 11 月 11 日全天，天猫双 11 全球狂欢节总交易额达到 1 682 亿元人民币。11 月 20 日，阿里巴巴集团与欧尚零售、润泰集团宣布达成新零售战略合作。2018 年 2 月 1 日，阿里巴巴集团获得蚂蚁金服 33%的股权。2 月 5 日，阿里巴巴集团出资 46.8 亿元收购万达集团持有的万达电影 7.66%的股份。4 月，阿里巴巴集团联合蚂蚁金服以 95 亿美元对饿了么完成全资收购。4 月 20 日，阿里巴巴集团宣布全资收购杭州中天微系统有限公司。5 月 3 日，阿里巴巴集团宣布全资收购北京先声互联科技有限公司。5月10日，百度(香港)有限公司持有的饿了么股权转让给阿里巴巴，总金额为4.88亿美元。

资料来源：百度百科 https://baike.baidu.com/item/%E9%98%BF%E9%87%8C%E5%B7%B4%E5%B7%B4%E9%9B%86%E5%9B%A2/9087864?fromtitle=%E9%98%BF%E9%87%8C%E5%B7%B4%E5%B7%B4&fromid=33&fr=aladdin

企业通过这种模式进行交易具有以下突出的优点。

a. 网络商品中介为买卖双方展现了一个巨大的世界市场。以中国商品交易中心为例，这个中心控制着从中心到各省份中心、各市交易分部及各县交易所的所有计算机系统，构成了覆盖全国范围的“无形市场”。这个计算机网络能够储存中国乃至全世界的几千万个品种的商品信息，可联系千万家企业和商贸单位。每一个参加者都能够充分地宣传自己的产品，及时沟通交易信息，最大限度地完成产品交易。这样的网络商品中介机构还通过网络彼此连接起来，进而形成全球性的大市场。这个市场是由全球拥有电脑、电话和调制解调器的因特网用户，即国际消费者组成，其数目不可估量。

b. 网络商品交易中心可以有效地解决传统交易中“拿钱不给货”和“拿货不给钱”两大难题。在买卖双方签订合同前，网络商品交易中心可以协助买方对商品进行检验，只有符合质量标准的产品才可入网。这就杜绝了商品“假、冒、伪、劣”问题，使买卖双方不会因质量问题产生纠纷。合同签订后便被输入网络系统，网络商品交易中心的工作人员开始对合同进行监控，关注合同的履行情况。如果出现一方违约的现象，系统将自动报警，合同的执行就会被终止，使买方或卖方避免受到经济损失。如果合同履行顺利，货物到达后，网络商品交易中心的交割员将协助买方共同验收。买方在验货合格后，在24小时内将货款转到卖方账户后方可提货，卖方也不用再担心“货款拖欠”的问题。

c. 在结算方式上，网络商品交易中心一般采用统一集中的结算模式，即在指定的商业银行开设统一的结算账户，对结算资金实行统一管理，有效地避免了多形式、多层次的资金截留、占用和挪用，提高了资金风险防范能力。这种指定委托代理清算业务的承办银行大都以招标形式选择，有商业信誉的大商业银行常常成为中标者。

综合B2B模式主要适用于中小型企业，特别是那些急需拓展市场，但又缺乏资金实力和技术力量建立电子商务系统的企业。当然，大企业在自己建立电子商务系统不划算的情况下也可以采用此模式。

(3)自建模式

自建B2B模式是大型行业龙头企业基于自身的信息化建设程度，搭建以自身产品供应链为核心的行业化电子商务平台。行业龙头企业通过自身的电子商务平台，串联起行业整条产业链，供应链上下游企业通过该平台实现资讯、沟通、交易。但此类电子商务平台过于封闭，缺少产业链的深度整合。目前国内自建网站运作B2B模式的大型企业有海尔、联想等。

2.1.3 B2B电子商务的网站经营模式

中国比较成功的B2B网站却并非所有都是在线交易模式，尤其是B2B行业网站，许多都没有做在线交易，更多是以基于交易为目的的网络营销推广和打造品牌知名度。根据对当前比较成功的B2B行业网站的分析研究,总结了10种B2B行业网站经营模式,以及相应的组合方案。

(1)以提供产品供应采购信息服务为主要经营模式的B2B行业网站

这类网站要建立分类齐全、产品品种多、产品参数完善、产品介绍详细的产品数据库,尤其要注重产品信息的质量,要不断更新,有最新、最真实、最准确的产品信息要及时发布,全面提升采购体验,吸引更多采购商和供应商来网站发布、浏览、查找信息。该类网站主要是向中小供应商企业收取会员费、广告费,以及竞价排名费、网络营销基础服务费等。

(2)以提供加盟代理服务为主要经营模式的B2B行业网站

产品直接面对消费者的企业,一般会找加盟商、代理商来销售产品,这种企业一般的经营模式为"设计+销售"类型或"设计+生产+销售"类型。此类网站都是围绕品牌公司、经销商的需求来设计功能和页面,比如服装网站,就要做好动态、图库、流行趋势等行业资讯内容,全面收集服装品牌信息,建立数量大、准确度高的加盟商、代理商数据库。这类网站的赢利模式主要是收取品牌企业的广告费、会员费,尤其是广告费会占大部分比例。

(3)以提供生产代工信息服务为主要经营模式的B2B行业网站

由于中国是制造业大国,很多企业都在做出口或内销的代加工,以及为制造企业提供"商务服务"的一些服务型企业,企业之间的交易属于代工。

这类网站赢利模式为向工厂收取费用,为工厂寻找更好的订单,通过提供实地看厂拍照,确保主推工厂生产实力信息的真实、丰富和准确。

(4)以提供小额在线批发交易服务为主要经营模式的B2B行业网站

经营这类网站,要非常了解零售商的需求,建立完善的在线诚信体系、完善的支付体系,产品种类丰富、信息详细,当前综合、大行业的网站更易成功。

(5)以提供大宗商品在线交易服务为主要经营模式的B2B行业网站

这类网站的赢利模式主要就是收取交易佣金,提供行业分析报告,举办行业会议等。对于买卖双方诚信审核、支付的安全性、物流的快捷等,可采用第三方合作伙伴来解决。要进入这类网站首先要选好行业,其次门槛也比较高,可以在一些新兴的市场发展。

(6)以提供企业竞争性情报服务为主要经营模式的B2B行业网站

提供竞争性情报服务的行业网站指的是提供对企业的市场、销售、经营管理决策等有帮助的信息的行业网站。仅从这种模式来讲,只能算是行业网站,但是这种网站往往也有产品供求栏目,有的还有大宗商品交易平台,我们一般都列入B2B行业网站。

适合那些从这类网站辞职的分析员,以及行业协会、商会、贸易商等同行业,具有一定行业背景的专业人士来开办。这类市场需求比较大,很多行业都允许几个网站同时存在。该类网站的赢利模式包括会员费、销售报告、咨询、期刊、会议、广告费等。

(7)以商机频道+技术社区服务为主要经营模式的B2B行业网站

技术社区的赢利模式包括:招聘求职服务、技术会议服务、培训学校广告、软件广告服务、设备广告等。更重要的是为商机栏目增加用户黏性,运营时要服务好技术新手和技术高手,让高手在社区展示自己和产品,并能获得精神满足,让新手通过向技术高手提问学习知识,这样技术社区才能有内在的推动力,获得长远的、持续不断的发展。该类网站一般包括问答、博客、图库、招聘求职、下载、个人空间、微博、会议等栏目。

(8)以 B2B 行业网站+《商情期刊》《行业大全》服务为主要经营模式

一定要注意控制成本,杂志开始不要印刷得太多,同时多采用线下渠道来推广,一般都是参加全国各地的展会免费派发,以及通过快递免费派发给目标读者和广告客户,找到更认可纸媒的客户,发行一定要精准。该类网站的赢利模式为封面、前彩页广告,内插页、页眉、页脚、书签、总目录右边等广告位,都可以赠送给购买前彩页及封面、封底的客户,包括访谈、软文等推广服务,还能提高网站的诚信度。

(9)以 B2B 行业网站展览、会议服务为主要经营模式

这类网站一般在举办会议的时候,需要与行业高层建立良好关系,包括协会、地方政府、高校、科研院所,会议才能显得更高端一些,才会有更多的企业高层参会。可以结合 B2B 行业社区来运营,通过社区吸引行业用户的关注,然后将这些用户集中在一起开会,解决问题。

(10)以 B2B 行业网站+域名空间+网站建设+搜索引擎优化服务为主要经营模式

要做好这类网站,要求团队有企业网站建设操作经验、行业网站运营经验、企业站搜索引擎优化排名经验。一些有企业网站建设背景、企业网络营销推广服务背景的公司可以选择这种模式来建设 B2B 行业网站,赢利模式也比较成熟。只是很多公司由于缺少 B2B 行业网站运营背景,结果 B2B 行业网站就成了一个摆设,并未发挥实质性的推广作用。成功运营 B2B 行业网站的公司选择这样的经营模式更能成功。

2.2 B2C 电子商务

2.2.1 B2C 电子商务概述

(1)B2C 电子商务的定义

B2C(Business to Consumer)电子商务是企业通过互联网向个人网络消费者直接销售产品和提供服务的经营方式。B2C 即企业通过互联网为消费者提供一个新型的购物环境——网上商店,消费者通过网络在网上购物、在网上支付。B2C 模式也可以分为两种,第一种是企业与个人消费者通过网络进行产品销售和购买,是有形商品的交易,第二种是企业与个人消费者通过网络提供服务和得到服务,是无形商品的交易。

(2)B2C 网站的功能

一个好的 B2C 网站最主要的功能,也就是比较共性的功能,从使用角度来讲主要包括以下几个方面:

a. 商品的展现:告诉用户本网站主要卖什么商品、什么价格;

b. 商品的查找:让用户快速找到自己感兴趣的商品;

c. 购物车的添加和查看:告诉用户已经挑选过什么商品;

d. 配送的方法:告诉用户如何才能把商品拿到手;

e. 订单的结算和支付:告诉用户应该支付多少钱和支付的手段;

f. 注册登录:获得用户有效信息;

g. 客户中心:告诉用户都买过什么商品;

h. 帮助、规则、联系方式等相关页面展现。

(3)B2C **的特点**

a. B2C 购物没有任何限制。只要用户在需要的时间登录网站,就可以挑选自己需要的商品。

b. 购物成本低。对于网络商品购买者,他们挑选、对比各家的商品,只需要登录不同的网站,或选择不同的频道就可以在很短的时间内完成,而且可以直接由商家负责送达。

c. 网上商品价格相对较低。网上的商品与传统商场相比价格相对便宜,因为网络可以省去传统商场无法省去的相关费用,商品的附加费用低,所以商品的价格也就低了。

d. 个性化服务。网络可以方便、快捷地为消费者提供个性化的服务。

e. 网上商店中的商品种类多,没有营业面积限制。它可以包含国内外的各种产品,充分体现了网络无地域的优势。

f. 商品容易查找。网络商店中基本都具有店内商品的分类、搜索功能,通过搜索,购买者可以很方便地找到需要的商品。

2.2.2　B2C 电子商务的商务模式

(1)无形产品和劳务的电子商务模式

这种经营模式又可分为网上订阅模式、付费浏览模式、广告支持模式和网上赠与。

1)网上订阅模式

网上订阅模式指的是企业通过网页安排向消费者提供网上直接订阅,消费者直接浏览信息的电子商务模式。网上订阅模式主要被商业在线机构用来销售报纸杂志、有线电视节目等,图 2-5 所示为《人民日报》电子版。

图 2-5　《人民日报》电子版

2)付费浏览模式

付费浏览模式指的是企业通过网页安排向消费者提供计次收费性网上信息浏览和信息下载的电子商务模式。付费浏览模式让消费者根据自己的需要,在网站有选择地购买一篇文章、一章书的内容或者参考书的一页。在数据库里查询的内容也可付费获取。另外,一次性付费参与游戏娱乐将会是很流行的付费浏览方式之一,其典型代表是中国知网(见图 2-6)。

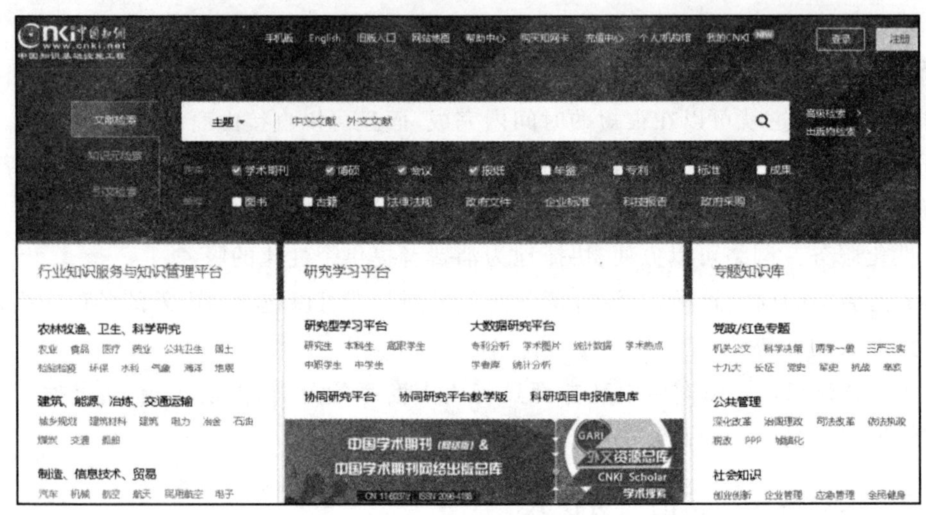

图 2-6　中国知网主页

付费浏览模式是目前电子商务中发展较快的模式之一。该模式的成功应具备以下条件:①消费者必须事先知道要购买的信息,并且该信息值得付费获取;②信息出售者必须有一套有效的交易方法,而且该方法要允许较低的交易金额,例如,对于只是获取一页信息的小额交易,目前广泛使用的信用卡付款方式就需改进,因为信用卡付款手续费可能比实际支付的信息费还要高。随着小额支付方式的出现,付费浏览模式会有进一步发展。

网上信息出售者最担心的是知识产权问题。他们担心客户从网站上获取了信息,而后又再次分发或出售。一些信息技术公司针对这个问题开发了网上信息知识产权的保护技术。信息购买者可作为代理人将信息再次出售,而且给予代售者一定的佣金,这样就鼓励了信息的合法传播。

3)广告支持模式

广告支持模式是指在线服务商免费向消费者或用户提供信息在线服务,而营业活动全部用广告收入支持。此模式是目前最成功的电子商务模式之一。由于广告支持模式需要上网企业的广告收入来维持,因此该企业网页能否吸引大量的广告就成为该模式能否成功的关键。而能否吸引广告又主要依靠网站的知名度,知名度又依靠该网站被访问的次数。广告网站必须对广告效果提供客观的评价和测度方法,以便公平地确定广告费用的计费方法和计费额。

这种模式的前提是网站的高访问量,一般通过提高免费信息内容或免费服务来获取,这样的例子主要以新浪、搜狐、雅虎等大型的门户网站居多。

4)网上赠与模式

网上赠与模式是一种非传统的商业运作模式,是企业借助于国际互联网用户遍及全球的优势,向互联网用户赠送软件产品,以扩大企业的知名度和市场份额。让消费者免费使用该产品，其目的在于让消费者付费下载一新版本的软件或购买另外一个相关的软件。由于所赠送的是无形的计算机软件产品，而用户是通过国际互联网自行下载，因而企业所投入的分拨成本很低。因此，如果软件确有其实用特点，那么是很容易让消费者接受的。

网上赠与模式的实质就是“试用，然后购买”。用户可以从网站上免费下载喜欢的软件，在真正购买前对该软件进行全面的评测。以往人们在选择和购买软件时是靠介绍和说明以及人们的口碑，而现在可以免费自选下载，试用 60 天或 90 天后，再决定是否购买，比如瑞星杀毒软件。

(2)实物商品的电子商务模式

实物商品指的是传统的有形商品，这种商品和劳务的交付不是通过电脑的信息载体，而仍然通过传统的方式来实现，网上成交额有增无减，图 2－7 所示为天猫网首页。

图 2－7　天猫首页

网上实物商品销售的特点主要是在线销售的市场扩大了。与传统的店铺销售相比，网上销售可以将业务拓展到世界的各个角落。例如，美国的一种创新产品“无盖凉鞋”，其网上销售的订单有 2 万美元是来自南非、马来西亚和日本。一位日本客户向坐落在美国纽约的食品公司购买食品，付出的运费相当于产品的价值。然而，客户却非常满意，因为从日本当地购买相同的产品，价格更高。

(3)综合模式

实际上，多数企业网上销售并不是仅仅采用一种电子商务模式，而往往采用综合模式，即将各种模式结合起来实施电子商务。Web Golf 是一家有 3 500 页有关高尔夫球信息的网站。其中 40％的收入来自于订阅费和服务费，35％的收入来自于广告，还有 25％的收入是该网址专业零售点的销售收入。该网址已经吸引了许多大公司的广告，如美洲银行、美国电报电话公司等。专业零售点开始两个月的收入就高达 10 万美元。这家网站采用的就是综合模式。

网上的一些零售商店之所以能吸引广告，就是因为虚拟商店本身的名气很大。而在传统的类似实物商店中，一般商店的广告都与经营的商品有关，网上虚拟商店中的这种交叉广告并不十分常见。

由此可见，在网上销售中，一旦确定了电子商务的基本模式，企业不妨考虑一下采取综合模式的可能性。例如，一家旅行社的网站向客户提供旅游在线预订业务，同时不妨也接受度假村、航空公司、饭店和旅游促销机构的广告，如有可能还可向客户提供一定的折扣或优惠，以便吸引更多的生意。一家书店不仅销售书籍，还可以举办“读书俱乐部”活动，接受来自于其他行业和其他零售商店的广告。企业在网上尝试综合电子商务模式有可能会带来额外的收入。

2.2.3 B2C网上商城的类型

(1)综合商城

如同传统商城一样。它有庞大的购物群体、稳定的网站平台、完备的支付体系、诚信安全体系(尽管仍然有很多不足)，方便卖家进去卖东西，买家进去买东西。

线上的商城，在人气足够、产品丰富、物流便捷的情况下，还具有低成本、24小时不打烊、无区域限制、更丰富的产品等优势，体现着网上综合商城即将获得交易市场的一个角色。

这种商城在线下是以行政区域来划分的，每个大的都市总有三五家大型综合商城。

(2)百货商店

商店，谓之店，说明卖家只有一个；而百货，即满足日常消费需求的丰富产品线。这种商店有自有仓库，有库存系列产品，具备更快的物流配送和客户服务。这种店甚至会有自己的品牌。就如同线下的沃尔玛、屈臣氏。

(3)垂直商店

这种商店的产品存在着更多的相似性，要么是满足于某一人群的，要么是满足于某种需要的，抑或某种平台的(如电器)。

(4)复合品牌店

苏宁、国美都属于复合品牌店。随着电子商务的成熟，会有越来越多的传统品牌商加入电商战场。

(5)服务型网店

服务型网店越来越多，都是为了满足人们不同的个性需求，甚至可以帮你排队买饮料，预计网店未来竞争会朝这个方向发展。

(6)导购引擎型

导购类型的网站使购物的趣味性、便捷性大大增加，同时诸多购物网站都推出了购物返现，少部分推出了联合购物返现。这些都用来满足大部分消费者的需求，许多消费者已经不单单满足直接进入B2C网站购物了，购物前都会通过一些导购网站。

(7)在线商品定制型

商品定制是一条走长尾的产业，很多客户可能看中商品的某一点，但是却不得不花钱购买整个商品，而商品定制恰恰能解决这一问题，让消费者参与商品的设计中，得到自己真正需要和喜欢的商品。

(8)在线礼品送礼型

如今传统的送礼方式已经越走越窄，价格越来越透明，各个礼品企业的利润也越来越少。但中国是礼仪之邦，重礼仪，尚往来。据不完全统计，全国每年各种送礼金额达到五千亿元人民币以上，且每年增长率达12%左右。传统的礼品企业纷纷向电子商务网站方向发展，以另一种“收礼自选”礼品册的模式，完成了从做礼品到做送礼服务的转变。

2.2.4　B2C 电子商务的赢利模式

通常我国 B2C 网站所实现的营业收入大多数是企业在参与价值链过程中自身创造的。其主要来源有以下四种。

(1)产品销售营业收入模式

以产品交易作为收入的主要来源是多数 B2C 网站采用的模式。这种 B2C 网站又可细分为两种：销售平台式网站和自主销售式网站。

1)销售平台式网站

网站并不直接销售产品，而是为商家提供 B2C 的平台服务，通过收取虚拟店铺出租费、交易手续费、加盟费等来实现赢利，天猫商城就是典型代表。天猫提供天猫商城这一 B2C 平台，向加入天猫商城的商家收取一定费用，并根据提供服务级别的不同收取不同的服务费和保证金。

2)自主销售式网站

与销售平台式不同，自主销售式需要网站直接销售产品。与销售平台相比运营成本较高，需要自行开拓产品供应渠道，并构建一个完整的仓储和物流配送体系或者发展第三方物流加盟商，将物流服务外包。

(2)网络广告收益模式

网络广告收益模式是互联网经济中比较普遍的模式，B2C 网站通过免费向顾客提供产品或服务吸引足够的“注意力”从而吸引广告主投入广告，通过广告赢利。相对于传统媒体来说，广告主在网络上投放广告具有独特的优势：一方面，网络广告投放的效率较高，一般按照广告点击的次数收费。另一方面，B2C 网站可以充分利用网站自身提供的产品或服务的不同来分类消费群体，对广告主的吸引力也很大。

(3)会员制收益模式

B2C 网站对会员提供便捷的在线加盟注册程序、实时的用户购买行为跟踪记录、准确的在线销售统计资料查询及完善的信息保障等。收费会员是网站的主要会员，会员数量在一定程度上决定了网站通过会员最终获得的收益。网站收益的多少主要取决于自身推广的努力程度。比如网站可以适时举办一些优惠活动并给予收费会员更优惠的会员价，与免费会员形成差异，以吸引更多的长期顾客。

(4)网站的间接收益模式

除了能够将自身创造的价值变为现实的利润，企业还可以通过价值链的其他环节实现赢利。

1)网上支付收益模式

当 B2C 网上支付拥有足够的用户，就可以考虑通过其他环节来获取收入的问题。以天猫为例，有近 90%的淘宝用户通过支付宝支付，带给天猫巨大的利润空间。天猫不仅可以通过支付宝收取一定的交易服务费用，而且可以充分利用用户存款和支付时间差产生的巨额资金进行其他投资赢利。

2)网站物流收益模式

我国 B2C 电子商务的交易规模已经达到数百亿元，由此产生的物流市场也很大。将物流纳为自身的服务,网站不仅能够占有物流的利润,还使得用户创造的价值得到增值。不过,物流行业与互联网信息服务有很大的差异,B2C 网站将物流纳为自身服务的成本非常高,需要建立实体配送系统,而这需要有强大的资金做后盾,京东就是典型代表。

2.3 C2C 电子商务

2.3.1 C2C 电子商务概述

(1)C2C 电子商务的定义

C2C,即 Customer(Consumer) to Customer(Consumer),是消费者通过互联网与消费者之间进行的个人交易。也可以说是消费者与消费者之间,通过网络进行产品或服务的经营活动。

C2C 电子商务平台就是通过为买卖双方提供一个在线交易平台,使卖方可以主动提供商品上网拍卖,而买方可以自行选择商品进行竞价,C2C 的典型代表是淘宝网、拍拍网等。

【引申阅读】

淘宝网是亚太地区较大的网络零售商圈,由阿里巴巴集团在 2003 年 5 月创立。淘宝网是中国深受欢迎的网购零售平台,拥有近 5 亿的注册用户数,每天有超过 6 000 万的固定访客,同时每天的在线商品数已经超过 8 亿件,平均每分钟售出 4.8 万件商品。

截至 2011 年年底,淘宝网单日交易额峰值达到 43.8 亿元,创造 270.8 万直接且充分就业机会。随着淘宝网规模的扩大和用户数量的增加,淘宝网也从单一的 C2C 网络集市变成了包括 C2C、团购、分销、拍卖等多种电子商务模式在内的综合性零售商圈。2011 年 6 月,阿里巴巴集团将淘宝网分拆成一淘网、淘宝网以及淘宝商城三间公司。

2016 年 3 月 29 日,在杭州召开 2016 年度卖家大会,阿里巴巴集团 CEO 张勇在会上为淘宝网的未来明确了战略:社区化、内容化和本地生活化是三大方向。

淘宝网提倡诚信、活跃、快速的网络交易文化,坚持"宝可不淘,信不能弃。"在为淘宝会员打造更安全高效的网络交易平台的同时,淘宝网也全力营造和倡导互帮互助、轻松活泼的家庭式氛围。

淘宝网充分赋予大数据个性化、粉丝工具、视频、社区等工具,搭台让卖家唱戏。利用优酷、微博、阿里妈妈、阿里影业等阿里生态圈的内容平台,紧密打造从内容生产到内容传播、内容消费的生态体系。

根据用户的需求,除了进行中心化供给和需求匹配,并形成自运营的内容生产和消费传播机制以外,还会基于地理位置,让用户商品和服务的供给需求能够获得更好的匹配。

资料来源:百度百科 https://baike.baidu.com/item/%E6%B7%98%E5%AE%9D%E7%BD%91/112187?fr=aladdin

C2C 电子商务模式的产生以 1998 年易趣网的成立为标志,C2C 交易是电子商务中最活跃的交易行为,几乎每秒钟都有人在 C2C 网站上达成交易。作为个体消费者最容易介入的一种电子商务模式,C2C 已经越来越多地融入并影响着人们的生活。据 CNNIC 调查数据显示,截至 2017 年 12 月,我国网络购物用户规模达到 5.33 亿人,较 2016 年增长 14.3%,占网民总体的 69.1%。

(2)C2C 电子商务的交易流程

C2C 电子商务的交易流程可分为两种类型:一口价交易和拍卖交易。一口价交易流程如图 2-8 所示,卖家用一口价的方式发布多个商品,然后上架;买家进入系统后,搜索自己所需的产品,并浏览该商品,选择一口价的商品后,立刻购买,然后通过支付平台付款;卖家选择合适的物流公司进行发货;买家输入支付平台支付密码,确认收货,这样一口价的交易就完成了;交易完成后,买卖双方互相评分。C2C 网上拍卖交易的主要流程如图 2-9 所示。竞拍方的主要工作是浏览搜索商品、参与商品竞拍、联系成交、付款收货。拍卖方的主要工作是上传拍卖商品、修改确认拍卖品、联系成交、发货收款。

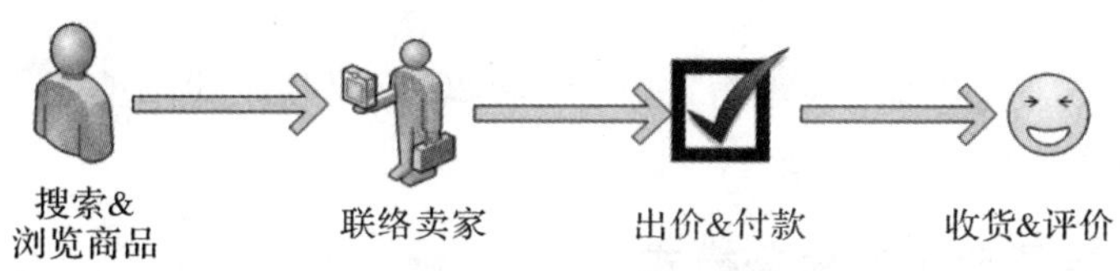

图 2-8　一口价交易流程

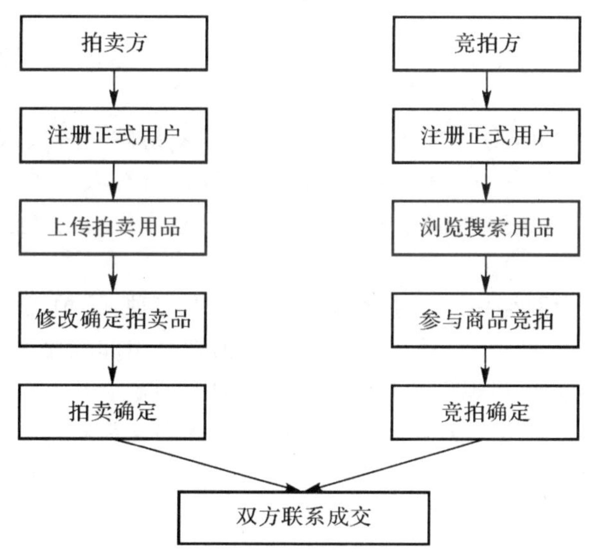

图 2-9　网上拍卖交易流程

(3)C2C 电子商务的特点

与其他电子商务模式比较,C2C 电子商务具有以下特点。

1)C2C 电子商务网站上用户庞杂

C2C 电子商务网站具有开放性和免费性,因此 C2C 电子商务网站的用户注册量庞大,而且各阶层的人都可以进入,用户身份复杂,而且,很多卖家同时又是买家,即不少用户同时具有买家和卖家的双重身份。在 C2C 电子商务网站上开店的用户有些并不以赚钱为目的,而只是为了出售一些自己的闲置物品,甚至有些只是将其作为一种消遣娱乐。

2)C2C 电子商务网站上商品多但质量参差不齐

由于 C2C 平台上卖家众多,所以出售物品的信息也十分庞杂。C2C 电子商务网站就像把我们传统的大商场、特色小店、地摊和跳蚤市场统统融合在一起。C2C 电子商务网站上不仅有衣服、鞋帽、化妆品、家电、书籍等常用物品，也有各种各样的特殊产品，如游戏点卡、个人收藏、顶级奢侈品等等。此外，商品的质量也参差不齐：既有全新的，也有二手的；既有正品的，也有仿冒的；既有大工厂统一生产的，也有小作坊个人制作的。

3）C2C 电子商务网站交易次数多，但单次的成交额较小

由于 C2C 模式是针对消费者个人买卖的交易平台，参与交易的双方往往都是个人，尤其是买家，他们购买的物品通常都是单件的，数量很少，和 B2B 模式完全相反。C2C 交易模式的先天性特点是"本小利薄"，数量小、批次多是目前绝大部分中国 C2C 卖家所面临的现实。

4）缺乏自主性

C2C 交易中一旦发生纠纷，很难解决；另外，C2C 交易模式没有自己的物流体系，大部分依赖第三方物流体系。

2.3.2 C2C 电子商务的商务模式

目前 C2C 电子商务的商务模式主要有拍卖平台和店铺平台。

(1)拍卖平台模式

这种方式是 C2C 电子商务企业为买卖双方搭建拍卖平台，按比例收取交易费用。

1）网络拍卖的定义

网络拍卖(Auction Online)是通过因特网进行在线交易的一种模式。网络拍卖指网络服务商利用互联网通信传输技术，向商品所有者或某些权益所有人提供有偿或无偿使用的互联网技术平台，让商品所有者或某些权益所有人在其平台上独立开展以竞价、议价方式为主的在线交易模式。

目前大多数观点认为网络拍卖的主体大致分为以下三种：①拍卖公司。拍卖公司的网站一般多用于宣传和发布信息，属于销售型网站。②拍卖公司和网络公司或其他公司相联合。两者都属于拍卖公司为实现其现实空间(实际生活)中的既有业务而在网络空间上的延伸。③网络公司。网络公司在网络拍卖中提供交易平台服务和交易程序，为众多买家和卖家构筑了一个网络交易市场(Net-markets)，由卖方和买方进行网络拍卖，其本身并不介入买卖双方的交易。

2）网络拍卖的分类

网络拍卖按照专业程度可分为以下两种：

a. 专门的拍卖网站。网站从事的主要活动就是专门进行各种物品的网上拍卖，以竞价方式为主要的交易方式，网站的主要收入来源于网上拍卖业务。例如易趣网。

b. 门户网站上的拍卖服务或拍卖频道。互联网上的大部分网站向网上用户提供的主要服务并不是网络拍卖。这些网站在自己的网页中加入拍卖服务或开通过拍卖频道，目的是通过网络拍卖吸引更多的注册用户，以此作为营销手段，增加其网上零售的交易额，例如淘宝网的"司法拍卖"频道。另外有些门户网站本身就拥有众多的注册用户，这为其网络拍卖业务发展提供了客户基础，而拍卖业务又为它带来了更多的用户点击率，并创造可观的收入。

网络拍卖按照网站的经营者可分为以下两种：

a. 无拍卖主体资格的拍卖网站。一般将这类网站称为"竞价网站"。它们是由网络技术公司经营的，只是一个虚拟的全天候服务的网上拍卖交易载体，不具备《中华人民共和国拍卖法》

中所要求的拍卖人资格。网上拍卖交易多以一般消费品和二手货为主，网络技术公司通常不承担拍卖交易中的法律责任，也不对拍卖商品的品质作担保。

b.有拍卖主体资格的拍卖网站。这些拍卖网站由传统拍卖公司经营。经营者具有《中华人民共和国拍卖法》规定的拍卖主体资格，强调拍卖过程的合法性和对拍品品质的保证。这类拍卖网站目前数量极少。专业型的拍卖网站又可细分为两种：一种是仅将网站当作企业传统拍卖业务的宣传窗口；另一种则是在网上推行实时拍卖，使网上拍卖与传统拍卖相结合。

3)网络拍卖中拍卖标的类型

网络拍卖中，拍卖标的的种类日益增多。大至太空舱残骸，小至价格低廉的日用消费品都被搬到网上进行拍卖，使网上拍卖更像平民化的竞价交易。拍卖标的主要有以下几种：

a.“低度触摸”的商品。在网络拍卖刚兴起时，网站上展示的拍品大多是“低度触摸”的商品，如计算机、书籍、CD等。这些商品的成交量较高，竞买人无须试用或当面检验就能放心购买。而另一类属于“高度触摸”的商品，如衣服、鞋子等，竞买人在竞买前喜欢看看质地，试试尺寸，这些物品在网络拍卖中略显冷清。但是现在，“低度触摸”和“高度触摸”的界限正在消失。例如拍卖衣物时，拍卖网站可提供一个标准尺码以供竞买人作参照。

b.标准化产品。网络拍卖中的大部分拍品是标准化产品，能进行反复复制，同类商品在品质上无差别，如书籍、音像制品等。它们易用文字进行准确描述，竞买人可根据网站上拍品的文字描述和图片外观来决定是否竞买。

c.艺术收藏品。艺术收藏品在传统拍卖中是最主要的拍品，而且艺术收藏品拍卖发展至今已趋于成熟，但是网上艺术收藏品拍卖刚起步。竞买人很难仅仅凭借一张拍品的照片就判断拍品的真伪和品质，且那些价值昂贵、年代久远的艺术收藏品的具体情况不易用简单的语言清楚准确地描述。所以，网络拍卖中价格高昂的艺术收藏品一般乏人问津，最易成交的大多是中低价格的艺术品。

(2)店铺平台模式

这种方式是电子商务企业提供平台方便个人在上面开设店铺，以会员制的方式收费，也可通过广告或提供其他服务收取费用。这种平台也可称作网上商城。

不同网上商城的功能、服务、操作方式和管理水平相差较大，理想的网上商城具有这样的基本特征：①良好的品牌形象、简单快捷的申请手续、稳定的后台技术、快速周到的顾客服务、完善的支付体系、必要的配送服务，以及售后服务保证措施等等。②有尽可能高的访问量、具备完善的网店维护和管理、订单管理等基本功能，并且可以提供一些高级服务，如对网店的推广、网店访问流量分析等。③收费模式和费用水平也是重要的影响因素之一。

1)网上商店的交易方法

通过网上商城进行网上交易应当保证购物的方便，首先应当了解消费者网络购物的一般步骤及网上商店的业务流程。

消费者网上购物的一般步骤：①进入网上商城首页，挑选所要的商品。利用网上商店首页所提供的分类、目录或搜索功能，浏览商品的说明、功能、价格、付款方式、送货条件、退货条件、售后服务等等信息，看看是否符合需求，决定是否订购。②订购。若决定购买，订购时可使用该网上商店的订购程序直接输入，即可通过在线形式直接下订单。③付款。通常一家网上商店会有多种付款方式可供选择，选择一种自己认为最好的付款方式并支付货款，基本上就完成在线购物了，接下来只要等候商品送到手中。④获得商品。实体商品利用传统的配送渠道，如邮寄、快递、货运公司等来传送,数字化商品则可以通过网络直接传送。

一般情况下,网上商店的业务流程是密切按照顾客网上购物的步骤,再根据商店本身的特点量身定制的,以求合理利用资源。目前网上商店的业务流程大同小异,一般有以下几个步骤:①注册用户。通常,没有进行注册的浏览者不能进行网上交易。注册用户的作用在于获得用户的联系方式以便送货,或进行购物确认。如果顾客已经注册,则应当提供用户登录窗口。②选择商品。用户根据需要或直接搜索或分类查找,找到所需商品后,应当可以即时订购此商品。最好的解决方法是提供购物车功能。③下订单付款。顾客完成商品选择后,就应当下订单付款了。这时应明确显示送货方式、送货地址以及付款方式。④处理订单。当顾客完成订单后,应当及时根据顾客需求完成交易,尽快把商品送到顾客手中。

2)网上商店的维护和更新

互联网的魅力,很大程度在于它能源源不断地提供最及时的信息。如果有一天我们登录门户网站,发现上面全是几年前的信息,到搜索引擎上搜索,只能查到几年前的资料,也许就再也没有人去登录这些门户网站和搜索引擎了。我们把网络归入 IT 行业,也就是信息产业,信息是一切的中心,是网络之所以存在和发展的基础。网上商店的生存和发展也离不开这一必然规律。

网上商店不更新的原因是相似的,网上商店更新却各有各的理由。我们将网上商店需要更新的理由做简要分析。

a. 没有新鲜的内容怎能吸引人?这个时代不缺少网上商店,这个时代缺少的是内容,新鲜的内容。当人们第二次光临你的网上商店,看到和上次一样的内容、一样的面孔,谁愿意为此而浪费宝贵的时间呢?想让更多的人来你的网上商店,要不断更新产品或有用的信息,这样才会吸引更多的关注。

b. 让你的网上商店充满生命力。一个网上商店,只有不断更新才会有生命力。人们上网无非是要获取所需,只有能够不断地提供人们所需要的内容,才有吸引力。

c. 与推广并进。网上商店的推广会给它带来访问量,但这可能只是昙花一现。真正想提高网上商店的知名度和有价值的访问量,只有靠回头客。网上商店应当经常提供吸引人的有价值的内容,让人能够经常访问。

总之,一个不断更新的网上商店才会有长远的发展,才会带来真正的效益。

(3)C2C 电子商务的赢利模式

1)会员费

会员费就是指为在服务平台享受会员特有的服务而向服务提供商缴纳的确定金额的费用。由于享受这样的服务会带来特别的成效,能给会员带来更多利益,因此这种模式的收费比较稳定。每年要交纳一定的会员费,才能享受网站提供的各种服务。

2)交易提成

交易提成是 C2C 网站的主要利润来源。C2C 电子商务网站是一个交易服务平台,它为交易双方提供公平、安全的交易环境,就如同现实生活中的交易所、大卖场,从交易中收取提成也就相当于市场收取的管理费等。

3)广告费

服务商将网站上有价值的位置用于放置各种类型的广告,根据广告位置的醒目度、网页流量为该位置广告定价,然后再将这些广告位置向客户出售或者租赁。

4)店铺排名竞价

C2C 网站商品的丰富性以及用户的广泛性导致购买者的频繁搜索，那么店铺在搜索中的排名将影响店铺的利益。当卖家认识到竞价为他们带来的潜在收益时，才愿意花钱使用。

5)支付环节收费

买家可以先把预付款通过网上银行打到支付公司的个人专用账户，待收到卖家发出的货物后，再通知支付公司把货款打入卖家账户。这样买家不用担心收不到货还要付款，卖家也不用担心发了货而收不到款，而支付公司就按成交额的一定比例收取手续费。

2.3.3　C2C 电子商务的发展趋势

随着网络购物监管措施和社会信用体系的逐步建立和不断完善，我国 C2C 电子商务近年来一直呈现高速增长的态势，累积了大量的用户和市场资源。目前，整个市场发展正在从高速发展期向成熟稳定期过渡。业内人士认为，未来几年我国的 C2C 业务增速将趋于稳定，市场格局也将保持相对稳定状态。虽然市场规模和格局相对稳定，但在 C2C 行业内部各企业为了寻求新的增长点和早日实现大规模盈利，在以下几个方面已经开始了新一轮的拓展，这也成为我国 C2C 电子商务市场在未来几年内的发展趋势。

(1)收费政策和多元化盈利模式逐步确立

由自身的发展历程所决定，我国的 C2C 网站目前仍没有实现大规模盈利，而从长期来看，C2C 网站必须在发展和盈利中找到平衡，实现有效和稳定的盈利，这使得 C2C 的收费政策不可避免。以国内 C2C 行业龙头淘宝网为例，从 2003 年开始其免费政策，淘宝网的免费政策帮助其会员人数迅速膨胀，完成了在网络中的“圈地”行为。而淘宝网成立至今，阿里巴巴集团已三次大规模为其注资，累计投入资金额达 34.5 亿元人民币。在淘宝公司近年来高速发展、无限风光的背后则是“赔本赚吆喝”的尴尬。先期的巨额投入再加上网站每年超过 3 亿元人民币的维护及宣传费用，收回成本显得遥遥无期。一个成熟的产业必须以参与企业的盈利为基础，而作为国内 C2C 行业的领头羊，淘宝网都无法实现盈利，这对于中国电子商务的发展十分不利。对于类似淘宝网的 C2C 购物网站，找到适合本土条件的盈利模式，早日实现有效盈利成为当务之急。因此，收费和盈利将是淘宝网等国内众多 C2C 网站在未来发展中的重要诉求。另外，随着我国 C2C 电子商务交易规模和用户群体的不断扩大，C2C 网站除了担任交易平台的功能外，还直接面对巨大的终端消费群体，掌握海量的用户购买路径和购买习惯等信息，这其中蕴含的巨大媒体价值将通过网络营销等手段被逐步释放，从而为 C2C 网站带来更加多元化的盈利模式。

(2)C2C 与 B2C 等其他模式的融合

尽管 C2C 模式更加灵活，但不可避免的是 C2C 平台上存在较多仿冒品和非正规商品。随着我国相关法律法规的完善和知识产权保护体系的建立，对非正规的 C2C 网上交易监管将不断强化。为了自身的发展，原先小规模的 C2C 卖家也有向 B2C 经营转变的需要。因此，纯粹的 C2C 交易规模的增长速度必然会放缓。目前国内绝大多数 C2C 运营商已经开始从 B2C 等其他电子商务模式寻求发展空间，致力于实现多种模式的互动和互补。例如淘宝网在 2008 年 4 月推出的淘宝商城(天猫前身)，就是基于其原有 C2C 平台的全新 B2C 业务板块。借助淘宝网的巨大资源，淘宝商城发展迅速，目前已经拥有超过 1.8 亿买家，15 000 个商户，20 000 个品牌，成为淘宝网原有 C2C 业务的重要补充。

(3)基于移动网络平台的 C2C 市场拓展

据我国工业和信息化部数据，截至 2017 年 12 月底，全国移动电话用户总数达 14.2 亿户，其中移动宽带用户（即 3G 和 4G 用户）总数达 11.3 亿户，占移动电话用户的 79.8%；而 4G 用户总数达到 9.97 亿户，全年净增 2.27 亿户。伴随着移动互联网浪潮的到来，基于移动网络平台的无线电子商务领域可谓前景无限。以淘宝为例，手机淘宝与 PC 淘宝实现平台接力，无缝覆盖消费者的购物需求。不难预见，对基于移动网络平台的市场拓展将成为国内 C2C 网站在未来几年发展战略中的重要部分。

(4)C2C 市场竞争愈发集中

C2C 交易中，卖家竞争的最终结果就是一些卖家依靠更优质和更具规模的货源，在价格和服务上逐步占据垄断的地位。以此为基础的 C2C 交易平台运营商也将依靠优势卖家资源逐步建立起行业竞争壁垒，而随着行业领先者进入市场的时间越长，壁垒就越高，后来者突围的可能性就越小，除非有模式上的重大创新，强者愈强是 C2C 市场竞争必然的结果。目前，在淘宝网内部，已经形成了相对稳定的“皇冠卖家”群体，也成为淘宝网盈利的主要来源。在整个国内 C2C 行业，仍然呈现出淘宝网一枝独秀的局面，它与拍拍网、Tom 易趣共同占据国内绝大部分 C2C 市场份额，竞争基本局限于这三家网站之间的局面短时间内也难以改变。

2.4　B2G 电子商务

2.4.1　B2G 电子商务概述

(1)B2G 电子商务的定义

B2G(Business to Government，企业与政府机构间）电子商务是新近出现的电子商务模式，即企业与政府之间通过网络所进行的交易活动的运作模式，比如电子通关、电子报税等。例如，政府将采购的细节在互联网上公布（中国政府采购网 www.ccgp.gov.cn)，通过网上竞价方式进行招标，企业则通过互联网进行投标等。目前这种方式仍处于初期的试验阶段，但可能会发展很快。政府可以通过这种方式树立形象，通过示范作用促进电子商务的发展。除此之外，政府还可以通过这类电子商务实施对企业的行政事务管理，如发放进出口许可证、开展统计工作等，企业还可以在网上办理纳税和退税等。专家预测，未来政府采购时，小到回形针，大到军事直升机，均将在网络上完成交易。

(2)B2G 电子商务的特点

a. 速度快。

b. 信息量大。

c. 灵活性强。

d. 节省时间。

e. 节省开支。

f. 提高政府办公的公开性与透明度。

总的来说，企业与政府之间的电子商务涵盖了政府与企业间的各项事务，包括政府采购、税收、商检、管理条例发布、法规政策颁布等。一方面政府作为消费者，可以通过网络发布政府采购清单，公开、透明、高效、廉洁地完成所需物品的采购；另一方面，政府对企业宏观调控、指导规范、监督管理的职能通过网络以电子商务方式更能充分、及时地发挥。借助于网络及其他信息技术，政府职能部门可以更及时全面地获取所需信息，做出正确决策，并迅速、直接地将政策法规及调控信息传达给企业，起到管理与服务的作用。

2.4.2　B2G 电子商务的模式

(1)模式一:政府通过网上服务,为企业创造良好的电子商务空间

B2G 提供的信息服务包括以下内容：

a. 电子采购与招标。通过网络公布政府采购与招标信息，为企业(特别是中小企业)参与政府采购提供必要的帮助，向他们提供政府采购的有关政策和程序，使政府采购成为阳光作业，减少徇私舞弊和暗箱操作，降低企业的交易成本，节约政府采购支出。

b. 电子税务。企业通过政府税务网络系统，在家里或办公室就能完成税务登记、税务申报、税款划拨、查询税收公报、了解税收政策等业务，既方便了企业，也减少了政府开支。

c. 电子证照办理。企业通过互联网申请办理各种证件和执照，缩短办证周期，减轻企业负担，如企业营业执照的申请、受理、审核、发放、年检、登记项目变更、核销，统计证、土地和房产证、建筑许可证、环境评估报告等证件、执照和审批事项的办理。

d. 信息咨询服务。政府将拥有的各种数据库信息对企业开放，方便企业利用，如法律法规规章政策数据库、政府经济白皮书、国际贸易统计资料等信息。

e. 中小企业电子服务。政府利用宏观管理优势和集合优势，为提高中小企业国际竞争力和知名度提供各种帮助，包括为中小企业提供统一政府网站入口，帮助中小企业同电子商务提供商争取有利的能够负担的电子商务应用解决方案等。

(2)模式二:政府网上采购,为企业提供大量的商机

政府采购(Government Procurement)，是国家政府对公共支出进行管理的一种方式，主要是指特定机构以一定方式、方法和程序获取货物、工程和服务。所谓特定机构，一般为财政性资金的使用者，是指政府采购中的采购者。它有别于一般的个人、家庭、企业或团体，通常包括一国的政府部门及其各级管理机构，如有规定，政府组建、资助和经营并接受政府控制的企事业单位也在此列。

政府采购的方式主要包括公开招标、邀请招标、竞争性谈判、询价采购和单一来源的协议采购，招标采购是政府采购的主要方式。政府采购的对象包括货物、工程和服务。政府采购遵循物有所值的原则和公开、公平、公正、透明的原则。

网上采购(电子采购)指应用最新的信息技术，通过互联网完成采购过程，并实现采购管理和决策的信息化、自动化和数字化。网上采购既是电子商务的重要形式，也是采购发展的必然。它不仅是形式上和技术上的改变，更重要的是改变了传统采购业务的处理方式，优化了采购过程，提高了采购效率，降低了采购成本。通过电子目录，可以快速找到更多的供货商；根据供货商的历史采购电子数据，可以选择最佳的货物来源；通过电子招标、电子询比价等采购方式，形成更加有效的竞争降低采购成本；通过电子采购流程，缩短采购周期，提高采购效率，减少采购的人工操作错误；通过供应商和供应链管理，可以减少采购的流通环节，实现端对端采购，降低采购费用；通过电子信息数据，可以了解市场行情和库存情况，科学制定采购计划和采购决策。

网上采购在政府采购中的应用具有下述现实意义：

a. 政府电子采购本身就是政府信息化工程的重要内容，它的实施对扩大内需具有强大的拉动效应，对我国信息产业的发展起到推进作用，对国家的信息化具有强示范作用。

b. 通过电子采购实现采购制度的跨越式发展，最终使我国的政府采购在制度上、政策上和具体手段上全面适应加入世界贸易体系的要求，完成我国和世界经济的跨越式接轨。

c. 通过电子采购规范采购作业流程，真正建立公开、公平、公正和透明的现代政府采购制度，重塑政府形象，促进政府的廉政建设。

d. 通过电子采购可以进一步减少政府采购成本，节约财政开支。据有关机构统计，政府采用电子采购可以降低 5%～10%的直接采购成本，节约 1%～2%的人员和办公费用。

e. 通过政府采购的电子化，迫使相关企业成为网络供应商，同时也成为网络采购商，这将引导、推动、促进企业的信息化，对我国整个信息化产业的发展起到积极的推动作用，实现我国政府“以信息化带动工业化”的战略。

f. 通过政府采购的良好信用，逐步建立社会商业信用体系，引导建立电子商务的标准规范，突破电子商务的瓶颈，并引导其他行业的采购，打破地方保护主义，最终推动我国电子商务的发展。

2.4.3 B2G 电子商务的商务需求

以往国家对流通领域的商品状况的统计是相当薄弱的，一般主要统计大宗商品，而对浩如烟海的中小商品就没有进行统计，然而中小商品从占有原材料、能源等角度看其量并不小，所以尽可能全面统计商品流通情况，进而实施调控已成为新时期、新形势下国家统计部门的重要任务，B2G 电子商务有如下商务需求。

(1)对商品现货市场的电子商务需求

利用电子商务形式，将批发商品与零售商品的信息高效地收集、归类、汇总出来，可供许多方面进行宏观分析时使用。主要方面包括进行商品生产的结构性调拨，以防“市场失灵”；控制效益不好的商品的生产、流通；打击“假冒伪劣”商品的生产、经销等。

(2)对旧货市场的电子商务需求

在旧货市场里，国家也应通过网络及时掌握总体情况，什么旧货交换率高，什么旧货交换率低，什么旧货属正常商品交易范围，什么商品应执行特殊商品交易政策，等等。因为在旧货市场上的商品情况往往比现(新)货要复杂，为了引导人们正确、合理、合法进入旧货市场进行交易，国家应该发挥积极的作用。

(3)对未来商品市场的电子商务要求

国家对未来商品市场进行监测是很有必要的，因为只从消费者、生产者和流通者的角度考虑商品生产，是不全面的，比如对某些原材料、资源的过度耗费，对环境的污染，等等，这就需要从全民族整体利益的角度予以考虑。另外，国家也可以发挥其未来商品需求者的作用，提出一些有利于人民和国家利益的商品需求。

(4)政府对商品采购的电子商务需求

政府本身也是一个大的消费者(集团)，政府的商品采购完全应该利用电子商务来进行。这样效率高、成本低，而且规范、透明、公平、公正，可以进行采购电子招标，从而引导生产、流通企业采用电子商务，高效率、低消耗地进行商品的生产和销售。

2.5 O2O 电子商务

伴随着电子商务飞速发展的脚步，不仅仅是互联网公司，传统行业与直销企业也开始抢占电子商务这块大蛋糕。从 2012 年起，我国移动互联网进入了飞速发展时期，移动互联网的发展催生了一种新型的电子商务模式出现——O2O 模式。O2O 电子商务模式以其独特的方式将实体经济和电子商务实现了有效对接，加快了我国移动电子商务领域发展的步伐。2013 年 6 月 8 日，苏宁线上线下同价，揭开了 O2O 模式的序幕。

2.5.1 O2O 电子商务概述

(1)O2O 电子商务的定义

O2O(Online to Offline)，是指将线下的商务机会与互联网结合，让互联网成为线下交易的前台，这个概念最早来源于美国。O2O 的概念非常广泛，只要产业链中既可涉及线上，又可涉及线下，就可通称为 O2O。

O2O 电子商务也就是 Online 线上网店、Offline 线下消费，商家通过免费开网店将商家信息、商品信息等展现给消费者，消费者在线上进行筛选服务并支付，线下进行消费验证和消费体验。这样既能极大地满足消费者个性化的需求，也节省了消费者因在线支付而没有产生实际消费的费用。商家通过网店信息传播得更快，更远，更广，可以瞬间聚集强大的消费能力。

(2)O2O 电子商务的特点

a. 本地化服务。传统电子商务消费者在线上购买了产品后，不能享受到线下服务；而 O2O 模式下的网上消费，可以同时享受到本地一对一的个性服务，这是消费者权益的一种体现。对于消费者来说，这种模式是非常人性化的。

b. 社会化、大众化。O2O 具有非常社会化、大众化的特点，消费者和商家之间可以建立起一种和谐的买卖关系，而且是长期的合作关系。

c. 更注重服务品质。电子商务是在互联网上进行的一种交易活动，因为受区域限制，消费者只能享受到购物的过程，而很难得到线下的服务。O2O 模式便可以有效解决这个问题。

2.5.2 O2O 电子商务的商务模式

目前，我国 O2O 电子商务模式主要分为：团购网站模式、二维码模式、线上线下同步模式和营销推广模式。

(1)团购网站模式

团购网站模式是指消费者通过登录线上的团购网站，获取线下商家的商品和服务并进行支付，并在线下实体店获取商品或享受服务。目前，O2O 电子商务模式中最受瞩目的是团购网站模式。美国著名的团购网站 Groupon 就是这样的模式，Groupon 提供的产品及服务对象为终端消费者和商家，对消费者来说 Groupon 能够为其提供高性价比的产品和服务。对商家来说 Groupon 为线下商家提供了一个营销推广平台。Groupon 这种团购网站商业模式被移植到中国以后，掀起了风起云涌的百团大战，消费者和商家在沉淀之后，才知道消费体验的重要性。可以说，O2O 模式的火爆要归功于团购网站的兴起，但并不是因为团购火了，O2O 模式才出现，在线旅游的代表携程、艺龙、青芒果等都是早期 O2O 模式的实践者。唯一有所区别的是，携程、艺龙酒店预订均采用到付模式，而青芒果采用预付模式，线上部分只完成信息流转移，而不产生现金流或者物流。

(2)二维码模式

扫描二维码作为 O2O 的另一种商业模式，是指消费者在线下使用手机等移动终端扫描商家的二维码信息，实现在线购买或者关注线上商家的产品和服务的商业模式，把线下引入到线上，与团购网站商业模式正好相反。目前，我国的商业模式对二维码的应用主要是二维码的主读业务，即用手机识别二维码，实现从线下到线上的最快捷接入，省去在手机上输入网址的不便。这种 O2O 的二维码应用，现在被广泛应用于淘宝商家和实体商家，成为实体商家拓展互联网业务的重要渠道。

(3)线上线下同步模式

O2O 电子商务模式的线上线下同步模式是指互联网电子商务模式的企业和商家，将商品和服务形式扩展到实体经济中，通过开设实体店等形式，实现线上线下同步发展的商业模式。

由于电子商务对传统实体经济的巨大冲击，特别是在品牌服装行业，很多服装品牌的专卖店沦为网店的试衣间，因此，实体商家开始思考"后电商时代"的商业模式。2013 年 6 月苏宁电器开始宣布实行线上线下同价的商业模式，能够真正实现零售业日常促销的常态化，引导消费者关注商品的综合价值，同时苏宁电器的网上商城苏宁易购并购了母婴产品运营商"红孩子"，并宣布将开设实体店，将线上排名靠前的商品引入线下，并保持线上线下同价和同步销售的商业模式。目前国内的电子商务企业如京东商城和聚美优品，都开始在国内和国外开拓了实体店的延伸形式。

(4)营销推广模式

营销推广模式是指利用移动互联网，对传统线下实体经济形式进行网络营销和推广，以实现线上线下互动，促进线下销售的形式。2013 年在 O2O 领域炒得最火热的营销模式是"黄太吉煎饼"，其利用移动互联网，将实体店产品和服务信息发布到微博、微信和相关美食点评网站，利用互联网与消费者实现即时互动和反馈，对产品和服务进行改进，以完美的客户关系实现了口碑营销的效果。

目前，我国 O2O 电子商务模式的发展，已经形成了一个良好的信息生态系统。O2O 电子商务模式未来发展趋势，着重于本地生活服务领域和 PC 端向移动端的转移。

2.5.3 O2O 电子商务的应用

(1)O2O 电子商务的经营模式

与传统消费者在商家直接消费的模式不同，在 O2O 模式中，整个消费过程由线上和线下两部分构成，如图 2－10 所示。线上平台为消费者提供消费指南、优惠信息、便利服务(预订、在线支付、地图等)和分享平台，而线下商户则专注于提供服务。在 O2O 模式中，消费者的消费流程可以分解为五个阶段。

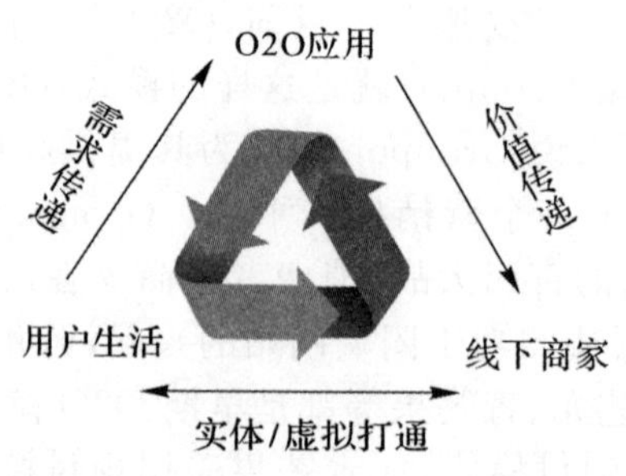

图 2－10　O2O 电子商务经营模式

第一阶段:引流。线上平台作为线下消费决策的入口,可以汇聚大量有消费需求的消费者,或者引发消费者的线下消费需求。常见的 O2O 平台引流入口包括:消费点评类网站,如大众点评;电子地图,如百度地图、高德地图;社交类网站或应用,如微信、人人网。

第二阶段:转化。线上平台向消费者提供商铺的详细信息、优惠(如团购、优惠券)、便利服务,方便消费者搜索、对比商铺,并最终帮助消费者选择线下商户,完成消费决策。

第三阶段:消费。消费者利用线上获得的信息到线下商户接受服务,完成消费。

第四阶段:反馈。消费者将自己的消费体验反馈到线上平台,有助于其他消费者做出消费决策。线上平台通过梳理和分析消费者的反馈,形成更加完整的本地商铺信息库,可以吸引更多的消费者使用在线平台。

第五阶段:存留。线上平台为消费者和本地商户建立沟通渠道,帮助本地商户维护消费者关系,使消费者重复消费,成为商家的回头客。

(2)O2O 电子商务的行业应用

O2O 模式越来越受到消费者的青睐,虽然 O2O 的机会很多,但如果自己直接做一个平台,则对线下拓展能力、资金、资源、技术等要求非常高。

1)餐饮类 O2O

a.“有钱任性”。直接用钱“砸”用户来培养用户习惯。但在烧钱、补贴、砸流量、抢用户等混战背后,用户能够持续选择的入口是有限的,只有第一没有第二,甚至 BAT(B=百度、A=阿里巴巴、T=腾讯,是中国互联网公司百度公司 Baidu、阿里巴巴集团 Alibaba、腾讯公司 Tencent 三大互联网公司首字母的缩写)都有可能成为直接竞争对手。

b.发展空间有,运作难度大。有些企业都是基于特色产品而形成的 O2O 模式,但也均面临着物流和规模化的压力。并且很多企业认为做好 B 端(即企业,Business),C 端(即消费者,Consumer)就能水到渠成完成 O2O 闭环,但实际却形成了 B 端为主,C 端用户无感,B 端和 C 端严重失衡的现象。

c.行业壁垒低:创业者所选领域是否是刚需决定了议价能力。因此,细分领域的用户量和需求频次就决定了项目质量。比如烧饭饭这个项目,面向的人群比较垂直,但是流量有限,存在同质类项目,做大较难。

2)生活服务类 O2O

市场竞争环境不乐观,烧钱现象严重,拼到最后都是看烧钱能力和整合资源的运营能力。

a.利润小,成本大。一些社区项目,平均客单价才几十元,需要投入大量人力,才能保证覆盖高密度的社区用户,线下壁垒、社区经验壁垒、社区物理边界都会限制社区 O2O 企业的发展。当微薄的收入难以覆盖高昂的成本时,这些 O2O 企业就会面临惨烈的淘汰过程。

b.用户习惯未形成刚需。想做强需求的产品,要看它是否是大刚需、高频次的消费。对于一些用户群基数小、消费频次低的项目,就不适合做单独的项目。

3)出行类 O2O

a.门槛高,投入大。对于初创者而言,出行领域 O2O 创业是有较高门槛的。尤其是汽车平台类项目,BAT 三巨头分别涉猎了滴滴快的、优步(Uber)等出行公司。对于初创公司来说,简直是内忧外患。除了国内新近改名滴滴出行、哪里都要插一脚的滴滴外,还要面临着来自国际巨头优步的威胁,它挂着拼车的羊头,却做着专车的生意,直接威胁拼车和专车两条产品线。因此打车平台基本上没有机会可言。

b.投资收紧，大批出行业公司面临断粮。随着资本寒冬到来，投资人对这个领域的投资开始持谨慎态度，出行类公司融资难度骤增，有些创业公司因此资金链断裂而亡。

4）美业类O2O

a.频次低，非刚需。例如美发行业，虽然有很高的频次和需求，但上门美发这一O2O项目，却不见得是一个非常刚性的需求。而且上门服务也存在诸多问题，比如卫生问题，能否请来门店里真正的“大牌”上门也是一大难题。

b.无行业标准。美业属于非标类服务。非标类服务，就极可能面临“两头难伺候”的情况，创业者可能会两头受气。因此，美业O2O看起来很美，实际上却是一个苦差事。

c.运营成本。诸多上门服务，虽然没有店铺等租赁成本，但是也要考虑线上运营与线下到达的成本，才能实现盈利。

5）教育类O2O

a.行业巨头半边天。新东方、好未来、腾讯课堂、淘宝同学这样的教育企业继续飞速发展，BAT等巨头持续通过并购或者入股的方式融合更多垂直教育企业，布局各自的生态教育圈，因此小企业想要发展会很艰难。

b.资金断裂，产品做得不深。一方面由于资金链断裂，另一方面从目前来看，各个平台都还停留在解决师生交易撮合环节上，对于教师、学生、家长在教学过程中的价值都没做深。而在家教场景下，做深教学服务过程的价值，非常困难。教育是个相对复杂的行业，尤其在家教领域，需要老师和家长持续面对面沟通，在这种强关系下平台很难深度介入。

c.同质化产品多，缺少优质内容。目前在线教育的同质类产品颇多，仅在线教育的产品就能达到千家以上，最大的问题也是最大的壁垒就是缺少优质的教育内容。简单地把线下的内容电子化后放到线上是行不通的，课程缺乏相应机制，内容不吸引人，对用户来说会很痛苦。

6）旅游类O2O

a.产品重叠严重，竞争激烈。目前已关闭的旅游O2O绝大多数是产品出现了重叠。近年来，线下传统旅游开始向线上布局，但一些巨头也逐渐从线上向线下转移，力图掌控线下资源及服务。在市场竞争格局下，新的创业者们似乎已经失去了竞争的能力。

b.在线旅游产品渗透率低。旅游O2O中，最明显的短板还在于休闲度假产品中的门票产品，其渗透率低、增长缓慢。一些消费者还是不放心这类互联网产品，大多数还是进行线下购买。

综观以上这些企业，基本可以看出都是前期投入大量资金，以低价手段做营销，以至于后期资金紧缩，甚至崩溃。现在看来，其实低价只能是在短期内引起消费者注意或达到某种效果的一个营销手段。对于公司层面来说，虽然靠这些手段短期内带来大量用户，从而吸引风投，但钱总有烧完的一天，烧到后来，就难免将自己的产品烧成灰烬。虽然互联网带来了很多便利与多重选择，但对于O2O企业来说，如何能够让消费者持续、有效地使用产品，才是他们最应当重视的。

本章小结

电子商务模式是传统商务模式的网络化、电子化、虚拟化，我国电子商务经过30多年的蓬勃发展，造就了很多知名行业电子商务企业与品牌，也出现了很多不同的创新商业模式与鲜明“中国特色”盈利模式。本章以京东商城作为引导案例，依次介绍了电子商务的主要模式：适应于企业间交易的 B2B 模式、适应于企业(零售商)与消费者之间交易的 B2C 模式、适应于消费者之间交易的 C2C 模式、适应于政府招标采购商务模式的 B2G 模式和线上支付线下消费体验的 O2O 模式。

课后习题

1. B2B 电子商务的优势有哪些?

2. 简述 B2B 电子商务系统的组成。

3. 简述 B2B 电子商务的主要商务模式。

4. B2C 电子商务的特点是什么?

5. 简述 B2C 电子商务的主要商务模式。

6. 简述 B2C 电子商务的赢利模式。

7. 简述 C2C 电子商务的交易流程及特点。

8. C2C 电子商务的赢利模式主要有哪些?

9. B2G 电子商务的模式主要有哪些?

10. O2O 电子商务的特点主要有哪些?

11. 简述 O2O 电子商务的商务模式。

实际操作训练

1. 登录 www. dangdang. com、www. hc360. com、www. taobao. com 等网站,通过搜索引擎,了解各个网站主要经营的业务及产品类型,明确其业务流程,并写出完整的实训报告。

2. 理论知识结合实训练习,对于学有余力的同学可以分小组或个人完成以下训练:

(1)3～4 人组成一个小组,在淘宝网、拍拍网、易趣网等 C2C 网站开设小组的店铺;

(2)有技术基础的同学自己开发网站、手机 APP 或者制作一个微网站等;

(3)爱好拍摄的同学制作视频上传到网络并推广自己的视频,尽可能实现多的点击率和浏览量。

第3章　电子商务安全

【引导案例】

"小王啊,明早来我办公室一趟,有点儿事情找你。"

"你怎么连自己领导的声音都听不出来!"

前段时间,小王就接到一个电话,上来就让他明早到领导办公室去一下。小王正纳闷,对方又打来电话:"你明天准时到就行。对了,我一个朋友需要2千块急用,你一会把钱打到这个银行卡上……"

虽然知道这是无良骗子的伎俩,但让小王背后一寒的是:对方是怎么知道自己的姓名和工作部门的?!

近年来,骚扰、诈骗电话日益猖獗,花样百出,已成为大家的心头恨。当姓名、电话,乃至工作单位、收入等信息被暴露,各位同伴不禁感叹:地球如此不安全!

为什么骗子偏偏就能找到我?!

如今,互联网给人们的生产生活带来了巨大变化,但同时也存在很多安全问题亟待解决。别以为网络安全问题离我们很遥远!中国有7.7亿网民、400多万家网站,互联网技术已经深度融入我们生活的方方面面,衣食住行、支付、理财、通信等全都与互联网离不开关系。而在我们的日常生活中,网络安全事件也时常发生,威胁着大家的个人信息安全!

用户信息泄漏是2017年上半年电商行业较为敏感的话题之一。此前,"小红书"出现用户信息大面积泄漏事件,被泄露信息的用户接到诈骗电话,诈骗分子以退款为诱饵,通过"蚂蚁借呗""来分期""马上金融"等借贷平台进行诈骗,用户遭受不同程度经济损失。信息泄露几乎是当下电商市场的通病,而信息泄露中受害最大的是处于被动的消费者。

据中国电子商务投诉与维权公共服务平台近年来接到的用户投诉案例表明,互联网电商行业"泄密"事件频频出现,重大典型案件包括:5173中国网络游戏服务网数次被"盗钱","小红书"疑似信息泄露致用户被骗,"当当网"多次发生用户账户遭盗刷,"1号店"员工内外勾结泄露客户信息,腾讯7 000多万QQ群遭泄露,携程技术漏洞导致用户个人信息、银行卡信息等泄露,微信朋友圈小游戏窃取用户信息,快递单贩卖成"灰色产业链",13万12306用户信息外泄事件等。而无一例外的是,在这些"泄密"事件背后,消费者的权益都受到了不同程度的损害。

资料来源:杭州公安微博 https://weibo.com/p/1001603928296957051475

3.1　电子商务安全概述

伴随着社会信息化进程的加快,特别是互联网的高速发展,电子商务作为较为先进的商业模式在中国快速兴起并呈现蓬勃发展之势。近几年来,我国的电子商务交易规模一直保持较快增速，尤其是 2017 年，电子商务取得了突破性的进展，无人超市的落地，更是颠覆了新零售，成为引领全球线下新零售行业的时代潮流。在此趋势下，我国已成为全球规模最大、增长速度最快的电子商务市场。然而在这无限辉煌的背后，安全风险问题也日益突出。如何建立一个安全、便捷的电子商务应用环境，对信息提供足够的保护，已经成为商家和客户都十分关心的话题。因此，采取有力措施控制交易风险，保证交易安全已经成为电子商务发展头等重要的任务。

3.1.1　电子商务安全的现状分析

任何事物都具有两面性，互联网也不例外。一方面，互联网推动人类社会进入网络经济时代，使电子商务成为一种新的经济形式；另一方面，由于互联网的开放性、共享性和无序性，电子商务面临的交易环境越来越不安全，其现状令人担忧。

2017 年 7 月 27 日，在“2017 年网络安全生态峰会”分论坛上，电商生态安全联盟首次就中国电商的生态安全状况发布了《电子商务生态安全白皮书》。其明确指出，电商最常见的安全风险是信息泄露，与此同时，报告评估还发现，89％的热门应用存在仿冒。而那些仿冒 APP，极容易导致“钓鱼”及诈骗事件的发生。

(1)个人信息泄露事件时有发生

网络消费时代，个人信息在“裸奔”，安全风险日益凸显。2010 年 6 月 10 日，美国电话电报公司(AT&T)为苹果 iPad 提供无线网络服务的网站存在安全漏洞，该漏洞使得 14.4 万名 iPad 用户的电子邮箱地址等隐私被泄露。2011 年 12 月，我国开发者技术社区 CSDN 中 600 万用户的数据库信息被黑客公开。2012 年 5 月，我国电子商务网站“1 号店”截至 2011 年 7 月 90 万全字段的用户信息，包括手机、订单金额、地址、邮箱等，被黑客在网上公开出售。2014 年 8 月 12 日，警方破获了一起信息泄露案件，犯罪嫌疑人通过快递公司官网漏洞，登录网站后台，然后再通过上传(后门)工具获取该网站数据库的访问权限，获取了 1 400 万条用户信息。这些信息除了有快递编码外，还详细记录着收货和发货双方的姓名、电话号码、住址等个人隐私信息。个人信息泄露事件时有发生，美国优步、雅虎等知名公司的用户数据库被黑客袭击；京东“内鬼”与犯罪团伙勾结，盗用客户信息……2017 年 3 月公安部开展了打击整治黑客攻击破坏和网络侵犯公民个人信息犯罪专项行动，仅 4 个月时间就侦破相关案件 1 800 余起，查获各类被非法倒卖的公民个人信息 500 余亿条。另外，360 发布的《2017 年手机安全风险报告》也印证了这一点：仅 2017 年第一季度，360 安全卫士就拦截了 24 亿条垃圾短信，其中 1.82 亿条是诈骗短信，绝大多数伪装成电商和银行通知，容易让消费者上当受骗。

(2)黑客入侵网站事件多次发生

任何带有计算芯片的设备都可能被黑客入侵，安全是相对的。2014 年 8 月 1 日，浙江省公安厅官方微博通报，温州有线电视网络系统市区部分用户的机顶盒遭黑客攻击，出现一些反动宣传内容，影响了群众正常收看电视，造成了不良影响。2014 年 10 月 17 日，一个存在于 SSL3.0 协议中的新漏洞被披露。该漏洞被命名为“贵宾犬”(降级传统加密填充提示)，通过此漏洞，第三方可以拦截通过采用 SSL3.0 的服务器传输的重要信息。2017 年 7 月 18 日，某电商平台一日新增 300 个账户，生成价值 6 000 万元订单，收货地址遍布全国。上海总部觉察到遭遇黑客攻击，立即通知全国各发货站点紧急止付。尽管如此，到当晚 11 点报警时，还是有价值 31 万元的货物已经发出。

(3)“网络钓鱼”频繁出现

“网络钓鱼”是当前最为常见也较为隐蔽的网络诈骗形式。网络钓鱼(Phishing，与钓鱼的英语 fishing 发音相近，又名钓鱼法或钓鱼式攻击）是通过大量发送声称来自于银行或其他知名机构的欺骗性垃圾邮件，意图引诱收信人给出敏感信息（如用户名、口令、账号 ID、ATMPIN 码或信用卡详细信息）的一种攻击方式。最典型的网络钓鱼攻击是将收信人引诱到一个通过精心设计与目标组织的网站非常相似的钓鱼网站上，并获取收信人在此网站上输入的个人敏感信息，通常这个攻击过程不会让受害者警觉。该攻击主要可细分为以下两种方式。

一是发送电子邮件，以虚假信息引诱用户中圈套。诈骗分子以垃圾邮件的形式大量发送欺诈性邮件，这些邮件多以中奖、对账等内容引诱用户在邮件中填入金融账号和密码，或是以各种紧迫的理由要求收件人登录某网页提交用户名、密码、身份证号、信用卡号等信息，继而盗窃用户资金。

二是建立假冒网上银行、网上证券网站，骗取用户账号、密码，实施盗窃。犯罪分子建立起域名和网页内容都与真正网上银行系统、网上证券交易平台极为相似的网站，引诱用户输入账号、密码等信息，进而通过真正的网上银行、网上证券系统或者伪造银行储蓄卡、证券交易卡盗窃资金。还有的利用合法网站服务器程序上的漏洞，在站点的某些网页中插入恶意代码，屏蔽一些可以用来辨别网站真假的重要信息，以窃取用户信息。

(4)网银升级诈骗令人防不胜防

目前全国最新型的电信诈骗犯罪，是利用“××银行 E 令过期”、网银升级、信用卡升级、网银密码升级等虚假信息实施诈骗。犯罪分子利用××银行网上转账只需输入常规静态密码及 E 令（××银行网银客户持有的动态密码显示设备）的动态口令，无须 USBKey（硬件数字证书载体）的特点，通过发送“××银行 E 令过期”等虚假短信息，诱骗受害人登录与××银行官方网址（www. ×××. cn）相似的“钓鱼网站”，从而窃取受害人的登录账号和密码口令。一旦得手，犯罪分子迅速通过网上转账将受害人账户内的资金转走。

当受害人发现账户资金被盗时往往已错失破案时机，加之多数群众对这种新型的诈骗犯罪手法尚不了解，防范意识和能力很低，极易上当受骗，造成重大经济损失。

3.1.2 电子商务安全的内涵

电子商务的一个重要技术特征是利用 IT 技术来传输和处理商业信息。因此，电子商务安全从整体上可分为两大部分：计算机网络安全和商务交易安全。计算机网络安全的内容包括计算机网络设备安全、计算机网络系统安全、数据库安全等。其特征是针对计算机网络本身可能存在的安全问题，实施网络安全增强方案，以保证计算机网络自身的安全为目标。商务交易安全则紧紧围绕传统商务在互联网络上应用时产生的各种安全问题，在计算机网络安全的基础上，保障以电子交易和电子支付为核心的电子商务过程的顺利进行。即实现电子商务的不可拒绝性、保密性、完整性、不可否认性、真实性和访问控制性。

计算机网络安全与商务交易安全实际上是密不可分的，两者相辅相成，缺一不可。没有计算机网络安全做基础，商务交易安全就犹如空中楼阁，无从谈起。没有商务交易安全保障，即使计算机网络本身再安全，仍然无法达到电子商务所特有的安全要求。

电子商务的安全主要是指用户方和提供产品或服务方的安全，即双方信息都要保密，用户账号不能被第三方获知，提供产品或服务方的订货和付款信息等商业秘密也不能为竞争对手所知，并且商务活动一旦达成，相关信息未经双方协定，不可更改，不能否认。

电子商务安全是以网络安全为基础的。但是，电子商务安全与网络安全又是有区别的。首先，网络不可能绝对安全，在这种情况下，还需要运行安全的电子商务。其次，即使网络绝对安全，也不能保障电子商务的安全。电子商务安全除了基础要求之外，还有特殊要求。

从安全等级上来说，从下至上有计算机密码安全、局域网安全、互联网安全和信息安全之分，而电子商务安全属于信息安全的范畴，涉及信息的保密性、完整性、真实性等方面。这几个安全概念之间的关系如图 3-1 所示。同时，电子商务安全又有它自身的特殊性，即以电子交易安全和电子支付安全为核心，有更复杂的机密性概念，更严格的身份认证功能，对不可拒绝性有新的要求，需要有法律依据性和货币直接流通性等特点，还有网络没有的其他服务（如数字时间戳服务）等。

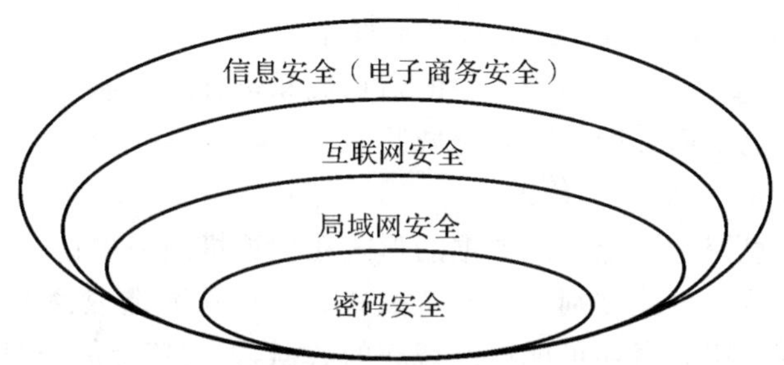

图 3-1 电子商务安全概念基本关系示意图

3.1.3 电子商务安全的特点

电子商务安全具有系统性、相对性、有代价性和动态性等特点。

(1)系统性

系统性包含两层含义：其一，电子商务安全的解决方案需要各种安全产品、技术手段、管理措施有机地结合起来，而不能通过几项单独的安全产品或技术手段来解决安全问题；其二，电子商务安全不仅是一个技术性的问题，同时也是管理问题，而且它还与社会道德、法律法规、行业管理以及人们的行为模式等紧密联系在一起，需要综合考虑各方面的因素来解决。

(2)相对性

任何安全都是相对的，没有绝对的安全。窗户上只有一块玻璃，一般来说这已经很安全，但是，如果用石头去砸，那就不安全了。我们不会因为石头能砸碎玻璃而去怀疑玻璃的安全性，因为大家都有一个普遍的认识：玻璃是不能砸的，窗户有了玻璃就可以保证房子的安全。同样，对于电子商务安全来说，不能也不必追求一个永远、绝对、攻不破的系统，安全与管理是联系在一起的，希望网站永远不受攻击，不出任何安全问题是不可能的。

(3)有代价性

任何电子商务系统，都应该考虑到安全的代价和成本问题。如果只注重速度和便捷性，就一定要以牺牲安全作为代价，如果一味只注重安全，便捷性就会大打折扣。例如，如果不牵涉支付问题，对安全的要求就可以低一些，如果牵涉支付问题，对安全的要求就要高一些，所以安全是有成本和代价的。

(4)动态性

今天安全，明天不一定安全，因为网络技术的攻防是此消彼长的，尤其是安全技术。它的敏感性、竞争性和对抗性都是很强的，这就需要不断检查、评估和调整相应的安全策略。没有一劳永逸的安全，也没有一蹴而就的安全。

3.2 电子商务安全的基本需求

3.2.1 电子商务面临的安全威胁

与传统商务不同，参与电子商务的各方不需要面对面地进行商务活动，信息流和资金流都可以通过 Internet 来传输，而 Internet 是一个面向全球用户开放的巨大网络，其技术上的缺陷和用户使用中的不良习惯，使得电子商务中的信息流和资金流在通过 Internet 传输时，存在着以下安全隐患，这就是电子商务面临的安全威胁。

(1)数据被非法截获、读取或者修改

在电子商务中，信息流和资金流以数据的形式在计算机网络中传输，很多传输还是远距离的。在这一过程当中，数据可能被别有用心者截获、读取，从而造成商业机密和个人隐私的泄露。更为严重的是，别有用心者还可能修改截获的数据，如把资金的数量、货物的数量、交货方式等进行修改，这会严重影响电子商务的正常进行。为了防止出现上述情况，技术上采用的方法是对传输的数据进行加密。这样，即使数据在传输过程中被截获，也能在很大程度上保证数据的安全性。

(2)冒名顶替和否认行为

在电子商务中，由于交易非面对面进行，如果安全措施不完善，则无法对信息发送者或者接收者的身份进行验证，那么别有用心者就有可能冒充合法用户发送或者接收信息，从而给合法用户造成商业损失。另外，如果没有对交易者的身份进行验证，还可能出现否认行为，即别有用心者会否认自己在网络上进行过的操作，也就是赖账。为了防止冒名顶替和否认行为的发生，目前采用的技术主要有数字签名、非对称加密、认证技术等。

(3)系统的中断和瘫痪

网络故障、操作错误、应用程序错误、硬件故障、系统软件错误以及计算机病毒都能导致系统不能正常工作。因而要对此所产生的潜在威胁加以预防和控制，以保证交易数据在确定的时刻、确定的地点是有效的。

(4)网上诈骗

利用电子商务进行欺诈已经成为一种新型犯罪活动。常见的欺诈犯罪有网络钓鱼、网络信用卡诈骗、网上非法经营、网络非法吸收公众存款等。这些犯罪活动对社会危害面广，影响极大。打击互联网诈骗行为对保证电子商务正常发展具有重要意义。

(5)计算机病毒

当前存在的计算机病毒种类非常多，每天都在出现新类型的病毒或病毒变体。现代社会互联网的用户越来越多，联网的主机节点也在不断增加，这为计算机病毒的滋生与传播提供了有利的网络条件。因此，网络病毒的危害日渐增强，病毒入侵带来的损害也已经成为电子商务活动开展的重大隐患。在电子商务中，对其造成损害的病毒主要有两种，一种就是蠕虫病毒，这种类型的病毒具有利用网络漏洞进行攻击以及传播速度快的特点，网站中如果存在相似的漏洞，蠕虫病毒就会进行多次的攻击，只有通过相应的补丁程序的安装才能对网站进行保护。另一种是木马病毒，这类病毒的危害就是对用户的密码等信息进行窃取，对用户电脑进行远程的操控，属于网络安全问题中最受关注的病毒之一，比如“灰鸽子”“冰河”等都属于这一类型。

(6)“黄牛”刷单

电商平台一般常用的促销手段为满减、满赠，当有稀缺商品或者价格力度比较大的商品时会上秒杀。由于促销活动确实非常给力，这时候会招来“黄牛”。可以说只要有稀缺资源的地方都有“黄牛”的身影。

在电商网站上只要搞大型促销活动，也会出现“黄牛”的身影。但是商家搞促销活动是希望能够吸引新用户，激活老用户，本质是一种花钱买潜在用户的过程，所以商家才愿意赔本搞促销。如果商家投入了很大的成本搞了一场促销活动，结果他的商品都被“黄牛”买走了，目标用户却没有买到，那么这是商家不愿意看到的情况。这个时候就需要电商平台有办法、有机制能够识别出“黄牛”，这就是一个跟“黄牛”斗智斗勇的过程。

互联网时代的“黄牛”会采用更智能化的工具，自动进行热门商品的抢购。相信大家都了解自动抢票工具，“黄牛”使用的工具类似，只是对象变成了各大平台的促销商品，这里的工具需要针对每个电商平台的特定协议进行定制开发。现在的“黄牛”已经不是一个人，而是一个生态闭环的产业链：有人专门负责提供工具、有人专门负责收集各大平台促销信息、有人负责定时抢购商品、有人负责将抢到的商品通过各种渠道卖出去。俨然已经是一个比较专业的团队，团队内部分工明确，专业度也较高，这就给电商平台带来了比较大的挑战，这将是一个魔高一尺道高一丈的不断升级对抗的过程。

(7)恶意攻击

上面提到的“黄牛”刷单尽管对业务有一定的影响，但不管怎样也算是付钱买东西。还有一类更恶意的攻击就是不仅不买东西，还让正常的用户无东西可以买。这种恶意行为具体分为以下两类。

1)钻空子

现在电商平台下单有一个这样的业务逻辑：如果你下了单，但是没付款，那么这个商品的库存会被你先占用掉，30 分钟后你仍然不付款，那么系统会将这张订单自动取消，然后释放库存。但是在这 30 分钟内该商品库存是被你占用的，别人无法购买，如图 3－2 所示。

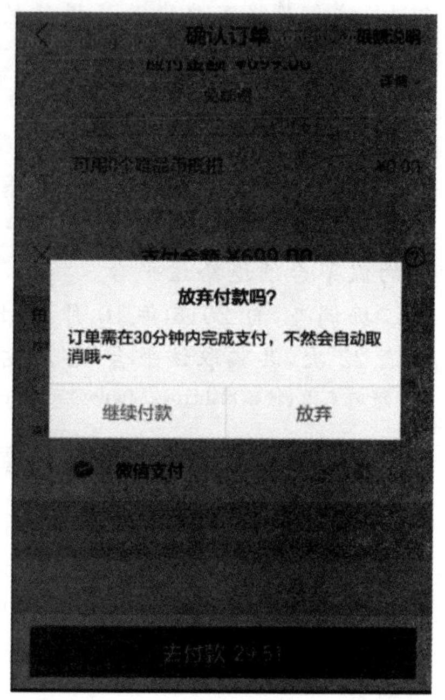

图 3－2　等待支付页面

举个例子，如果你准备在某平台上购买一部手机，该型号手机在仓库里一共有 100 件，你下单后平台会帮你锁定一件库存，表示你有购买意愿，等你付款后仓库会帮你发货。如果你 30 分钟内没付款，系统会把你的订单取消，但是在你下了单却没付款的这 30 分钟里面，平台实际对外只能卖 99 件该型号手机，尽管仓库里面有 100 件，因为有一件是给你预留的。主流的电商运作逻辑都是这样的，只是等待的时间不一样，有的是半个小时，有的是 1 个小时，有的是 2 个小时。

有人利用这个业务特点编写程序进行批量下单但是不付款，导致电商平台上某段时间热门商品无法售卖。像上面的例子，如果黑客知道该平台有 100 件某型号手机，那么他就把仓库里的 100 件手机全部下单，但是不付款，就会导致明明有很多手机，但是平台的顾客却无法购买，只能看到“到货通知”，因为库存全部被恶意占用了。

还有一种类似的攻击方法，现在很多网站支持货到付款，那么攻击者就将上面例子中的手机买下来，但是支付方式选择"货到付款"，等配送员辛辛苦苦实际送到的时候再拒收。那么他同样占用了这个商品的库存，并且占用的时间更长，消耗的资源更多(还消耗了仓库捡货、配送资源)。如果再采用批量下单恶意占用某些商品的话，那么电商平台将遭受比较大的损失。批量下单的方法有很多种，有的是一单下多个数量，但是主流平台一般会对一次购买数量有一个上限的控制；攻击者会通过各种渠道拿到很多注册账号，每个注册账号下多单；等等。

2)大量恶意请求攻击导致网站不可用

这种攻击手段比较偏技术，细分下来也有两种：一种是分布式拒绝服务攻击，简单暴力，导致整个网站请求流量过大而失去响应。另一种是针对业务的攻击，专业术语叫"CC"攻击，比如写工具批量请求商品详情或者加入购物车的接口。因为每一次请求都会耗费服务端的资源，服务端响应的能力又是有限的，如果攻击的请求量比较大的话会导致正常用户的请求无法响应，最终使得整个电商平台失去响应。这种攻击的目的就是导致网站不可用，需要网站具有快速扩容的能力与恶意流量清洗的能力。

【引申阅读】

安徽网购达人专职退货以假乱真

电商承诺的七天无理由退换货，本是有利于消费者的好事，却变成了"有心之人"的生财之道。安徽男子张玉亮先从网上淘"高仿"假货，再到正规电商平台上购买同款正品，收到货物后，利用网上交易退、换货条款，将价格远低于正牌商品的假货调包退换给电商。2016 年 12 月底，某网购平台售后部及监察部注意到一位出手阔绰，专爱"挑刺"且频繁退换货的"钻石"客户。

在对所退货品进行查验时，该平台防损部发现，货品竟然被调包！鉴于被调包的货品金额较大，该企业将客户张玉亮退货的白酒送至厂家鉴定，结果为"非厂家出产产品"。在排除货源、运输环节出错、"内鬼"等情况下，他们确定该客户存在退货调包嫌疑。2017 年 1 月 4 日，该平台向湖北省武汉市新洲区警方报案。2016 年 10 月 8 日，张玉亮在另一平台以人民币 1 100元的价格向胡某某购买 53 度飞天茅台假酒 2 箱。同月 12 日，张玉亮又以 6 354 元的价格在该平台下单购买 53 度飞天茅台白酒 1 箱。次日，张玉亮在住所地收到货后，以包装箱有挤压且箱体上有水渍为由，向该平台要求换货，被允许换货后，张玉亮将其事先从另一平台购买的假茅台酒退给该平台。

据调查，自 2016 年 10 月 23 日至 2017 年 2 月 16 日，张玉亮采取上述同样手段，以假酒换真酒 22 次，共骗取该平台 53 度飞天茅台白酒 36 箱，价值 25.2 万元。

资料来源：搜狐网 https://www.sohu.com/a/201859645_100010411

3.2.2 电子商务的安全要素

一个安全的电子商务系统，首先要有一个安全、可靠的通信网络，以保证各种信息安全、迅速地传递；其次，要保证各种服务器安全，如 WWW 服务器、应用服务器和数据库服务器，防止非授权者入侵破坏、盗取信息；最后，还要保证商务交易安全，使交易的参与者为自己的行为负责，从而建立良好的电子商务秩序。为了达到这样的目标，一个电子商务系统应该实现以下安全要素。

(1)不可拒绝性

信息的不可拒绝性又叫可用性或有效性，是保证授权用户在正常访问信息和资源时不被拒绝，即保证为用户提供稳定的服务。电子商务以电子形式取代了纸张，如何保证其交易信息的有效性是开展电子商务的前提。电子商务作为贸易的一种形式，其信息的有效性将直接关系到个人、企业或国家的利益和声誉。因此，要对网络故障、操作错误、应用程序错误、硬件故障、系统软件错误及计算机病毒所产生的潜在威胁加以控制和预防，以保证交易数据在确定的时刻、确定的地点是有效的、不可拒绝的。“拒绝服务”攻击往往使整个网络暂时不能使用，其结果是破坏计算机的正常处理速度或完全拒绝处理，降低服务速度会把自己网站的顾客赶到竞争者手中，或者在竞争中(如拍卖市场、证券市场)错过商机。

(2)保密性

电子商务交易的信息直接代表着个人、企业或国家的商业机密。传统的纸面贸易都是通过邮寄封装的信件或通过可靠的通信渠道发送商业报文来达到保守机密的目的。电子商务是建立在一个较为开放的网络环境上的，商业防泄密是电子商务全面推广应用的重要保障。信息的保密性是指信息在传输过程或存储中不被他人窃取。因此，信息需要加密以及在必要的节点上设置防火墙。例如信用卡号在网上传输时，如果非持卡人从网上拦截并知道了这个号码，他也可以用这个号码在网上购物。因此，必须对要保密的信息进行加密，然后再放到网上传输。

(3)完整性

电子商务简化了贸易过程，减少了人为的干预，同时也带来维护商业信息完整、统一的问题。信息的完整性是从信息传输和存储两个方面来看的。在存储时，要防止非法窜改和破坏网站上的信息。在传输过程中，接收端收到的信息与发送的信息完全一样，说明在传输过程中信息没有遭到破坏。尽管信息在传输过程中被加了密，能保证第三方看不到真正的信息，但并不能保证信息不被修改。例如，如果发送的信用卡号码是“5050”，接收端收到的却是“5659”，这样，信息的完整性就遭到了破坏。

(4)不可否认性

不可否认性也称为不可抵赖性，指在信息交互过程中，确信参与者的真实同一性，所有参与者都不可能否认或抵赖曾经完成的操作和承诺，即信息的发送方不能否认已发送的信息，接收方不能否认已收到的信息。由于商情的千变万化，交易达成后是不能否认的，否则，必然会损坏一方的利益。例如，买方向卖方订购钢材，订货时市场的价格较低，收到订单时价格上涨了，如果卖方否认收到订单的时间，甚至否认收到过订单，那么买方就会受到损失。再如，买方在网上买了光盘，不能说没有买，谎称不是自己下单，而是信用卡被盗用。

在传统商务中，贸易双方在交易合同、契约或单据等书面文件上，手写签名或加盖印章，来确定这些商务文件的可靠性并预防抵赖行为的发生。在电子商务方式下，手写签名和加盖印章是不可能的。因此，要在电子商务活动中，为每一个参与者建立唯一的标志——数字身份，并将其绑定到对应的操作和信息中。这就使得用户必须对他们的行为负责，也为法律提供了一种可信的证据。

(5)真实性

交易者身份的真实性是指网络两端的使用者在沟通之前相互确认对方的身份，确认交易双方确实是存在的，不是假冒的。对商家来说，要考虑客户不是骗子，对客户来说，要考虑商店不是“黑店”。因此，对个人或企业实体进行身份确认成了电子商务中很重要的一环。在电子商务中，交易双方身份的真实性一般都通过权威认证中心颁发的数字证书来实现。

(6)访问控制性

访问控制性是指在网络上限制和控制通信链路对主机系统和应用的访问。访问控制性用于保护计算机系统的资源(信息、计算和通信资源)不被未经授权人或未授权方式接入、使用、修改、破坏、发出指令或植入程序等。

3.3 电子商务安全技术

电子商务安全技术体系结构是保证电子商务中数据安全的一个完整的逻辑结构，由网络服务层、加密技术层、安全认证层、安全协议层、应用系统层五个部分组成，如图3-3所示。从图中的层次结构可以看出，下层是上层的基础，为上层提供技术支持；上层是下层的扩展与递进。各层次之间相互依赖、相互关联构成统一整体。各层通过控制技术的递进，实现电子商务系统的安全。本节将重点介绍为了满足电子商务对保密性、不可拒绝性、完整性、不可否认性等要求而采用的主要技术手段。

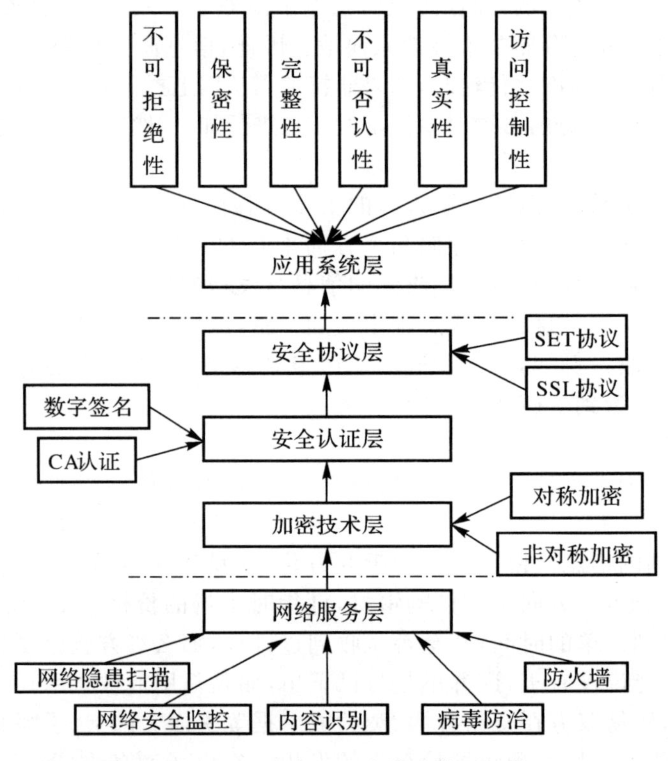

图3-3 电子商务安全技术体系结构

电子商务安全是一个受普遍关注的系统问题，用于保护电子商务的安全控制技术很多，并非把这些技术简单地组合就可以得到安全。但是通过合理应用安全控制技术，并进行有机结合，就可从技术上实现系统、有效的电子商务安全。

3.3.1 防火墙和入侵检测系统

(1)防火墙的概念

防火墙(Firewall)，也称防护墙，由Check Point创立者Gil Shwed于1993年发明并引入国际互联网。所谓防火墙指的是一个由软件和硬件设备组合而成、在内部网和外部网之间、专用网与公共网之间的界面上构造的保护屏障，是一种获取安全性方法的形象说法。它是一种计算机硬件和软件的结合，在Internet与Intranet之间建立起一个安全网关(Security Gateway),从而保护内部网免受非法用户的侵入。它是一个位于计算机和它所连接的网络之间的软件或硬件,该计算机流入流出的所有网络通信和数据包均要经过此防火墙,如图 3-4 所示。

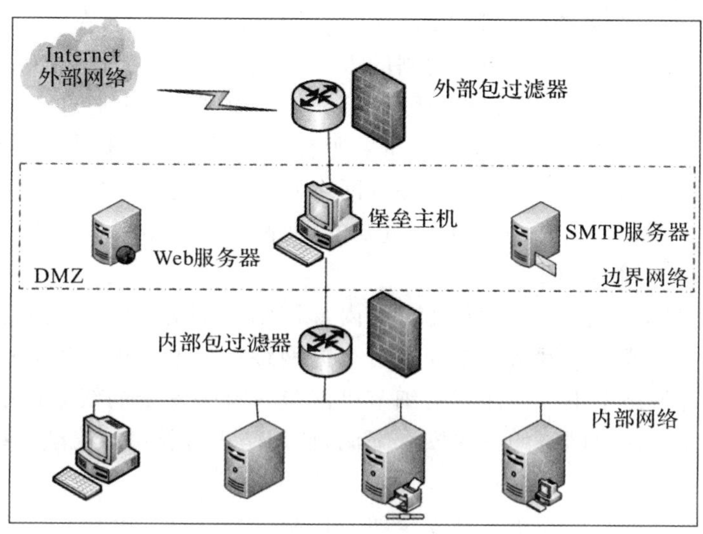

图 3-4　防火墙结构图

两个防火墙之间的空间被称为 DMZ(Demilitarized Zone),即隔离区,也称非军事化区。它是为了解决安装防火墙后外部网络的访问用户不能访问内部网络服务器的问题而设立的一个非安全系统与安全系统之间的缓冲区。该缓冲区位于企业内部网络和外部网络之间的小网络区域内,在这个小网络区域内可以放置一些必须公开的服务器设施,如企业 Web 服务器、FTP 服务器和论坛等。另外,通过这样一个 DMZ 区域,更加有效地保护了内部网络。因为这种网络部署,比起一般的防火墙方案,对来自外网的攻击者来说又多了一道关卡。

防火墙作为最重要的一种网络安全防护设备,具有以下特性:

a. 对于一个网络来说,所有通过"内部"和"外部"的网络信息流量都要经过防火墙。这是防火墙所处的位置特性,同时也是有效地保护内部网络安全的一个前提。

b. 通过一些安全策略来保证只有经过授权的信息流量才可以通过防火墙。这是防火墙的工作原理特性。防火墙之所以能保护内部网络的安全,就是依据这样的工作原理或防护过滤机制来实现的。

c. 防火墙本身必须建立在安全操作系统的基础上,具有非常强的抗攻击能力。这是防火墙之所以能担当起内部网络安全防护重任的先决条件。

(2)防火墙的作用

在网络中,防火墙实际上是一种隔离技术。它能允许你"同意"的人和数据进入你的网络,同时将你"不同意"的人和数据拒之门外,最大限度地阻止网络中的黑客来访问你的网络。换句话说,如果不通过防火墙,公司内部的人就无法访问 Internet,Internet 上的人也无法和公司内部的人进行通信。

a. 防火墙是网络安全的屏障。一个防火墙能极大地提高一个内部网络的安全性,并通过过滤不安全的服务而降低风险。只有经过精心选择的应用协议才能通过防火墙,这样网络环境才变得更安全。例如,防火墙能够禁止不安全的协议进出受保护网络,这样外部的攻击者就不可能利用这些脆弱的协议来攻击内部网络，防火墙能够同时保护网络免受基于路由的攻击。例如 IP 选项中的源路由攻击。

b. 可以强化网络安全策略。因为 Internet 上每天都有上百万人在收集、交换信息，不可避免地会出现个别品德不良的人，或违反规则的人，防火墙是为了防止不良现象发生的“交通警察”，它执行站点的安全策略，仅仅容许“认可的”和符合规则的请求通过。

c. 对网络存取和访问进行监控审计。如果所有的访问都经过防火墙，则防火墙可以记录下这些访问并做出日志记录，同时也可以提供网络使用情况的统计数据。如果发生可疑动作，收集一个网络的使用和误用情况也是非常重要的，而网络使用统计对网络需求分析和威胁分析等来说也是非常重要的。

d. 防止内部信息的外泄。通过防火墙对内部网络的划分，可实现内部网重点网段的隔离，从而限制局部重点或敏感网络安全问题对全局网络造成的影响。隐私是内部网络非常关心的问题，一个内部网络中不引人注意的细节可能包含有关安全的线索而引起外部攻击者的兴趣，甚至因此暴露了内部网络的某些安全漏洞，使用防火墙就可以隐蔽那些透漏内部细节的服务。

此外，由于防火墙的目的在于实现安全访问控制，因此按照 OSI/RM 参考模型，防火墙在 OSI/RM7 层中的 5 层都可以设置。

(3)防火墙的优点与不足

1)防火墙的优点

a. 防火墙对企业内部网实现了集中的安全管理，可以强化网络安全策略，比分散的主机管理更经济易行。

b. 防火墙能防止非授权用户进入内部网络。

c. 防火墙可以方便地监视网络的安全性并报警。

d. 防火墙可以作为部署网络地址转换(Network Address Translation，NAT)的地点，利用 NAT 技术，可以缓解地址空间的短缺，隐藏内部网的结构。

e. 利用防火墙对内部网络的划分，可以实现重点网段的分离，从而限制问题的扩散，即网络安全问题的屏蔽。

f. 由于所有的访问都经过防火墙，防火墙是审计和记录网络的访问和使用的最佳地方。

2)防火墙的不足

a. 防火墙可以阻断攻击，但不能消灭攻击源。“各扫自家门前雪，不管他人瓦上霜”，就是目前网络安全的现状。互联网上病毒、木马、恶意试探等等造成的攻击行为络绎不绝。设置得当的防火墙能够阻挡它们，但是无法清除攻击源。即使防火墙进行了良好的设置，使得攻击无法穿透防火墙，但各种攻击仍然会源源不断地向防火墙发出尝试。

b. 防火墙不能抵抗最新的未设置策略的攻击漏洞。就如同杀毒软件与病毒一样，总是先出现病毒，杀毒软件经过分析出特征码后加入到病毒库内才能查杀。防火墙的各种策略，也是在该攻击方式经过专家分析后给出其特征进而设置的。如果世界上新发现某个主机漏洞的黑客把第一个攻击对象选中了您的网络，那么防火墙也没有办法帮到您。

c. 防火墙的并发连接数限制容易导致拥塞或者溢出。由于要判断、处理流经防火墙的每一个包，因此防火墙在某些流量大、并发请求多的情况下，很容易导致拥塞，成为整个网络的瓶颈。而当防火墙溢出的时候，整个防线就如同虚设，原本被禁止的连接也能从容通过了。

d. 防火墙对服务器合法开放的端口的攻击大多无法阻止。某些情况下，攻击者利用服务器提供的服务进行缺陷攻击。由于其行为在防火墙一级看来是“合理”和“合法”的，因此就被简单地放行了。

e. 防火墙对待内部主动发起连接的攻击一般无法阻止。“外紧内松”是一般局域网络的特点。一道严密防守的防火墙的内部网络是一片混乱，这种情况也是可能的。通过发送带木马的邮件、带木马的 URL 等方式，然后由中木马的机器主动对攻击者连接，将铁壁一样的防火墙瞬间破坏掉。另外，对于防火墙内部各主机间的攻击行为，防火墙也只能如旁观者一样爱莫能助。

f. 防火墙本身也会出现问题和受到攻击。防火墙也有其硬件系统和软件，因此依然存在漏洞和故障。其本身也可能受到攻击和出现软/硬件方面的故障。

g. 防火墙不处理病毒。不管是什么病毒，在内部网络用户下载外网的带毒文件的时候，防火墙是不为所动的(这里的防火墙不是指单机/企业级的杀毒软件中的实时监控功能，虽然它们不少都叫“病毒防火墙”)。

(4)防火墙的分类

防火墙按软硬件形式不同可分为软件防火墙、硬件防火墙和专用防火墙，按技术可分为包过滤(Packet Filtering)防火墙和代理服务防火墙，按结构形式可分为单一主机防火墙、路由器集成式防火墙和分布式防火墙。

1)按软硬件形式分类

a. 软件防火墙。网络版的软件防火墙运行于特定的计算机上，它需要客户预先安装好的计算机操作系统的支持，一般来说这台计算机就是整个内部网络的网关。软件防火墙就像其他软件产品一样，需要先安装在计算机上并做好配置才可以使用。使用这类防火墙，需要网络管理人员对所工作的操作系统平台比较熟悉。

b. 硬件防火墙。这里说的硬件防火墙是针对芯片级防火墙来说的。它们最大的差别在于是否基于专用的硬件平台。目前市场上大多数防火墙都是这种所谓的硬件防火墙，它们都基于 PC 架构，即它们与普通家用的 PC 没有太大区别。特点是开发成本低、性能实用、稳定性和扩展性较好，价格也低廉。由于此类防火墙依赖操作系统内核，因此会受到操作系统本身安全性影响，处理速度慢。

c. 专用防火墙。采用特别优化设计的硬件体系结构，使用专用的操作系统，此类防火墙在稳定性和传输性能方面有着得天独厚的优势，速度快，处理能力强，性能高。由于使用专用操作系统，专用防火墙容易配置和管理，本身漏洞也比较少，但是扩展能力有限，价格也较高。专用防火墙系列化程度好，用户可根据应用环境选择合适的产品。

2)按技术分类

a. 包过滤防火墙。包过滤是第一代防火墙技术。其技术依据是网络中的分包传输技术，它工作在 OSI 模型的网络层。网络上的数据都是以“包”为单位进行传输，数据被分割成一定大小的数据包，每一个数据包中都包含一些特定信息，如数据的 IP 源地址、IP 目标地址、封装协议(TCP、UDP、ICMP 等)、TCP/UDP 源端口和目标端口等。

包过滤工作的地方就是各种基于 TCP/IP 协议的数据报文进出的通道，它把这两层作为数据监控的对象，对每个数据包的头部、协议、地址、端口、类型等信息进行分析，并与预先设定好的防火墙过滤规则(Filtering Rule)进行核对，一旦发现某个包的某个或多个部分与过滤规则匹配并且条件为“阻止”的时候，这个包就会被丢弃，其过程如图 3－5 所示。

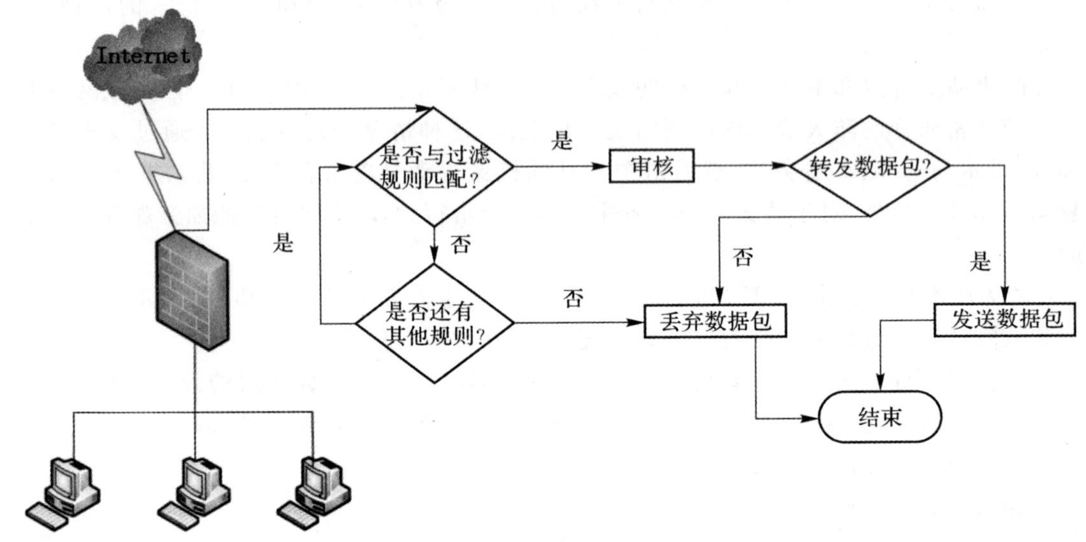

图 3－5 包过滤工作流程

一般防火墙的过滤规则是在启动时配置好的，只有系统管理员才可以修改。它是静态存在的，称为静态过滤规则。有些防火墙采用了基于连接状态的检查，将属于同一连接的所有包作为一个整体的数据流看待，通过规则表与连接状态表的共同配合进行检查，称为动态过滤规则。

包过滤防火墙的优点：①一个包过滤防火墙能协助保护整个网络。一个单个的、恰当放置的包过滤防火墙有助于保护整个网络，这是数据包过滤的主要优点。②包过滤防火墙工作在 IP 和 TCP 层，所以处理包的速度快、效率高，而且能提供透明的服务，用户不用改变客户端程序。

包过滤防火墙的缺点：①定义复杂，容易出现因配置不当带来的问题；②允许数据包直接通过，容易造成数据驱动式攻击的潜在危险；③不能彻底防止地址欺骗；④包中只有来自哪台机器的信息，不包含来自哪个用户的信息；⑤不支持用户认证；⑥不提供日志功能。

包过滤防火墙技术虽然能确保一定程度的安全保护，也有许多优点，但是其本身存在较多缺陷，不能提供较高的安全性。在实际应用中，很少把包过滤技术当作单独的安全解决方案，而是把它与其他防火墙技术组合在一起使用。

b. 代理服务防火墙。代理服务防火墙也叫应用网关防火墙，它是基于软件的，一般运行在内部用户和外部主机之间，并且在它们之间转发数据，它像真的墙一样挡在内部网和 Internet 之间。从外面来的访问者只能看到代理服务器但看不见任何内部资源；而内部客户根本感觉不到代理服务器的存在，他们可以自由访问外部站点。代理服务防火墙可以提供极好的访问控制、登录能力以及地址转换功能，对进出防火墙的信息进行记录，便于管理员监视和管理。

3）按结构形式分类

a. 单一主机防火墙。单一主机防火墙是最为传统的防火墙，独立于其他网络设备，位于网络边界。这种防火墙其实与一台计算机结构差不多，同样包括 CPU、内存、硬盘等基本组件，当然主板更是不能少了，且主板上也有南、北桥芯片。它与一般计算机最主要的区别就是一般防火墙都集成了两个以上的以太网卡,因为它需要连接一个以上的内部及外部网络。其中的硬盘主要是用来存储防火墙所用的基本程序,如包过滤程序和代理服务器程序等,有的防火墙还把日志记录也记录在此硬盘上。虽然如此,但我们不能说它就与我们平常的 PC 一样,因为它的工作性质决定了它要具备非常高的稳定性、实用性及系统吞吐性能。正因为如此,看似与 PC 差不多的配置,两者的价格却相差甚远。

b. 路由器集成式防火墙。单一主机的防火墙由于价格非常昂贵,仅有少数大型企业才承受得起。为了降低企业网络投资,现在许多中、高档路由器集成了防火墙功能,如思科 IOS 防火墙系列。这种防火墙通常是较低级的包过滤型,这样企业就不用再同时购买路由器和防火墙,大大降低了网络设备购买成本。

c. 分布式防火墙。随着防火墙技术的发展及应用需求的提高,原来作为单一主机的防火墙现在已发生了许多变化。最明显的变化就是现在许多中、高档路由器已集成了防火墙功能,还有的防火墙已不再是一个独立的硬件实体,而是由多个软、硬件组成的系统,这种防火墙即分布式防火墙。分布式防火墙不再是只位于网络边界,而是渗透于网络的每一台主机,对整个内部网络的主机实施保护。在网络服务器中,通常会安装一个用于防火墙系统管理的软件,在服务器及各主机上安装有集成网卡功能的防火墙卡,这样一块防火墙卡同时兼有网卡和防火墙的双重功能。这样的防火墙系统就可以彻底保护内部网络,各主机把任何其他主机发送的通信连接都视为"不可信",都需要经过严格过滤,而不是像传统边界防火墙那样,仅对外部网络发出的通信请求"不信任"。

【引申阅读】

未经常维护升级防火墙

某政府机构购置防火墙后已安全运行一年多,由于该机构网络结构一直很稳定,各种应用也运行稳定,因此管理员逐渐放松了对防火墙的管理。只要网络一直保持畅通即可,他不再关心防火墙的规则是否需要调整,软件是否需要升级。由于该机构处于政府专网内,与 Internet 物理隔离,防火墙无法实现在线升级,因此该机构的防火墙软件版本一直还是购买时的旧版本。虽然管理员一直都收到防火墙厂家通过电子邮件发来的软件升级包,但从未手动升级过。在一次全球范围的蠕虫病毒迅速蔓延事件中,政府专网也受到蠕虫病毒的感染,该机构防火墙因为没有及时升级,无法抵御这种蠕虫病毒的攻击,造成整个机构的内部网大面积受感染,网络陷于瘫痪之中。

问题分析

安全与入侵永远是一对矛盾。防火墙软件作为一种安全工具,必须不断地升级与更新才能应对不断发展的入侵手段,过时的防护盾牌是无法抵挡最先进的长矛的。作为安全管理员来说,应当时刻留心厂家发布的升级包,及时给防火墙打上最新的补丁。

解决办法

及时维护防火墙。当本机构发生人员变动、网络调整和应用变化时,要及时调整防火墙的安全规则,及时升级防火墙。

结论和忠告

保护网络安全是动态的过程,防火墙需要积极地维护和升级。

资料来源:http://m.it168.com/article_114040.html

(5)入侵检测系统

只从防护的角度构造网络安全系统是不够的,入侵者能够找到防火墙背后敞开的后门。防火墙不能阻止来自内部的攻击,对于企业内部存在的隐患来说,防火墙形同虚设。由于性能的限制,通常防火墙不具备实时的入侵检测能力。另外,防火墙对于病毒束手无策。为了有效应对层出不穷的网络攻击方法,实时入侵检测至关重要。

在 Internet 入口处部署防火墙系统只能在某种程度上保护网络安全,而入侵检测系统(Intrusion Detection System,IDS)可以弥补防火墙的不足,为网络安全提供实时的入侵检测并采取相应的防护手段,如记录证据用于跟踪、恢复、断开网络连接等。

入侵检测(Intrusion Detection)是主动检查并发现入侵行为,保护系统免受攻击的一种网络安全技术。入侵检测能够在系统运行过程中实时地、动态地发现入侵行为或踪迹,包括检测外界的恶意攻击或试探,以及内部合法用户超越权限的非法操作。一旦检测到攻击发生,便及时采取适当的措施,如记录事件、发出警报、切断网络连接等,从而保护受攻击系统。入侵检测的基本原理是在计算机网络或计算机系统中的若干关键点采集数据并对其进行分析,从而发现网络或系统中违反安全策略的行为和被攻击的迹象。

实现入侵检测的硬件和软件组成了入侵检测系统。它是防火墙之后的第二道安全防线,可以和防火墙、路由器协同工作,共同应对网络攻击,从而扩展了系统安全管理能力。

入侵检测系统的主要功能如下:

a. 监测、分析用户和系统的活动;

b. 检查系统配置和漏洞;

c. 评估重要系统和数据文件的完整性;

d. 识别已知的攻击行为并采取适当的措施;

e. 统计分析异常行为;

f. 审计操作系统日志,识别违反安全策略的行为。

逻辑上,入侵检测系统由数据探测器、数据分析器和管理控制器三部分组成,如图 3-6 所示。

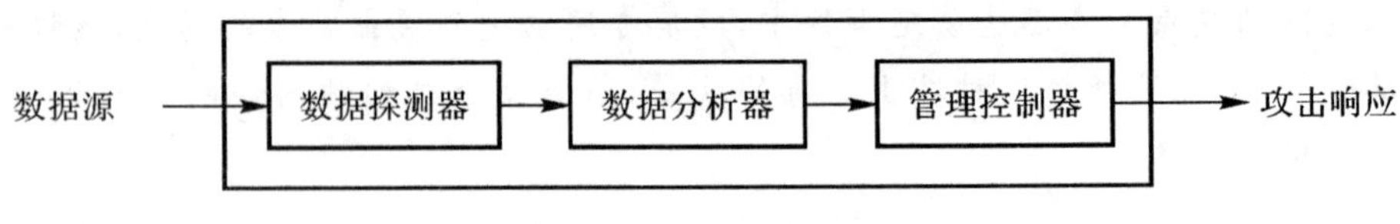

图 3-6 入侵检测系统

1)数据探测器

数据探测器负责采集数据。数据采集是入侵检测的第一步,探测器的输入数据流包括任何可能包含入侵行为线索的数据。一个探测点的数据不足以判别入侵行为,通过比较多个探测点的信息一致性,能比较准确地辨识可疑行为或入侵活动。因此,需要在网络系统中的关键点(不同网段和不同主机)上设置若干个探测器采集数据,并尽可能地扩大探测范围,以提高探测精度。

数据采集机制的重要性不言而喻。就准确性、可靠性和效率而言,数据探测器采集到的数据是入侵检测系统进行检测和决策的基础。如果采集数据的时延太大,系统很可能在检测到攻击的时候，入侵者已经长驱直入了；如果数据不完整，系统的检测能力就会大打折扣；如果数据本身不正确，系统就无法检测出某些攻击，从而给用户造成一种虚假的安全感，后果更是不堪设想。

2)数据分析器

数据分析器通常又称为入侵检测引擎，它从一个或多个探测器接收数据，通过分析数据来确定是否发生了非法入侵行为。数据分析器的输出是一系列指示信号，指示入侵行为是否发生和相关证据信息。

3)管理控制器

管理控制器是入侵检测系统的用户接口，方便用户观察入侵检测指示信息，并实时处理入侵事件。

攻击响应的方法主要有以下几种：

a.发出警报。发现攻击事件或可疑行为时，立即将警报信息发送给管理控制器，或通知相关人员。

b.终止连接。发现攻击事件或可疑行为时，立即终止该连接，尽量减少攻击所带来的损失。

c.断开链路。发现系统正在遭受大规模网络攻击时，迅速断开该网络的物理链路，使系统迅速从攻击中解脱出来，将系统损失降到最低限度。

d.引入陷阱。发现系统正在遭受网络攻击时，迅速将系统切换到一个“空”系统上，将攻击引入一个陷阱中(有时也称“蜜罐”)，以便收集攻击者信息，追踪攻击者的踪迹。

在这些攻击响应的方法中，常用的方法是发出警报和终止连接，绝大多数的入侵检测系统产品都提供了这两种响应方法。

角度不同，入侵检测系统分类的方法不同，图3-7给出了常用的分类方法。

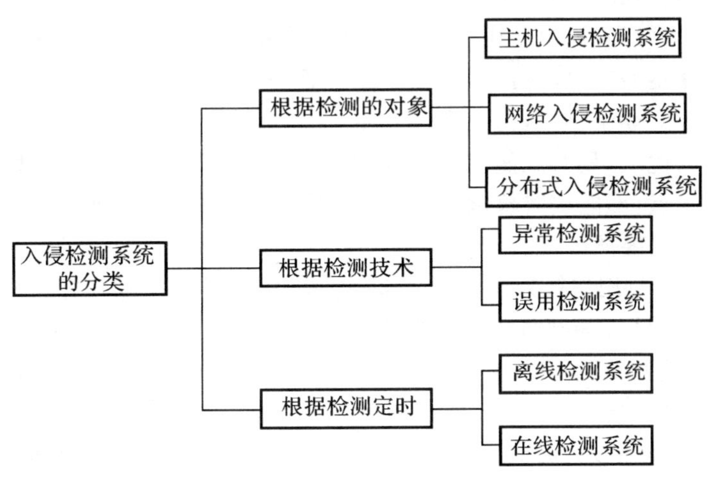

图3-7　入侵检测系统的分类

(6)入侵检测技术

入侵检测过程分为三部分：信息收集、信息分析和结果处理。

a.信息收集：入侵检测的第一步是信息收集，收集内容包括系统、网络、数据及用户活动的状态和行为。由放置在不同网段的传感器或不同主机的代理来收集信息，包括系统和网络日志文件、网络流量、非正常的目录和文件改变、非正常的程序执行。

b.信息分析：收集到的有关系统、网络、数据及用户活动的状态和行为等信息，被送到检测引擎，检测引擎驻留在传感器中，一般通过三种技术手段进行分析：模式匹配、统计分析和完整性分析。当检测到某种误用模式时，产生一个告警并发送给控制台。

c.结果处理：控制台按照报警产生预先定义的响应采取相应措施，可以是重新配置路由器或防火墙、终止进程、切断连接、改变文件属性，也可以只是简单的报警。

常用的入侵检测技术主要有异常检测（Anomaly Detection）和误用检测（Misuse Detection）。

1）异常检测

异常检测又被称为"离群点检测"，它的假设是入侵者活动异常于正常主体的活动，因而需要建立正常行为标准。根据这一理念建立主体正常活动的"活动简档"（即正常行为标准，主要是从以往大量的历史活动中总结出来的，如登录时间和次数、CPU使用率、内存使用率、网络活动和文件修改等），将当前主体的活动状况与"活动简档"相比较，当违反其统计规律时，认为该活动可能是"入侵"行为。

异常检测的优点：可以检测出已知的和未知的攻击；某种程度上，异常检测系统较少地依赖特定的操作系统环境，因而具有较好的可移植性；增强了检测内部用户超越权限活动的能力。

异常检测的不足：漏报率低，误报率高，因为系统的正常行为标准是逐步建立和完善的，而且系统的正常行为是不断变化的；检测时间比较长；检测效率不高。最重要的，这是一种"事后"检测，当检测到入侵行为时，破坏早已发生。

异常检测的关键问题是建立正常行为标准，通常采用统计分析技术、神经网络技术、数据重组技术、行为分析技术和数据挖掘技术等。

a.统计分析技术。检测器根据用户对象的动作为每个用户建立一个用户特征表，通过比较当前特征与已存储定型的以前特征，从而判断是否为异常行为。例如，用户一直是上午8:00登录，突然在凌晨2:00登录，就认为有入侵发生。

统计分析技术的优点：具有成熟概率统计理论支持，维护方便，可以检测到未知的入侵和更为复杂的入侵。缺点：不能实时检测，统计分析不能反映事件在时间顺序上的前后相关性；不适应用户正常行为的突然改变。

b.神经网络技术。对用户行为具有学习和自适应功能，能够根据实际检测到的信息有效地加以处理并做出入侵可能性的判断。利用神经网络所具有的识别、分类和归纳能力，可以使入侵检测系统使用用户行为特征的可变性。从模式识别的角度来看，入侵检测系统可以使用神经网络来提取用户行为的模式特征，并以此创建用户的行为特征轮廓。利用神经网络检测入侵的基本思想是用一系列单元（命令）训练神经单元，这样在给定一组输入后，就可能预测输出。

神经网络技术的优点：由于不使用固定的系统属性集来定义用户行为，因此属性的选择是无关的；神经网络技术对所选择的系统度量也不要求满足某种统计分布条件，与传统的统计分析相比，具备了非参量化统计分析的优点。

神经网络技术也存在一些问题，首先，在很多情况下，系统趋向于形成某种不稳定的网络结构，不能从训练数据中学习到特定的知识，这种情况目前尚不能完全确定产生的原因。其次，神经网络对判断为异常的事件不会提供任何解释或说明信息，这导致用户无法确认入侵的责任人，也无法判断究竟是系统哪方面存在的问题导致攻击者得以成功入侵。最后，将神经网络技术应用于入侵检测，其检测的效率问题也是需要解决的。

c. 数据重组技术。数据重组技术对网络连接的数据流进行重组再加以分析，而不仅仅分析单个数据包。当发现一段时间的数据流超过正常情况下的平均数据流时，就会认为有入侵行为发生，立即向管理员发出警告。这一检测技术被认为更加科学，容易接受。因为单一通信的数据流不能全面反映整个系统的数据流状态。

d. 行为分析技术。行为分析技术不仅简单分析单次攻击事件，还根据前后发生的事件确认是否确有攻击发生，攻击行为是否生效。由于算法处理和规则制定的难度很大，目前还不是非常成熟，但却是入侵检测技术发展的趋势。

e. 数据挖掘技术。数据挖掘的目的是要从海量数据中提取出有用的数据信息。网络中会有大量的审计记录存在，审计记录大多都是以文件形式存放的。如果靠手工方法来发现记录中的异常现象是远远不够的，所以将数据挖掘技术应用于入侵检测中，可以从审计数据中提取有用的知识，然后用这些知识检测异常入侵和已知的入侵。采用的方法有 KDD(Knowledge Discovery in Database)算法，其优点是具有处理大量数据的能力与数据关联分析的能力，但是实时性较差。

2）误用检测

误用检测又可称为基于知识的入侵检测，建立在已知的入侵行为和系统漏洞的基础之上。研究入侵行为和系统漏洞的过程与特征，对已知的攻击或入侵方式做出确定性描述，用一种模式表示出来，形成攻击特征库。当被审计的事件与攻击特征库中的某一模式相匹配时，即确认发生了入侵攻击，发出警报。

误用检测的最大优点是由于依据具体特征库进行判断，可以精确有效地检测规则库中包含的入侵模式。可以将已有的入侵方法检查出来，误报少，预报检测的准确率较高，并且因为检测结果有明确的参照，也为系统管理员做出相应措施提供了方便。

误用检测的局限性是它只能发现已知的攻击，对未知的攻击无能为力，对新的入侵方法无能为力。另外，收集所有的已知入侵行为和系统漏洞信息是一项艰苦的工作。由于建立系统弱点和攻击模式的规则需要进行分析和归类，因此误用检测的检测规则需要进行手工编码和验证，而且新的攻击技术随时会出现，规则库需要经常更新。与具体系统依赖性太强，不但系统移植性不好，维护工作量大，而且将具体入侵手段抽象成知识也很困难，并且检测范围受已知知识的局限，尤其是难以检测内部人员的入侵行为，如合法用户的泄漏，因为这些入侵行为并没有利用系统脆弱性。

误用检测的关键在于如何表达入侵的模式，把真正的入侵与正常行为区分开来。误用检测可以有多种实现方法，它们的不同点主要是匹配算法的入侵模式编码方式不同。误用检测系统的实现技术包括专家系统技术、状态转移分析技术和模式匹配的入侵检测系统等。

a. 专家系统技术。该技术主要运用规则进行分析，它是把安全专家的知识表示成规则知识库，再用推理算法检测入侵，主要是针对有特征的入侵行为。

b. 状态转移分析的检测法。该方法的基本思想是将攻击看成一个连续的、分步骤的并且各个步骤之间有一定关联的过程。在网络中发生入侵时及时阻断入侵行为，防止可能会进一步发生的类似攻击行为。在状态转移分析方法中，一个渗透过程可以看作是由攻击者做出的一系列的行为而导致系统从某个初始状态变为最终某个被危害的状态。

c.模式匹配法常常被用于入侵检测技术中。它通过把收集到的信息与网络入侵和系统误用模式数据库中的已知信息进行比较,从而发现违背安全策略的行为。模式匹配法可以显著地减少系统负担,有较高的检测率和准确率。

(7)入侵检测系统结构

从系统结构和检测对象上,通常入侵检测系统可以分为基于主机的入侵检测系统、基于网络的入侵检测系统和分布式入侵检测系统。

1)基于主机的入侵检测系统(Host-based IDS,HIDS)

基于主机的入侵检测系统出现在20世纪80年代初期,那时网络规模还比较小,而且网络之间也没有完全互联。在那样的环境里,检查可疑行为的审计记录相对比较容易,况且当时的入侵行为非常少,通过对攻击的事后分析就可以防止随后的攻击。HIDS采用基于审计追踪的检测方法,通过分析和审计主机系统的日志文件发现入侵事件。这里的主机系统泛指网络环境下的某一系统,如路由器、交换机、防火墙、服务器和客户机等。

例如,当有文件发生变化时,HIDS将新的记录条目与攻击标记相比较,看其是否匹配。如果匹配,系统就会向管理员报警。在HIDS中,对关键的系统文件和可执行文件的入侵检测是主要内容之一,通常进行定期检查和校验,以便发现异常变化。此外,大多数HIDS产品都监听端口的活动,在特定端口被访问时向管理员报警。

HIDS的主要特点:监视特定的系统活动;能够检查到基于网络的入侵检查系统检查不出的攻击;适用于采用了数据加密和交换式连接的子网环境;较高的实时性;不需增加额外的硬件设备。

2)基于网络的入侵检测系统(Network-based IDS,NIDS)

基于网络的入侵检测系统用原始的网络包作为数据源,实时、动态检测网络入侵行为。NIDS通常利用一个运行在随机模式下的网络适配器来实时检测并分析通过网络的所有通信业务。它常用的入侵检测技术有模式、表达式或字节匹配,频率或穿越阀值,低级事件的相关性,统计学意义上的非常规现象检测。

NIDS一旦检测到攻击行为,响应模块就立即对攻击采取响应。NIDS的优势是实时检测、实时响应;操作系统独立,与被监视的系统平台无关;证据转移困难;秘密进行入侵检测,被检测目标很难发现;能够检测未成功的攻击企图。

3)分布式入侵检测系统(Distributed IDS,DIDS)

无论是基于主机的还是基于网络的IDS在整个数据处理过程中,包括数据采集、数据分析,以及检测到入侵后采取的响应措施,都由单个监控设备或监控程序完成。然而,在面临大规模、分布式的应用环境时,这种传统的单机方式就遇到了极大的挑战。

分布式的应用环境要求在大范围网络中部署有效的入侵检测系统,各个入侵检测系统(监控设备或监控程序)之间能够实现高效地信息共享和协作检测。目前,实施分布式入侵检测系统的方法有对现有的IDS进行规模上的扩展,或者通过IDS之间的信息共享实现。具体的处理方法分为两种:①分布式信息收集、集中式处理;②分布式信息收集、分布式处理。

由于采用了分布式计算方法,降低了对中心计算能力的依赖,同时也减少了对网络带宽带来的压力,因此具有更好的发展前景。分布式入侵检测系统由于采用了非集中的系统结构和处理方式,具有一些明显的优势:检测大范围的攻击行为,提高检测的准确度,提高检测效率,协调响应措施等。

3.3.2　加密技术

(1)加密技术概述

为了保证数据和交易的安全,防止欺诈,确认交易双方的真实身份,电子商务必须采用加密技术,它可以通过使用代码或密码来保障数据的安全性。所谓信息加密技术,就是采用数学方法对原始信息(通常称为"明文")进行再组织,使得加密后在网络上公开传输的内容对于非法接收者来说成为无意义的文字(加密后的信息通常称为"密文"),真正接收者通过解密过程得到原始数据(即"明文"),如图 3-8 所示。

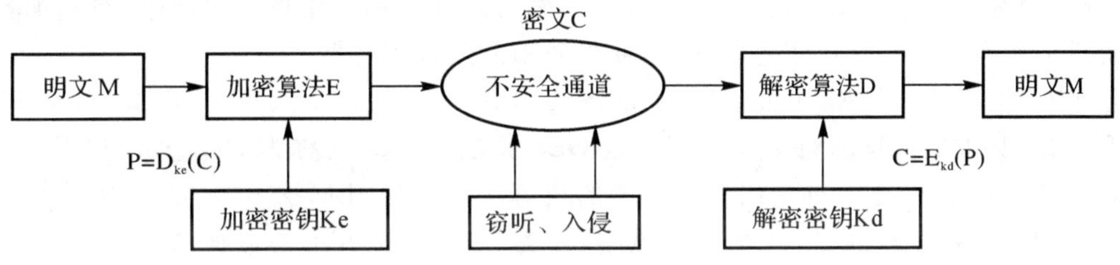

图 3-8　数据加密过程

加密和解密过程依靠两个元素,缺一不可,那就是算法和密钥。算法是加密或解密的一步一步的过程。在这个过程中需要一串数字,这个数字就是密钥。加密和解密算法的操作通常都是在一组密钥控制下进行的,分别称为加密密钥和解密密钥。密钥长度越长,密钥的空间就越大,遍历密钥空间所花的时间就越多。由此可见,在加密和解密的过程中,都要涉及信息(明文、密文)、密钥(加密密钥、解密密钥)和算法(加密算法、解密算法)这三项内容。传统密码体制所用的加密密钥和解密密钥相同,或实质上相同,即从一个易于得出另一个,被称为对称密钥系统或私密密钥系统。若加密密钥和解密密钥不相同,从一个难于推出另一个,则被称为非对称密钥系统或公钥密钥系统。

(2)对称密钥系统

对称密钥系统是实际中用于加密大量信息的加密体系,20 世纪 70 年代以前密码学中只有对称加密算法,它是指在对信息的加密和解密过程中使用相同的密钥,其过程如图 3-9 所示。

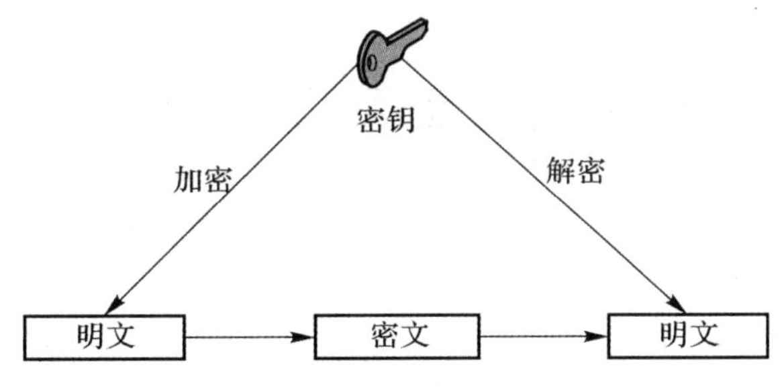

图 3-9　对称加密、解密过程

对称密钥系统的安全性取决于两个因素:第一,加密算法必须是足够强的,仅仅基于密文本身去解密信息在实践上是不可能的;第二,加密方法的安全性依赖于密钥的秘密性,而不是算法的秘密性。密码学的一个原则是“一切秘密寓于密钥之中”,算法可以公开,因此,我们没有必要确保算法的秘密性,而需要保证密钥的秘密性。对称密钥系统的这些特点使其有着广泛的应用。

对称加密算法的优点是加密和解密都比较快,加密、解密实现的速度可达到每秒数兆或数十兆位。因为算法不需要保密,所以制造商可以开发出低成本的芯片以实现数据加密。这些芯片有着广泛的应用,适合于大规模生产。

对称加密算法的缺点:交易双方都使用同样密钥,安全性得不到保证;每对用户每次使用对称加密算法时,都需要使用其他人不知道的唯一密钥,这会使得发收信双方所拥有的密钥数量呈几何级数增长,密钥管理成为用户的负担;对称加密算法在分布式网络系统上使用较为困难,主要是因为密钥管理困难,使用成本较高。而与公开密钥加密算法比起来,对称加密算法能够提供加密和认证却缺乏了签名功能,使得使用范围有所缩小。

基于对称密钥的加密算法主要有 DES、3DES(Triple DES)、AES、RC2、RC4、RC5 和 Blowfish 等,其中最典型的对称加密算法是 DES 算法。DES 全称为 Data Encryption Standard,即数据加密标准,是一种使用密钥加密的块算法。它是 IBM 公司于 1975 年研究成功并公开发表的。需要注意的是,在某些文献中,作为算法的 DES 称为数据加密算法(Data Encryption Algorithm,DEA),已与作为标准的 DES 区分开来。美国国家标准局 1973 年开始研究除国防部外的其他部门的计算机系统的数据加密标准,于 1973 年 5 月 15 日和 1974 年 8 月 27 日先后两次向公众发出了征求加密算法的公告。加密算法要达到的目的(通常称为 DES 密码算法要求)主要为以下四点:①提供高质量的数据保护,防止数据未经授权的泄露和未被察觉的修改;②具有相当高的复杂性,使得破译的开销超过可能获得的利益,同时又要便于理解和掌握;③DES 密码体制的安全性应该不依赖于算法的保密,其安全性仅以加密密钥的保密为基础;④实现经济,运行有效,并且适用于多种完全不同的应用。

1977 年 1 月,美国政府颁布:采纳 IBM 公司设计的方案作为非机密数据的正式数据加密标准(Data Encryption Standard,DES),并授权在非密级政府通信中使用,随后该算法在国际上广泛流传开来。

DES 算法的入口参数有三个:Key、Data、Mode。其中 Key 为 8 个字节共 64 位,是 DES 算法的工作密钥;Data 也为 8 个字节 64 位,是要被加密或被解密的数据;Mode 为 DES 的工作方式,有两种:加密或解密。DES 算法的原理如图 3-10 所示,即把 64 位的明文输入块变为 64 位的密文输出块,它所使用的密钥也是 64 位,其算法主要分为两步。

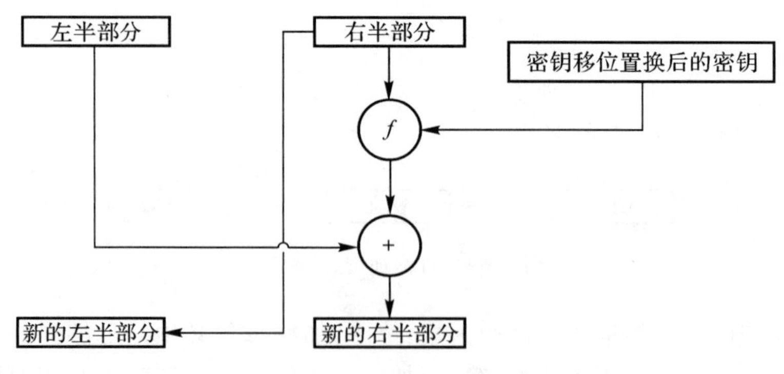

图 3-10 DES 加密原理

第一步：初始置换。

其功能是把输入的 64 位数据块按位重新组合，并把输出分为 L0、R0 两部分，每部分各长 32 位，其置换规则如下：

58,50,12,34,26,18,10,2,60,52,44,36,28,20,12,4,

62,54,46,38,30,22,14,6,64,56,48,40,32,24,16,8,

57,49,41,33,25,17, 9,1,59,51,43,35,27,19,11,3,

61,53,45,37,29,21,13,5,63,55,47,39,31,23,15,7

即将输入的第 58 位换到第 1 位，第 50 位换到第 2 位……依此类推，最后一位是原来的第 7 位。L0、R0 则是换位输出后的两部分，L0 是输出的左 32 位，R0 是右 32 位。例：设置换前的输入值为 D1D2D3……D64，则经过初始置换后的结果为 L0＝D58D50……D8，R0＝D57 D49……D7。

第二步：逆置换。

经过 16 次迭代运算，这些运算称为函数 f，得到 L16、R16，将此作为输入进行逆置换，逆置换正好是初始置换的逆运算。例如，第 1 位经过初始置换后，处于第 40 位，而通过逆置换，又将第 40 位换回到第 1 位，由此即得到密文输出。

DES 算法的解密过程和加密过程几乎完全相同，只是使用密钥的顺序相反。DES 算法具有极高的安全性，到目前为止，除了用穷举搜索法对 DES 算法进行攻击外，还没有发现更有效的办法。而 56 位长的密钥的穷举空间为 256，这意味着如果一台计算机的速度是每秒钟检测 100 万个密钥，则它搜索完全部密钥就需要将近 2 285 年的时间，可见，这是难以实现的。当然，随着科学技术的发展，在出现超高速计算机后，可考虑把 DES 密钥的长度再增长一些，以此来达到更高的保密程度。

目前在国内，DES 算法在 POS、ATM、磁卡及智能卡（IC 卡）、加油站、高速公路收费站等领域被广泛应用，以此来实现关键数据的保密，如信用卡持卡人的 PIN 码的加密传输，IC 卡与 POS 间的双向认证、金融交易数据包的 MAC 校验等，均用到 DES 算法。

(3)非对称密钥系统

1976 年，美国学者 Dime 和 Henman 为解决信息公开传送和密钥管理问题，提出一种新的密钥交换协议，允许在不安全的媒体上的通信双方交换信息，安全地达成一致的密钥，这就是“公开密钥系统”，即非对称密钥系统。非对称密钥加密是指在对信息的加密和解密过程中使用不同的密钥，每个用户保留两个不同的密钥：一个是公开密钥（PK，简称公钥），一个是私有密钥（IK，简称私钥）。假如现实世界中存在 A 和 B 进行通信，为了实现在非安全的通信通道上实现信息的保密性、完整性、可用性，A 和 B 约定使用非对称加密系统进行通信，具体过程：①A 要向 B 发送信息，A 和 B 都要产生一对用于加密的密钥。②A 的私钥保密，A 的公钥告诉 B；B 的私钥保密，B 的公钥告诉 A。③A 要给 B 发送信息时，A 用 B 的公钥加密信息，因为 A 知道 B 的公钥。④A 将加密后的消息发给 B（已经用 B 的公钥加密消息）。⑤B 收到这个消息后，用自己的私钥解密 A 发送的消息。其他所有收到这个报文的人都无法解密，因为只有 B 才有 B 的私钥（见图 3－11）。

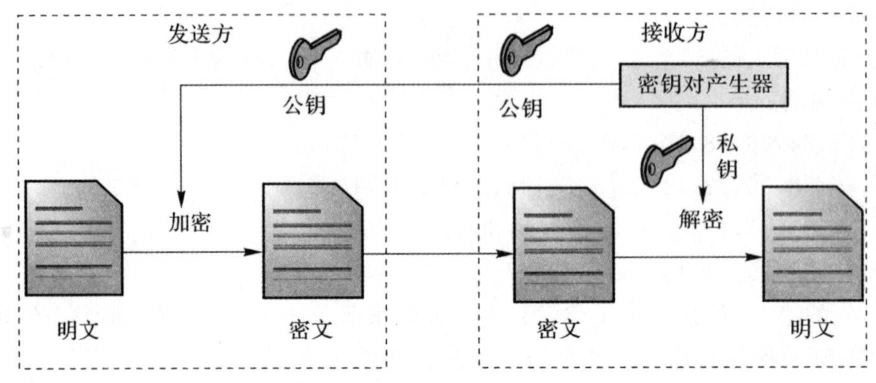

图 3-11 非对称密钥加密过程

非对称密钥系统与对称密钥系统相比,安全性更好。对称加密的通信双方使用相同的密钥,如果一方的密钥遭泄露,那么整个通信就会被破解。而非对称加密使用一对密钥,一个用来加密,一个用来解密,而且公钥是公开的,密钥是自己保存的,不需要像对称加密那样在通信之前先同步密钥,这样也可以大大解决对称密钥系统密钥管理的问题。非对称密钥系统的另一个优点是可以确认发送方的身份,即具有"数字签名"的功能。非对称密钥系统的缺点是加密和解密花费时间长、速度慢,只适合对少量数据进行加密,因此,非对称密钥不适用于对数据量较大的报文进行加密,主要用于数字签名和密钥分配。

非对称密钥系统最早的代表算法是 1978 年出现的 RSA 算法,是由罗纳德·李维斯特(Ron Rivest)、阿迪·萨莫尔(Adi Shamir)和伦纳德·阿德曼(Leonard Adleman)三个人一起提出的,当时他们三人都在麻省理工学院工作实习,RSA 就是他们三人姓氏开头字母拼在一起组成的。RSA 算法基于一个十分简单的数论事实:将两个大素数相乘十分容易,但想要对其乘积进行因式分解却极其困难,因此可以将乘积公开作为加密密钥。

RSA 算法涉及三个参数,n、$e1$、$e2$。其中,n 是两个大质数 p、q 的积,n 用二进制表示时所占用的位数,就是所谓的密钥长度。$e1$ 和 $e2$ 是一对相关的值,$e1$ 可以任意取,但要求 $e1$ 与 $(p-1)\times(q-1)$ 互质;再选择 $e2$,要求 $(e2\times e1)\bmod((p-1)\times(q-1))=1$。$(n,e1)$、$(n,e2)$ 就是密钥对。其中 $(n,e1)$ 为公钥,$(n,e2)$ 为私钥。

RSA 加解密的算法完全相同,设 A 为明文,B 为密文,则 $A=B\ \hat{}\ e2 \bmod n$;$B=A\ \hat{}\ e1 \bmod n$。

非对称加密体制中,一般用公钥加密,私钥解密,$e1$ 和 $e2$ 可以互换使用,即 $A=B\ \hat{}\ e1 \bmod n$;$B=A\ \hat{}\ e2 \bmod n$。

RSA 密钥长度随着保密级别提高,增加很快。表 3-1 列出了对同一安全级别所对应的不同密钥的长度。

表 3-1 同一安全级别所对应的密钥长度表

保密级别	对称密钥长度/b	RSA 密钥长度/b	ECC 密钥长度/b	保密年限/年
80	80	1 024	160	2 010
112	112	2 048	224	2 030
128	128	3 072	256	2 040
192	192	7 680	384	2 080
256	256	15 360	512	2 120

RSA 算法是目前最有影响力的公钥加密算法，在经历了各种攻击的考验后，逐渐为人们所接受，截止到 2017 年被普遍认为是最优秀的公钥方案之一。它是第一个既能用于数据加密，也能用于数字签名的算法；它易于理解和操作，也很流行。

(4)混合加密体制

为了充分利用对称密钥系统和非对称密钥系统的优点，改进安全保密系统常用加密体系中密钥分配和交换方面的不足，提高加密技术在保证信息安全传输中的应用，一些密码专家提出了一种基于混合加密算法的数据加密方案。常见的混合加密算法指对称加密和非对称加密混合在一起使用，主要是指 RSA 加解密算法和 DES 加解密算法。随着计算机系统能力的不断发展，因为两种算法各有优缺点，单独使用 DES 或 RSA 加密可能没有办法满足实际需求，所以就采用 RSA 和 DES 相结合的方式来实现数据的加密，如图 3－12 所示。

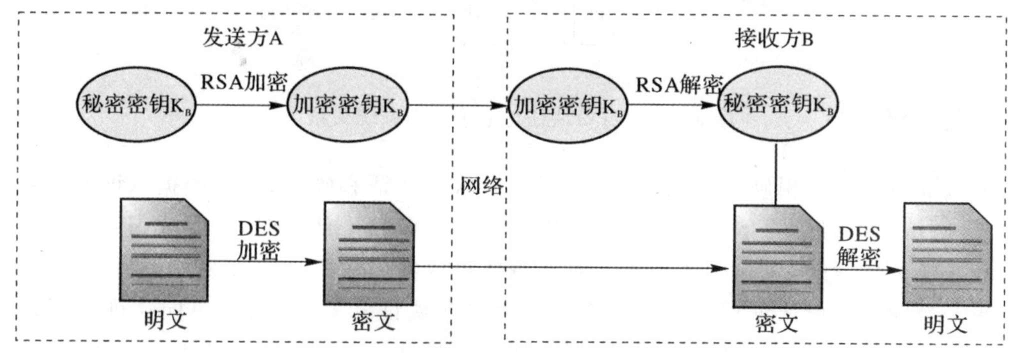

图 3－12　混合加密过程

非对称密钥加密与对称密钥加密混合使用过程：发送者将明文通过 DES 对称加密算法加密成密文，同时用接收者的公钥对秘密密钥 K 进行 RSA 非对称加密算法加密。传送到接收方后，接收者先用自己的私钥解密出秘密密钥 K，然后再用 K 将密文解密成明文。该过程用秘密密钥加密信息明文，用公开密钥加密秘密密钥，从而充分利用了对称加密高效性，以及非对称加密的密钥分发安全性的优点，因此混合加密算法成为当今安全领域中使用最为广泛的加密认证安全体制。

混合加密算法提出后，在安全领域引起了强烈反响，基于混合加密体制的身份认证技术、数字签名技术相继出现，这方面的研究也成为密码专家关注的热点。在应用方面，混合加密算法也逐渐显示出它的价值。它可广泛应用在防火墙规划、构造企业内部网络的管理及安全规划、互联网用户身份认证体系等场合，还可以很好地应用于网络应用技术的一个研究热点——移动代理和多代理混合密码体制的安全保障体系中。

3.3.3　身份认证与数字签名技术

(1)身份认证概述

身份认证也称为“身份验证”或“身份鉴别”，是指在计算机及计算机网络系统中确认操作者身份，从而确定该用户是否具有对某种资源的访问和使用权限，进而使计算机和网络系统的访问策略能够可靠、有效地执行，防止攻击者假冒合法用户获得资源的访问权限，保证系统和数据的安全，以及授权访问者的合法利益。身份认证解决“你是谁?”的问题，其必要性显而易见。

电子商务以互联网为基础，参与交易的主体相互之间不见面，为了保证每个交易活动的参与者，如个人、商家、银行等，都能唯一而且被无误地识别，这就需要进行身份认证。因此，身份认证是保证电子商务安全的重要技术。如图 3－13 所示，身份认证是电子商务系统安全的第一道防线。只有通过了身份认证的用户才能进入系统，访问资源，使用服务。而非法用户被阻止在系统之外，因此，身份认证是防止对网络系统进行主动攻击的重要技术之一。

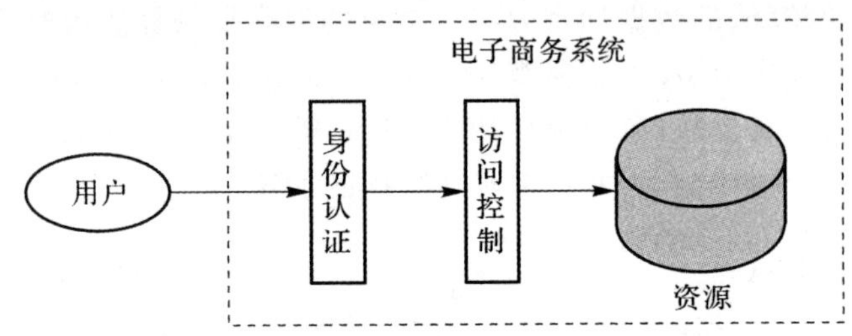

图 3－13　身份认证与电子商务系统关系

根据认证时是否使用硬件，身份认证可以分为软件认证和硬件认证；根据认证所需要验证的条件，身份认证可以分为单因子认证和双因子认证。双因子认证时，如果攻击者获得其中任何一个因素都是徒劳的，只有两个因素同时获得才可以实施攻击。显而易见，双因子认证获得了更高的安全性。身份认证根据认证的方向分为单向认证和双向认证，单向认证是指通信的双方只需要一方认证，双向认证则指通信双方均需要被认证通过。

从使用的角度出发，身份认证至少要达到以下要求：

a. 被验证者 A 能向验证者 B 证明他的确是 A；

b. 在被验证者 A 向 B 证明他的身份后，验证者 B 不能获得 A 的任何秘密信息，因而 B 不能模仿 A 向第三方证明他是 A；

c. 秘密参数必须安全存储。

举个简单的例子，用户 A 登录网站 B，用户 A 输入密码，网站 B 接受输入进行某种特定运算如 MD5 加密，并和数据库中的密码进行比对，比对结果一样则身份认证成功。但是网站 B 的运营者并不能知道用户输入的密码是什么，因此他不能模仿 A 的身份登录。由于密码是加密以后存储在数据库中的，因此保证了密码的安全。

(2)身份认证技术

身份认证的技术有很多，主要有以下几种。

1)静态密码

静态密码是最简单、最常用的身份认证方法，基于 what you know 的验证方法。用户的密码是由用户自己设定的，只有用户自己才知道。网络登录时只要输入正确的密码，计算机就认为操作者是合法用户。实际上，由于许多用户为了防止忘记密码，经常采用诸如生日、电话号码等容易被猜测的字符串作为密码，或者把密码抄在纸上放在一个自认为安全的地方，这样很容易造成密码泄漏。由于密码是静态的数据，在验证过程中需要在计算机内存中和网络中传输，而每次验证使用的验证信息都是相同的，所以很容易被驻留在计算机内存中的木马程序或网络中的监听设备截获。静态密码无论是使用还是部署都非常简单，但从安全性上讲，用户名/密码方式是一种不安全的身份认证方式，因此，我们在使用过程中必须勤换密码，以确保密码的安全。

2)动态口令

动态口令是目前最为安全的身份认证方式之一，它是根据专门的算法生成一个不可预测的随机数字组合(一般是长度为5～8的字符串，由数字、字母、特殊字符、控制字符等组成)，每个密码只能使用一次的技术。用户使用时只需要将动态口令牌上显示的当前密码输入客户端计算机，即可实现身份认证。

动态口令牌是客户手持用来生成动态密码的终端，主流的是基于时间同步方式的，每60s变换一次动态口令，口令一次有效，它产生6位动态数字进行一次一密的方式认证。但是基于时间同步方式的动态口令牌存在60s的时间窗口，导致该密码在这60s内存在风险。现在已有基于事件同步的，双向认证的动态口令牌。基于事件同步的动态口令，是以用户动作触发的同步原则，真正做到一次一密，并且由于是双向认证，即服务器验证客户端，并且客户端也需要验证服务器，从而达到了杜绝木马网站的目的。

动态口令可以有效保护交易和登录的认证安全，采用动态密码就无须定期修改密码，安全省心，因此85%以上的世界500强企业运用它保护登录安全，广泛应用在VPN、网上银行、电子政务、电子商务等领域。但如果客户端与服务器端的时间或次数不能保持良好的同步，就可能发生合法用户无法登录的问题。另外，用户每次登录时需要通过键盘输入一长串无规律的密码，一旦输错就要重新操作，使用起来非常不方便。

3)生物学特征

生物学特征认证是指通过自动化技术利用人体的生理特征和(或)行为特征进行身份鉴定。目前，利用生理特征进行生物识别的主要方法有指纹识别、虹膜识别、手掌识别、视网膜识别和脸相识别；利用行为特征进行识别的主要方法有声音识别、笔迹识别和击键识别等。除了这些比较成熟的生物识别技术之外，还有许多新兴的技术，如耳朵识别、人体气味识别、血管识别、步态识别等。随着现代生物技术的发展，尤其是人类基因组研究的重大突破，研究人员认为DNA识别技术或基因型识别技术将是未来生物识别技术的主流。

生物学特征认证的核心在于如何获取这些生物特征，并将之转换为数字信息，存储于计算机中，利用可靠的匹配算法来完成验证与识别个人身份的过程。所有的生物识别系统都包括如下几个处理过程：采集、解码、比对和匹配。

由于人体生物特征具有人体所固有的不可复制的唯一性，这使得生物识别身份验证方法可以不依赖于各种人造的和附加的物品来证明自己的身份，而用来证明自身的恰恰是人本身，由于这些生物密钥不会丢失、不会遗忘，很难伪造和假冒，因此采用生物特征具有更强的安全性与方便性。

评价一个生物识别系统主要从下列几个方面进行：①易使用性，是否可以被用户简单而方便地使用；②非侵袭性，对使用者是否具有非侵袭性；③安全性，包括识别的精确性和系统防止攻击的保护能力；④反应性，包括对系统资源的要求、数据获取和分析的速度；⑤性能价格比，软硬件的购买、维护等费用的投入与其所产生性能的比较；⑥标准样板的数据大小，数据越多，使用起来就更加方便且安全性更高；⑦生物特征的唯一性、精确性，唯一性、精确性越高，使用起来准确性就越高；⑧系统在时间上的稳定性和可靠性。

各种识别技术均有其优劣之处。在识别的精确性方面，虹膜识别是各种识别技术中错误率最低的，其次是视网膜和指纹技术识别；在费用方面，以击键法最低，其次是声音和笔迹识别。另外,每种生物特征都有自己的适用范围。比如,有些人的指纹无法提取特征,白内障患者的虹膜会发生变化等。在对安全有严格要求的应用领域中,人们往往需要融合多种生物特征来实现高精度的识别系统。数据融合是一种通过集成多知识源的信息和不同专家的意见以产生一个决策的方法,将数据融合方法用于身份鉴别,结合多种生理和行为特征进行身份鉴别,提高鉴别系统的精度和可靠性,这无疑是身份鉴别领域发展的必然趋势。

4)USB Key 认证

基于 USB Key 的身份认证方式是近几年发展起来的一种方便、安全的身份认证技术。它采用软硬件相结合、一次一密的强双因子认证模式,很好地解决了安全性与易用性之间的矛盾。USB Key 是一种 USB 接口的硬件设备,它内置单片机或智能卡芯片,可以存储用户的密钥或数字证书,利用 USB Key 内置的密码算法实现对用户身份的认证。基于 USB Key 身份认证系统主要有两种应用模式:一是基于冲击/响应(挑战/应答)的认证模式,二是基于 PKI (Public Key Infrastructure)体系的认证模式,运用在电子政务、网上银行。

USB Key 作为新一代的身份认证产品,具有以下特点:

a. 双因子认证。每个 USB Key 都有一个硬件 PIN(Personal Identification Number)码,PIN 码可以理解为使用 USB Key 所需的密码,只有知道 PIN 码的人才有权使用 USB Key。双因子认证是指只有用户同时拥有 USB Key 和 PIN 码,才能通过身份认证。如果用户的 USB Key 丢失,由于其他人不知道 PIN 码,也无法伪造用户身份;如果其他人知道了 PIN 码,但是无法获取到 USB Key,同样也无法伪造身份。因此使用 USB Key 进行身份认证是一种非常安全的方式。

b. 带有安全存储空间。USB Key 中有一块安全的存储空间,专门用来存储数字证书、用户密钥等秘密信息。之所以说这块存储空间是安全的,是因为只有通过程序才能对该存储空间进行读写,用户无法直接读取,并且用户私钥是不能导出的,这也就防止了其他人复制数字证书或用户身份信息进行身份伪造。

c. 硬件实现密码算法。USB Key 内置了 CPU 或智能卡芯片,芯片中集成了数据加解密、签名验签、消息摘要等各种密码算法。硬件实现密码算法相比于软件实现密码算法,最大的好处是密码运算在 USB Key 中进行,保证了密钥永不出 USB Key,不会出现在计算机的内存中,这也就防止了黑客获取密钥,保证了密钥的安全性。

d. 便于携带,安全可靠。USB Key 类似于 U 盘,非常的小巧,便于携带。USB Key 中的证书和密钥不可导出,USB Key 的硬件不可复制,更加安全可靠。

(3)数字签名概述

现实生活中的书信或文件是根据亲笔签名或印章来证明其真实性的。签名的作用有两点:一是因为自己的签名难以否认,从而确认了文件已签署这一事实;二是因为签名不易仿冒,从而确定了文件是真的这一事实。为此,要求签名应该是可信的、可验证的、不可伪造的、不可重用的,签名后的文件是不可更改的,签名是不可抵赖的。数字签名(Digital Signature)与书面文件签名有相同之处,也能确认以下两点:信息是由签名者发送的(不可抵赖);信息自签发后到收到为止未曾做过任何修改(不可伪造)。在计算机网络中传送报文的数字签名过程如图 3-14 所示。

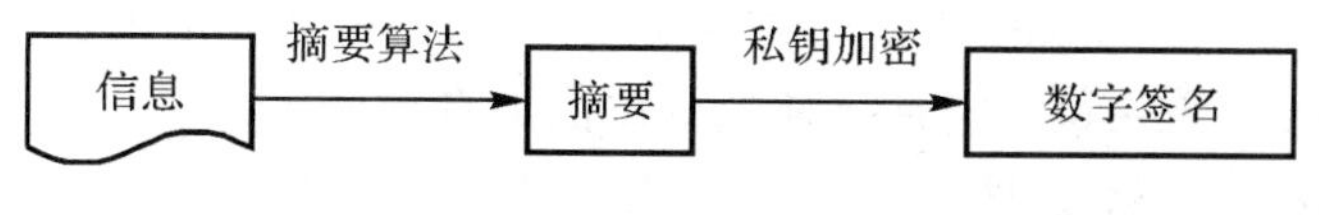

图 3-14　数字签名过程

数字签名基于非对称密钥加密体制的认证系统原理，在数字签名中，密钥算法被反向执行以确认发送方的身份。由于非对称密钥加密体制中，唯一的公钥对应于唯一的私钥，接收方通过用与唯一私钥匹配的公钥进行解密，从而确定私钥，进而确定发送方身份。

公钥的公开性导致发送方用私钥加密的信息很容易被攻击者通过其他公钥解密，发送方在用私钥加密了信息之后，还需要使用接收方的公钥对加密结果再次加密，这样就能保证数据的机密性，只有接收方能够获取消息内容，这就是数字签名的本质。

通过数字签名技术，不仅可以对用户身份进行验证与鉴别，也可以对信息的真实性和可靠性进行验证和鉴别。这样就可以解决冒充、抵赖、伪造、篡改等问题。在电子银行、电子贸易中数字签名技术的应用最为广泛。

(4)数字签名工作原理

数字签名采用双重加密的方法保证信息的完整性和发送者不可抵赖性，数字签名的工作原理如图 3-15 所示。

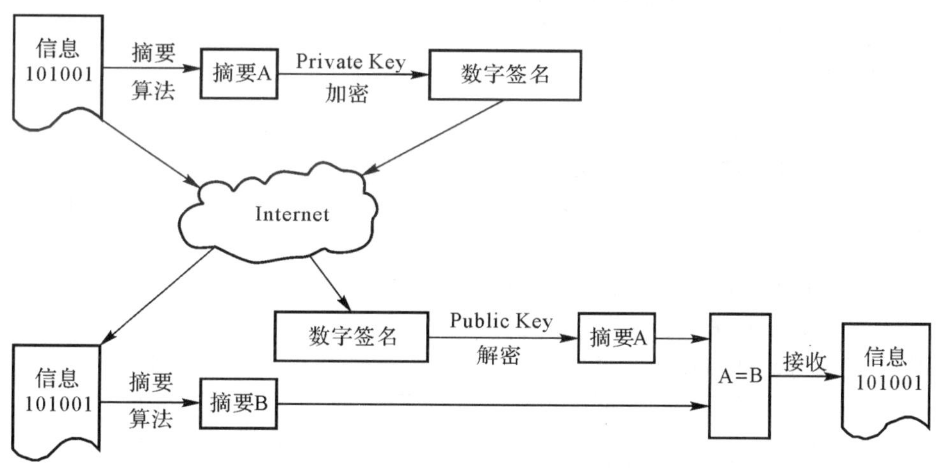

图 3-15　数字签名的工作原理

a. 被发送消息用哈希算法加密产生 128b 的消息摘要 A。

b. 发送方用自己的私用密钥对消息摘要 A 再加密，这就形成了数字签名。

c. 发送方通过某种关联方式，比如封装，将消息原文和数字签名同时传给接收方。

d. 接收方用发送方的公开密钥对数字签名解密，得到消息摘要 A。如果无法解密，则说明该信息不是由发送方发送的。如果能够正常解密，则发送方对发送的消息就具有不可抵赖性。

e. 接收方同时对收到的文件用约定的同一哈希算法加密产生摘要 B。

f. 接收方将对摘要 A 和摘要 B 相互对比。如两者一致，则说明传送过程中信息没有被破坏或篡改过。否则不然。

在数字签名过程中生成的摘要即所谓的数字摘要，数字摘要也叫消息摘要，它也是一种加密方法，该方法又称为安全 Hash（散列）编码法（Secure Hash Algorithm，SHA）或 MD5（MD：Standards for Message Digest）。它是将任意长度的消息变成固定长度的短消息，它类似于一个自变量是消息的函数，也就是 Hash 函数。数字摘要就是采用单向 Hash 函数将需要加密的明文“摘要”成一串固定长度（128b）的密文，这一串密文又称为数字指纹，它有固定的长度，而且不同的明文摘要成密文，其结果总是不同的，而同样的明文其摘要必定一致。这样，这串摘要便可成为验证明文是否“真身”的“指纹”。数字摘要的应用使交易文件的完整性（不可修改性）得以保证。

3.3.4 数字证书

(1)数字证书概述

数字证书就是互联网通信中标志通信各方身份信息的一系列数据，提供了一种在互联网上验证用户身份的方式，其作用类似于司机的驾驶执照或日常生活中的身份证。

数字证书（Digital ID）又称为数字凭证、数字标识，是一个经证书授权中心数字签名的包含公开密钥拥有者信息以及公开密钥的文件。最简单的证书包含一个公开密钥、名称以及证书授权中心的数字签名。一般情况下证书中还包括密钥的有效时间、发证机关（证书授权中心）的名称、该证书的序列号等信息，证书的格式遵循国际电信联盟（ITU－T）制定的X.509国际标准，一个标准的 X.509 数字证书包含以下一些内容，如图 3－16 所示。

a. 证书的版本信息。

b. 证书的序列号，每个证书都有一个唯一的证书序列号。

c. 证书所使用的签名算法。

d. 证书的发行机构名称，命名规则一般采用 X.500 格式。

e. 证书的有效期，现在通用的证书一般采用 UTC 时间格式，它的计时范围为 1950—2049。

f. 证书所有人的名称，命名规则一般采用 X.500 格式。

g. 证书所有人的公开密钥。

h. 证书发行者对证书的签名。

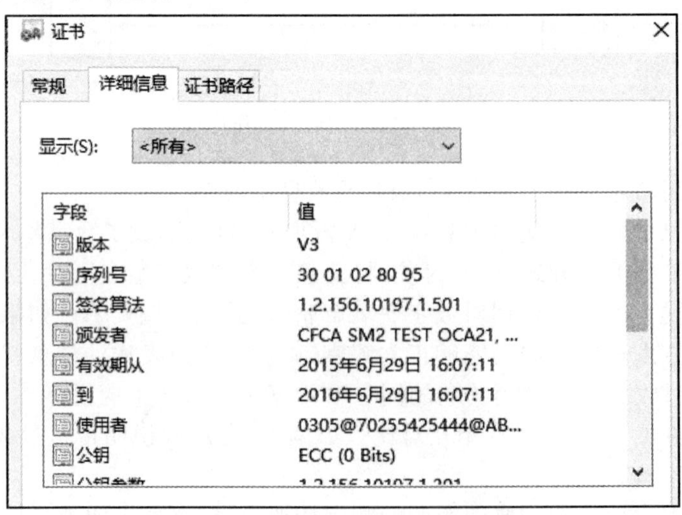

图 3－16 数字证书详细信息

数字证书采用公钥体制，即利用一对互相匹配的密钥进行加密、解密。每个用户自己设定一把特定的仅为本人所知的私有密钥（私钥），用它进行解密和签名；同时设定一把公共密钥（公钥）并由本人公开，为一组用户所共享，用于加密和验证签名。当发送一份保密文件时，发送方使用接收方的公钥对数据加密，而接收方则使用自己的私钥解密，这样信息就可以安全无误地到达目的地了。

在电子商务交易中，若双方出示各自的数字证书，并用它来进行交易操作，那么双方都不必为对方身份的真伪担心。证书可用于安全电子邮件、网上缴费、网上炒股、网上招标、网上购物、网上办公、软件产品和电子资金移动等安全电子商务活动。

数字证书主要有以下功能：

a. 身份认证。利用数字证书序列号和签名验证技术，确定证书持有人在网上活动的身份的唯一性和网上行为的不可抵赖性。

b. 网上信息的安全传输。通过个人或企业身份证书与需交互连接的服务器间建立 SSL 安全传输通道，完成网上信息的安全传输。可用于网上个人、企业信息资料的提交，防止信息被窃取和非法篡改。

c. 权限控制。在基于数字证书的身份认证基础上，根据身份认证结果和权限控制理论技术，通过建立权限控制服务器，在使用证书登录安全站点的同时，控制服务器读取证书 DN 项中可唯一标识个人或企业身份的控制项（如个人身份证号码、企业税务登记号等）来识别证书持有者可实现的网络功能。

d. 数字签名。网上行为的抗抵赖性是通过证书的数字签名来保障完成的，通过证书签名的交易或信息传输行为保证了其行为的不可抵赖性，为以后的责任认定提供有力的证据。

(2)数字证书的作用

在使用数字证书的过程中，应用公开密钥加密技术，建立起一套严密的身份认证系统，它能够保证信息除发送方和接受方外不被其他人窃取，信息在传输过程中不被篡改，接收方能够通过数字证书来确认发送方的身份，发送方对于自己发送的信息不能抵赖。

以电子邮件为例，数字证书在电子邮件中体现以下主要作用：

a. 保密性。通过使用收件人的数字证书对电子邮件加密，只有收件人才能阅读加密的邮件，这样保证在 Internet 上传递的电子邮件信息不会被他人窃取，即使发错邮件，收件人由于无法解密而无法看到邮件内容。

b. 完整性。利用发件人数字证书在传送前对电子邮件进行数字签名不仅可确定发件人身份，而且可以判断发送的信息在传递的过程中是否被篡改过。

c. 身份认证。在 Internet 上传递电子邮件的双方互相不能见面，所以必须有方法确定对方的身份。利用发件人数字证书在传送前对电子邮件进行数字签名即可确定发件人身份，而不是他人冒充的。

d. 不可否认性。发件人的数字证书只有发件人唯一拥有，故发件人利用其数字证书在传送前对电子邮件进行数字签名后，发件人就无法否认发送过此电子邮件。

基于数字证书的这些作用，数字证书广泛应用于下列场景。①网上金融服务：网上银行、网上证券、网上保险等。②B2B/B2C/C2C 等电子商务应用：网上支付、网上购物、网络游戏等。③企业的业务系统应用：供应链管理系统、OA 系统、财务系统等。④电子政务应用：网上报税、网上工商、政府采购招投标系统、各类行政审批系统等。

(3)数字证书的类型

1)个人证书

符合 X.509 标准的数字证书,证书中包含个人身份信息和个人的公钥,用于标识证书持有人的个人身份,可以签名,也可以加密。用于个人在网上进行网银交易、个人安全电子邮件、合同签订、支付等活动中标明身份。

2)企业证书

符合 X.509 标准的数字证书,证书中包含企业(单位)信息和企业(单位)的公钥,用于标识证书持有企业(单位)的身份。可以用于企业(单位)在网上银行系统、电子政务、电子商务等业务中。

3)服务器证书

服务器证书是安装在服务器端用以标明站点唯一身份的数字证书,可存放于服务器硬盘或加密硬件设备上,为用户端和 Web 服务器端之间建立一条加密传输安全通道,保证用户和服务器之间信息交换的保密性、安全性。

服务器证书主要用于网上银行系统、电子商务网站、电子政务网站等各行业应用服务器。使用服务器证书可有效地识别钓鱼网站,防止信息泄露,保护网民的信息安全。

4)设备证书

设备证书是提供给某些硬件设备的证书,按照硬件设备的特殊需求签发不同的数字证书,例如 VPN 证书等。

5)代码签名证书

代码签名证书是针对网上发布的控件、应用程序、驱动程序、硬件固化程序等代码创建数字签名,以便在软件发行者和用户通过 Internet 与移动网络下载代码时对它们加以保护。数字签名可验证内容的来源及完整性。

6)支付网关证书

支付网关证书是证书签发中心针对支付网关签发的数字证书,是支付网关实现数据加解密的主要工具,用于数字签名和信息加密。支付网关证书仅用于支付网关提供的服务(Internet 上各种安全协议与银行现有网络数据格式的转换)。支付网关证书只能在有效状态下使用,且不可被申请者转让。

7)电子邮件证书

电子邮件证书可以用来证明电子邮件发件人的真实性。它并不证明数字证书上面 CN 一项所标识的证书所有者姓名的真实性,它只证明邮件地址的真实性。收到具有有效电子签名的电子邮件,我们除了能相信邮件确实由指定邮箱发出外,还可以确信该邮件从被发出后没有被篡改过。另外,使用接收的邮件证书,我们还可以向接收方发送加密邮件。该加密邮件可以在非安全网络传输,只有接收方的持有者才可能打开该邮件。

【拓展阅读】

支付宝数字证书是支付宝的一个认证程序,保证支付宝账户资金安全。数字证书具有安全、保密、防篡改的特性,在某台电脑上(可以将证书备份到多台电脑上)对某个支付宝账户申请了数字证书后,即使泄露了支付宝密码他人也无法盗取、挪用支付宝账户中的金额。

支付宝数字证书有以下特点:

(1)安全性。①为了避免传统数字证书方案中,由于使用不当造成的证书丢失等安全隐患,支付宝创造性地推出双证书解决方案:支付宝会员在申请数字证书时,将同时获得两张证书，一张用于验证支付宝账户，另一张用于验证会员当前所使用的计算机。②第二张证书不能备份，会员必须为每一台计算机重新申请一张。这样即使会员的数字证书被他人非法窃取，仍可保证其账户不会受到损失。③支付盾是一个类似于 U 盘的实体安全工具，它内置的微型智能卡处理器能阻挡各种的风险，让您的账户始终处于安全的环境下。

(2)唯一性。①支付宝数字证书根据用户身份给予相应的网络资源访问权限。②申请使用数字证书后，如果在其他电脑登录支付宝账户，没有导入数字证书备份的情况下，只能查询账户，不能进行任何操作，这样就相当于您拥有了类似“钥匙”一样的数字凭证，增强账户使用安全。

(3)方便性。①即时申请、即时开通、即时使用。②量身定制多种途径维护数字证书，例如通过短信、安全问题等。③不需要使用者掌握任何数字证书相关知识，也能轻松掌握。

目前，支付宝已通过了 Verisign 签发的全球安全证书，保障客户的在线安全信息。使客户的在线交易和客户资料得到有效的保障。国际认证体系证书是由全球最大的信息安全服务商 Verisign 颁发的，Verisign 维护着一个覆盖全球的信任体系，支付宝数字证书是属于此信任域的，可以方便地被其他国家、地区的用户所信任，当你在网络上同此组织内的人员进行网上交流的时候，双方只需要出示此电子证书，就可以辨识对方的身份。

资料来源：百度百科 https://baike.baidu.com/item/%E6%94%AF%E4%BB%98%E5%AE%9D%E6%95%B0%E5%AD%97%E8%AF%81%E4%B9%A6/1383778?fr=aladdin

(4)认证中心

CA(Certificate Authority)也称为认证授权机构、认证授权中心、认证权威中心或认证管理机构等，它是在电子交易中承担网上安全电子交易认证服务、签发数字证书、确认用户身份等工作的具有权威性和公正性的第三方服务机构，类似于现实生活中公证人的角色。认证中心主要进行电子证书管理、电子贸易伙伴关系建立和确认、密钥管理、为支付系统中的各参与方提供身份认证等。CA 是电子商务体系的核心环节，是电子交易信赖的基础，是保证网上电子交易安全的关键环节。

CA 是分层分级负责发放和管理认证证书的权威机构，CA 在大型网络环境下，采用树状分级结构，分层分级进行 CA 的认证服务和认证证书的业务管理。CA 的不同等级的认证中心负责发放不同的证书。上级 CA 负责签发和管理下级 CA 的证书，最下一级的 CA 直接面向最终用户。CA 的组成结构如图 3-17 所示。

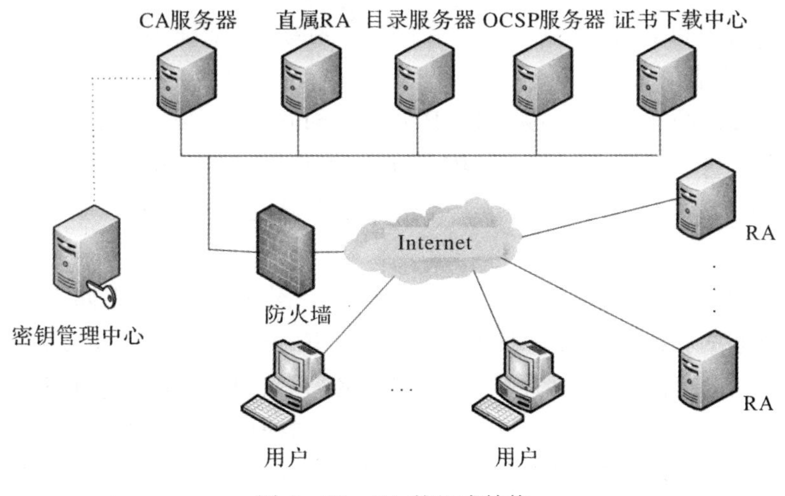

图 3-17　CA 的组成结构

CA 主要由以下 6 部分组成。

a. CA 服务器。这是 CA 的核心，是数字证书生成、发放的运行实体，同时提供发放证书的管理、证书撤销列表的生成和处理等服务。

b. 证书下载中心。该中心连接在互联网上，用户通过登录 CA 网站访问证书下载中心，CA 服务器生成的证书通过证书下载中心供用户下载。

c. 目录服务器。它的功能是提供数字证书的存储，以及数字证书和证书撤销列表的查询。目录服务的技术标准遵循轻量级目录访问协议。

d. OCSP(Online Certificate Status Protocol，在线证书状态协议)服务器。该服务器向用户提供证书在线状态的查询。

e. 密钥管理中心(Key Manager Center，KMC)。根据国家密码管理规定，加密用的私钥必须由权威、可靠的机构进行备份和保管。

f. 证书注册机构(Registration Authority，RA)。它负责受理证书的申请和审核，其主要功能是接受客户证书申请并进行审核。注册中心是可选的，在不必设立注册中心的地方，可以将注册中心的功能并入 CA 中心。

CA 的主要职责包括证书颁发、证书更新、证书废除、证书和证书废止清册(Certificate Revoke List，CRL)的公布、证书状态的在线查询、证书认证和制定政策等。

a. 证书颁发。申请者在 CA 的注册机构(RA)进行注册，申请证书。CA 对申请者进行审核，审核通过则生成证书，颁发给申请者。证书的申请可采取在线申请和亲自到 RA 申请两种方式。证书的颁发也可采取两种方式，一是在线直接从 CA 下载，二是 CA 将证书制作成磁盘或 IC 卡后，由申请者带走。

b. 证书更新。当证书持有者的证书过期、被窃取、丢失时，CA 通过更新证书方法，使其使用新的证书继续参与网上认证。证书的更新包括证书的更换和证书的延期两种情况。证书的更换实际上是重新颁发证书，因此证书更换的过程和证书的申请流程基本情况一致。而证书的延期只是将证书有效期延长，其签名和加密信息的公私密钥没有改变。

c. 证书废除。证书持有者可以向 CA 申请废除证书。CA 通过认证核实，即可履行废除证书职责，通知有关组织和个人，并写入黑名单 CRL。有些人(如证书持有者的上级或老板)也可申请废除证书持有者的证书。

d. 证书和 CRL 的公布。CA 通过 LDAP(Lightweight Directory Access Protocol，轻量目录访问协议)服务器维护着用户证书和 CRL。它向用户提供目录浏览服务，负责将新签发的证书或废除的证书加入到 LDAP 服务器上。这样用户通过访问 LDAP 服务器就能够得到他人的数字证书或能够访问黑名单。

e. 证书状态的在线查询。通常 CRL 签发为一日一次，CRL 的状态同当前证书状态有一定的滞后，证书状态的在线查询向 OCSP(Online Certificate Status Protocol)服务器发送 OCSP 查询包，包中含有待验证证书的序列号，验证时戳。OCSP 服务器返回证书的当前状态并对返回结果加以签名。在线证书状态查询比 CRL 更具有时效性。

f. 证书认证。在进行网上交易双方的身份认证时，交易双方互相提供自己的证书和数字签名，由 CA 来对证书进行有效性和真实性的认证。在实际中，一个 CA 很难得到所有用户的信赖并接受它所发行的所有公钥用户的证书，而且这个 CA 也很难对有关的所有潜在注册用户有足够全面的了解，这就需要多个 CA。在多个 CA 系统中，令由特定 CA 发放证书的所有用户组成一个域。若一个持有由特定 CA 发证的公钥用户要与由另一个 CA 发放公钥证书的用户进行安全通信，需要解决跨域的公钥安全认证和递送，建立一个可信赖的证书链或证书通路。高层 CA 称作根 CA，它向低层 CA 发放公钥证书。

g. 制定政策。CA 的政策越公开越好，信息发布越及时越好。普通用户信任一个 CA 除了它的技术因素之外，另一个极重要的因素就是 CA 的政策。CA 的政策指的是 CA 必须对信任它的各方负责，它的责任大部分体现在政策的制定和实施上。CA 的政策包含以下几个部分：

· 私钥的保护。私钥是证书的灵魂，私钥一旦泄露或毁损，证书也就名存实亡。因此 CA 签发证书所用的私钥要受到严格的保护，不能被毁坏，也不能非法使用。

· 密钥对的产生方式。提交申请时，要决定密钥对的生成方式。生成密钥对有两种办法：一是在客户端生成，另一种是在 CA 的服务器端生成。究竟采用哪一种申请方式，还要取决于 CA 的政策。用户在申请证书之前应仔细阅读 CA 这方面的政策。

· 对用户私钥的保护。根据用户密钥对的产生方式，CA 在某些情况下有保护用户私钥的责任。若生成密钥对在 CA 的服务器端完成，CA 就可提供对用户私钥的保护，以便在用户遗失私钥后恢复此私钥。最好在生成密钥对时由用户来选择是否需要这种服务。

· CRL 的更新频率。CA 的管理员可以设定一个时间间隔，系统会按时更新 CRL。

· 通知服务。对于用户的申请和证书过期、废除等有关事宜的回复。

· 保护 CA 服务器。必须采取必要的措施以保证 CA 服务器的安全。您必须保证该主机不被任何人直接访问，当然 CA 使用的 HTTP 服务端口除外。

· 审计与日志检查。为了安全起见，CA 对一些重要的操作应记入系统日志。在 CA 发生事故后，要根据系统日志做事后追踪处理，即审计。CA 管理员必须定期检查日志文件，尽早发现可能出现的隐患。

3.3.5　电子商务安全交易协议

(1)安全套接层(SSL)协议概述

安全套接层(Secure Sockets Layer，SSL)协议是网景(Netscape)公司提出的基于 Web 应用的安全协议，是目前互联网上点到点之间，尤其是 Web 浏览器与服务器之间进行安全数据通信所采用的主要协议之一。SSL 采用 TCP 作为传输协议提供数据的可靠传送和接收。SSL 工作在 Socket 层上，因此可以为应用层协议，特别是 HTTP 提供透明、安全的服务。

SSL 提供的安全服务和 TCP 层一样，融合了非对称加密机制和对称加密机制对 Web 服务器和客户端的通信提供保密性、完整性和认证。其中，在 SSL 建立连接的过程中采用非对称密钥机制，协商会话所需的对称密钥，在会话过程中使用对称密钥机制，降低会话过程中服务器的负载。

SSL 协议提供的服务包括以下三个方面：

a. 用户和服务器的合法性认证。在 SSL 协议通信过程中，客户端和用户之间需要使用标准的非对称加密技术和可靠的认证中心(CA)的证书,来确认对方身份的合法性。同时,在连接交换数据的过程中做数字证书,用以保证用户的合法性。

b.加密数据以隐藏被传送的数据。SSL协议在握手和会话过程中,采用多种加密技术,以保证数据的机密性和完整性,并且经数字证书鉴别,从而防止非法用户破译。

c.维护数据的完整性。SSL协议采用密码散列函数和机密共享的方法,提供信息完整性服务,来建立客户机与服务器之间的安全通道,使所有经过SSL协议处理的业务,在传输过程中都能完整、准确无误地到达客户端浏览器。

(2)SSL协议体系结构

设计SSL协议的目的是利用TCP提供可靠的端到端的安全传输。SSL协议处于应用层与传输层之间,由SSL记录协议和在记录协议之上的3个子协议组成,其中最主要的两个子协议是SSL握手协议和SSL记录协议。SSL协议与TCP/IP间的关系如图3-18所示。

<table>
<tr><td colspan="3">应用层</td></tr>
<tr><td>SSL握手协议</td><td>SSL更改密码规程协议</td><td>SSL报警协议</td></tr>
<tr><td colspan="3">SSL记录协议</td></tr>
<tr><td colspan="3">TCP</td></tr>
<tr><td colspan="3">IP</td></tr>
</table>

图3-18　SSL协议的体系结构

SSL握手协议是用来在客户端和服务器端传输应用数据而建立的安全通信机制,包括以下内容:

a.密钥算法的协商。首次通信时双方通过握手协议协商密钥加密算法、数据加密算法和文摘算法。

b.客户端与服务器端的身份验证。在密钥协商完成后,客户端与服务器端通过证书互相验证对方的身份。

c.协商确定密钥。最后使用协商好的密钥交换算法产生一个只有双方知道的秘密信息,客户端和服务器各自根据这个秘密信息确定数据加密算法的参数(一般是密钥)。由此可见,SSL协议是端对端的通信安全协议。

在SSL协议中,所有的传输数据都被封装在记录中,一个记录由两部分构成:记录头和长度不为0的记录数据。SSL记录头可以是2个或3个字节长的编码。SSL记录头包含的信息有记录头的长度、记录数据的长度,以及记录数据中是否有填充数据,其中填充数据是在使用块加密(Blocken-cryption)算法时,填充实际数据,使其长度恰好是块的整数倍。最高位为1时,不含有填充数据,记录头的长度为2个字节,记录数据的最大长度为32 767个字节;最高位为0时,含有填充数据,记录头的长度为3个字节,记录数据的最大长度为16 383个字节,SSL记录层结构如图3-19所示。

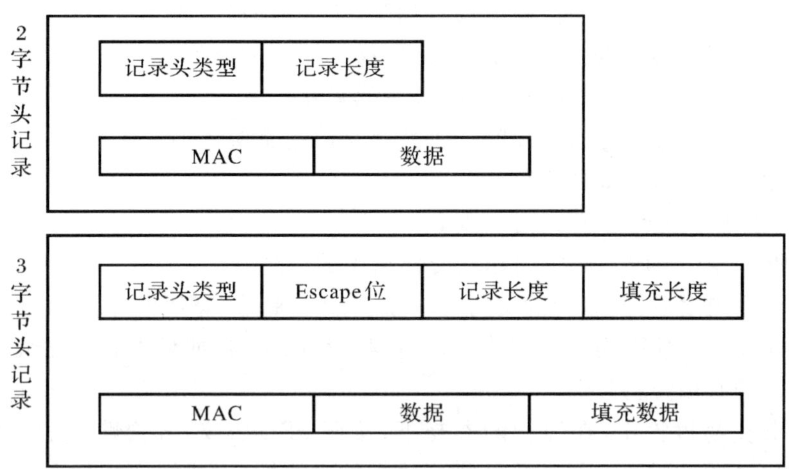

图3-19　SSL记录层结构

所有的SSL通信包括握手消息、安全空白记录、报警消息和HTTP应用层数据都需要使用SSL记录层。其中，SSL握手消息必须放在一个SSL记录层的记录里，但应用层数据可以占用多个SSL记录进行传送。记录协议具体实现压缩/解压缩、加密/解密，计算机MAC(Media Access Control，介质访问控制)等与安全有关的操作，建立之上的还有以下协议：

a. 更改密码说明协议。此协议由一条消息组成，可由客户端或服务器发送，通知接收方后面的记录将被新协商的密码说明和密钥保护，接收方得此消息后，立即指示记录层把即将读状态变成当前读状态，发送方发送此消息后，应立即指示记录层把即将写状态变成当前写状态。

b. 警告协议。警告消息传达消息的严重性并描述警告，一个致命的警告将立即终止连接。与其他消息一样，警告消息在当前状态下被加密和压缩。警告消息有以下几种：关闭通知消息、意外消息、错误记录MAC消息、解压失败消息、握手失败消息、无证书消息、错误证书消息、不支持的证书消息、证书撤回消息、证书过期消息、证书未知和参数非法消息等等。

c. 应用数据协议。将应用数据直接传递给记录协议。

(3)SSL协议的运行步骤

SSL协议的运行步骤如图3-20所示。

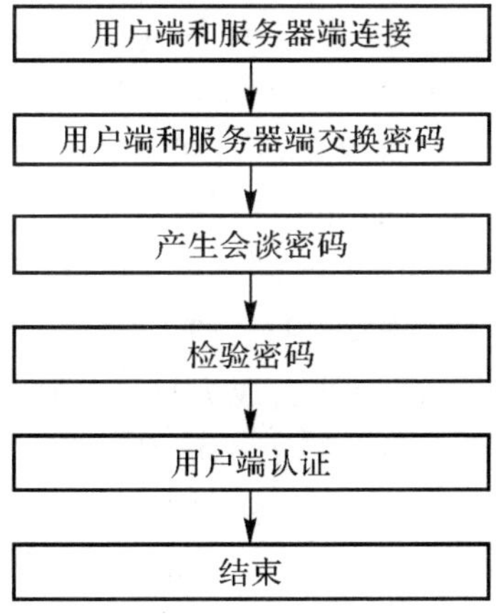

图3-20　SSL协议的运行步骤

a. 接通阶段。客户通过网络向服务商打招呼,服务商回应。

b. 密码交换阶段。客户与服务商之间交换双方认可的密码。一般选用 RSA 密码算法,也有的选用 Diffie-Hellman 和 Fortezza KEA 密码算法。

c. 会谈密码阶段。客户与服务商间产生彼此交谈的交谈密码。

d. 检验阶段。检验服务商取得的密码。

e. 客户认证阶段。验证客户的可信度。

f. 结束阶段。客户与服务商之间相互交换结束的信息。

当上述动作完成之后,两者间的资料传送就会加上密码,等到另外一端收到资料后,再将编码后的资料还原。即使盗窃者在网络上取得编码后的资料,如果没有原先编制的密码算法,也不能获得可读的有用资料。

在电子商务交易过程中,在银行的参与下,按照 SSL 协议,客户购买的信息首先发往商家,商家再将信息转发银行;银行在验证客户信息的合法性后,通知商家付款成功;商家再通知客户购买成功,将商品寄送客户。

SSL 协议是国际上最早应用于电子商务的一种网络安全协议,至今仍然有很多网上商店使用。SSL 协议运行的基点是商家对客户信息保密的承诺,因此 SSL 协议有利于商家而不利于客户。客户的信息首先传到商家,商家阅读后再传至银行,这样,客户资料的安全性便受到威胁。商家认证客户是必要的,但整个过程中,缺少了客户对商家的认证。在电子商务的开始阶段,由于参与电子商务的公司都是一些大公司,信誉较高,这个问题没有引起人们的重视。随着电子商务参与的厂商迅速增加,对厂商的认证问题越来越突出,SSL 协议的缺点完全暴露出来。另外,SSL 协议没有数字签名功能,即没有抗否认服务。若要增加数字签名功能,则需要在协议中打“补丁”。这样做,在用于加密密钥的同时又用于数字签名,这在安全上存在漏洞,因此,SSL 协议将逐渐被新的电子商务协议(例如 SET)所取代。

目前我国开发的电子支付系统,诸如中国银行的长城卡电子支付系统等均没有采用 SSL 协议,主要原因就是无法保证客户资金的安全性。

(4)安全电子交易(SET)协议概述

安全电子交易协议是为了实现更加完善的即时电子支付应运而生的。1995 年 10 月,包括 Master Card、Netscape 和 IBM 在内的联盟开始着手进行安全电子支付协议(Secure Electronic Payment Protocol,SEPP)的开发。此前不久,VISA 和微软组成的联盟已经开始开发另外一种不同的网络支付规范,叫作安全交易技术(Safe Trade Technology,STT)。这样便出现了一种不幸的局面,两大信用卡组织 Master Card 和 VISA 分别支持独立的网络支付解决方案。这种局面持续了数月时间,直到 1997 年 6 月 1 日这些公司才宣布它们将联合开发一种统一的系统,叫作 SET 协议(Secure Electronic Transaction,安全电子交易协议)。SET 协议是 B2C 上基于信用卡支付模式而设计的,它保证了开放网络上使用信用卡进行在线购物的安全。SET 协议主要是为了解决用户、商家、银行之间通过信用卡交易而设计的,它能保证交易数据的完整性和交易的不可抵赖性等,因此它成为目前公认的信用卡网上交易的国际标准。

SET 协议主要应用于 B2C 模式中保障支付信息的安全性。SET 协议提供对买方、商户和收单行的认证,本身比较复杂,设计比较严格,安全性高,能保证信息传输的机密性、真实性、完整性和不可否认性,特别是保证了不会将持卡人的信用卡号泄露给商户。

使用 SET 协议,在一次交易中,要完成多次加密与解密操作,故要求商家的服务器有很高的处理能力。

SET 协议支持电子商务的特殊安全需要。例如：购物信息和支付信息的私密性；使用数字签名确保支付信息的完整性；使用数字签名和持卡人证书，对持卡人的信用卡进行认证；使用数字签名和商户证书，对商户进行认证；保证各方对有关事项的不可否认性。

(5)安全电子交易(SET)协议的交易流程

SET 协议交易过程中，需要 6 个角色的参与，它们分别是信用卡持有者、信用卡发放银行、商家、支付网关、收款银行和认证中心，如图 3 - 21 所示。

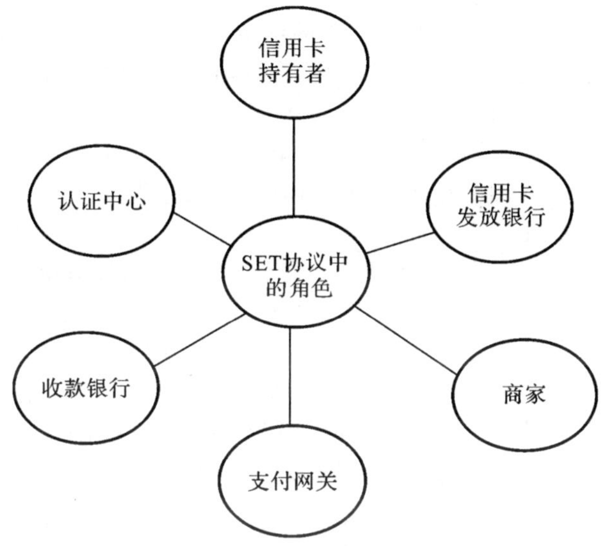

图 3 - 21　SET 协议的参与者

a. 信用卡持有者。信用卡持有者是指使用信用卡进行电子商务交易的买主。在电子商务环境中，持卡人通过计算机访问商家，购买商品。持卡人使用发卡行发行的支付卡，并从认证中心获取数字签名证书。

b. 商家。在采用 SET 协议的电子商务环境下，商家是指在 Internet 上的商店。通常商家将自己提供的商品和服务的详细信息通过 Web 网页等形式展示给客户(信用卡持有者)，客户可以任意挑选所需的商品。商家必须与相关的收款银行达成协议，确保能够接收信用卡持有者的信用卡付款，实现商家和信用卡持有者之间的安全电子交易。

c. 信用卡发放银行。信用卡发放银行是一个金融机构。信用卡发放银行为信用卡持有者建立账户，并能够向信用卡持有者发行支付卡。信用卡发放银行必须保证只对经过授权的交易进行付款。

d. 收款银行。它能够为参与电子商务交易的信用卡持有者和商家建立相关账户，同时能够对信用卡进行认证，并处理付款授权和付款结算。

e. 支付网关。它是银行专网和 Internet 之间的接口，其主要作用是将不安全的 Internet 上的交易消息传给安全的银行专网，起到隔离和保护银行专网的作用。它通过一组服务器设备和相应的系统，将 Internet 上传输的数据转换为金融机构内部的数据，这些数据是处理电子交易的支付数据及买主的支付请求。

f. 认证中心。认证中心就是一个负责发放和管理数字证书的权威机构。它通常采用一种多层次的分级结构，各级的认证中心类似于各级行政机关，上级认证中心负责签发和管理下级认证中心的证书，最下一级的认证中心直接面向最终用户。在 SET 协议中，认证中心负责发放和撤销信用卡持有者、商家和支付网关的数字证书，让信用卡持有者、商家和支付网关之间通过证书相互认证。

SET 协议解决了信用卡持有者、商家和银行之间通过信用卡支付的交易问题。采用 SET 协议的电子商务交易分三个阶段进行：

a. 在购买请求阶段，用户与商家确定所用支付方式的细节；

b. 在支付的认定阶段，商家会与银行核实，随着交易的进展，他们将得到付款；

c. 在收款阶段，商家向银行出示所有交易的细节，然后银行以适当方式转移存款。

如果不是使用借记卡，而是直接支付现金，商家在第二阶段完成以后的任何时间即可供货。第三阶段将紧接着第二阶段进行。

用户只和第一阶段交易有关，银行与第二阶段、第三阶段有关，而商家与三个阶段都发生关系。每个阶段都涉及 RSA 对数据加密以及 RSA 数字签名。

SET 协议交易流程如图 3－22 所示。

a. 信用卡持有者首先确认商家的合法性，而后浏览商品明细清单，并选择要购买的商品。

b. 信用卡持有者填写订单，并选择付款方式。而后将完整的订单及要求付款的指令发送给商家。其中，订单和付款指令由持卡人进行数字签名。同时利用双重签名技术保证商家无法获得信用卡持有者的账号消息，并且银行无法获得持卡人的订单消息。

c. 商家接到订单后，向信用卡持有者的收款银行发出支付请求。支付请求通过支付网关到达收款银行，再到信用卡发放银行确认，批准交易。然后返回确认消息给商家。

d. 商家向信用卡持有者发送订单确认消息。

e. 商家向信用卡持有者交付货物。

f. 商家向银行请求支付。

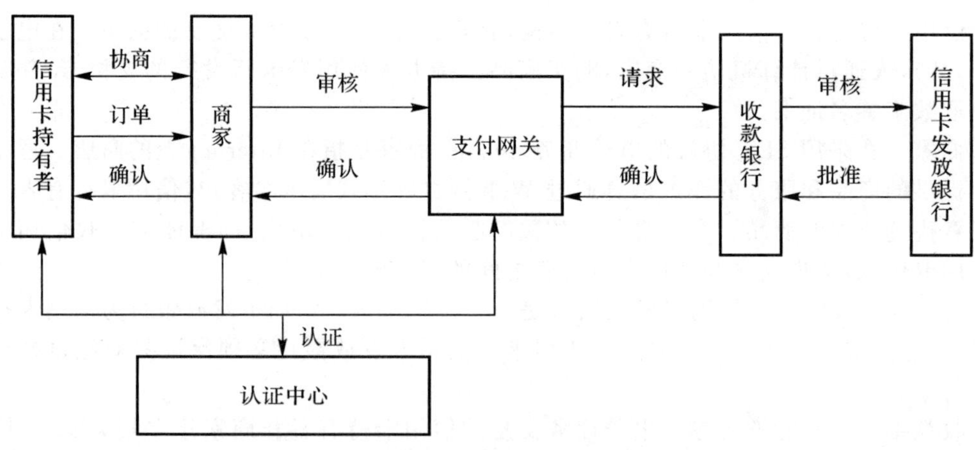

图 3－22　SET 协议交易流程

(6)安全电子交易(SET)协议的优点和不足

SET 协议与 SSL 协议相比，主要有以下四个方面的优点：

a. SET 协议对商家提供了保护自己的手段，使商家免受欺诈的困扰，使商家的运营成本降低。

b. 对消费者而言，SET 协议保证了商家的合法性，并且用户的信用卡号不会被窃取，SET 协议替买方保守了更多的秘密，使其在线购物更加轻松。

c. 银行和发卡机构以及各种信用卡组织非常喜爱 SET 协议，因为 SET 协议帮助它们将业务扩展到 Internet 这个广阔的空间中，从而使得信用卡网上支付具有更低的欺骗概率，这使得它比其他支付方式具有更大的竞争力。

d. SET 协议对于参与交易的各方定义了互操作接口，一个系统可以由不同厂商的产品构筑。

提供这些功能的前提是 SET 协议要求在银行网络、商家服务器、顾客的 PC 上安装相应的软件。另外，SET 协议还要求必须向各方发放证书，这也成为阻碍之一。所有这些使得使用 SET 协议要比使用 SSL 协议昂贵得多。

SET 协议的另外一个优点在于：它可以用在系统的一部分或者全部。例如，一些商家正在考虑与银行连接中使用 SET 协议，而与顾客连接时仍然使用 SSL 协议。这种方案既回避了在顾客机器上安装钱夹软件，同时又获得了 SET 协议提供的很多优点。绝大多数 SET 协议软件提供商在其产品中都提供灵活构筑系统的手段。

从 1997 年 SET 安全协议 1.0 版面世以来，大量的现场实验和实施效果获得了业界的支持，促进了 SET 协议良好发展。但细心的观察家也发现了一些问题，主要包括以下几个方面：

a. 协议没有说明收款银行给在线商店付款前，是否必须收到消费者的货物接受证书。否则的话，在线商店提供的货物不符合质量标准，消费者提出疑义，责任由谁承担。

b. 协议没有担保“非拒绝行为”，这意味着在线商店没有办法证明订购是由签署证书的消费者发出的。

c. SET 技术规范没有提及在事务处理完成后，如何安全地保存或销毁此类数据，是否应当将数据保存在消费者、在线商店或收款银行的计算机里。这些漏洞可能使这些数据以后受到潜在的攻击。

d. 在完成一个 SET 协议交易的过程中，需验证电子证书 9 次，验证数字签名 6 次，传递证书 7 次，进行 5 次签名、4 次对称加密和 4 次非对称加密。所以，完成一个 SET 协议交易过程需花费 1.5～2 min，甚至更长的时间（新式小型电子钱包将多数信息放在服务器上，时间可缩短到 10～20 s）。SET 协议过于复杂，使用烦琐，成本较高，且只适用于客户具有电子钱包的场合。

e. SET 协议的证书格式比较特殊，虽然也遵循 X. 509 标准，但它主要是由 VISA 和 Marster Card 开发并按信用卡支付方式来定义的。银行的支付业务不光是卡支付业务，而 SET 支付方式和认证结构适应于卡支付，对其他支付方式是有所限制的。

f. 一般认为，SET 协议保密性好，具有不可否认性。SETCA 是一套严密的认证体系，可保证 B2C 类型的电子商务交易安全顺利地进行。事实上，安全是相对的，我们提出电子商务中信息的保密性问题，即要保证支付和订单信息的保密性，也就是要求商户只能看到订单信息，支付网关只能解读支付信息。但在 SET 协议中，虽然账号不会明文传递，它通常用 1 074 位 RSA 不对称密钥加密，商户电子证书确实指明了是否允许商户从支付网关的响应消息中看到持卡人的账号，可是事实上大多数商户都收到了持卡人的账号。

(7)SSL 协议与 SET 协议比较

SET 协议是一个多方的消息报文协议，SET 定义了银行、商家、持卡人之间必需的报文规范，而 SSL 协议只是简单地在两方之间建立了一条安全连接。SSL 协议是面向连接的，而 SET 协议允许各方之间的报文交换是非实时的。SET 报文能够在银行内部网或者其他网络上传输，而 SSL 协议之上的卡支付系统只能与 Web 浏览器捆绑在一起。具体来说：

a. 在认证方面。早期的 SSL 协议并没有提供商家身份认证机制，虽然在 SSL3.0 协议中可以通过数字签名和数字证书实现浏览器和 Web 服务器双方的身份验证，但仍不能实现多方认证；相比之下，SET 协议的安全要求较高，所有参与交易的成员（持卡人、商家、发卡行、收单行和支付网关）都必须申请数字证书进行身份识别。

b. 在安全性方面。SET 协议规范了整个商务活动的流程，从持卡人到商家，到支付网关，到认证中心以及信用卡结算中心之间的信息流走向和必须采用的加密、认证都制定了严密的标准，从而最大限度地保证了商务性、服务性、协调性和集成性。而 SSL 协议只对持卡人与商店端的信息交换进行加密保护，可以看作是用于传输的那部分的技术规范。从电子商务特性来看，它并不具备商务性、服务性、协调性和集成性。因此 SET 协议的安全性比 SSL 协议高。

c. 在网络层协议位置方面。SSL 协议是基于传输层的通用安全协议，而 SET 协议位于应用层，对网络上其他各层也有涉及。

d. 在应用领域方面。SSL 协议主要是和 Web 应用一起工作，而 SET 协议是为信用卡交易提供安全，因此如果电子商务应用只是通过 Web 或是电子邮件，则可以不要 SET 协议。但如果电子商务应用是一个涉及多方交易的过程，则使用 SET 协议更安全、更通用些。

本章小结

电子商务安全是保证电子商务健康有序发展的关键因素，也是目前大家十分关心的问题。虽然 Internet 开放式的信息交换使得电子商务在安全方面存在脆弱性，但现在几乎网络的各个层次都制定了安全协议，应用了相应的安全技术，以保证电子商务的安全性。安全可靠的网络是实现电子商务的基础，为了保证电子商务交易的安全，通常我们在网络中采用防火墙技术、入侵检测系统、数据加密技术、数字签名和身份认证技术等。

课后习题

1. 当前我们面临的电子商务安全问题主要有哪些？
2. 什么是电子商务安全？简要说明电子商务安全的内涵。
3. 电子商务安全的特点有哪些？
4. 电子商务面临的安全威胁主要有哪些？
5. 电子商务的安全要素主要有哪些？
6. 什么是防火墙，防火墙的特点有哪些？
7. 入侵检测系统的功能主要有哪些？
8. 什么是加密技术？有哪些加密技术？
9. 什么是数字签名？简要叙述一下数字签名的原理。
10. 什么是数字证书？作用是什么？
11. SSL 协议的作用是什么？
12. SET 协议的作用是什么？

实际操作训练

1. 登录陕西省数字证书认证中心网站(http://www.snca.com.cn/),申请一个个人 E-mail 数字证书,并将详细流程记录下来。

2. 在官网 http://www.truecrypt.org 下载 TrueCrypt 软件,根据需要下载不同操作系统平台的软件,了解该软件的使用方法。

第 4 章 电子商务网站建设

【引导案例】

三位网络精英人物的创业经历

马化腾，1971 年 10 月 29 日出生于广东省汕头市(前汕头专区)潮南区成田镇家美社区家一村，腾讯公司主要创办人之一。现任腾讯公司控股董事会主席兼首席执行官，中华全国青年联合会副主席。1998 年，马化腾和好友张志东注册成立“深圳市腾讯计算机系统有限公司”。2009 年，腾讯入选《财富》“全球最受尊敬 50 家公司”。2017 年 8 月 7 日，腾讯股价盘中再创历史新高价 320.6 港元，马化腾身家 361 亿美元成为中国首富。2018 年 4 月，马化腾获《时代周刊》2018 年全球最具影响力人物荣誉。

马云，1964 年 9 月 10 日生于浙江省杭州市，1995 年创办中国第一家互联网商业信息发布网站“中国黄页”，1998 年出任中国国际电子商务中心国富通信息技术发展有限公司总经理，1999 年创办阿里巴巴，并担任阿里集团 CEO、董事局主席。目前，阿里巴巴是全球最大的 B2B 网站。马云创办的个人拍卖网站淘宝网，成功走出了一条中国本土化的独特道路，从 2005 年第一季度开始成为亚洲最大的个人拍卖网站。2018 年 1 月 17 日，阿里巴巴集团董事局主席马云以个人名义向团结香港基金捐赠 5 000 万港元，以支持教育、青年、创新等领域的政策研究和相关工作。2018 年 5 月，马云获颁香港大学名誉社会科学博士。

李彦宏，百度公司创始人、董事长兼首席执行官，全面负责百度公司的战略规划和运营管理。1991 年，李彦宏毕业于北京大学信息管理专业，随后前往美国布法罗纽约州立大学完成计算机科学硕士学位。2000 年 1 月，李彦宏创建了百度。经过十多年的发展，百度已经发展成为全球第二大独立搜索引擎和最大的中文搜索引擎。百度的成功，也使中国成为美国、俄罗斯和韩国之外，全球仅有的 4 个拥有搜索引擎核心技术的国家之一。2005 年，百度在美国纳斯达克成功上市，并成为首家进入纳斯达克成分股的中国公司。百度已经成为中国最具价值的品牌之一。2018 年 1 月 19 日，《时代》周刊刊发了对百度公司董事长兼首席执行官李彦宏的专访。并且李彦宏以“the innovator(创新者)”的称谓，成为本期亚洲版的封面人物。这是中国互联网企业家第一次登上《时代》周刊封面。

资料来源：

https://baike.baidu.com/item/%E9%A9%AC%E5%8C%96%E8%85%BE/124988? fr=aladdin

https://baike.baidu.com/item/%E9%A9%AC%E4%BA%91/6252? fr=aladdin

https://baike.baidu.com/item/%E6%9D%8E%E5%BD%A6%E5%AE%8F/125160? fr=aladdin

4.1　电子商务网站概述

在目前的信息社会，电子商务对企业发展来讲非常重要。第一阶段，电子商务是“救命稻草”；第二阶段，电子商务是“锦上添花”。而电子商务网站就是为这些商务活动提供一个活动的平台，电子商务网站是企业、机构或政府在互联网上建立的门户，通过网站可以宣传企业形象，发布、展示商品信息，实现电子交易，并通过网络开展与商务活动有关的各种售前和售后的服务，全面实现电子商务功能。

4.1.1　网站在电子商务中的作用

电子商务是以信息网络技术为手段，以商品交换为中心的商务活动；也可理解为在互联网（Internet）、企业内部网（Intranet）和增值网（VAN，Value Added Network）上以电子交易方式进行交易和相关服务的活动，是传统商业活动各环节的电子化、网络化、信息化。随着信息技术的发展，网站在电子商务中的作用也不断扩展和延伸。网站目前在电子商务中的作用如下。

(1)网站是企业在网上的门户

网站是网民访问网上企业的门户，从此门户进去，可以得到有关企业的各种信息。就像在传统商业活动中，人们非常重视企业建筑和门面的设计一样，网上企业必须重视网站门户的设计。

(2)网站是企业开展网络营销的工具

网站的主要功能是为企业营销活动服务的平台和工具，商业网站可以应用于网络营销的各个阶段和所有环节。一个商业网站的成功与否，不是看其网页设计得是否漂亮，主要是看能否给企业带来效益。

(3)网站是企业客户服务的新渠道

网站消除了提供产品和服务的厂商与最终客户之间的距离。作为客户，可以通过网站直接向厂商咨询信息、投诉意见、发表看法；作为厂商，则可以利用网站向客户提供一对一个性化服务。在一定程度上可以说，正是电子商务网站提供的企业与客户之间新的沟通渠道和沟通方式，才使电子商务具有如此旺盛、鲜活的生命力。

4.1.2　电子商务网站的构成要素和主要功能

(1)商务网站的构成要素

电子商务网站是企业或公司在 Internet 上建立的门户网站，它由前台网页和后台数据库等组成，前台网页可以接受客户的浏览、登记和注册，记录客户的有关资料。一般由以下几部分组成。

a. 网站域名。这是 Internet 上唯一的域名。域名必须向 ISP（Internet Service Provider，Internet 服务提供商）或网络信息中心申请。国内有许多网站可以接受域名申请，只有获得批准后，才是合法的域名。

b. 网站物理地点。存放各类与电子商务网站有关的信息和数据的计算机、服务器等硬件设备。

c. 网页。网页的设计应有独特的风格。首先要让客户注册登录的手续简便快速，商品分类指示明确，如同进入一家大的商店，让客户能够迅速找到想要的商品。

d. 货款结算。客户通过购物车选购商品，然后结算，确定付款方式、送货地点、时间等。

e. 客户资料管理。管理已注册客户的姓名、通信地址、电话、电子邮件等信息。

f. 商品数据库管理。经常及时盘点商品，做好商品配货和商品配送。

以上只是电子商务网站的大致结构，随着网站经营的商品及经营模式的变化，其构成要素也会有所变化。

(2)电子商务网站的主要功能

每个网站的功能可能大相径庭，但是对于一个电子商务网站而言，它们要实现的功能基本相同，主要表现在以下几个方面。

1)企业形象宣传

企业网上的形象即网站的形象，是十分重要的。它的定位与设计直接影响着企业在电子商务应用推广中的成败。纵观国内外知名企业的网站，我们不难发现这样的规律：企业的知名度和实力往往与其企业网站的设计制作水平成正比。企业利用网站可向外宣传企业文化、企业概况、产品品牌、服务品质以及企业新闻等方面的内容。与其他各种广告形式相比，在网上的广告成本最为低廉，而给顾客的信息量却最为丰富。

2)产品展示与信息发布

企业在网站上可以用文字、图片、动画等方式宣传自己的产品，即使一个功能简单的网站至少也相当于一本可以随时更新的产品宣传资料。而且在网站上可以发布企业新闻、产品信息、促销信息、招标信息及人员招聘信息等。网站上的信息更新速度比任何传统媒介都快，通常几分钟之内就可以做到内容更新，从而使企业在最短的时间内发布最新的消息。

3)与客户互动进行咨询洽谈

企业在电子商务网站中除了可借助非实时的电子邮件与客户沟通外，还可利用网上客服、客户留言板、在线调查和网络论坛与客户进行深度沟通，洽谈交易事务。企业网站所面对的不再是被动的"读者"，而是有目地的主动客户。一个设计得当的企业网站，将能给予客户多方面需求，达到双向充分沟通，这是一般传统媒体做不到的。

4)网上商品订购功能

网上商品订购功能是电子商务网站的核心功能。通常都是在商品介绍的页面上提供十分友好的订购提示信息和订购交互式表格，通过导航可以实现所需功能。当用户填完订购单后，系统回复确认信息单表示订购信息已收悉。用户订购信息采用加密的方式，这样用户和商家的商业信息就不会被泄漏。

5)网上支付功能

企业在电子商务网站中实现网上支付是电子商务交易过程中的重要环节，用户和商家之间可采用信用卡、电子钱包、电子支票和电子现金等多种支付方式进行网上支付，网上支付的方式节省了交易的开销。电子账户通过用户认证、数字签名、数据加密等技术措施的应用以保证电子账户操作的安全性。

6)客户信息管理功能

企业在电子商务网站中通过客户信息管理系统可以完成对网上交易活动全过程中的人、财、物、用户及本企业内部的各方面进行协调和管理，实现个性化服务和管理。

7)服务传递功能

企业在电子商务网站中通过服务传递系统将客户所订购的商品尽快地传递到已订货并付款的用户手中。对于有形的商品，服务传递系统可以对本地和异地的仓库进行物流调配并通过快递业完成商品的传送；而无形的信息产品如软件、电子读物、信息服务等，则立即将商品通过网络直接传递到用户端。

8)销售业务信息管理功能

企业在电子商务网站中通过销售信息管理系统,可以及时地收集、处理、传递与利用相关的数据资料,并使这些信息有序并有效地流动起来,为组织内部的管理系统提供信息支持。

4.1.3　电子商务网站的类型和特点

(1)电子商务网站的类型

电子商务网站的种类繁多,通常是从产品范围、开办者及其目的、商务模式和电子商务类型这四方面来分类。

1)按销售产品范围分类

a. 销售单一产品的电子商务网站。该类电子商务网站的优点是对销售的单一产品能够进行详尽的介绍,适用于某种产品的生产厂家或代理商在开办该产品的网上销售业务,如海尔的网上商城。

b. 销售一类产品的电子商务网站。该类电子商务网站一般是销售相关的某一类商品,例如网上花店、网上书店等。由于该类电子商务网站里摆放的都是同一类产品,就如同专卖店一样,能够方便客户对比产品,挑选到满意的产品。如 Amazon 网上书店。

c. 销售各类产品的电子商务网站。该类电子商务网站如同百货商场,产品的品种齐全,货架也分门别类。由于这种网站销售的产品多种多样,所以适合有多种消费需求的客户光顾,容易吸引客户,增加产品的销售机会。但这种网络前期需要投入大量的人力和物力,如淘宝网、阿里巴巴等。

2)按开办者及目的分类

a. 生产型电子商务网站。该类网站是由生产产品或提供服务的企业设立的,主要用于推广、宣传其产品和服务,是一种生产企业直接在自己网站上开展在线销售的电子商务网站。

b. 流通型电子商务网站。该类网站是由商品流通企业设立的,一般有关于所售产品的介绍,以便顾客更好地了解产品的用途,从而促使顾客购买。这类网站一般都充分利用了网络的优越性,在其中直接提供了购物车服务和在线下单的订货系统,为顾客提供了最大的购物便利。

3)按商务模式分类

a. 信息型电子商务网站。该类网站的设计目的在于通过间接途径来获取经济效益,收益的来源在于通过网络使公众对其产品和服务产生注意,从而增加现实当中的交易机会。现在很多生产厂商的网站属于这种网站形式。它不需要很高水平的技术人员和很昂贵的设备支持,只需达到宣传企业的目的就可以了。

b. 广告型电子商务网站。如网络电视、广播及许多期刊性网站就是广告型电子商务网站的典型例子,所有的技术和信息内容全部为了广告收入。此时,能否吸引消费者的注意力就成为衡量网站优劣的关键标准,广告商可以对一个网站进行评估,并为其广告定价。

c. 信息订阅型电子商务网站。在互联网上,进行信息订阅的习惯仍没有被消费者广泛接受。这些网站提供的往往是一些专业性很强的内容和定期的信息发布,订阅者所交纳的费用用于支持网站的开发和维护。也有一些商家提供免费的信息订阅,这些信息主要是一些产品的信息和行业的信息等。

d. 在线销售型电子商务网站。该类网站实质上是一个电子版的产品目录。这些虚拟的店面通过精心编制的图片和文字来描述他们所提供的产品,进行促销活动,还可以进一步进行在线交易。

4)按电子商务类型分类

a. 企业与消费者之间(B2C)的电子商务网站。企业通过自己建立的企业网站向消费者销售产品和服务,这样方便为客户提供更好的服务,创建企业的网络品牌。由自己来维护企业数据,更容易形成企业自己的忠实客户。不过这种网站需要企业付出更多的成本和维护费用,适合大型企业。如海尔就通过自己的网站建立了直接面向消费者的网上商城。

b. 企业之间的(B2B)的电子商务网站。主要是通过第三方提供的 B2B 电子商务平台,来完成企业之间的交易。这种形式的网站使企业不需要为建立和维护网站付出费用,只需要向第三方交付年费和每笔交易的费用,从而降低了总费用,同时也为企业找到合适的合作伙伴提供了方便。对于中小型企业来说,这无疑是企业开展电子商务的捷径。如阿里巴巴网站就提供了这样的 B2B 电子商务平台。

c. 供应链上企业间的电子商务网站。这种网站主要的目的是方便企业的生产。企业通过这样的电子商务网站同自己的客户、供应商及分销商等合作伙伴共享部分信息,从而提高整个供应链的效率。如戴尔公司通过互联网连接自己的供应商,共享自己的销售进展及市场预测信息。供应商可以利用这些信息制订自己的生产计划,并及时将正确数量的计算机零件交给戴尔。

d. 消费者之间(C2C)的电子商务网站。同 B2B 网站类似,这也是由第三方来提供的网络交易平台。不过它的交易量和金额都无法和 B2B 网站相比,参与买卖的双方可能都是个人,卖方也可能是小商店开设的网络小店。如 eBay、淘宝网等都是时下流行的 C2C 电子商务网站。

e. 企业和政府之间(B2G)的电子商务网站。企业或政府通过建立这样的网站,来方便企业向政府机构销售产品和服务。如 CAL-Buy 门户网站允许企业在网上向加州政府销售产品。

【网站案例】

几种典型电子商务网站

C2C 电子商务网站——淘宝网

淘宝网(http://www.taobao.com)是国内首选购物网站,亚洲最大的购物网站,由全球最佳 B2B 平台阿里巴巴公司投资 4.5 亿元创办,致力于成就全球首选购物网站。于 2003 年成立,在短短两年时间内,迅速成为国内网络购物市场第一名,如图 4-1 所示。

图 4-1 淘宝网首页

B2C 电子商务网站——亚马逊

亚马逊(https://www.amazon.cn)公司最初是个网上书店，但现在产品种类已经扩大至音像光盘、录像带、化妆用品、服装、宠物用品及杂货等，并提供拍卖及贺卡等服务。亚马逊的网上书店无疑是 B2C 电子商务发展的里程碑，它创造性地进行了 B2C 电子商务中每一环节的探索，如图 4-2 所示。

图 4-2　亚马逊首页

C2C 电子商务网站——eBay

eBay(EBAY，电子湾、亿贝、易贝)是一个可让全球民众上网买卖物品的线上拍卖及购物网站。eBay 于 1995 年 9 月 4 日由 Pierre Omidyar 以 Auctionweb 的名称创立于加利福尼亚州圣荷西。人们可以在 eBay 上通过网络出售商品。2017 年 6 月 6 日，《2017 年 BrandZ 最具价值全球品牌 100 强》公布，eBay 名列第 86 位。2018 年 7 月 25 日，eBay 终止与长期支付伙伴 PayPal 的合作，宣布与后者的竞争对手苹果和 Square 达成新的伙伴关系，如图 4-3 所示。

图 4-3　eBay 中国官网首页

资料来源：

https://baike.baidu.com/item/%E6%B7%98%E5%AE%9D%E7%BD%91/112187?fr=aladdin

https://baike.baidu.com/item/%E4%BA%9A%E9%A9%AC%E9%80%8A/21766?fr=aladdin

https://baike.baidu.com/item/eBay/288333?fr=aladdin

(2)电子商务网站的特点

电子商务网站除了具备一般网站所共有的特点外，还有如下特点。

1)商务性

电子商务网站最基本的特点为商务性，即提供买卖交易的服务、方式和机会。网上购物提供了一种客户所需要的方便途径，足不出户就可以买到自己想要的东西是很多客户的一种愿望。因而，电子商务对任何规模的企业而言，都是一种机遇。电子商务网站可以帮助企业扩展市场，增加客户数量；通过将客户访问网站的信息记录到数据库中，记录下客户每次访问的时间、内容、购买的形式、习惯及对产品的喜好。企业通过对这些宝贵的数据进行统计分析来获知客户真正的需求，为制订商业决策提供有利参考，使得企业制定的计划更具预见性。

2)服务性

在电子商务环境中，客户不再只做某家邻近商店的老主顾，也不再仅仅将目光集中在最低价格上，因而服务质量在某种意义上成为商务活动的关键。一个电子商务网站能否给客户提供全面周到的服务也就成了该网站能否在电子商务市场上占有一席之地的关键。互联网技术的不断创新，使得企业很多业务的处理更加智能化，节约了大量的人工成本。电子商务网站为客户提供的服务，不但方便快捷，而且准确无误。电子商务企业可以为客户提供完整的个性化服务。例如，银行通过电子商务，使客户能全天候地存取资金，快速地浏览个人理财过程等信息，服务质量大为提高。

3)集成性

电子商务网站是电子商务的表现形式，是一种新兴事物，用到大量新技术，但并不是说新技术的出现就必然导致老技术的死亡。互联网的真实商务价值在于协调新老技术，使用户更加有效地利用他们已有的资源和技术，更加有效完成他们的任务。传统的人工技术和新兴的网络技术二者相辅相成，老技术可以得到充分的发挥，处理事务的作业流程更加规范。通过电子商务网站，新老资源得以集成，人力、物力的利用率得到了进一步提高，企业业务系统更加严密和规范。

4)可扩展性

要使电子商务正常运作，必须确保其可扩展性。对于电子商务来说，可扩展的系统才是稳定的系统。互联网上的客户对于网站的访问有时会出现意想不到的高峰，在出现访问高峰状况时能及时扩展，就可使得系统阻塞的可能性大为下降。反之，如果企业的可扩展性不好，那么企业将会失去大量有价值的客户，会给企业造成不小的损失，并且访问量过大还可能造成企业服务器的瘫痪。电子商务网站的可扩展性还可以表现在根据企业规模变大的扩建。如果一个企业在规模不大时，它可能不需要投入大量的资金来建立一个与企业规模不相符的电子商务网站，但是一旦企业的规模壮大，就必须在原有的网站规模上进行扩展。因此，预留出网站扩展的空间是必要的。

5)安全性

对于客户而言，无论网上的物品多么具有吸引力，如果他们对交易的安全性缺乏信任，他们根本就不敢在网上进行交易，电子商务就无从谈起了，企业和企业间的交易更是如此。因此，安全性是必须考虑的核心问题，不安全的电子商务网站只能成为一个商品目录。而在正常的电子商务中，欺骗、窃听、病毒及非法入侵都是威胁网上交易顺利进行的安全隐患。因而，需要有一套完整的电子商务安全解决方案，其中应该包括加密机制、签名机制、分布式安全管理、存取控制、防火墙、安全 Web 服务器和病毒防护等。为了营造一个良好的电子商务环境，国际上的很多企业和组织都在研究相关的安全电子交易的技术标准，如现行的 SET 和 SSL 等协议。

6）协调性

商务活动是一种协调过程，它需要雇员和客户，生产方、供货方及商务伙伴间的协调。为了提高效率，许多组织都提供了交互式协议，电子商务活动可以在这些协议基础上进行。电子商务使得过去很难协调的商务活动变得容易起来。它可以使内部人员加强合作，可以将产业链的各参与方连接起来，通过网络来进行商务谈判、订单处理，节省了交易的时间，提高了效率，消除了由于纸张文件传递带来的不便。企业的决策者们可以获得非常重要的商业信息，从而更合理地调节资源在各个部门的分配。整个电子商务产业链上的所有交易参与方可以按照客户的真正需要进行生产，高效交易，协调发展。

4.2　电子商务网站的开发技术

目前，网站的开发技术总体上可以分为静态网站开发技术和动态网站开发技术两类。静态网页是从磁盘检索所获的固定内容的网页，动态网页的内容则是应客户端的请求由特定的程序来确定的。动态网站开发技术又可以分为两类，即浏览器端和服务器端两种动态网站开发技术，下面分别介绍两种常用的开发技术。

4.2.1　XHTML 语言

XHTML 是 the Extensible Hyper Text Markup Language（可扩展超文本标记语言）的缩写，它是由 W3C 国际组织制定并公开发行的。目前使用最多的是 2000 年年底公布的 XHTML1.0 版本。该版本是在 HTML4.0 基础上的一种过渡语言。其中使用最多的元素均为 HTML 中的元素（摒弃了一些不合理的表现元素），同时又符合 XML 的标准，使用更加严格的语法规范。XHTML 是 HTML 和 XML 的组合体，是 XML 的应用。因此，所有 XML 的处理器都可以处理使用 XHTML 的文档，使语言具有了可扩展性。HTML 语言存在一定的局限性，而 XML 语言又不被广大的网页制作人员熟练使用，所以需要建立一种同时具有 HTML 和 XML 特性的语言。XHTML 就是作为 HTML 向 XML 的过渡语言而出现的，是一种常见的静态网页开发技术。

(1)HTML 和 XHTML 的区别

XHTML 和 HTML 的差异微乎其微，与前面所述的 HTML4.0.1 的语法几乎相同。和 HTML 语言相比，书写 XHTML 页面要求有清晰的语法。对 XHTML 中标记和属性方面的语法规定更加严格。下面仅对 XHTML 中标记和属性方面的语法规定进行说明。

a. XHTML 的元素必须被正确地嵌套，不能出现交叉，HTML 可以。

b. XHTML 的元素必须被关闭。

c. XHTML 元素必须小写，而 HTML 不区分大小写。

(2)XHTML 基础知识

1)XHTML 的基本结构

在 XHTML 中，所有的页面都必须有 DOCTYPE 声明。所有的 XHTML 元素必须在 HTML 根元素之中正确嵌套。html、head 和 body 元素是必须有的，title 元素是 head 元素的子元素，必须嵌套在 head 元素中。

a. DOCTYPE——文档类型声明。

b. head——文件头部。

c. body——文件主体。

基本的 XHTML 页面的结构如下所示。

〈! DOCTYPE Doctype goes here〉

〈html〉

〈head〉

〈title〉Title goes here〈/title〉

〈/head〉

〈body〉……〈/body〉

〈/html〉

2)XHTML 的语法规则

a. 标记必须正确地嵌套。在 HTML 页面中，一些标记可以不正确地嵌套，但是浏览器仍然能够解读它，不报错，并且显示正确的结果。例如，下面的 HTML 代码严格来说是错误的。

〈b〉〈i〉this text is bold and italic〈/b〉〈/i〉

在 XHTML 页面中，所有的标记都必须正确嵌套，一一对应。例如，下面的 XHTML 代码才是符合 XHTML 标准的正确的代码。

〈b〉〈i〉this text is bold and italic〈/i〉〈/b〉

b. 标记名字必须采用小写。因为 XHTML 页面本身是一个 XML 应用程序，而 XML 是大小写敏感的，所以 XHTML 的标记也是大小写敏感的。〈br〉与〈BR〉标记在 XHTML 页面中被认为是两个不同的标记，而在 HTML 页面中它们是同样的标记。例如，下面的 XHTML 代码是错误的。

〈BODY〉〈p〉this is a paragraph〈/p〉〈/BODY〉

c. 所有的 XHTML 标记都必须有结束标记。在 XHTML 中，所有非空的 XHTML 标记必须有结束标记。空标记也必须有结束标记或者是开始标记以/〉结尾。例如，下面的 XHTML 代码是错误的。

〈p〉this is a paragraph

This is a break〈br〉

下面的 XHTML 代码是正确的。

〈p〉this is a paragraph〈/p〉

This is a break〈br/〉

3)XHTML 中属性的语法规定

a. 属性的名字必须小写。

b. 属性值必须用引号。

c. 不允许简化属性的常规写法。

d. id 属性替换了 name 属性。

e. lang 属性的强制性。

(3)XHTML 标签

1)XHTML 的基本标签(见表 4－1)

表 4－1　XHTML 基本标签

标签	功能
〈html〉	XHTML 文档的根元素
〈body〉	用于指定 XHTML 文档的页面主体部分,可以指定 id,class,style 等核心属性,还可以指定部分事件,如 onlode,unlode 等
〈style〉	用于引入样式表(css 或者 XSL 或者 XSLT)
〈h1〉到〈h6〉	定义标题一至标题六
〈p〉	定义段落
〈br/〉	插入一个换行
〈hr/〉	定义水平线
〈! ——…——〉	注释
〈div〉	定义文档中的节,一般称为块定义标签
〈span〉	与〈div〉基本相似,区别在于所定义的块不会自然换行,属性同〈div〉
〈a〉	定义超级链接,两个重要属性 href 和 target
〈img〉	在页面中定义图像,两个重要属性 src 和 alt

2)XHTML 的文本格式化标签(见表 4－2)

表 4－2　XHTML 文本格式标签

标签	功能
〈b〉	定义粗体文本
〈i〉	定义斜体文本
〈em〉	定义强调文本,实际效果和斜体文本差不多
〈big〉	定义大号字体文本
〈strong〉	定义粗体文本,与〈b〉标签类似
〈small〉	定义小号字体文本
〈sup〉	定义上标,例如 m^2
〈sub〉	定义下标,例如 w_3

3)XHTML 的列表标签(见表 4-3)

表 4-3 XHTML 列表标签

标签	功能
〈ul〉	定义无序列表,其子元素只能包含〈li…/〉
〈ol〉	定义有序列表,其子元素只能包含〈li…/〉
〈li〉	定义列表项目
〈dl〉	用于定义列表,只能包含〈dt…/〉和〈dd…/〉元素
〈dt〉	定义标题列表项
〈dd〉	定义普通列表项

4)XHTML 的表格相关标签(见表 4-4)

表 4-4 XHTML 表格相关标签

标签	功能
〈table〉	用于定义表格
〈caption〉	用于定义标题
〈tr〉	表格的行标签
〈td〉	表格的单元格标签
〈tbody〉	表格主体
〈thead〉	表格的页头
〈tfoot〉	表格的页脚

5)XHTML 的表单标签(见表 4-5)

表 4-5 XHTML 表单标签

标签	功能
〈form〉	用于创建表单
〈input〉	生成表单组件元素,其中 type 属性指明具体元素类型
〈label〉	用于在表单元素内部定义标签,这些标签可以对其他可生成请求参数的组件进行说明,不能含有 value 属性值
〈button〉	定义按钮,其内部可以包含文本、图像等
〈select〉	用于创建列表框或下拉菜单,必须和〈option〉结合使用
〈textarea〉	定义文本域

(4)XHTML 属性

1)XHTML 标准属性

XHTML 可含有属性。每个标签的特殊属性均被列于每个标签描述之下。这里列出的属性是通用于每个标签的核心属性和语言属性(有个别例外)。

◆ 核心属性 (Core Attributes)

以下标签不提供下面的属性:base, head, html, meta, param, script, style, 以及 title 元素,见表 4-6。

表 4-6　XHTML 核心属性

属性	值	描述
class	class_rule 或 style_rule	元素的类(class)
id	id_name	元素的某个特定 id
style	样式定义	内联样式定义
title	提示文本	显示于提示工具中的文本

◆ 语言属性 (Language Attributes)

以下标签不提供下面的属性:base, br, frame, frameset, hr, iframe, param, 以及 script 元素,见表 4-7。

表 4-7　XHTML 语言属性

属性	值	描述
dir	Itr|rtl	设置文本的方向
lang	语言代码	设置语言代码

◆ 键盘属性 (Keyboard Attributes)

键盘属性具体内容见表 4-8。

表 4-8　XHTML 键盘属性

属性	值	描述
accesskey	字符	设置访问某元素的键盘快捷键
tabindex	数	设置某元素的 Tab 次序

2)XHTML 事件属性

HTML 4.0 的新特性之一是使 HTML 事件触发浏览器中的行为,比方说当用户点击一个 HTML 元素时启动一段 JavaScript 。以下就是可被插入 XHTML 标签以定义事件行为的一系列属性。

◆ 窗口事件 (Window Events)

窗口事件仅在 body 和 frameset 元素中有效,见表 4-9。

表 4-9　XHTML 窗口事件

属性	值	描述
onload	脚本	当文档被载入时执行脚本
onunload	脚本	当文档被卸下时执行脚本

◆ 表单元素事件 (Form Element Events)

表单元素事件仅在表单元素中有效,见表 4-10。

表 4-10　XHTML 表单元素事件

属性	值	描述
onchange	脚本	当元素改变时执行脚本
onsubmit	脚本	当表单被提交时执行脚本
onreset	脚本	当表单被重置时执行脚本
onselect	脚本	当元素被选取时执行脚本
onblur	脚本	当元素失去焦点时执行脚本
onfocus	脚本	当元素获得焦点时执行脚本

◆ 键盘事件(Keyboard Events)

键盘事件在下列元素中无效:base, bdo, br, frame, frameset, head, html, iframe, meta, param, script, style, 以及 title 元素,见表 4-11。

表 4-11　XHTML 键盘事件

属性	值	描述
onkeydown	脚本	当键盘被按下时执行脚本
onkeypress	脚本	当键盘被按下后又松开时执行脚本
onkeyup	脚本	当键盘被松开时执行脚本

◆ 鼠标事件(Mouse Events)

鼠标事件在下列元素中无效:base, bdo, br, frame, frameset, head, html, iframe, meta, param, script, style, title 元素,见表 4-12。

表 4-12　XHTML 鼠标事件

属性	值	描述
onclick	脚本	当鼠标单击时执行脚本
ondblclick	脚本	当鼠标被双击时执行脚本
onmousedown	脚本	当鼠标按钮被按下时执行脚本
onmousemove	脚本	当鼠标指针移动时执行脚本
onmouseout	脚本	当鼠标指针移出某元素时执行脚本
onmouseover	脚本	当鼠标指针悬停于某元素之上时执行脚本
onmouseup	脚本	当鼠标按钮被松开时执行脚本

4.2.2　ASP .NET 基础

相对于浏览器端的动态网站开发技术,服务器端的开发技术是当前网站开发技术的主流,功能更加强大。例如 ASP. NET,它其实不是一门编程语言,而是一个统一的 Web 开发模型。

ASP.NET是.NET Framework的一部分，在ASP.NET中可以利用.NET Framework中的类进行编程。在ASP.NET中可以用VB.NET、C#、J#和JScript .NET等编程语言来开发Web应用程序，并且ASP.NET支持以可视化的方式创建企业级网站。

(1)ASP.NET的系统需求

为实现ASP.NET网页设计，首先要安装.NET框架；其次需要安装.NET Framework框架；最后需要安装与配置Internet信息服务器(IIS)及数据库。

1)IIS

IIS是Internet Information Server的缩写，是一种在Internet上发布信息的Web服务器。要成为网站服务器，建立B/S模式系统，必须要有IIS的服务程序。IIS最主要的功能是响应用户的要求，将所要浏览的网页内容传输给他们，管理及维护Web站点，管理及维护FTP站点和SMTP(Simple Mail Transfer Protocol)虚拟服务器。

2)Visual Studio.NET

Visual Studio.NET开发环境的安装包括两部分软件的安装，即.NET Framework安装及.NET IDE(集成开发环境)的安装。它们集成在Visual Studio.NET中，并不需要做太多的工作。

(2)ASP.NET应用程序结构

1)ASP.NET应用程序分类

a.Web应用程序。在开发的ASP.NET应用程序中最多的是ASP.NET Web应用程序类型，也就是ASP.NET Web窗体应用程序。例如，通常的ASP.NET网站就是这类应用程序。最简单的ASP.NET Web应用程序包含一个目录，其中至少包含一个.aspx文件，即ASP.NET页。

b.移动Web应用程序。ASP.NET移动Web应用程序实际上是一种特殊的Web应用程序。它主要是针对移动设备(如手机、PDA等)而设计的。在ASP.NET中，移动Web应用程序与普通Web应用程序之间的主要区别在于移动Web应用程序使用移动Web控件，这些控件包括Form表单控件和其他标准控件，如标签、文本框等。

c.Web服务。Web服务是ASP.NET提供的另一种应用程序类型。在.NET Framework中，将其称为XML Web服务，主要是为了将Web服务与XML标准关联在一起。Web服务实际上是一种能够跨Internet调用的组件，不过，Web服务的真正威力体现在基础结构中。Web服务是建立在 .NET Framework和CLR(Common Language Runtime，公共语言运行库)之上的，Web服务可以充分利用这些技术的优点，例如，ASP.NET支持的性能、状态管理和身份验证都可以在使用ASP.NET生成Web服务时利用。

2)ASP.NET应用程序结构

ASP.NET应用程序可能包含以下文件：

a.Web窗体页(.aspx文件)：这是ASP.NET应用程序的基础。

b.Web服务(.asmx文件)：为其他计算机提供共享应用程序的服务。

c.代码隐藏文件：这取决于应用程序的开发语言及代码模型，如果采用代码隐藏机制，将会产生一些源代码文件，如选择C#作为开发语言，就产生 .cs文件。

d.配置文件(web.config)：该文件是XML格式的文件，包含各种ASP.NET功能的配置信息，如数据库连接、安全设置、状态管理等。

e. Global. asax 文件：用于处理应用程序级事件的可选文件，该文件驻留在 ASP. NET 应用程序的根目录下。

f. 用户控件文件(. ascx)：该文件定义可重复使用的自定义用户控件。

g. 其他组件：包含其他组件的第三方程序集，如 . dll 文件等。

表 4 - 13 列出了保留的目录名及其通常包含的文件。

表 4 - 13　应用程序目录

目录名	说明
App_Browsers	包含 ASP. NET 用于标识个别浏览器并确定其功能的浏览器定义文件(. browser)
App_Data	包含应用程序数据文件，包括 MDF 文件、XML 文件和其他数据存储文件。ASP. NET 使用此目录来存储应用程序的本地数据库
App_GlobalResources	包含编译到全局范围程序集当中的资源(. resx 和. resources 文件)
App_LocalResources	包含与应用程序特定页、用户控件或母版页关联的资源(. resx 和. resources 文件)
App_Themes	包含用于定义 ASP. NET 网页和控件外观的文件集合(. skin 和. css 文件及图像文件和其他资源)
App_WebReferences	包含用于在应用程序中使用的 Web 引用的引用协定文件(. wsdl 文件)、XML 架构(. xsd 文件)和发现文档文件(. disco 和. discomap 文件)
Bin	包含已编译程序集(. dll 文件)。这些程序集通常是在应用程序中引用的控件、组件或其他代码。应用程序将自动引用此目录中的代码所表示的任何类

(3)ASP. NET **页面管理**

ASP. NET 页面是带. aspx 扩展名的文本文件，可以被部署在 IIS 虚拟目录树之下。页面由代码和标签(tag)组成，它们在服务器上被动态地编译和执行，为提出请求的客户端浏览器(或设备)生成显示内容。对于 Web 开发人员来说，如果想提高页面的运行效率，首先需要了解 ASP. NET 页面是如何组织运行的。

1)ASP. NET 页面代码模式

ASP. NET 的页面包含两个部分：一部分是可视化元素，包括标签、服务器控件以及一些静态文本等；另一部分是页面的程序逻辑，包括事件处理句柄和其他程序代码。ASP. NET 提供两种模式来组织页面元素和代码：一种是单一文件模式，另一种是后台代码模式。两种模式功能是一样的，可以在两种模式中使用同样的控件和代码，但使用的方式不同。

2)页面的往返与处理机制

ASP. NET 页面的处理循环如下：

a. 用户通过客户端浏览器请求页面，页面第一次运行，执行初步处理。程序员可以通过编程对页面进行初始化等操作。

b. 执行的结果以标记的形式呈现给浏览器，浏览器对标记进行解释并显示。

c. 用户输入信息或从可选项中进行选择，或者单击按钮。如果用户单击的是一个超链接而不是按钮，页面就会定位到另一个页面，而该页面不会被进一步处理。

d. 页面发送到 Web 服务器，在 ASP. NET 中称此为“回发”，也就是说页面发送回其自身。例如用户正在访问 Default. aspx 页面，则单击该页面上的某个按钮可以将该页面发送回服务器，发送的目的还是 Default. aspx。

e. 在 Web 服务器上，该页再次运行，并且使用用户输入或选择的信息。

f. 服务器将执行操作后的页面以 HTML 或 XHTML 标记的形式发送到客户端的浏览器。

3)页面的生命周期

ASP. NET 页运行时，此页将经历一个生命周期，在生命周期中将执行一系列处理步骤。这些步骤包括初始化、实例化控件、还原和维护状态、运行事件处理程序代码以及进行呈现。了解页面生命周期非常重要，因为这样做就能在生命周期的合适阶段编写代码，以达到预期效果，见表 4-14。

表 4-14　页面生命周期

目录名	说明
页请求	页请求发生在页生命周期开始之前。用户请求页时，ASP. NET 将确定是否需要分析和编译页(从而开始页的生命周期)，或者是否可以在不运行页的情况下发送页的缓存版本以进行响应
启动	在启动阶段，将设置页属性，如 request 和 response。在此阶段，页还将确定请求是回发请求还是新请求，并设置 IsPostBack 属性。页还设置 UICulture 属性
初始化	页初始化期间，可以使用页中的控件，并将设置每个控件的 UniqueID 属性。如果需要，还会向页应用于母版页和主题。如果当前请求是回发请求，则回发数据尚未加载，并且控件属性值尚未还原为视图状态中的值
加载	加载期间，如果当前请求是回发请求，则将使用从视图状态和控件状态恢复的信息加载控件属性
回发事件处理	如果请求是回发请求，则将调用控件事件处理程序。之后，将调用所有验证程序控件的 Validate 方法，此方法将设置各个验证程序控件和页的 IsValid 属性
呈现	在呈现之前，会针对该页和所有控件保存视图状态。在呈现阶段中，页会针对每个控件调用 Render 方法，它会提供一个文本编写器，用于将控件的输出写入页的 Response 属性的 OutputStream 对象中
卸载	完全呈现页并已将页发送至客户端、准备丢弃该页后，将引发 Unload 事件。此时，将卸载页属性(如 Response 和 Request)并执行清理

4)ASP. NET 页面指令

ASP. NET 页面中通常包含一些类似〈%@ … %〉这样的代码，被称为页面指令。这些指令是允许相应指定的一些属性和配置信息的，就是 ASP. NET 用作处理页面的指令。常用的页面指令如下：

@Assembly 指令，即程序指令。用于在编译时将程序集链接到页面，这时程序员可以使用程序集公开的所有的类和方法。

@Control 指令，又称控制指令。该指令只能用于用户控件中，用户控件在带有. ascx 扩展名的文件中进行定义。

@Implements 指令，又称接口指令。指示当前的 ASP. NET 应用程序文件(网页，用户控件或母版页)实现指定的.NET Framework 接口。

@Import 指令，即导入指令。该指令用于将空间显示导入到 ASP. NET 应用程序文件中，并且导入该命名空间的所有类和接口。

(4)ASP. NET **的常用内置对象**

ASP. NET 中包含了一些直接引用而不需要声明的对象，这些对象被称为内置对象，如 Response、Request、Application、Session 等。内置对象的主要作用是负责页面的输入、输出交互及多页面间的信息传递和存储等。现在分别介绍这些对象的常用属性及方法。

1)Request 对象

Request 对象是 ASP. NET 当中最有用的对象之一，它与 Response 对象一起使用，达到沟通客户端及服务器端的作用，使它们之间可以很简单地交换数据，由此可见该对象的重要。Request 对象接收客户端通过表单或者 URL 地址串发送来的变量，同时，也可以接收其他客户端的环境变量，比如浏览器的基本情况、客户端的 IP 地址等。所有从前端浏览器通过 HTTP 通信协议送往后端 Web 服务器的数据，都是借助 Request 对象完成的，见表 4-15。

表 4-15　Request 对象的常用属性和方法

名称	属性/方法	功能说明
QueryString	属性	获取 HTTP 查询字符串变量集合
Path	属性	获取当前请求的虚拟路径
UserHostAddress	属性	获取远程客户端的 IP
Browser	属性	获取客户端的浏览器信息
From	属性	获取表单变量集合
ServerVariables	属性	获取 Web 服务器变量的集合
BinaryRead	方法	执行对当前输入流进行指定字节数的二进制读取
MapPath	方法	为当前请求将请求的 URL 中的虚拟路径映射到服务器上的物理路径

2)Response 对象

Response 对象实际是在执行 system. web 命名空间中的类 HttpResponse。CLR 会根据用户的请求信息建立一个 Response 对象，Response 将用于回应客户端浏览器，告诉浏览器回应内存的报头、服务器端的状态信息以及输出指定的内容，见表 4-16。

表 4-16　Response 对象的常用属性和方法

名称	属性/方法	功能说明
Buffer	属性	获取和设置指示是否缓冲输出的值
Cache	属性	获取 Web 页的缓存策略
Charset	属性	获取或设置输出流的 HTTP 字符集

续表

名称	属性/方法	功能说明
IsClientConnected	属性	指示客户端是否仍连接在服务器上
Clear	方法	清除缓存
Flush	方法	强制输出缓存的所有数据
Redirect	方法	网页转向地址
WriteFile	方法	将指定的文件直接写入 HTTP 内容流输出
Write	方法	将信息写入 HTTP 内容流输出
end	方法	终止当前页的运行

3)Application 对象

人们最常用的保存变量的内容的方法是使用文件，但是毕竟对文件的操作是比较麻烦的事情，有没有更简单的方法呢？其中一种比较简单的方法就是使用 Application 对象来保存希望传递的变量。由于在整个应用程序生存周期中，Application 对象都是有效的，所以在不同的页面中都可以对它进行存取，就像使用全局变量一样方便。

ASP. NET 中，Application 对象来自 HttpApplicationState 类，它可以在多个请求、连接之间共享公用信息，也可以在各个请求连接之间充当信息传递的管道，见表 4-17。

表 4-17　Application 对象的常用属性和方法

名称	属性/方法	功能说明
Item	属性	通过名称或索引访问 Application 对象包含的项目值
AllKeys	属性	使用户能够检索 Application 对象包含的所有项目名
Count	属性	返回一个 Application 对象所包含的项目的数量
All	属性	以数组的方式返回 Application 对象包含的所有项目
Lock	方法	在同一时间锁定 Application 对象变量
Unlock	方法	在同一时间消除对 Application 对象变量的锁定
Remove	方法	消除某一个 Application 对象变量
RemoveAll	方法	消除所有的 Application 对象变量

4)Session 对象

Session 对象的作用也是用于储存特定的信息，但是它和 Application 对象在储存信息所使用的对象是完全不同的。Application 对象储存的是共享信息，而 Session 储存的信息是局部的，是随用户不同而不同的。如果只需要在不同页中共享数据，而不是需要在不同的客户端之间共享数据就可以使用 Session 对象。

Session 对象的生命周期是有限的(默认值为 20min)，它可以使用 Timeout 属性进行设置。在 Session 的生命周期内，Session 的值是有效的。如果用户在大于生命周期的时间里没有再访问应用程序，Session 就会自动过期，Session 对象将会被 CLR 释放，其储存的数据信息将永远不再存在，见表 4－18。

表 4－18　Session 对象的常用属性和方法

名称	属性/方法	功能说明
IsCookieless	属性	该值指示会话 ID 是嵌入 URL 中还是存储在 Cookie 中
IsNewSession	属性	该值指示会话是否是当前请求一起被创建
IsReadOnly	属性	该值指示会话是否为只读
Keys	属性	获取存储在会话中的所有值的键的集合
LCID	属性	获取或者设置当前会话的区域设置标识符
SessionID	属性	获取用于表示会话的唯一会话 ID
Timeout	属性	获取或设置会话的超时期限(以分钟为单位)
Abandon	方法	取消当前会话
Add	方法	将新的项目添加到会话状态中
Clear	方法	取消会话状态的所有值
GetEnumerator	方法	获取当前会话中所有会话状态值的枚举数
RemoveALL	方法	删除所有会话状态的值

(5)ASP. NET **主要控件**

ASP. NET 应用程序包含 Web 表单，这些 Web 表单需在 Web 服务器上进行处理，并发送给客户端浏览器。Web 表单通常包含显示和收集信息的控件及对用户的操作响应的控件。例如 Web 服务器控件、用户控件、验证控件及表单事件模型等。

4.2.3　其他开发技术介绍

除上述两种开发技术外，常用的网站开发技术还包括以下几种。

(1)CSS

层叠样式表(Cascading Style Sheets)是一种用来表现 HTML(标准通用标记语言的一个应用)或 XML(标准通用标记语言的一个子集)等文件样式的计算机语言。CSS 不仅可以静态地修饰网页，还可以配合各种脚本语言动态地对网页各元素进行格式化。

(2)JavaScript

JavaScript 是一种直译式脚本语言，是一种动态类型、弱类型、基于原型的语言，内置支持类型。它的解释器被称为 JavaScript 引擎，为浏览器的一部分，广泛用于客户端的脚本语言，最早是在 HTML 网页上使用，用来给 HTML 网页增加动态功能。

(3)JSP

JSP(Java Server Pages)，中文为 java 服务器页面，其根本是一个简化的 Servlet 设计，它是由 Sun Microsystems 公司倡导、许多公司参与一起建立的一种动态网页技术标准。JSP 技术有点类似 ASP 技术，它是在传统的网页 HTML(标准通用标记语言的子集)文件(*.htm, *.html)中插入 Java 程序段(Scriptlet)和 JSP 标记(tag),从而形成 JSP 文件,后缀名为(*.jsp)。用 JSP 开发的 Web 应用是跨平台的,既能在 Linux 下运行,也能在其他操作系统上运行。

(4)PHP

PHP(Hypertext Preprocessor),中文为超文本预处理器,是一种通用开源脚本语言。PHP 语法吸收了 C、Java 和 Perl 语言的特点,利于学习,使用广泛,主要适用于 Web 开发领域。PHP 独特的语法混合了 C、Java、Perl 以及 PHP 自创的语法。PHP 是将程序嵌入到 HTML(标准通用标记语言下的一个应用)文档中去执行,执行效率比完全生成 HTML 标记的 CGI(Common Gateway Interface)要高许多;PHP 还可以执行编译后代码,编译可以达到加密和优化代码运行,使代码运行更快。

【拓展案例】

魅力四射的淘宝效应

从名不见经传到"淘宝现象",作为中国一夜成名的网络拍卖网站,淘宝网 2003 年诞生。2004 年 7 月,当马云宣布阿里巴巴将投资 3.5 亿元人民币发展淘宝网的时候,淘宝网的身价和他的竞争对手还相差一个档次。之后就是不断地升级、突破,甚至打价格战。有人说淘宝网在"烧钱",当时其他的国内几个电商网站,也都一个个摩拳擦掌,动辄一掷千金。淘宝网进入了高速扩张期,截至 2011 年年底,淘宝网单日交易额峰值达到 43.8 亿元,创造 270.8 万直接且充分就业机会。随着淘宝网规模的扩大和用户数量的增加,淘宝也从单一的 C2C 网络集市变成了包括 C2C、团购、分销、拍卖等多种电子商务模式在内的综合性零售商圈。目前已经成为世界范围的电子商务交易平台之一。2018 年 8 月 8 日,阿里巴巴淘宝透露将进军 MR(混合现实)购物领域,即将在 2018 年造物节上推出产品——淘宝买啊。

资料来源:百度百科 https://baike.baidu.com/item/%E6%B7%98%E5%AE%9D%E7%BD%91/112187?fr=aladdin

通过这个例子可以看出,就是这种魅力四射的"淘宝现象"使得数以万计的企业不得不考虑进军电子商务这个市场,让我们看看如何规划设计一个类似淘宝的网站。

4.3　电子商务网站的规划、管理与维护

4.3.1　电子商务网站的规划和设计

如果能够建立一个成功的电子商务网站,不但可以增加公司的营业收入,提升公司形象,而且能够有效连接上下游合作厂商及客户,形成更稳固的伙伴关系及提高客户重复购买率,还能通过网站开展营销信息与服务信息的收集、提供,掌握客户的最新动态,降低售后服务的成本。而想要建立一个适应市场需求、满足客户需要并且安全可靠的电子商务网站,则在网站设计时,很多步骤和问题需要设计者注意。电子商务网站的规划和设计是成功实施电子商务的最重要、也是最关键的步骤。

(1)规划与设计的概念

对于不同的网站,通常规划的内容和复杂程度都会有所区别,但无论什么类型的网站规

划，一般都应满足以下三个方面的要求。

1)规划目标要明确

电子商务网站的规划目标必须是非常明确的，例如网站的定位和发展目标清晰。尤其重要的是，这些目标应该切合企业实际，要根据实际的需求制订网站开发目标。此外，一个好的规划还应该处理好各部分利益之间的关系，并且留有余地。

2)环境约束分析要全面

分析环境和约束包括三方面的问题。首先要在充分调查研究的基础上，对网站开发环境的影响和限制做出充分的分析，环境既包括企业发展的情况和企业内部的管理模式，也包括本地区、国内以及行业内部的政策、发展趋势、竞争对手的情况等；其次，在规划中要充分考虑资源的整合，也就是要考虑企业内外的各种资源，如资金、人力等，以便选择最合适的开发方案和策略。最后，规划的本身也体现了机遇的发现和把握，这一点对企业赢得发展机遇至关重要。

3)规划和指标要恰当

规划和指标可以指导如何具体完成网站的开发。首先，在规划中一般不需要安排细节问题，但一定要有时间进度表和具体的技术指标，以便于检测和控制系统开发的进程；其次，规划和指标应该具有可操作性；最后，规划和指标都应该具有一定的灵活性，要考虑到具体问题的发展和变化。

(2)规划与设计的一般原则

电子商务网站的规划与设计在整个网站建设流程中极为重要，在网站设计中应注意一些原则。

1)明确目标和需求

电子商务网站的设计是展现企业形象，介绍产品和服务，体现企业发展战略的重要途径，因此，必须首先明确设计站点的目的和用户的需求，才能做出切实可行的规划设计。要根据消费者的需求、市场的状况、企业自身的情况等进行综合分析，以消费者为中心进行设计规划。

2)主题鲜明

在目标明确的基础上，完成网站总体设计方案，对网站的整体风格和特色做出定位，并进一步规划出网站的组织结构。电子商务网站应针对所服务对象的不同而采取不同的形式。时刻注意主题要鲜明突出，要点明确，以简明的语言和画面体现站点的主题，调动一切手段充分表现网站的个性和趣味，办出网站的特色。

3)版式设计合理

网页设计作为一种视觉语言，要注意编排和布局。版式设计通过文字、图形的空间组合，表达出和谐美。一个优秀的网页设计者应该知道将文字、图形如何布置才能使整个网页生辉。多页面站点的页面编排设计，则要求把页面之间的有机联系反映出来，特别要处理好页面之间和页面内的秩序与内容的关系。为了使整个网站达到最佳视觉表现效果，应讲究整体布局的合理性，使浏览者有一种流畅的视觉体验。

4)色彩要和谐均衡

色彩是艺术表现的要素之一。在网页设计中，应根据和谐、均衡和重点突出的原则，将不同的色彩进行搭配、组合来构成美丽的页面。

5)形式与内容相统一

要将页面丰富的内容和多样的形式组织成统一的页面结构,形式语言必须符合页面的内容,体现内容的丰富含义。运用对比与调和、对称与平衡、节奏与韵律以及留白等手段,通过空间、文字、图形之间的相互关系,建立整体的均衡状态,产生和谐的美感。点、线、面是视觉语言中的基本元素,网页设计中点、线、面的运用并不是孤立的,要使点、线、面互相穿插、互相衬托、互相补充,从而表达出完美的设计意境,构成最佳的页面效果。

6)多媒体功能的利用

多媒体功能是网络的优势。要吸引浏览者的注意力,可以使用多媒体手段,比如页面的内容可以用三维动画、flash 等来表现。但要注意的是,由于网络带宽的限制,在使用多媒体的形式表现网页的内容时,应考虑浏览者所在地区的网络速度限制。

7)网站测试和改进

模拟用户访问网站可以测试网站的实际运行,可以用来发现问题并改进设计。要注意让用户参与网站测试。

【拓展案例】

黑客热衷攻击重点目标

国外几年前就曾经发生过电子商务网站被黑客入侵的事件,国内的电子商务网站近几年也发生过类似事件。浙江义乌一些大型批发网站曾经遭到黑客近一个月的轮番攻击,网站图片几乎都不能显示,每天流失订单金额上百万元。阿里巴巴网站也曾确认受到不明身份的网络黑客攻击,这些黑客采取多种手段攻击了阿里巴巴在我国和美国的服务器,企图破坏阿里巴巴全球速卖通平台的正常运营。随着国内移动互联网的发展,移动电子商务也将迅速发展并给人们带来更大便利,但是由此也将带来更多的安全隐患。黑客针对无线网络的窃听能获取用户的通信内容、侵犯用户的隐私权。

资料来源:阿里巴巴 https://club.1688.com/threadview/30965611.html

面对一个个轻易就遭到攻击的网站,作为管理人员,一定要时时戒备,防范攻击,修复漏洞,加强对网站的管理。

4.3.2 电子商务网站的管理

(1) 电子商务网站管理模式

企业的电子商务网站由于涉及大量的访问信息和频繁的交易数据,所以网站内容管理问题就显得极其重要。无论是对网页的管理,还是对网站软硬件、用户或物流的管理,其目的都是要保证电子商务系统中信息流的有序、快速而安全地流动。网站类型多种多样,管理模式也就有多种。目前,常见的管理模式有如下几种。

1) 完全手工模式

这是一种手工方式,用人工操作来更新网站内容。其特点是工作量大、改动困难、链接基本固定。这种模式适用于更新量不大的小型网站。

2) 半自动化模式

这种模式的工作流程基本与手工模式相同。但其采用模板方式,可以自动复制与粘贴,内容一般都是以文件形式保存。这种管理模式比较适合于页面数量不多，也不需要经常改动内容的小型网站，其管理与维护费用低。

3）数据库支持模式

这种模式是采用模板技术，用程序自动生成网页，以数据库的形式存储网站内容。这种管理模式的特点是内容、样式改变容易，页面多样化。缺点是层次结构不容易改变，是一个信息发布系统。这种管理模式适用于中型网站。通常先请设计与开发人员制作好网站，在不进行大量改版的情况下，只需少量人员维护即可。

4）智能结构模式

这种模式是以数据库存储内容，将内容结构化并辅以各种自动管理流程与远程维护功能，来管理与维护网站。

(2)电子商务网站管理层次

电子商务网站的管理主要包括 4 个层次：网站文件管理、网站内容管理、网站综合管理和网站安全管理。

1)网站文件管理

网站文件管理是指对构成网站资源的文件应用层进行的文件管理，以及对支持企业与客户之间数据信息往来的文件传输系统和电子邮件系统的管理。电子商务网站的资源由服务器端一个个网页代码文件和其他各类资源文件组成。一般来说，文件管理包括网站文件的组织、网站数据备份、网站数据恢复、网站文件传输管理和网站垃圾文件处理等。

2)网站内容管理

网站内容管理是面向电子商务活动中的具体业务而进行的对输入和输出信息流的内容管理，是基于业务应用层的管理。网站内容管理是网站管理的核心，是保证电子商务网站有序和有效运作的基本手段。网站内容管理一般分为用户信息管理、在线购物管理、新闻与广告发布管理、企业在线支持管理等。

3)网站综合管理

网站综合管理是指除文件管理、网站内容管理之外对网站提供的个性化服务等方面的管理，主要包括网站运行平台的管理、Web 服务器和数据库服务器管理、个性化服务管理、网站统计管理和系统用户管理等。

4)网站安全管理

网站安全管理贯穿在以上 3 个层次的管理之中，主要是分析网站安全威胁的来源，并采取相应的措施。电子商务网站的安全是电子商务网站可靠运行并有效开展电子商务活动的基础和保证，也是消除客户安全顾虑、扩大网站客户群的重要手段。广义地说，它应该包括信息安全管理、通信安全管理、交易安全管理和设备安全管理等。因此，网站安全管理必须与其他计算机安全技术如网络安全和信息系统安全等结合起来，才能充分发挥其作用。

(3)电子商务网站管理结构

电子商务网站的管理层次也就决定了管理的结构，典型的网站管理结构可以用图来清晰地表示，如图 4－4 所示。

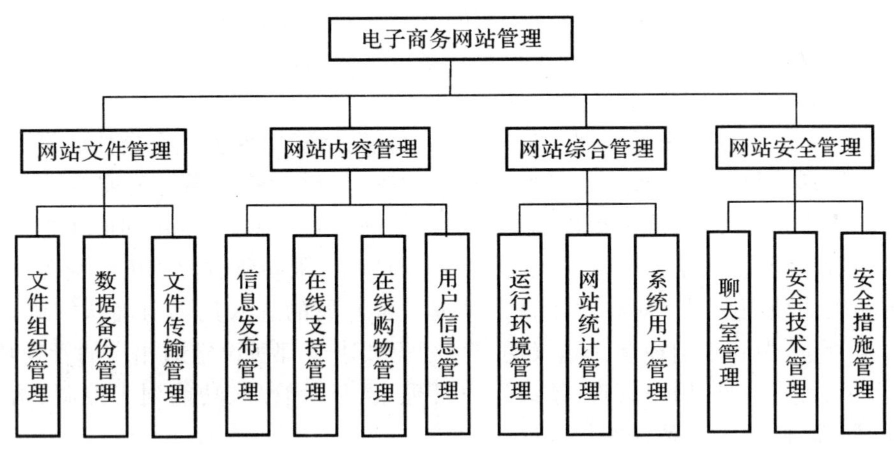

图 4－4　电子商务网站管理结构图

(4)电子商务网站内容管理

网站的内容管理属于网站电子商务业务应用层,它主要是指面向电子商务活动中的具体业务而进行对输入、输出信息流的内容管理。它包含的内容很广泛,可以分为两种:一种是对外部流入的数据和信息的管理,包括用户信息管理、供应商的管理、在线购物管理、交易管理等;另一种是对网站内部本身业务信息的管理,如产品管理、新闻管理、广告管理、企业论坛管理、留言板管理、邮件订阅管理、网上调查管理、在线技术支持管理等。对这些信息流的管理可以单独分成一个个子系统,也可以综合起来进行集中管理。

1) 用户信息管理

用户信息管理包括用户基本信息管理和用户反馈信息管理两部分。由于用户是企业开拓市场、分析市场、制定经营策略、创造利润的重要资源,因此,建立基于企业电子商务网站的用户管理系统是极有必要的,应把其纳入企业信息系统建设和发展电子商务的整体框架之中,从而为企业经营发展提供良好的服务。

a. 用户基本信息管理。在电子商务活动中,电子商务网站对顾客通常采用会员制度,使顾客登录为会员,以保留顾客的基本资料。用户的基本信息管理就是包括用户注册管理、忘记密码查找、用户消费倾向分析、用户信用分析等管理活动。由于这项功能能够帮助企业收集目标用户的资料,为企业网站营销提供分析的资料,并可以考察网站的使用频率及对目标消费者的吸引程度,所以,在以后的网络营销中,这些注册会员是相当准确的目标用户。

b. 用户反馈信息管理。用户反馈信息管理几乎是所有网站必备的管理内容,它用于管理者从网上获取各种用户反馈信息。目前一些网站的用户反馈功能是以邮件的信息直接发送到管理者信箱中,还有一些是采用基于数据库开发的设计。前者的反馈信息是散乱的,难于对反馈信息进行分类、存档、管理、查询及统计;后者提供了强大的后台管理功能,形成了用户信息反馈系统。

2) 在线购物管理

在线购物是当前许多电子商务网站运营的主要模式。当用户访问电子商务网站时,能够查询、浏览该网站提供的所有商品信息并随时选择自己感兴趣的商品并放入虚拟的购物车中。而所购商品的数量、价格等信息由网站数据库存储和管理。当用户选货完毕后,可对购物车中的选购物品进行修改。当用户确定所选购商品，提交购物车数据后，就完成了一次订单操作过程。根据在线购物流程，在线购物管理可以分为系统账号管理、产品信息管理、购物车管理、订单管理等。

a. 系统账号管理。系统账号管理是针对电子商务网站管理系统的安全性而设置的。因为电子商务网站管理系统是负责整个网站所有资料的管理，因此管理系统的安全性显得格外重要。按一般的要求，该管理系统应提供超级用户的管理权限控制，根据不同的用户进行不同的管理列表控制，设定和修改企业内部不同部门用户的权限，限制所有使用电子商务网站管理系统的人员与相关的使用权限。它将给予每个管理账号专属的进入代码与确认密码，以确认各管理者的真实身份，做到级别控制。超级用户可根据要求管理所设定的相应的管理功能，如对订单、产品目录、历史信息、用户管理、超级用户管理、次目录管理、功能列表控制、购物车管理等进行添加、删除、修改等一系列操作。

b. 产品信息管理。为了保证用户浏览到的始终是最新的产品信息，产品信息管理应该能够让网站管理员通过浏览器，根据企业产品的特点在线进行产品分类，并将产品按照不同层级进行分类展示，提供产品的动态增减和修改，对数据进行批量更新。同时，可以随时更新最新产品、畅销产品以及特价产品等，方便日后产品信息的维护，提高企业的工作效率。

c. 购物车管理。该模块类似于产品的在线管理，其功能与产品信息管理大致一样。在线购物车管理应能对用户正在进行的购买活动进行实时跟踪，从而使管理员能够看到消费者的购买、挑选和退货的全部过程，并实时监测用户的购买行为，纠正一些错误或防止不正当事件的发生。

d. 订单信息管理。这是网上销售管理的一个不可缺少的部分，它用于对网上全部交易产生的订单进行跟踪管理。管理员可以浏览、查询、修改订单，对订单进行分析，追踪从订单发生到订单完成的全过程。只有通过完善、安全的订单管理，才能使基于网络的电子商务活动顺利进行。

3）新闻发布管理

新闻发布管理的主要内容包括在线新闻发布、新闻动态更新与维护、过期新闻内容组织与存储、新闻检索系统的建立等。目前，网站的新闻管理可以做到工作人员在模板中输入相应的内容并提交后，信息就会自动发布在网页上。这是因为网站信息通过一个操作简单的界面输入数据库，然后通过一个能够对有关新闻文字和图片信息进行自动处理的网页模板与审核流程发布到网站上。通过网络数据库的引用，网站的更新维护工作简化到只需录入文字和上传图片，从而使网站的更新速度大大缩短。网上新闻更新速度的加快，极大地加快了信息的传播速度，也吸引了更多的长期用户群，时刻保持着网站的活动力和影响力。

4）广告发布管理

网络广告最重要的优势就在于可以被精确统计，即广告被浏览的次数、广告被点击的次数，甚至浏览广告后实施了购买行为的用户数量，都可以获得记录数据。而所有这些都需要完善的广告管理。广告发布管理系统应该操作简单、维护方便，具有综合管理网站广告编辑、播放等功能，可以轻易实现统计、分析每个页面广告播放的情况，并且可以指定某页面的广告轮播。

5）企业在线支持管理

企业在线支持管理包括在线帮助管理、企业论坛管理、留言板管理、网上调查管理、在线技术支持管理。

a. 在线帮助管理。在线帮助管理主要是提供用户对网站功能的使用帮助，指导用户使用公司的电子商务网站。它具体提供使用信息查询系统浏览商品信息；填写订单，参与购物；使用留言板、电子邮件、论坛、聊天室等和企业交互的系统等方面的帮助信息。

b. 留言板管理。网站留言板是为了增加网站及顾客间良好的互动关系而设的，它的作用是记录来访用户的留言信息，收集他们的意见和建议，为网站与用户提供双向交流的区域，为优化服务提供用户依据。留言板管理应提供多项辅助功能，以协助管理者方便地增加、删除与修改留言板上的留言内容，以及对部分留言内容加以回应。

c. 企业论坛管理。企业论坛是一个电子商务网站必不可少的功能模块，它能为网站与用户、用户与用户之间提供广泛的交流场地，也是企业进行技术交流和用户服务的最重要的手段。企业可以利用该功能进行新产品的发布、征求消费者意见、接受消费者投诉等；可以定期或选定某个时段，邀请嘉宾或专门人员参与该系统的主持与维护。

d. 在线技术支持管理。在线技术支持可以给用户提供相关产品的技术或服务信息。企业可以将一些常见的技术或服务问题罗列在网站上，供用户浏览。

总之，电子商务网站的管理既包含了对网站内容的管理，也包含了对客户的管理。从本质上讲，电子商务网站管理的目的就是为了保证商务系统中信息流、资金流和物资流有序、快速而安全地流动，也就是对网站输入与输出这两个方向上管理与监控，使得电子贸易能顺利地进行。

4.3.3　电子商务网站的维护

电子商务网站的维护主要包括以下几方面的内容：

a. 服务器及相关软硬件的维护，对可能出现的问题进行评估，制订相应时间。

b. 数据库维护，有效利用数据是网站维护的重要内容，因此数据库的维护要受到重视。

c. 内容的更新、调整等。

d. 制订相关网站维护的规定，将网站维护制度化、规范化。

【拓展案例】

乐蜂网："达人效应"转化率低，难逃运转风险

乐蜂成立于 2008 年，由知名电视人李静创办，是一家明星达人运营、静佳自有品牌及美妆垂直电商为一体的平台。其母公司东方风行分别获得红杉资本 A 轮投资、中金和宽带基金 B 轮 4 000 万美金投资。据中国化妆品电商网监测显示，自 2012 年起，每年 2 月底至 3 月底，乐蜂网举办为期一个月的全网"桃花节"，并逐渐成为化妆品垂直电商中一年一度最大规模的商业活动。2014 年 2 月，乐蜂网以 1.123 亿美元出售 75%的股份，"卖身"唯品会。

资料来源：阿里巴巴 https://club.1688.com/threadview/46386297.html

这是典型的电子商务网站运营失败案例，掌握电子商务网站运营、推广是网站建设十分重要的一环。

4.4　电子商务网站的测试与推广

4.4.1　网站测试

网站的建设工作完成之后，需要在发布站点之前对站点进行测试。当开发人员开发出软件之后，测试人员要做的工作就是给软件挑毛病、找漏洞，将软件中存在的问题减少到最少。电子商务网站的测试人员也做着同样的事情，在网站面向客户发布之前，将网站存在的问题尽可能地解决彻底。如果网站的建设人员忽略了网站测试这一环节，草率地将网站发布出去，一旦出现了问题，将会造成巨大的损失，即便网站管理人员极力补救，付出了巨大的费用，已经造成的损失也很难弥补。

网站测试的内容主要包括用户界面测试、功能测试、接口测试、设计语言测试、兼容性测试、负荷强度测试和安全测试。

(1)用户界面测试

主要测试站点地图、导航条、内容、颜色、背景、图像、表格等。检测网站的外观显示效果是否同网站设计者的想法一致。

(2)功能测试

主要测试站点中的链接、表单、数据、Cookies 等，测试的要点包括如下几个方面。

a. 链接(Link)测试。检验站点中所有链接是否正确。链接是网站可以发挥它巨大作用的最基本的特征，它使用户在不同页面之间进行切换，引导用户去访问目标页面，而不用记住很复杂的网页地址。链接测试可分为三个方面：首先，测试所有链接是否按指示的那样确实链接到了该链接的页面；然后，测试所链接的页面是否存在；最后，保证站点上没有孤立的页面，所谓孤立的页面就是指没有链接指向该页面，只有用户输入正确的网页地址才能访问的页面。链接测试可以自动进行，现在很多网页设计软件都集成了这样的功能。链接测试必须在集成测试阶段完成，也就是说，在整个站点的所有页面开发完成之后进行链接测试。

b. 表单(Forms)测试。检查每个表单与 CGI 程序是否正确连接，是否能够正确地发送用户请求。

c. 数据测试。检查正确数据、非法数据、错误数据和临界数据输入到系统后，系统能否很好地进行数据处理，能否合理应对由于数据问题出现的系统异常。

d. Cookies 测试。Cookies 常常用来存储用户信息和用户在某个应用系统中的操作。当用户访问了某个网站系统并允许使用 Cookies 时，网站服务器将发送关于用户的相关信息，并把该信息以 Cookies 的形式存储在用户所使用的计算机上。Cookies 可用来创建动态的或用户自定义的页面及存储登录信息等。如果网站提供了使用 Cookies 的功能，就必须检查 Cookies 是否能正常工作。测试的内容可包括 Cookies 是否起作用，是否按预定的时间保存，刷新对 Cookies 有什么影响等。

(3)接口测试

主要检查本地系统是否能够正确地调用外部服务接口。比如检查能否和 CA 接口进行通信等。在接口测试时，需要注意当接口发生错误时，系统能够有效地处理错误。

(4)设计语言测试

网页设计语言版本的不同可能引起在客户端浏览器上的严重显示问题，比如使用不同版本的 HTML 等。当在分布式环境中开发时，开发人员都不在一起，这个问题显得尤为重要。除了 HTML 的版本问题外，不同的脚本语言，如 Java、JavaScript、ActiveX、VBScript 或 Perl 等也要验证。

(5)兼容性测试

主要检验应用能否在不同的客户端浏览器上使用。如果希望所有的用户都能很好地获取系统服务，就需要测试每一个操作系统、浏览器、视频设备及调制解调器。

(6)负荷强度测试

检验系统能否处理大量的并发用户。可访问性对于用户是很重要的。如果用户不能够顺利快速地访问自己想要的信息，那么无论网站的内容做得多么丰富，功能多么强大，都不会得到用户的认可，很难保证网站有很高的访问量。

(7)安全测试

安全测试用来检验系统能否正确、可靠和安全地进行处理，其主要内容包括以下几个方面。

a. 目录权限设置。检测各个目录的存取是否得到授权。

b. 用户登录测试。以用户的身份登录系统，考验系统是否可以快速地实现用户登录，是否能够保证用户登录的安全性。

c. 日志文件。测试服务器的日志能否正常工作，是否可以正确地记录每次登录及用户请求过程。通过日志文件，可以分析系统响应用户请求的情况。

网站测试一般会经历两个阶段，分别是本地测试和上网测试。即使站点在本地已经进行了全面的测试，但是一旦发布到网络上，还是可能出现一些新问题，如图像不能正常显示、无法找到链接等。因此，通过网上测试，模拟网站的正式发布是一个非常必要的测试阶段。

4.4.2　网站推广的目的

网站推广就是以国际互联网为基础，利用信息和网络媒体的交互性来推广网站的一种营销方式。通俗的解释就是让尽可能多的潜在用户了解并访问网站，并通过网站获得有关产品和服务的信息，为最终形成购买决策提供支持。

通过网站推广，能够达到 4 个层层递进的目的：找到目标用户、让目标用户知道、让用户登录网站、让用户认可网站。当前传播常见的推广方式主要是在各大网站推广服务商中通过打广告等方式来实现。免费网站推广包括：SEO(Search Enging Optimization，搜索引擎优化)优化网站内容，从而提升网站在搜索引擎的排名；在论坛、微博、博客、微信、QQ 等平台发布信息；在其他热门平台发布网站外部链接等。

4.4.3　网站推广的方法

在制订网站推广方案之前，应了解和学习网站推广的常用方法。在实际推广中，需要对网站推广的方法进行选择与调整，最终达到事半功倍的效果。推广可以选择两种方法：免费的和付费的网站推广方法。选择什么样的推广方法，应根据公司或个人的实际情况来决定。

比如在淘宝初开网店的人，一般可以选择免费的推广方式，这是降低经营风险，减少资金投入的有效方法。但当网站有了一定数量的顾客基础时，也就是说有一定的销售额和利润时，就可以选择付费推广的方式了。

现在介绍一些常用的网站推广的方法。

(1)电子邮件推广方法

电子邮件推广方法在目前为止也是比较受欢迎的推广方法，因为电子邮件推广方便、快捷、成本低并且能帮助企业开发许多的潜在客户。在给对方发送电子邮件时，应该得到对方的许可然后再进行发送，并且邮件的内容应该言简意赅，突出重点就可以了，因为没有人愿意花很长的时间去读一段废话，并且这样也会使推广没有任何作用。

(2)借助第三方平台推广

这种推广方式也是比较常用的，就是把自己网站的相关信息发布到其他平台，让更多的潜在用户可以通过更多的渠道了解自己的网站。第三方平台有微博、贴吧、知乎、论坛等等，这几个平台都是现在比较受欢迎的，企业可以考虑把自己网站的相关信息发布到这几个平台上，相信推广效果一定不会太差。

(3)网络广告推广

网络广告是现在互联网时代常见的推广方式，无论你是在家看电视、乘公交或者地铁，又或者是用手机上网，都可以随时随地看到网络广告，所以网络广告具有见效快、更好树立企业形象的特点。网络广告的成本较高，但是很多企业为了在网站成立初期就能更好地宣传自己的产品，还是会考虑使用这种方法。网络广告推广还包括关键词广告、分类广告、Email 广告等方式，可以根据自己的自身情况选择合适的。

(4)手机网站推广

由于手机的普及以及使用率越来越高，并且操作简单、携带方便，现在很多企业都抓住了这个商机，纷纷建立了手机网站。因为用户不受时间地点的限制，可以随时随地浏览企业网站，而且如果企业把自己的相关信息放到了其他平台上，在用户浏览其他平台时就可以很轻易地看见企业网站信息，这样就拓宽了企业网站宣传的渠道，手机网站推广方法对企业来说是十分有益的！

本章小结

电子商务网站是电子商务活动双方信息交流的平台，在现在的商务活动中有着重要的作用。本章主要介绍了电子商务网站的基本概念，网站功能和类型特点以及网站的管理、规划和后期的维护、推广等，同时也介绍了几种网站开发的技术。

课后习题

1. 电子商务网站有哪些具体类型？
2. 建设一个电子商务网站时，应如何进行规划？
3. 推广一个电子商务网站时，可以采取哪些方法？其中最重要的方法是什么？
4. 简述 Application 对象与 Session 对象的差异。
5. 简述 XHTML 语言的特点。

实际操作训练

通过对当前流行的电商网站全面的分析，并结合本章内容，以你最喜爱的运动项目为主题，试规划设计一个网站，并给出一套合理的网站管理及推广方案。

第5章　电子支付

【引导案例】

中国电子支付元年

2005年10月26日，中国人民银行出台《电子支付指引（第一号）》，全面针对电子支付中的规范、安全、技术措施、责任承担等进行了规定。该指引为规范电子支付业务，防范支付风险，保证资金安全，维护银行及其客户在电子支付活动中的合法权益，促进电子支付业务健康发展提供了政策上的有力支持。该指引自公布之日起施行。

指引中规定"电子支付是指单位、个人直接或授权他人通过电子终端发出支付指令，实现货币支付与资金转移的行为。电子支付的类型按照电子支付指令发起方式分为网上支付、电话支付、移动支付、销售点终端交易、自动柜员机交易和其他电子支付。"

2005年也可以看作是中国电子支付的元年。除了指引的发布，4月1日《中华人民共和国电子签名法》正式施行，奠定了电子商务市场良好发展态势的基础，这也是中国信息化领域的第一部法律。4月18日，中国电子商务协会政策法律委员会组织有关企业起草的《网上交易平台服务自律规范》正式对外发布。这一年的诸多事件的发生，代表着我国电子商务领域中支付结算发展进入一个健康发展的轨道。

资料来源：中国经济网 http://www.ce.cn/finance/banking/ziliao/200510/30/t20051030_5064293.shtml

5.1　电子支付概述

5.1.1　电子支付概念

2005年的指引中规定"电子支付是指单位、个人直接或授权他人通过电子终端发出支付指令，实现货币支付与资金转移的行为。"以最直观的方式去解释，即以计算机及网络通信技术为基础的，使用各种电子支付工具进行商业交易支付与结算的系统。不过，由于交易过程的形式多样，不能把支付简单地理解成为一手交钱一手交货。

由于商业贸易中的支付交易，存在着不同于零售商品的交易方式，所以商业系统中的支付方式是非常多样的。而且，由于交易数量的巨大、交易双方的地域差距等因素，商业支付方式是一种抽象的交易方式。比如，商品制造厂商和经销商之间，每年都会签订代销合同，经销商会按照一定时间周期从厂商进货。他们之间并不是一手交钱一手交货。由于数量巨大，又是长期合作，因此经销商可能会先拿货，按照约定的时间周期来进行定期结算。结算过程并不是现金交易。一般会通过传统的支付凭证"三票一证（支票、本票、汇票、信用证）"来结算。这个交易过程并不像零售商品那样是即时现金交易。这个交易或支付的过程，是一种抽象的支付过程。

随着计算机技术的发展，电子支付也不是一蹴而就的。它的发展早于电子商务概念的提出。实际上，所谓的电子支付从计算机全面取代银行的账目管理系统开始，就已经发生了。之后随着互联网的普及、异构数据库兼容问题的解决，银行卡取代了存折，电子支票、汇票取代了纸质的支票、汇票，所有支付、清算系统都采用计算机来进行交易管理，这些都是电子支付的体现。首先，电子支付并不是从属于电子商务的概念，它的产生及应用早于电子商务概念的提出。其次，电子支付是利用先进的计算机及通信技术解决所有商业领域中支付业务的主要手段，因此它是电子商务实现的基石。

现在的电子支付，涵盖了从个人消费者、商家到金融机构几乎所有领域的支付活动。归纳起来，有三种不同的支付方式：预支付(Pre-paid)方式、即时支付(Instant-paid)方式和后支付(Post-paid)方式。

预支付方式在B2C商业平台上较为常见。预支付也就是买家先付款，钱转入卖家银行账户后，卖家才会向买家提供商品或服务。这样的交易方式必须建立在一定的信任基础上才能够完成，比如个人消费者在如京东这样的电子商场里，先通过电子支付方式购买商品，然后商家再给买家发货。消费者之所以愿意先付款，是因为支付给了京东这样有公信力的公司比较放心。

即时支付方式可以形象地认为是一手交钱一手交货。这种方式多见于线下的电子支付。读者一定有这样的经历，早上在上学的路上买早点，手机扫码付款，然后拿早点。当然它与传统的现金交易最为接近，最大的区别在于支付的是抽象的电子货币而非现金。当然在一些特殊商品的电商平台，也存在即时交易，比如通过支付工具直接给手机充值或给游戏点卡充值，一般都是即时到账，也可以认为是一种即时支付方式。

后支付方式是买家先拿货，在一定周期后再付款。这在很多商业批发活动中最为常见，不过现在很多针对个人消费的电商平台也积极采取这样的方式来刺激消费者的消费意愿，比如京东白条。消费者可以先消费，按月结算。这种后支付方式，其实来源于信用卡支付。它除了可以刺激消费，也可以缓解消费者的资金压力。使用得当的话，是很方便的支付方式。但如果控制不好，也可能会让企业或个人陷入借贷危机。

上述三种支付方式的比较见表5-1。

表5-1　三类支付方式的比较

比较项目	预支付方式	即时支付方式	后支付方式
适用性	中	中	高
安全性	中	高	中
结算效率	高	高	低
可靠性	中	高	高

通过上表的内容，可以发现三种支付方式各有所长。但是在实际中，后支付方式是最为常用的一种。这主要是因为先拿货再付钱的方式是传统商业领域中的主要支付方式。从刺激消费的角度看，后支付方式更容易促进消费行为的发生。当然在针对终端零售支付方式上，预支付和即时支付方式所占的比重更大一些。

5.1.2 电子支付特征

传统的商业支付方式，是从最原始的物物交易到一般等价物及货币交易，再由第三方信用支付即银行票据支付等发展而来的，而一切都是因为人类商业和科技水平的发展所带动的。电子支付也源于这样一种背景，它其实只是由于计算机及通信技术的发展，取代了原有的支付方式，在原理上它与传统的支付方式没有本质的差别。

当然，对于电子支付而言，其自身也确实具备了非常鲜明的特点。

(1)整合了多种功能，如储蓄、非现金交易和信贷业务等

读者一定有这样的体会，无论使用的是微信钱包还是支付宝，既可以进行线下支付，也可以进行线上网购。如果账户上有一定的余额，还可以直接购买理财产品。支付宝还有花呗这样的信用支付方式，其他的电商平台也相继推出了种类繁多的信贷产品。这样的金融服务或产品并不是新事物，在传统商业活动中就有，只不过由于其强大的平台功能可以把这些项目全部都集成在电子支付系统中，从而让支付工具变成一个一站式金融服务平台。

(2)采用了先进的计算机、互联网、无线网络等多种通信技术进行数字化的信息传递

相信“三网合一”的概念读者并不陌生，计算机互联网成为现代人类社交的核心工具，无线通信网络、有线电视网络等传统的媒介工具都向互联网集成。互联网的信息传递是数字技术的信息传递，因此可以认为，电子支付所构建的支付系统，是一个整合了多种技术进行数字化信息传递的系统。

(3)电子设备的多样性，使得电子支付的形式多样化

目前在商业领域的电子支付方式，可谓多种多样，可以通过相对传统的电子银行系统进行转账结算，大多数面向零售的企业更多地通过电脑，特别是手机当中的支付工具完成结算。此外还有随处可见的销售点终端机（POS 机）等等。从支付工具的角度看，目前除了主流的微信、支付宝外，还有如京东钱包、翼支付等多种支付工具可以选择。

(4)电子支付具有强大的跨平台性，是一个极为开放的系统

在传统支付过程中往往受到支付工具的限制。这个限制有可能是技术上的，如不能 24 小时服务、不能跨行转账等等；也有可能是政策性的，如不收现金、指定结算银行等等。这些大都是因为在技术上无法保证结算的正确性或安全性才进行的限制，但在电子支付的系统里，由于技术上的突破，电子支付可以不受时间和空间的制约。支付工具可以成为一个独立的第三方工具，提供给需要的卖家来使用，从而大大提高了支付的跨平台性和开放性。

(5)电子支付更加安全、快捷

曾经有这样的说法，现在中国社会上的小偷越来越少，因为国人出门几乎不带现金了。而手机支付安全性的不断提高，也让小偷面临了无钱可偷的境地。这虽然有戏谑的成分，却也从一个侧面说明电子支付已经从 B2B 的上游商业系统普及到了普罗大众。人们也因为电子支付的安全性、高效性而把它作为日常支付中的首选。

5.1.3 电子支付发展

不可否认，电子支付并不是一问世就具备了上述介绍的这些巨大优势。它也是逐步发展起来的，通过技术上的不断进步，一点点地成为当代支付方式的主流。从技术层面来看，它源于计算机及互联网的推动；从商业发展需求的角度来看，它源于银行系统对清算系统的不断优

化。笔者认为,前者的推动力更大一些。电子支付的发展具体归纳起来大致分为以下几个阶段:

第一阶段,银行内部的电子化业务的实现。计算机技术特别是数据库技术最先在商业银行中有了广泛的应用,这使得银行内部的业务系统实现了电子化处理,高效准确、海量低成本的存储能力,使得计算机技术一在银行中使用就再也无法被抛弃。这一阶段,还没有形成真正的电子支付,但是已经把传统商业中扮演信托、清算、支付角色的银行的内部进行了全面电子化。这为将来电子支付的全面推广起到了一个良好的铺垫作用。

第二阶段,企业、公司与银行建立的资金结算系统。局域网的产生推动了银行内部网点之间的电子化结算,而互联网技术的广泛应用,使得银行的客户也可以通过互联网轻松地完成与银行之间的资金结算工作。比如电子汇票、电子汇兑、银行代发工资等等。在这个阶段,可以认为电子支付已经初步形成,但是它的范围主要限于机构与机构之间的商业支付活动。

第三阶段,利用银行提供的自动柜员机(ATM)、销售点终端机(POS)完成相关的电子支付、现金存取等业务。银行卡取代了存折,成为日常储蓄的工具。同时,借记卡、信用卡成为新一代的支付工具。这一阶段,标志着电子支付已经从最基本的基于银行的基本商业汇兑结算,转向了更为丰富的商业结算形式,并且针对个人的零售业电子支付工具开始大行其道。

第四阶段,完全基于互联网的第三方支付工具通过安装于手机的 APP 成为目前最为主流的支付工具。不管线上还是线下(特别是线下)基于手机的电子支付变得非常便捷,扫二维码就可以完成转账、扣款,安全、方便。这个阶段也是目前我国所处的阶段,电子支付变得异常普及和方便。它基于互联网,通过无线通信技术完成无线向有线的数据转换,实现了真正意义上的全面电子化的支付方式。

5.2 网络银行及支付类型

5.2.1 网络银行

网络银行是指银行以企业自建的计算机系统作为主体,借助互联网技术,实现银行所有业务的网上操作,有些地方也称为线上银行。前面已经介绍过,在电子支付的发展过程中,银行业务操作的电子化是一个必要条件。在银行可以进行电子化业务操作后,就给电子支付提供了实现的平台。

网络银行的优势非常明显,与传统的柜台、自动取款机(ATM)、销售点终端机(POS)、电话银行比起来。它不受空间和时间的限制,操作效率极高。此外,它还大大降低了银行的运营成本,不仅减少了人力成本,更减少了银行网点的运营成本。据统计,全球百家银行的柜台交易成本为 1.07 美元,电话银行的成本为 52 美分,ATM 机的成本为 27 美分,而网络银行的成本仅为 10 美分。

一个完整的网络银行一般由以下几个部分组成。

(1)客户接入端

这里的客户接入端指的是负责给客户提供输入命令,完成业务操作的载体。不能简单地理解成客户端程序,因为目前客户接入端的种类相当多,比如登录银行网站完成业务,下载银行手机 APP 完成银行业务,通过第三方支付软件完成与银行的结算,甚至是通过电话拨号或其他外接设备完成银行业务等。这里的客户接入端强调的是一个逻辑上的概念，一个银行系统必须要有接收用户指令的入口，这里的入口就是客户接入端。

(2)支付网关

银行内部有自己的金融专用网络，普通用户是没有权限进行访问的。这是从数据安全的角度考虑的，但并不是说互联网就不能和金融网进行数据交互，否则就无法实现网络银行的业务了。因此，存在一个互联网与金融网的网络接口，通过这个接口完成交互，这就是支付网关。规定接口的好处是可以保证数据传输的安全。一般通过 SET 协议来进行数据交互。支付网关除了完成数据转发和获取的工作外，更多的是安全方面的管理，比如对数字证书的管理、支付密钥的管理、数据加密服务等。此外，支付网关还可以把互联网传递的 SET 协议下的报文格式的数据，转换成金融网中专用的 ISO8583 报文格式。

(3)Web 服务器

Web 服务器的作用有点像实体银行中的大堂经理，负责响应用户的请求，并且把这些请求转发到相关的业务处理模块。当有数据反馈给用户时，也是 Web 服务器负责把信息传递给用户。一般情况下，Web 服务器是基于超文本传输协议(Hyper Text Transper Protocol，HTTP)的，传输的大都为文本数据。

(4)应用服务器

应用服务器，顾名思义，主要负责处理和实现用户发出的各种业务指令，并把结果发送出去(给 Web 服务器)。这个服务器通过大量的应用程序完成银行的各种业务，其中还包括数据库管理程序。这里的业务给出的是具体的算法，但是一个业务的完成需要有数据被处理，而所有的银行数据都存放在数据库中，这些数据应用程序不能直接调用，这也是从安全角度考虑的。因此需要通过使用数据库管理程序来完成对数据的调用。有时也会把这个数据库管理程序称为数据库服务器。

(5)银行数据库

这个部分很像银行的金库。它所存储的是银行系统的所有数据。这些数据包括系统的各类参数、客户的所有信息、所有的交易记录、账户信息等等。可以想象得到，这个数据库存放着海量的、至关重要的数据。目前大多数银行采取分布式数据库的方式进行管理和存储。

(6)防火墙

前面五个部分构成了网络银行的基本架构，虽然支付网关可以提供一定的安全保障，但这是远远不够的。为了保证整个网络银行系统能够更加安全，防止黑客的非法入侵，防火墙技术的应用必不可少。网络银行的防火墙一般采取两层防护策略，一层位于互联网与支付网关之间，谓之外层防火墙。它隔离了 Web 服务器与互联网之间的数据，防止互联网中的非法数据访问。另一层位于 Web 服务器与应用服务器之间，谓之内层防火墙。它的作用是防止 Web 服务器的一些超越权限的数据访问，通过规定 IP 地址和端口保证数据不会被盗用。

目前我国的网络银行已经进入成熟期，从经营形式来看，它们都产生于传统银行。这些银行既有自己数量众多的银行网点、ATM 机及电话银行，也有完善的网络银行系统。不过，实际上还存在一种纯网络银行的运营模式。它们建立在一个网络平台之上，拥有自己独立的品牌，没有任何实体经营场所，所有的业务均在互联网上完成。这类银行一般都具备一定的特色，有的是专注于贷款业务，有的主要是给用户提供完善的理财服务。

网络银行作为一个重要的金融实体模式，在将来的社会发展中会继续起到重要的支撑作用，它会逐渐“向下沉”成为社会商业体系中的基础。就像是每个国家都有自来水管网一样，网络银行也会成为一种基础设施。此外，网络银行所存储的海量数据正是大数据分析的一个重要数据来源，未来人工智能下的智能网络、大数据应用等都将需要网络银行的支持。网络银行必将成为物联网中的一个重要组成部分。因此，基于智能化的大数据跟踪及数据挖掘将是网络银行的一个重要研究方向。

5.2.2 网络支付

所谓网络支付就是以互联网为基础，利用银行网络系统的某种工具完成购买者的支付行为。这个行为包含了资金从购买者到金融机构，再到商家的电子货币的支付、流转、查询及统计等一系列过程。

有些人会认为网络支付就是电子支付，这样的说法是不准确的。网络支付是电子支付的一种，它的特点在于利用互联网中金融机构或银行提供的支付工具完成支付与清算。而电子支付所涵盖的范畴要比网络支付更加丰富。

电子商务的蓬勃发展，无疑大大推动了电子支付的发展，而互联网业务的不断普及使得网络支付必定成为一种更加适合电子交易的支付方式。网络支付在提供高效快捷的支付服务的同时，也必须考虑到支付的正确性和安全性，因此它还要具备一些传统支付没有的功能。

(1)详细的认证

这里被认证的对象包括交易的买卖双方。只有买卖双方在取得一个公认的认证后，才可以进行交易。这样做的目的是防止支付欺诈。在技术上的实现方式主要是通过使用数字签名和数字证书等来完成对各方的认证。认证的内容主要是对参与网上交易各方的身份有效性进行审核。通过认证后，认证方会向被认证方发放数字证书，以证实其身份的合法性。

(2)数据流的安全处理

保证数据在传输过程中不泄露，一方面要防止数据流被获取或窃听，另一方面就是通过加密技术保证即使信息被窃取也不会被破译。一般情况下，采用单密钥体制或双密钥体制进行信息的加密和解密。同时采用数字信封、数字签名等技术加强数据传输的保密性与完整性，防止未被授权的第三者获取信息的真正含义。

(3)操作权限的识别

需要通过一些算法，才能确认支付电子信息的真伪。由于网络支付交易双方并不是面对面交易，交易平台必须对双方的交易权限进行甄别，确认并保护数据不被未授权者建立、嵌入、删除、篡改等，从而保证支付过程的有效性。

(4)保证交易凭证的有效性

在网络支付中保证交易行为和业务的不可抵赖性是非常重要的。由于没有“一手交钱一手交货”，所以存在着交易双方出现纠纷的可能性，特别是有关支付结算的纠纷最容易出现。因此，需要系统能够保留并出具对相关业务的有效凭证。这就要求网络支付系统要在交易的过程中生成或提供足够充分的证据来迅速辨别纠纷中的是非。

(5)协调多方交易行为

网上的交易行为，在支付过程中会涉及客户、商家、金融机构等多个个人或实体。因此，在支付结算时也会涉及多方的协同问题。比如，客户的购买信息要与支付指令信息连接在一起，商家只有在确认了某些支付信息后才会继续交易，银行也只有确认支付才会提供支付。为了保证安全，商家不能读取客户的支付指令，银行不能读取商家的购货信息，这种多边支付的关系能够借用系统提供的诸如双重数字签名等技术来实现。

5.2.3　移动支付

移动支付也可以被认为是手机支付。严格来讲，移动支付指的是用户通过手机或平板电脑等移动设备，对所购买的商品或服务进行线上支付的一种行为模式。

从支付行为上来看，似乎这个动作是移动终端完成的支付。但实际上，这个移动支付系统包含了移动运营商、金融机构（网络银行）、第三方支付应用提供商、卖家、设备提供商及买家等多个部分。

由于快捷、灵活的使用模式，移动支付已经成为目前社会经济活动中最受欢迎的支付模式，特别是在个人支付和中小企业支付活动中。我国的零售、公共服务类机构、末端经销商等众多领域和行业中，移动支付基本已经做到百分之百的覆盖。从目前的趋势来看，移动端支付方式的优势越来越明显，它对 PC 端的取代几乎已成定局。

【引申阅读】

红包开道的微信支付

微信支付的前身是成立于 2005 年的财付通，虽然与支付宝成立的时间相仿，但是其发展非常缓慢，市场份额长期徘徊于 10%。2013 年，财付通变身微信支付，整合了二维码扫码功能放在微信 5.0 版中正式发布。

2014 年 1 月 26 日，财付通在微信公众账号推出了公众账号“新年红包”，模仿了中国人在春节期间的传统馈赠方式。用户只要关注账号就可以向好友发送或领取红包。红包分为普通等额红包、拼手气红包两种，一经推出就病毒式传播，活跃在各大微信群中。

来自腾讯官方的微信红包数据：2014 年除夕到大年初一 16:00，参与抢红包的用户超过 500 万，总计抢红包 7 500 万次以上，领取到的红包总计超过 2 000 万个，平均每分钟有 9 412 个红包被领取。高峰时段出现在除夕夜零点时分，前 5 分钟内有 58.5 万人次参与抢红包，其中 12.1 万个红包被领取。

2014 年春节小试牛刀后，2015 年微信支付又与央视春晚合作，将微信红包这一产品打造成了爆款。腾讯官方统计，2015 年除夕期间，微信红包收发总量突破 10 亿个，是 2014 年的 62 倍。在红包的催化下，微信绑卡量呈指数级增长。因为收到红包的用户，很多会选择提现，自然就会触发银行卡绑定行为。

2015 年春节后，依托微信社交关系链让客户自发学习、传播的方式以及微信红包这种创新支付形式的普及，微信支付顺利完成了冷启动——微信绑卡账户成功破亿，远小于支付宝累计同样规模用户的时间，积累了初始支付用户以及账户资金。

微信红包一夜之间完成了支付宝花了 10 年才完成的事情，被马云称为“偷袭珍珠港”。春节红包战是微信支付崛起的开端，不仅让微信支付在移动支付市场中攻城略地，也奠定了微信支付在移动支付业务的一席之位，同时也代表移动支付市场从电商主导的时代开始向以社交主导的时代转变。

资料来源：搜狐网 http://www.sohu.com/a/249349135_115207

那么移动支付为什么会发展得如此迅速？移动支付之所以发展迅速，主要有两个推动因素。

(1)零售电子商务即 B2C、C2C 的蓬勃发展,需要更加简便的支付方式

早期的电子商务发展,是从 B2B 即企业对企业的领域发展起来的,当时主要采用网络银行的电子支付系统,从行业的需求来看,网络银行的支付方式完全可以满足商业领域的支付需求。但是随着电子商务向个人领域发展,即 B2C 和 C2C 的电商平台,对个人来说,传统的网络银行的支付方式就变得不太适合。比如,支付数量小,不可能用电子支票、电子汇票等对公的方式;对于买家来说,网络商家信任度不够,也不敢轻易支付或购买商品等。因此就出现了第三方平台的支付担保,其中最成功的产品就是支付宝。但是如果用户只能通过 PC 端来购物,还是会受到空间和时间的限制。如果可以把支付软件放在手机中,就可以实现随时随地的购物,因此支持手机直接支付就成为众多零售电商平台的迫切要求。这就是推动移动支付发展的强大动力之一。

(2)支付工具向线下发展的需求,进一步推广了移动支付

十多年前,以淘宝为代表的电子商务平台进入繁荣的发展期,随之而来的支付工具也得到了很大的推动。在人们已经习惯于网上购物之后,有意无意地希望网购的快捷方便也能够推广到线下领域。同样,在电子商务平台发展到一定规模后,需要新的市场和新的增长点。线下的支付活动,自然也成为目标之一。特别是移动支付初步占领线上支付市场以后,手机支付已经成为广大消费者的首选。人们希望对于一些非电商平台的支付,也可以用手机来支付。例如,公交车票、各种门票、社区便利店、餐厅、物业费等等这些“纯”线下的平台。市场的需求就是商业发展的动力,因此移动支付在占领了线上支付之后,全面渗透到了社会生活的各个领域。线下的支付需求也就成为推动移动支付发展的又一个有利因素。

移动支付的支付过程最主要的是通过四个方面来推进的,那就是消费者、网络运营商(这里的网络运营商指提供无线通信和有线通信的数据提供商,也包括交易软件的提供商)、商家及金融机构。具体的支付过程如下:

a. 消费者通过手机访问商业平台;

b. 消费者发出购买指令,请求发送到商家;

c. 商家将请求发送到网络运营商服务器,进行安全和数据信息内容的确认;

d. 网络运营商将确认后的信息发给商家;

e. 商家生成订单的交易 ID 等支付信息,发送给消费者;

f. 消费者根据订单信息,提交支付,完成支付;

g. 支付信息提交到网络运营商服务器进行确认,确认正确后发出提示信息给商家;

h. 商家收到成功信息后,发出确认信息给消费者,完成支付。

整个过程中,网络运营商起到了关键的作用。前面已经介绍,这里的运营商其实是一个概念,并不针对具体一个实体机构。这里抽象地描述了移动支付的过程,并没有具体指向一个机构。在实际的移动支付中,由于支付体系(工具)的不同,它们的具体过程不太相同,但是都可以抽象成上面的支付过程。

以微信为例,在使用微信支付时,这里的网络运营商指的是微信支付服务端。确认用户身份、生成交易单号、确认交易的合法性等工作,都是由微信服务端完成的。如果是使用支付宝进行交易,则这里的网络运营商就是支付宝服务端。

似乎前面提到的金融机构,没有参与到这个支付过程中来。其实并不是这样,金融机构

（主要指网络银行）起到的作用是核算与结算。在网络运营商进行认证和授权的过程中，一些信息的有效性需要金融机构来提供。在完成支付后，消费者和商家的个人账户都会发生变化，这也需要金融机构（结算中心）提供和修改相关的数据或保留相关的数据。可以认为，金融机构是存在于整个交易过程之中的，它是完成交易的基础，贯穿于整个移动支付的过程。

5.3　电子支付工具

5.3.1　智能卡

智能卡（Smart Card）从形式上看，是一种内嵌有微芯片的塑料卡片。从电子支付的角度看，它是一个电子支付的物理介质。从应用范围的角度看，电子支付功能只是它众多应用场景之一。平时使用的一卡通、公交卡、甚至公司的门禁卡都使用的是智能卡的技术。

智能卡的发展初期，人们叫它IC卡。IC卡其实是集成电路卡（Integrated Circuit Card）的英文简称。它是将一个专用的集成电路芯片镶嵌到塑料基片中，外形与磁卡类似。随着嵌入芯片的种类和功能不断扩展和更新，IC卡似乎越来越智能，可以做的事情也越来越多。智能卡的称呼逐渐取代了IC卡这个名字。

1969年底，日本人有村国孝首次尝试使用集成电路技术制作的芯片来制造一种更加安全可靠的信用卡，并于1970年获得专利。1974年，法国的罗兰·莫雷诺发明了带集成电路芯片的塑料卡片，也取得了专利权。1976年，法国布尔（Bull）公司研制出世界第一枚IC卡。1984年，法国的PTT（Posts，Telegraphs and Telephones）将IC卡用于电话卡，由于IC卡良好的安全性和可靠性，获得了非常成功的市场反应。由于其规模和影响力的逐步提升，国际标准化组织（International Standardization Organization，ISO）与国际电工委员会（International Electrotechnical Commission，IEC）的联合技术委员会为之制订了一系列的国际标准、规范，这也极大地推动了IC卡的进一步研究和发展。

在IC卡的集成电路芯片上，可以集成中央处理器（CPU）、可编程只读存储器（EEPROM）、随机存储器（RAM）和固化在只读存储器中的卡内操作系统（Chip Operating System，COS）。从内部构造中可以发现，它具备了一定的数据处理和数据存储功能，较之以往的识别卡，具有可靠性高，可防磁、防静电、防机械损坏和防化学破坏等能力，数据存储稳定，信息可保存100年以上，读写次数在10万次以上，至少可用10年。它携带方便，使用快捷，可实现的功能类型比较多样。

对于电子支付的业务来说，智能卡的出现可以看成是从技术上实现了把传统银行的业务和商业交易行为中实物货币（纸币）的支付行为，转化到以智能卡为载体的设备上，从而实现支付的电子化、货币的数字化。从早期的公交卡、电话卡到银行的借记卡、信用卡以及各大高校使用的校园一卡通，平时生活中的电卡、水卡、天然气卡等，都是智能卡在电子支付方面的具体应用。

目前，智能卡的应用仍然非常广泛。但是，在我国，随着基于手机的支付工具的迅猛普及，智能卡的应用市场开始急剧萎缩。

5.3.2 电子现金

电子现金(Electronic Cash),也叫数字现金,是纸币现金的一种数字化体现,也就是钱被电子形式计入的都可以看成电子现金。这是从广义的角度来定义,如果这样去看,所有的电子支付工具,如智能卡、电子支票、电子钱包都可以算作电子现金。这并不为错,但是为了更好地认识不同的支付工具,这里给出一个狭义的定义。电子现金指的是一种以数字形式存储、流通的小额支付的抽象货币,用户可以在任何互联网上支持电子现金的商店进行电子支付。从技术的角度来看,它基于借记/贷记应用从而实现小额支付功能,采用非对称密钥体系与对称密钥体系相结合的安全机制,大多数情况下应用于脱机支付。

几乎所有的电子现金都是一些机构为了方便自己的用户进行电子支付而开发出了自己的电子现金交易客户端。最典型的如各个银行的手机银行业务、支付宝、微信支付等。它们都是为自己的业务服务。因此也都通过自己系统内的协议来完成数据的交互。

使用电子现金的交易流程如图 5-1 所示。

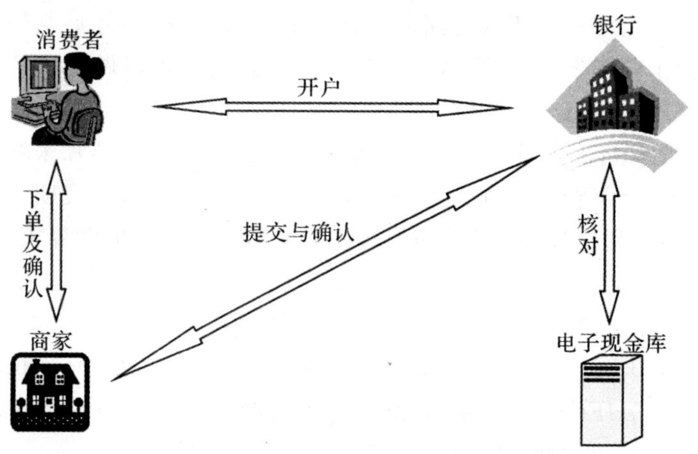

图 5-1 电子现金的支付流程

首先,消费者要使用电子现金结算,需要到电子现金开户行开设一个账户。然后可以兑付一部分电子现金。当然,由于现在支付工具和网络银行非常普及,基本不需要兑换电子现金,在交易的时候直接从银行账户中扣款即可。

其次,消费者在商家购买商品,提出订单请求后,由商家提交电子交易的请求给银行,进行交易合法性的验证。银行通过电子现金库对相应账户进行余额和结算数据的核对,确认有效后发送信息给银行,由银行给商家发送确认交易有效的信息。

最后,商家将确认交易的信息发送给消费者,完成后续工作。

5.3.3 电子钱包

电子钱包(E-Wallet),也是一种支付工具。最初是以智能卡为介质的电子钱包服务系统。其中最具代表性的就是英国西敏寺(National-Westminster)银行开发的电子钱包 Mondex 卡。Mondex 卡是世界上最早的电子钱包支付系统,于 1995 年 7 月首先在斯温顿市试用。它除了可以实现货币的存入、取出,还是一种匿名的无痕服务。在经过一个时期的推广发展后,被广泛应用于几乎所有的零售业、公共服务类实体中。人们只需要把 Mondex 卡插入终端，三五秒钟之后，提示支付完成，收据条便从设备中自动打印出来，同时读取器将从 Mondex 卡中的账户扣除掉本次交易的花销。目前可以在很多国家看到 Mondex 卡的身影。但是以它为代表的电子钱包在规模上已经逐渐缩小，取而代之的是另外一种电子钱包的形式，那就是纯软件的电子钱包。

这种纯软件的电子钱包不需要借助于特殊的介质来进行识别和支付，仅仅通过用户自己的手机来完成电子钱包的支付业务，所以也可以把这种类型的电子钱包叫作手机钱包。这些电子钱包的软件在原理上其实和以前的电子钱包区别不大，使用相同的安全协议。只是由于智能手机的飞速发展，通过无线网络的数据传输，几乎可以完成所有电子支付的业务。

电子钱包既然叫作钱包，那么就一定有账户余额的管理。这些支付的信息、账户的信息是如何保存的？一般有两种方式，一种是把所有的用户信息存储在用户的客户端当中，另一种是把所有用户的账户信息存放在服务器当中。前者可以称为客户端电子钱包，后者可以称为服务器电子钱包。两者的优缺点也不尽相同，前者可以更好地保护用户的个人隐私，当然账户的安全也全部由用户自己负责；后者的好处是不需要安装专门的客户端，通过对服务器的访问完成，方便简单，但是在进行登录和支付的过程中，用户与服务器端的数据传送可能存在一定的安全隐患。

从目前的发展来看，服务器端的电子钱包应用得更加广泛一些。由于智能手机及移动支付业务的日渐发达，通过特殊介质如智能卡的方式来实现电子钱包功能的应用越来越少。手机钱包的应用看起来好像是客户端的电子钱包，因为需要下载相关的 APP，但是实际上用户的所有的数据，全部都通过客户端上传并保存在服务器端。

目前国际上最著名的是 Mondex 和 Visa Cash 两大电子钱包产品。除此之外还有 Master-Cark Cash、Clip 及比利时的 Proton 等。在国内，从发展来源来划分，电子钱包可以分两大类：一类是由行业卡（或一卡通）演变而成的行业（区域）电子钱包；另一类为由银行发行的通用电子钱包。

第一类最具代表性的就是城市的公交卡和学校的校园一卡通。它们都是由一个行业或一个区域为了支付方便而推出的小额支付系统。但是在形式上，它们更多地依赖实物介质即智能卡。不过随着手机业务的发展，传统电商行业的支付工具有逐步取代这类智能卡支付系统的趋势。比如支付宝、微信钱包，它们也属于由一个行业发展而来的电子钱包。但它们是纯软件的支付方式，在形式上不同于使用智能卡的电子钱包。不过，正是由于没有实物介质，这些支付软件更加灵活方便。现在各大城市的线下销售机构几乎全部支持支付宝和微信钱包的支付方式，甚至很多城市的公交、地铁、物业等基础的生活支付系统也已经开始使用支付宝和微信钱包。同样，在各大校园中，虽然每所学校仍然提供校园一卡通的智能卡，但是，年轻的同学们在平时支出中，更愿意使用手机来支付。所以，可以断定，以支付宝、微信钱包等电商平台推出的电子钱包，将成为电子钱包支付系统的主流形式之一。

第二类电子钱包是由银行推广的电子钱包，虽然它也需要用户申请一张借记卡，但是其使用的形式更接近支付宝和微信钱包。在支付的过程中，也只用手机或 PC 机的客户端程序通过网络来进行支付。从形式上来看，基于银行的电子钱包，其实是整合在银行推出的网络银行业务系统当中的。

5.3.4 电子支票

电子支票可以理解为纸质支票的电子替代物。因此，它与传统支票一样，是具备支付功能的一种合法支付方式。

和其他的支付工具类似，它也需要使用数字签名和自动验证技术来确定其合法性。为了让用户在使用时有更好的用户体验，大多数电子支票的样子都与传统纸质支票类似。甚至连填写的方式也相同。不过，除了必须要填写的收款人姓名、账号、金额和日期外，还隐含了加密信息。电子支票通过电子函件直接发送给收款人，收款人从电子邮箱中取出电子支票，并用电子签名签署收到的证实信息，再通过电子函件将电子支票送到银行，把款项存入自己的账户。整个交易过程中需要验证中心对电子支票的有效性、领取支票人的身份等信息进行安全认证，通过后才可以完成交易。具体的交易过程，如图 5-2 所示。

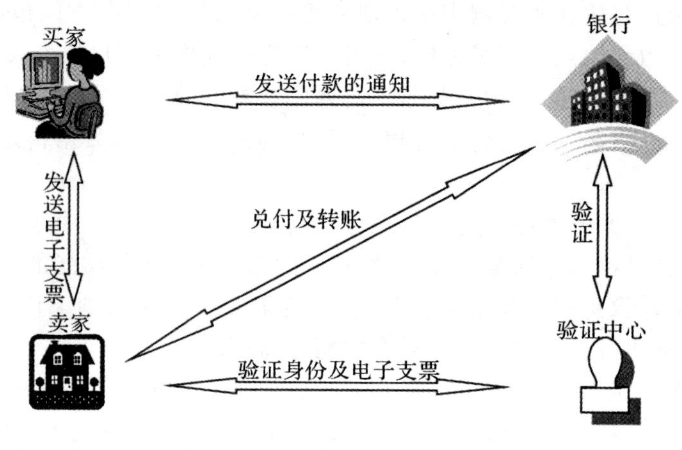

图 5-2 电子支票支付过程

a. 买家支付时选择使用电子支票支付，生成电子支票并向银行发送付款通知。同时，通过电子邮件或其他网络方式，将电子支票发送给卖家。

b. 银行收到付款通知，向验证中心发送信息，验证用户身份及支票的有效性。

c. 卖家收到电子支票，发送支票信息到验证中心。验证中心验证卖家身份及电子支票的有效性。

d. 银行获取到验证中心对买家身份及支票的有效性认证。同时，卖家收到验证中心通过验证的信息。

e. 卖家向银行申请兑付支票。银行核对信息无误后，完成兑付及转账工作。

以上的支付过程，是一个基本的支付流程。在不同的电子支票支付系统中会有一些不同，但是基本原理都遵循这个流程。

与前两种支付工具不同，电子支票主要针对大额的支付过程，更多的是企业间业务的支付过程。而且，电子支票的产生要比电子现金和电子钱包更早一些，这主要是由于支付的电子化是从银行开始的，而银行的主要支付工作都集中在企业间的支付与汇兑。因此，被电子化的首先是支票、汇票这一类传统的支付形式。

目前电子支票的兑付过程，仍然是通过专用网络和专用的软、硬件设备来完成的。这些专用设备的主要任务除了支付业务的实现，还要进行用户身份识别、标准报文收发、数据验证等一系列保证数据安全性和正确性的措施。这部分的技术支持工作属于网络银行建设的业务范畴，早在银行业务电子化的过程中就已经建立得比较完善。

与前面的支付工具相比，电子支票也具备了一些明显的特点：

a. 处理速度比较快。由于内部支付结算使用的是银行的专用网络，因此在支付过程中，业务核算和验证的效率要高一些。

b. 更为可靠的安全性。无论是在公共网络段还是银行专用网络段，电子支票都以加密模式来传递，使用数字签名或身份证号码等有效 ID 来识别用户身份，再加上银行专用网络的安全体系，所以具备了更好的安全性。

c. 降低了交易的成本。从银行的角度看，电子支票在节省了银行内部的人工和材料成本的同时，提高了结算的速度，从而让银行的整体效率提高。从用户的角度看，电子支票更加简单、快捷，为用户的支付提供了更好的体验、更高的效率。

d. 使用简单，容易掌握。对于用户来说，电子支票在界面上，非常接近传统纸质支票的风格，用户使用起来，容易理解和掌握，相对其他的支付工具更加容易接受。

20 世纪末，美国已经在电子支票业务方面做了大力的推广。1996 年，通过的《改进债务偿还方式法》成为美国政府推动电子支票在国内大量应用的一个重要因素。此外，美国政府为了推广电子支票业务，在政府采购业务中带头使用电子支票。1998 年 1 月，美国国防部以及由银行和技术销售商组成的旨在促进电子支票技术发展的金融服务技术财团（FSTC）通过美国财政部的财政管理服务支付了一张电子支票以显示系统的安全性。从此，电子支票的使用得到了广泛的应用。到 1999 年，联邦政府的大部分债务都通过电子方式偿还。这无疑让电子支票得到了一个很大的发展空间，从而也推动了全球经济发达地区对电子支票的使用。目前，国际上典型的电子支票系统有 NetCheque、NetBill、E-check 等。

在我国，中国人民银行和各商业银行已建立起全国范围内的支付结算、资金清算体系。从技术上来说，我国已经具备了电子支票的兑付环境。但从发展规模和成熟度上来看，我国的电子支票业务还不够成熟。如何有效利用现有网络资源来实现电子支票的各项功能，减少不断追加的软、硬件设备和软件开发周期等等，成为我国金融科技界面临的一个问题。此外，随着电子商务和互联网络越来越贴近人们的生活，电子支票如何走向大众，借由互联网及公共网络来提供支持，可能是将来电子支票发展的一个方向。

5.3.5　虚拟货币

无论是电子现金、电子钱包还是智能卡，它所代表的其实是实际货币的电子形式。但是这里的虚拟货币和前面几种支付工具有着完全不同的性质。虚拟货币是指流通于互联网或某网络游戏、社交软件等互联网软件之内的数字货币。虚拟货币只能在特定的互联网环境内流通，功能类似货币，但它不能在线下直接使用。

腾讯公司的 Q 币、Q 点，盛大公司的点券，新浪推出的微币（用于微游戏、新浪读书等）等，都可以看成是虚拟货币。当然还有 2013 年流行起来的数字货币——比特币，它在 2017 年前后被炒得火热，市值一度一路飙升，对传统金融市场产生了巨大的影响。除此之外，还有与比特币类似的货币，如莱特币、无限币、夸克币、泽塔币、烧烤币、便士币（外网）、隐形金条、红币、质数币等。目前全世界发行有上百种数字货币。

虚拟货币大致可以分为以下三类：

(1)游戏币

其功能主要是为游戏服务的，在单机游戏时代，主角靠打倒敌人、进赌馆赢钱等方式积累货币，用这些货币购买草药和装备，但只能在自己的游戏机里使用。自从互联网建立起门户和社区，基于互联网的游戏成为主流，玩家之间可以交易游戏币，虚拟游戏币便有了"金融市场"，游戏币也开始更像货币了。

(2)互联网服务提供商的特种货币

门户网站或即时通信工具服务商发行的专用货币，用于购买本网站内的服务。最著名的当然是腾讯公司的Q币和新浪的微币。它们可用来购买会员资格、QQ或新浪提供的增值服务等。

(3)互联网上的虚拟货币

这类货币并不局限于一个互联网服务软件的应用范围，它可以基于整个互联网进行交易。其中最著名的是比特币。比特币是一种由开源的P2P软件产生的电子货币，也被叫作"比特金"。

虚拟货币的产生有两个方面的原因：第一，由于基于电子商务平台的发展，运营商想通过类似货币的东西提高用户使用的忠诚度，同时也增加自己平台的资金收入；第二，互联网和分布式技术的普及与应用，使得在技术上完全可以设计出基于互联网的、去中心化的互联网虚拟货币。

虚拟货币的根本作用，主要体现了互联网用户的个人价值。它以最终消费者为中心建立价值体系。以比特币为代表的互联网虚拟货币对于整个社会的影响力越来越大，它有可能成为以后虚拟货币的主流。由于虚拟货币非本书的阐述重点，这里不再展开论述。

5.4 第三方支付

第三方支付并不是一种支付的工具，它最大的意义是代表了一种支付的方式。第三方支付是由已经和各大银行签约，具备一定的实力与信誉保障的第三方独立机构提供的一种网上支付模式。

从国内消费者的角度理解，就是买卖双方在互联网交易商品时，由于担心发生欺诈行为，由一个第三方机构出面，代收买家的货款。等卖家发货、买家确认收货后，第三方机构再把货款支付给卖家。这样的支付方式就叫作第三方支付。

第三方支付的最大意义在于，它给在互联网交易的买卖双方提供了一个信誉保障，大大提高了网络交易的安全性，对于推广电子商务平台起到了非常巨大的作用。特别是在电子商务发展的初期，第三方支付所起到的作用不容忽视。

除了可以建立交易信任外，第三方支付主要有以下优势：

a.第三方支付平台给买卖双方提供了更简单的交易接口。第三方支付平台会与大多数银行建立合作，可以提供众多银行卡的网关接口。对于卖方来说，不需要准备不同银行的交易软件和相关设备，降低了操作的复杂度，降低了成本；对于买方来说，交易不受不同种类银行卡的影响，只要有一个银行账户就可以完成第三方支付工具支持商家的所有交易，非常方便。

b.第三方支付平台让商家与银行之间的交互更加简单。由于第三方支付平台代替买家支付，它已经实现了到大多数银行的支付结算。商家支付运营成本降低的同时，银行也省去了为支持各种交易而开发网关接口的成本。

c. 通过第三方相对公立的支付平台，交易双方的交易会有一个完整客观的详细记录。在交易发生纠纷时，第三方支付平台可以提供有力的证据，减少争端的发生，提供更安全的交易环境。

目前国际上最有影响力的第三方支付平台是美国的 PayPal 公司。该公司成立于 1998 年底，是易趣(eBay)公司的子公司。由于美国的支付信用比较高，所以该平台提供的是一种直接支付的服务，即买家确认交易后，支付的货款直接归入卖家的 PayPal 账户。该平台支付环境安全、可靠、方便、高效，已经在全球 100 多个国家使用，用户超过 1 亿。

在我国，影响力最大的第三方支付平台就是阿里巴巴旗下的支付宝。它是一种类似信用中介的安全付款服务。买家支付货款到支付宝平台，当买家确认收到卖家的商品后，支付宝平台才将货款支付给卖家。这种提供了增值的信用服务支付平台，无疑特别适合我国目前的市场现状。支付宝对于推广电子商务的发展起到了非常积极的作用。

5.5　互联网金融

【引导案例】

余额宝横空出世，第三方工具变理财神器

2013 年 6 月，余额宝以“屌丝理财神器”的形象上线，年化收益率一度超过 6%，身上带着货币基金的性质。因为这样，支付宝用户的账户余额大量流入余额宝。不过 7 个月的时间，余额宝的金额与用户数就翻了 50 倍。支付宝从 PC 到了移动端，又从转账工具变成了“管钱工具”。余额宝的诞生是互联网金融兴起的标志，同时创造了货币基金的奇迹。

支付宝在第三方移动支付市场开拓者、探索者、创新者的地位名副其实。之后，支付宝获得了基金第三方支付牌照，开始对接基金公司。这为支付宝在支付工具的基础上，附加了一层金融属性。而这一金融属性，亦是支付宝在如今微信支付崛起且势头勇猛的情况下，依旧占据第三方移动支付市场半壁江山的重要原因。因为余额宝的诞生，不仅解除了银行备付金的风险，还吸引了一大批用户下载支付宝 APP 在手机上购买余额宝。

2013 年 10 月，不过几个月的时间，支付宝新增用户过亿。与此同时，扫码支付在线上的拓展随之铺开。其扫码支付的领域遍布航空、旅游、游戏、团购、B2C 行业等各个行业。据支付宝在 2013 年 11 月发布的一项数据，其扫码支付覆盖领域达到 46 万家商户。

资料来源：搜狐网 https://www.sohu.com/a/198430045_465282

5.5.1　互联网金融的概念

当今社会有这样一个趋势，所有的行业几乎都在被逐步数字化。所谓数字化，其实就是以“互联网＋计算机技术”的方式全面取代传统的社会生产及运行模式。金融对于社会来说无疑是非常重要的领域，而它也不可避免地全面数字化。

有这样的一个有趣现象，以前人们买卖股票需要去营业厅看大盘，然后到那里的柜台委托交易员进行股票买卖，或者通过自助终端机自己操作。而随着互联网的渗透，营业厅里的人越来越少，可从官方的报道来看，股票市场的开户数量却逐年增加。那么这些用户都到哪里去了？互联网的发展使得用户都可以在家里的电脑上完成各种交易。手机网络与互联网实现融合后，用户几乎可以不受地域限制随时进行股票买卖。这个过程可以看作是电子支付系统推进了股票交易模式的变化。社会进一步发展后，人们发现除了股票市场，可以在互联网上看到很多专业理财平台，它们提供各种理财产品、保险产品，这些互联网公司提供的服务几乎可以让用户足不出户，只通过电脑或手机来完成对各种产品的交易。这可以看作是从用户角度感受到的互联网金融。

从技术角度出发，互联网金融，就是以计算机网络、无线通信技术作为支撑，在相关的管理软件、数据库软件和云计算等技术支持下运营的一套完整的金融系统，这个系统依托于互联网开展其所有的金融业务。它不仅提供数据交互的服务，还提供具备智能化的决策支持系统，更具备安全保证体系，让交易变得更加的安全快捷。与传统的金融体系相比，互联网金融更加开放和高效，具备更快的传播速度、更大的影响力、更低的交易成本等优势。

5.5.2 互联网金融在中国的发展现状

中国的互联网金融在近几年也有了飞速的发展，政府层面给出的相关金融和财税改革措施，让互联网金融有了发展的空间。2013 年可以看作是“互联网金融元年”，截至 2015 年，由于互联网金融有着低于传统金融机构的门槛，一下子大量企业涌入互联网金融领域。

另外，第三方支付已经进入发展的成熟期，规模越来越大。P2P 产品、网贷平台也进入爆发式的增长。还不被大众了解的传统众筹模式也互联网化，众筹平台几乎逐渐被运用到所有领域。首家互联网保险、首家互联网银行都是在这个时期成立的。此外，信托、券商、基金等金融机构也开始布局互联网金融，为客户提供更便捷的一站式金融服务。2013 年 6 月，支付宝联手天弘基金，推出余额宝；7 月，新浪发布“微银行”涉足理财市场；8 月，微信推出微信支付；9 月，由蚂蚁金服、腾讯、中国平安等企业发起设立了国内首家互联网保险公司“众安保险”；10 月，百度金融理财平台上线，京东金融集团从京东集团分离出来独立运营。可以说，这个阶段，中国的互联网金融开启了高速发展模式。

任何事物在经历初期的“野蛮生长”后，会进入一个相对冷静的整合时期，从 2015 年下半年起，互联网金融就出现了问题。总成交量超过 740 亿元的“e 租宝”平台疑涉嫌非法吸纳资金和违规融资等问题被警方调查，引发行业内震。随后的互联网理财平台接连破产、裸贷等恶性事件频发，校园贷也引起了社会的关注。这些都是前期飞速发展所带来的负效应。

从 2016 年开始，国家就开始全面整顿互联网金融。8 月《网络借贷信息中介机构业务活动暂行办法》的下发，以及存管指引等配套政策的实施，象征着互联网金融行业的监管框架基本已定，互联网金融被定位于小额分散的普惠金融。10 月，中国人民银行、银监会、证监会、保监会联合其他部门各自印发互联网金融的监管整治方案。10 月 13 日，国务院办公厅印发《互联网金融风险专项整治工作实施方案》，对网贷、股权众筹、互联网保险、第三方支付、互联网资产管理及跨界从事金融业务等领域进行大范围排查，旨在促使互联网金融行业快速出清，淘汰不规范的平台，保障互联网金融行业长期稳定、健康和可持续发展。同日，银监会等五部委联合发布了《P2P 网络借贷风险专项整治工作实施方案》，专项整治工作于 2017 年 1 月底前完成。同日，中国人民银行等 17 个部门联合印发了《通过互联网开展资产管理及跨界从事金融业务风险专项整治工作实施方案》，结合从业机构的持牌状况和主营业务特征，明确了整治工作职责分工。11 月，银监会等相关部门又相继印发《关于进一步加强校园网贷整治工作的通知》《网络借贷信息中介备案登记管理指引》，监管政策全面落地推进，互联网金融监管整治工作正式进入规范化。

由此，中国的互联网金融进入一个严格管理的阶段，对于互联网金融机构的准入审核、行为方式、经营方式及经营种类等各方面都进行了有效的管理和监督。可以看出，政府对于互联网金融采取“穿透性”监管，贯彻“行为监管”“功能监管”原则，并对资质、牌照、经营和风险控制进行了严格要求。

这样的管理无疑对中国的互联网金融起到了很大的保障作用，为中国经济的发展建立了一道安全的防火墙。只有在这样一个保障体系下，互联网金融才可以在健康的竞争环境和发展空间下平稳发展。在残酷的淘汰之后，这个行业内真正优秀的企业会得到更广阔的发展空间。

5.5.3　互联网金融的发展模式

由于互联网本身的一些特点，金融业在数字化的过程中，产生了一些之前没有的金融模式。它们利用了互联网的特点，提供了更为丰富多样的金融模式。

(1)众筹

众筹，顾名思义，就是通过筹集大众的资金完成一个特定的社会活动、产品或作品的生产或创作。这种众筹的形式特别适合在互联网上进行，互联网高效的传播能力和低成本的准入众筹组织，使得互联网众筹得到了飞速的发展。它的基本运作模式如下：需要资金的个人或团队将自己的项目计划提交到平台上，通过相关审核后通过平台发布出来。平台的所有用户都可以参与这个项目，通过一段时间，募集到足够的资金就可以开始项目的实施，最后完成交付。

(2)P2P 网贷

P2P(Person-to-Person 或 Peer-to-Peer)，意为个人对个人(伙伴对伙伴)。有些地方也称作点对点网络借款。它是针对资金量较小的个人或小团体的一种小额资金聚集借贷模式，属于互联网金融产品的一种，归属于民间小额借贷的范畴。这种模式的优势在于借助互联网提供的低成本、高效率的信息共享，让有闲散资金的个人可以把资金投入到需要资金投入的项目上。对个人，提供更多种的理财选择，对项目提供更容易的资金投入，可以说是一个双赢的方式。但是这个业务也有一定的风险，如果没有相关的法律法规的监管和控制，可能会出现信贷危机，造成个人的极大损失。

(3)第三方支付

第三方支付指的是非金融机构作为收、付款人的支付中介所提供的网络支付、预支付、银行卡及中国人民银行确定的所有支付服务。由于第三方支付的极大发展，它已经成为用户与各大银行支付结算系统的重要桥梁。其在金融领域的影响力也不容小视。

(4)数字货币

前面已经介绍过以比特币为代表的互联网货币，它从当初的一个玩物，变成了一种具备投资价值的投资产品，其影响力巨大。此外，它的模式自成体系，更加具备颠覆性。可以肯定，数字货币将来在互联网金融中的地位会进一步提升，对人类经济生活的影响力会越来越大。

(5)互联网金融第三方服务平台

互联网金融蓬勃发展，种类、产品繁多，如何在众多产品中，找到适合自己的产品，对于投资者来说是一个新的问题。第三方金融信息服务平台正是从这个切入点，通过给客户提供对多种产品的横向、纵向的比较,以及信息咨询服务来吸引客户的。这种平台类似于C2C交易平台,它本身不提供任何产品,只是给产品的买方和卖方提供信息和一些数据分析信息。平台本身不承担产品风险,也不涉及资金的流转。

本章小结

本章主要介绍电子支付与结算的发展历程、基本的体系结构和发展趋势。电子支付是支撑电子商务健康运营的重要组成部分,对于这部分知识的了解非常重要。另外本章也展望了未来电子支付工具的发展趋势,电子支付已经由支付本身的功能衍生出更多的功能,这方面是必须要关注的地方。

课后习题

1.什么是电子支付?
2.电子支付的特征有哪些?
3.简述网络银行与电子支付的关系。
4.什么是移动支付?
5.虚拟货币与电子现金的区别是什么?
6.什么是第三方支付?它有哪些优势?

实际操作训练

1.结合实际体验和一定的社会调查,以主流支付工具(如支付宝、微信钱包等)为对象,分析目前的支付工具除了电子支付功能外,还有哪些增值的功能。

2.横向分析目前的各种支付工具,它们是如何提高用户黏性的?你有什么好的建议和想法?

3.分组讨论或辩论:在支付工具日益强大的当下,各个传统银行的手机银行APP有没有存在的必要。

第 6 章　电子商务物流

【引导案例】

无界物流何以助力京东 618 大促

6 月 18 日清晨，随着一辆辆京东无人快递车走上繁忙的北京街头，618 年中狂欢进入了最高潮。第二天，京东公布了 618 年中购物节最终成绩单：从 2018 年 6 月 1 日 0 点到 6 月 18 日 24 点，累计下单金额达 1 592 亿元，去年这一数字为 1 199 亿元，其中出库订单金额同比增长超过 37%。618 期间，引发市民驻足拍照的网红快递机器人，也是首次上路助力 618 狂欢大促。

创造纪录的购物狂欢节没有爆仓、90%以上自营订单实现当日达或次日达、新通路商家的订单量同比增长 347%、无人快递车和无人机等无人家族集体“参战”、下单世界杯相关商品 30 分钟收货、海外订单量同比增长近 6 倍……618 期间，京东物流板块一次次霸榜刷屏，从根本层面保障了本届 618 大促高效且有序运转。

众所周知，京东是无界零售理念的提出者和践行者。随着无界零售理念的落地，与之顺应的无界物流也应运而生。零售的本质是体验、效率及成本的优化，同样，对于支撑零售的物流来说，如何优化成本，提升效率和服务体验，也是竞争的核心要素。今年的 618 狂欢大促，极大程度地检验了京东物流的承载和应对能力，让业界更直观地感受到了在新一代物流产业格局之下，京东打造的高效、精准、敏捷的物流服务，可以和业界共生，共同为产业和消费者创造全新价值。

物流是电商的基础服务，与我们每个消费者息息相关，却很少被我们所感知，今天看看无界物流何以助力京东 618 大促。

技术为王 多项创新技术成果加速落地

京东创造纪录的 618 年中狂欢的背后离不开物流的支持，而物流高效的运作离不开技术的创新。京东很早就进行智慧物流的建设，当年建设上海亚洲一号中心的时候，京东就立志把它打造成亚洲范围内建筑规模最大、自动化程度最高的现代化智能物流项目之一，通过在商品的立体化存储、拣选、包装、输送、分拣等环节大规模应用自动化设备、机器人、智能管理系统，来降低成本和提升效率(见图 6－1)。

到了今天，全自动分拣中心、L4 级无人驾驶重型卡车、续航 1 000km 的无人大飞机、诸葛智慧供应链、吸睛无数的网红快递机器人……一大批物流智能黑科技和技术创新加速落地，从根本上降本增效，提升了物流的仓储、分拣、配送等全链条效率。所以今年虽然 618 大促再创新高，仓库不但没有爆仓，配送也没耽误，甚至在世界杯期间还有精准到分钟级的配送，这些创新服务背后都伴随着技术的升级。

除了这些持续刷屏的智能黑科技以外，京东物流还有很多消费者无法感知的技术。比如图书这个版块，由于种类和条目繁杂，系统录入和入库是个庞大的工程，往往需要耗费大量人力，这些因素影响了图书电商的利润率。就此，京东物流研发部门专门开发了图书自动化入库项目，研发人员通过图像识别对比技术，实现了图书商品精准、快速验收，减少了繁重的人工分拣、采集工作。

图 6 - 1　京东 AGV 自动引导叉车

开放心态 模式创新助力伙伴提升效率

到了今天，京东物流早已不是京东的物流，更是商业社会高效升级的助推器。这几年京东物流通过开放的心态和平台能力，依托多维赋能体系和智能战略，一方面优化智慧物流层面的运力，一方面又将物流和商流、资金流乃至信息流有机结合，开创了全新的模式。

这种“无界物流”的模式，呈现出短链、智慧和共生的“3S”特征，而京东正努力把这种模式从理念变成现实。针对消费品行业，京东物流已经与达能中国饮料、美赞臣、沃尔玛等诸多行业巨头展开深入合作。京东物流与达能中国饮料在成都联合建设“共享仓库”，实行同仓置货，通过智能化库存管理系统，将达能中国饮料配送中心覆盖的线下渠道和京东商城及京东新通路等平台的库存共享，统一供应。针对美赞臣，京东物流开通智慧母婴店直供“专线”，对其商品进行统一管理，并支撑美赞臣从一二线城市向三四线城市的 700 亿市场空间进行渠道扩展，打破层层中转的传统供应链模式。

体验升级 服务多元场景

简单来说，技术模式和商业模式的双向创新，让京东物流成为行业公认的无界物流典范。现在的京东在完成第一方物流（自建物流）到第三方物流（开放物流）的建设之后，未来有望协同腾讯、沃尔玛、谷歌（618 当天宣布达成战略合作）、达达等，开启第四方物流体系的构建。

在 2017 年底的“全球新一代物流峰会”上，京东物流 CEO 王振辉，提到过新一代物流最终将走向无界物流，依托智能科技，通过打通供应渠道、物流平台、服务场景、消费需求等多维度的界限，进行深度融合，共建价值网络。这如果应用在消费者层面，其实就是指京东物流带来的体验升级，能够服务到更多的生活场景，带来全新的体验。

举个常见的场景例子，开车族有时候不方便在家收取快递，而汽车后备厢是空置的，京东物流就想到把后备厢利用起来，成为收取货物的“收货柜”。这看起来难以置信，但后备厢替收快递，已经在蔚来 ES8 这款车型上实测完成。目前领克汽车与京东物流的合作已经启动，另有福特、北汽等多家车企也已达成合作意向。京东物流未来还继续推进“快递到车”行业标准的制定，涵盖服务标准、技术标准、安全标准等各方面，让曾经从未有过的收货体验，和我们的生活场景进一步融合。

2018 年京东 618 大促正好赶上了四年一度的世界杯，世界杯球迷需要什么？需要边看比赛边喝啤酒、吃零食，开启狂欢模式。京东物流世界杯期间，在一些大城市开通了 24 小时“闪电送”，让球迷们享受一小时内送达服务。在实际运行中，很多城市的消费者甚至不到 30 分钟就收到了货物。

另外，今年 618 大促期间，立足“社区管家”构建京东帮智慧社区店，打通“最后一公里”家庭服务，包含“京尊达”“长约达”等特色服务，都是京东物流进行体验升级的具体落地服务，几乎涵盖了我们生活和工作的主要场景。

当然，反过来看体验升级的背后是技术和模式创新的支持，没有京东十几年的物流积累，就没有今天分钟级的配送、每天 1 000 万单的达达众包配送、不爆仓的购物狂欢节……京东物流能发展到今天的水平，也离不开国家基础设施的建设和政策的鼓励扶持。当前中国的物流产业正在以超越发达国家的步伐加速发展，在不久的未来中国将从物流产业的跟随者变成引领者。

资料来源：腾讯网 https://new.qq.com/omn/20180620/20180620A21N7C.html

6.1　电子商务与物流

6.1.1　电子商务与物流的关系

随着互联网技术的发展，电子信息技术在物流行业中发挥着越来越重要的作用。通过互联网，物流公司能够被更大范围内的客户主动找到，能够在全国乃至世界范围内拓展业务；贸易公司和工厂能够更加快捷地找到性价比最适合的物流公司。网上物流致力于把世界范围内最大数量的有物流需求的货主企业和提供物流服务的物流公司都吸引到一起，提供中立、诚信、自由的网上物流交易市场，帮助物流供需双方高效地达成交易。同时，随着电子商务的进一步推广与应用，物流对电子商务活动的影响日益明显。特别是在电子商务交易活动中，物流是直接服务于最终顾客的，物流服务水平的高低决定了顾客的满意程度，同时也就决定了电子商务能否顺利实现。因此，现代物流已成为电子商务成功的关键。电子商务的进一步发展必然为物流发展提供新的契机，并将物流业提升到前所未有的高度。而物流作为电子商务的重要组成部分，其自身体系的不断完善将会进一步推动电子商务的发展和应用。两者相互影响、相互促进、共同发展。电子商务与物流的关系主要体现在以下两个方面。

(1)电子商务对物流的影响

1)电子商务将改变人们传统的物流观念

电子商务作为一种新兴的商务活动，为物流创造了一个虚拟空间。在电子商务环境下，人们在进行物流活动时，物流的各种职能都可以通过虚拟化的方式表现出来。在这种虚拟化的过程中，人们可以通过各种组合方式寻求物流的合理化，使商品实体在实际的运行过程中达到效率最高、费用最低、距离最短和时间最少。

2)电子商务将改变物流的运作方式

a. 电子商务可实现对物流的实时控制。传统的物流活动在其运作过程中,不管是以生产为中心,还是以成本或利润为中心,其实质都是以商流为中心,从属于商流活动,因而物流的运作方式是紧紧伴随着商流来运作的。而在电子商务环境下物流的运作是以信息为中心的,信息不仅决定着物流的运作方向,而且决定着物流的运作方式。在实际运作过程中,通过网络上的信息传递,可以有效地实现对物流的实时控制,使物流合理化。

b. 网络对物流的实时控制是以整体物流来进行的。在传统的物流活动中,虽然也依赖于计算机对物流实现实时控制,但这种控制都是以单个运作方式来进行的。例如,在实施计算机管理的物流中心或仓储企业中,大都是以企业自身为中心来管理物流的。而在电子商务时代,网络全球化的特点,可使物流在全球范围内实施整体的实时控制。

3)电子商务将改变物流企业的经营形态

a. 电子商务将改变物流企业对物流的组织管理。在传统经济条件下,物流往往是由某一企业来进行组织和管理的,而电子商务要求从社会的角度对物流实行系统的组织和管理,以打破传统物流分散的状态。企业在组织物流的过程中,不仅要考虑本企业物流的组织和管理,更要考虑全社会的整体系统。

b. 电子商务将改变物流企业的竞争状态。在传统经济活动中,物流企业之间存在激烈的竞争,这种竞争往往是依靠本企业提供优质服务、降低物流费用等方面来进行的。在电子商务时代,虽然这些竞争内容依然存在,但其有效性却大大降低,原因在于电子商务需要一个全球性的物流系统来保证商品实体的合理流动。对于一个企业来说,即使它的规模再大也还是难以达到这一要求。这就要求物流企业互相联合起来,形成一种协同竞争的状态,以实现物流的高效化、合理化和系统化。

4)电子商务将促进物流基础设施的改善和物流管理与技术水平的提高

a. 电子商务将促进物流基础设施的改善。电子商务高效率和全球性的特点,要求物流也必须达到这一目标。而物流要达到这一目标,良好的交通运输网络、通信网络等基础设施是最基本的保证。

b. 电子商务将促进物流管理水平的提高。物流管理水平的高低直接决定和影响着物流效率的高低,也影响着电子商务高效率优势的发挥与否。只有提高物流管理水平,建立科学、合理的管理制度,将科学的管理手段和方法应用于物流管理当中,才能确保物流的畅通,实现物流的合理化和高效率,促进电子商务的发展。

c. 电子商务将促进物流技术水平的提高。物流技术主要包括物流硬技术和物流软技术。物流硬技术是指在组织物流的过程中所需的各种材料、机械和设施等方面的技术,物流软技术是指组织高效率的物流所需的计划、管理、评价等方面的技术和管理方法。从物流环节看,物流技术包括运输技术、保管技术、装卸技术和包装技术等。物流技术水平是决定物流效率的重要因素。建立适合电子商务运作的高效率的物流系统,对提高物流技术水平有着重大意义。

5)电子商务对物流人才提出了更高的要求

电子商务要求物流管理人员不仅具有较高的物流管理水平,还具有较丰富的电子商务知识,并能在实际的运作过程中有效地将二者有机结合在一起。

(2)物流对电子商务的影响

1)物流是电子商务的重要组成部分

随着电子商务的进一步推广与应用,物流的重要性日益明显。在电子商务活动中,物流是整个交易的最后一环，物流执行结果的好坏对电子商务交易的成败起着十分重要的作用。

2）物流现代化是电子商务的基础

电子商务通过快捷、高效的信息处理手段可以比较容易地解决信息流、商流和资金流的问题，可以将商品及时地配送到客户手中，即完成商品的空间转移，而物流效率很大程度上取决于物流的现代化水平。物流现代化中最重要的部分是物流信息化。物流信息化是电子商务物流的基本要求，是企业信息化的重要组成部分，表现为信息的商品化、信息搜集的数据化和代码化、信息处理的电子化和计算机化、信息传递的标准化和实时化、信息存储的数字化等。物流信息化能更好地协调生产与销售、运输、存储等环节的关系，对优化供货程序、缩短物流时间及降低库存都有十分重要的意义。

3）物流是实现电子商务的可靠保证

a. 物流保障生产。无论是在传统的贸易方式下，还是在电子商务的环境下，生产都是商品流通之本，而生产的顺利进行需要各类物流活动的支持。生产的全过程，从原材料的采购开始，便要求有相应的供应物流活动。供应物流将所采购的材料运送到位，否则生产就难以进行；在生产的各工艺流程之间也需要原材料、成品的物流过程，即所谓的生产物流，以实现生产的流动性；部分余料、可重复利用物资的回收，就需要所谓的回收物流；废弃物的处理则需要废弃物物流。可见，整个生产过程实际上就是系列化的物流活动。企业合理化、现代化的物流，可以实现降低费用、降低成本、优化库存结构、减少资金积压、缩短生产周期，从而保障生产顺利、高效地进行。相反，缺少现代化的物流，生产将难以顺利进行。

b. 物流服务于商流。在商流活动中，商品所有权从购销合同签订的那一刻起，便由供方转移到需方，而商品实体并没有因此而移动。在传统的交易过程中，除了非实物交割的期货交易，一般的商流都必须伴随相应的物流活动，即按照需方（买方）的需求将商品实体由供方（卖方）以适当的方式、途径向需方（买方）转移。而在电子商务环境下，消费者通过上网点击购物，完成了商品所有权的交割过程，即商流过程。但电子商务的活动并未结束，只有商品和服务真正转移到消费者手中，商务活动才算终结。在整个电子商务的交易过程中，物流实际上是以商流的后续者和服务者的姿态出现的。没有现代化的物流，任何商流活动都只能是一纸空文。

c. 物流是实现“以客户为中心”理念的根本保证。电子商务的出现，目的在于最大限度地方便消费者或客户。如果所买的商品迟迟不能送到，或者怀疑所买的商品质量有问题，消费者绝不会再选择网上购物。所以，电子商务“以客户为中心”的理念只有通过物流才能最终得以体现。如果缺少了现代化的物流技术，电子商务给消费者带来的便捷优势就可能完全消失，消费者必然会转向他们认为更为安全的传统购物方式。加强物流配送工作是电子商务吸引顾客、提高运作质量的关键。

d. 物流制约电子商务的发展，是电子商务发展的“瓶颈”。电子商务活动顺利地实现了商品和服务的价值交易过程，但是商品和服务使用价值的交割必须通过现代物流才能实现。我国目前的物流状况令人担忧，因此，只有建立和发展现代配送网络体系，从整个社会生产和流通来有效地解决社会物资流动，才能为电子商务的发展创造有利的环境。

6.1.2　电子商务物流的概念及特征

电子商务作为一种现代商业的数字化运作方式，代表了未来生活、消费和服务方式的发展趋势。而电子商务物流的概念是伴随着电子商务技术和社会需求的发展而出现的，它是电子商务真正的经济价值实现不可或缺的重要组成部分。电子商务所独具的电子化、信息化、自动化等特点，以及高速、廉价、灵活等诸多好处，使得电子商务物流在其运作特点和需求方面也有别于一般物流。因此，要完善整体商务环境，就需要打破原有工业的传统体系，发展建立以商品代理和配送为主要特征，物流、商流和信息流有机结合的社会化物流配送体系。

(1)电子商务物流的概念

目前对电子商务物流尚无统一的定义，有人将其理解为与电子商务这一新兴行业相配套的物流，也有人理解为物流企业的电子商务化。其实，可以从更广义的角度去理解这个概念，既可以理解为“电子商务时代的物流”，即电子商务对物流管理提出的新要求，也可以指“物流管理电子化”，即利用电子商务技术（主要是计算机、网络技术）对传统物流管理的改造。因此，有人称其为虚拟物流（ Virtual Logistics），即以计算机网络技术进行物流运作与管理，实现企业间物流资源共享和优化配置的物流方式。

(2)电子商务物流的特点

电子商务时代的来临，给全球物流带来了新的发展，使电子商务物流具备了一系列新特点。

1)信息化

电子商务时代，物流信息化是电子商务的必然要求。物流信息化表现为物流信息的商品化、物流信息收集的数据库化和代码化、物流信息处理的电子化和计算机化、物流信息传递的标准化和适时化以及物流信息存储的数字化等。没有物流信息化，任何先进的技术设备都不可能应用于物流领域，信息技术及计算机技术在物流中的应用将会彻底改变世界物流的面貌。

2)自动化

自动化的基础是信息化，自动化的核心是机电一体化，自动化的外在表现是无人化，自动化的效果是省力化，另外，还可以扩大物流作业能力，提高劳动生产率以及减少物流作业的差错等。物流自动化的设施非常多，如条形码、语音射频自动识别系统、自动分拣系统、自动存取系统、自动导向车以及货物自动跟踪系统等。这些设施在发达国家已普遍用于物流作业中，而在我国由于物流业起步晚、发展水平低，自动化技术的普及还需要相当长的时间。

3)网络化

物流领域网络化的基础也是信息化，这里的网络化有两层含义：

第一，物流配送系统的计算机通信网络，包括物流配送中心与供应商或制造商的联系要通过计算机网络，另外，与下游顾客之间的联系也要通过计算机网络。

第二，组织的网络化，即所谓的内联网（ Intranet）。物流的网络化是物流信息化的必然，是电子商务物流活动的主要特征之一。目前，基于 Internet 的全球网络资源的可用性及网络技术的普及为物流的网络化提供了良好的外部环境。

4)智能化

这是物流自动化、信息化的一种高层次应用。物流作业过程中大量的运筹和决策，如库存水平的确定、运输（搬运）路径的选择、自动导向车的运行轨迹和作业控制、自动分拣机的运行以及物流配送中心经营管理的决策支持等问题都需要借助于大量的知识才能解决。在物流自动化的进程中，物流智能化已成为电子商务物流发展的一个新趋势，需要通过专家系统、机器人等相关技术来解决。

5)柔性化

柔性化的物流正是适应生产、流通与消费的需求而发展起来的一种新型物流模式。这就要求物流配送中心根据消费者需求“多品种、小批量、多批次、短周期”的特色，灵活组织和实施物流作业。

另外，物流设施、商品包装的标准化，物流的社会化、共同化也都是电子商务下物流模式的新特点。

6.1.3　电子商务环境下物流的发展趋势

在电子商务环境下，物流企业既要能提供完整的仓储、运输、装卸搬运等传统服务，又要在流通加工、包装、配送等增值服务领域满足客户需求。信息化、全球化、多功能化和一流的服务水平，已成为电子商务物流企业追求的目标。

(1)多功能是物流业发展的方向

在电子商务时代，物流发展到集约化阶段，一体化的配送中心不再仅仅提供仓储和运输服务，还必须开展配货、配送和各种提高附加值的流通加工服务项目，并根据客户的需要提供其他服务。企业经营的实践表明，在新的竞争形势下，只有将供、产、销的各个环节加以整合才能实现利益最大化，使合作各方实现共赢。

(2)物流企业追求一流的服务

在电子商务环境下，物流服务将朝着以下方向发展：

a. 物流服务的范围不断扩大。在电子商务环境下，物流企业不仅要为本地区服务，还要进行长距离的服务。除了地理范围的扩大之外，超出服务水准的增值服务也是服务范围扩大的体现，其目的是让客户获得愉快的交易体验。

b. 服务观念由“推”到“拉”。配送中心更多地考虑“客户需要哪些服务”，而不是仅仅考虑“我能为客户提供哪些服务”。

c. 注重服务质量和水平。物流企业不仅为货主提供优质的服务，而且熟悉运输、仓储、进出口贸易等相关知识，深入研究货主企业的生产经营流程，为其提供全方位的服务。

(3)信息化将成为现代物流系统的核心

在电子商务时代，要提供最佳的服务，物流企业必须具有良好的信息处理和传输能力。良好的信息系统不但可以提高物流运作效率，而且可以提高服务透明度，赢得客户的信赖。

(4)物流企业竞争趋向全球化

电子商务跨越国界，要求配套的物流活动具有全球化特点。为顺应变化，电子商务物流以全球化为战略定位，积极面对全球化物流所面临的问题，以提高企业的核心竞争力。此外全球化的发展趋势也迫使物流企业进行标准化改造，从装卸设备等硬件设施到信息系统等软件搭配，都以国际通用标准为原则进行改造，以便有效整合资源，提高运作效率，在国际物流市场上得以立足与发展。

6.2　电子商务物流的构成要素及模式

6.2.1　物流的构成要素

物流活动的构成要素除了实现物质、商品空间移动的输送以及时间移动的保管这两个主要要素外，还有为使物流顺利进行而开展的加工、包装、装卸搬运、信息管理等要素。

(1)包装——电子商务物流的起点

包装活动包括产品的出厂包装、生产过程中产成品和半成品的包装及在物流过程中换装、分装和再包装等活动。物流包装作业的目的不是要改变商品的销售包装，而在于通过对销售包装进行组合、搭配和加固，形成适于物流和配送的组合包装单元。对包装工作的管理应根据物流方式和销售要求来确定。要全面考虑包装对产品的保护作用、促销作用、提高装运率的作用、包拆装的便利性及废包装的回收与处理等因素。包装管理还要根据物流全过程的经济效果来具体决定包装材料及其强度、尺寸及包装方式等。

(2)装卸搬运——电子商务物流的接点

装卸搬运是为了加快商品在物流过程中的流通速度而必须具备的功能，包括对运输、储存、包装、流通加工等物流活动进行衔接的活动，以及在储存等活动中为进行检验、维护和保养所进行的装卸搬运活动。专业物流中往往配有专业化的装载、卸载、提升、运送和码垛等装卸搬运机械，以提高装卸搬运作业的效率，减少作业对商品造成的损毁。在物流活动中，装卸活动是频繁发生的，因而是产品损坏的重要原因。对装卸活动的管理，主要是确定最恰当的装卸方式，力求减少装卸次数，合理配置及使用装卸机具，即做到节能、省力、减少损失和加快速度，以获得较好的经济效果。

(3)运输——电子商务物流的动脉

物流的运输活动负责为客户选择满足需求的运输方式，然后具体组织网络内部的运输作业，在规定的时间内将客户的商品运抵目的地。它包括供应和销售物流中的车、船、飞机等方式的运输，以及生产物流中的管道、传送带方式的运输。对运输活动进行管理，主要是选择经济便捷的运输方式和运输路线，以实现安全、迅速、准时和经济的要求。

(4)储存——电子商务物流的中心

储存活动包括堆存、保管、保养、维护等活动。物流系统需要有仓储设施，但客户需要的不是在物流中心储存商品，而是要通过仓储环节保证市场分销活动的开展，同时尽可能降低库存占用的资金，减少储存成本。因此，专业物流中心需要配备高效率的分拣、传送、储存和拣选设备。对储存的管理，要求正确确定库存数量，制订保管制度和流程，对库存物品分别采取有效的管理方式，力求提高保管效率、降低损耗、加速物资和资金的周转。

(5)流通加工——电子商务物流的价值增值

流通加工活动又称流通过程中的辅助加工活动。这种加工活动不仅存在于社会流通过程中，也存在于企业内部流通过程中，它实际上是在物流过程中进行的辅助加工活动。企业、物资部门及商业部门为了弥补生产过程中加工程度的不足，更有效地满足用户或本企业的需求，更好地衔接供需，往往需要进行这种加工活动。

(6)配送

配送活动是物流进入最终阶段，以配货、送发形式最终完成社会物流，并最终实现资源配置的活动。配送活动一直被看作是运输活动中的一个组成部分或运输形式，过去未将其独立作为物流系统实现的功能，而是将其作为运输中的末端运输来对待。但是，配送作为一种现代流通方式，特别是在电子商务物流中的作用非常突出。它集经营、服务、社会中库存、分拣和装卸搬运于一身，已不是简单的送货运输。

(7)物流信息管理——电子商务物流的中枢神经

物流信息管理包括进行与上述各项活动有关的计划和预测，以及对物流动态信息（运量，收、发、存数）及其有关的费用、生产、市场信息的收集、加工、整理和提炼等活动。对物流信息的管理，要求建立信息系统和信息渠道，正确地选定信息点和内容，以及信息的收集、汇总、统计和使用方式，以确保信息的可靠性和及时性。

上述构成要素中，运输及储存分别解决了供给者及需求者之间场所和时间的分离，是物流创造“场所效用”及“时间效用”的主要功能要素，因而在物流系统中处于主要地位。

6.2.2　自建物流体系

自建物流是指自营型的企业(集团)通过独立组建物流中心，实现对内部各部门、场、店的物品供应。

(1)自建物流的内容

目前，电子商务企业自建物流系统主要有两种情况：

a.传统的大型制造企业或批发企业经营的 B2B 电子商务网站。由于企业在长期的传统商务中已经建立起初具规模的营销网络和物流配送体系，在开展电子商务时只需将其加以改进、完善，就可满足电子商务条件下对物流配送的要求。

b.具有雄厚资金实力和较大业务规模的电子商务公司。在第三方物流公司不能满足其成本控制目标和客户服务要求的情况下，可以自行建立适应业务需要的畅通高效的物流系统，并可向其他的物流服务需求方(比如其他的电子商务公司)提供第三方综合物流服务，以充分利用其物流资源，实现规模效益。

(2)自建物流的优点

1)掌握控制权

对于企业内部的采购、制造和销售环节，原材料和产成品的性能、规格，供应商以及销售商的经营能力，企业自身可以掌握最详尽的资料。企业自建物流可以运用自身掌握的资料有效协调物流活动的各个环节，能以较快的速度解决物流管理过程中出现的问题，获得供应商、销售商以及最终顾客的第一手信息，以便随时调整自己的经营战略。

2)盘活企业原有资产

企业选择自建物流，可以在改造企业经营管理结构和机制的基础上盘活原有物流资源，带动资金流转，为企业创造利润空间。

3)降低交易成本

若选择第三方物流，由于信息的不对称性，企业无法完全掌握物流服务商完整、真实的资料。而自建物流的话，企业通过内部行政权力可以控制原材料的采购和产成品的销售，不必为运输、仓储、配送和售后服务的佣金问题进行谈判，避免多次交易花费以及交易结果的不确定性，降低交易风险，减少交易费用。

4)提高企业品牌价值

企业自建物流系统，就能够自主控制营销活动。一方面，可以亲自为顾客服务，使顾客近距离了解企业、熟悉产品；另一方面，企业可以掌握最新的顾客信息和市场信息，并根据顾客需求和市场发展动向对战略方案做出调整。

5)可以保护企业的商业机密

自建物流可以控制从采购、生产到销售的全过程，让企业掌握最详尽的资料，以便有效协调物流活动的各个环节。如果交由第三方物流企业，势必会触及企业的采购计划，进一步接触到生产计划甚至新产品的开发计划等商业机密。企业自建物流可以保护企业的商业机密。如海尔物流，张瑞敏出于保护企业商业机密的目的投入几个亿自建物流。

(3)自建物流的缺点

1)增加了企业投资负担,削弱了企业抵御市场风险的能力

企业为了自建物流,就必须投入大量资金用于仓储设备、运输设备以及相关的人力资本,这必然会减少企业对其他重要环节的投入,削弱企业的市场竞争能力。

2)企业配送效率低下,管理难于控制

对于绝大多数企业而言,物流部门只是企业的一个后勤部门,物流活动也并非为企业所擅长。在这种情况下,企业自建物流就等于迫使企业从事不擅长的业务活动。企业的管理人员往往需要花费过多的时间、精力和资源去从事辅助性的工作,结果是辅助性的工作没有抓起来,关键性业务也无法发挥出核心作用。

3)规模有限,物流配送的专业化程度非常低,成本较高

对于规模不大的企业,其产品数量有限,采用自建物流,不能形成规模效应。一方面,导致物流成本过高,产品在市场上的竞争能力下降;另一方面,由于规模有限,物流配送的专业化程度非常低,不能满足企业的需要。

4)效益评估难,无法进行准确的效益评估

由于许多自建物流的企业采用内部各职能部门彼此独立完成各自的物流,没有将物流剥离出来独立进行核算,所以企业很难准确计算产品的物流成本,难以进行准确的效益评估。

【引申阅读】

京东为什么要自建物流体系?

对于京东商城,物流体验长期是其核心竞争力。当然,对于京东物流的用户体验,源自于刘强东在自建物流体系上的投入。对于刘强东和京东,之所以要投入巨大的资金来自建物流体系,原因让人想不到。大约在2007年,刘强东不顾投资人和京东高管的一致反对,决意自建物流。这是京东历史上最重要的战略决定,现在来看,可以说是相当成功的。谈及京东的核心竞争力,大部分人都会指向物流。

谈到京东为什么自建物流,刘强东在接受采访时表示,2007年之前,京东的商品配送还依赖传统快递公司。不过,就京东的包裹,在当时被偷的是最严重的。至于原因,主要是京东当时主营的是手机、电脑等3C家电产品,比较值钱。打一个不是非常恰当的比喻,一般电商的包裹价值100元,京东的包裹一个值两三千元。对于京东包裹被偷的问题,彼时的快递公司也比较头疼,甚至都不愿意接京东的快递单子了。毕竟被偷的话,快递公司也有不小的损失。

在此背景下,刘强东决定自建物流。并且,在京东商城设计商业模式的时候,刘强东表示要借助京东自建物流来减少物品的搬运次数。2011年,刘强东放言投资100亿建立物流系统。后来,刘强东在多个场合表示“融资的70%将用于物流体系建设”“物流和研发占总费用的70%”。2016年11月23日,京东集团推出“京东物流”全新品牌标识,并正式宣布京东物流将以品牌化运营方式全面开放。

资料来源:搜狐网 http://www.sohu.com/a/245958109_100232859

6.2.3 第三方物流模式

第三方物流起源于20世纪80年代末,由于外包成为工商企业的重要发展方向,企业越来越重视把主要业务集中于自己的主要资源,而把其他资源和业务外部化。第三方物流由于在专业技术和综合管理方面的显著优势得到了迅速的发展。

第三方物流是由物流业务的供方和需方之外的第三方去承担的物流。因为它常常以物流外包合同的形式进行操作,因此有时又被称作合同物流、物流外包。第三方是指提供部分或全部物流功能服务的一个外部提供者,是物流专业化和社会化的一种形式。

(1)第三方物流的基本特征

1)关系合同化

第三方物流是通过契约形式来规范物流经营者与物流消费者之间关系的。物流经营者根据契约规定的要求,提供多功能直至全方位一体化物流服务,并以契约来管理所有提供的物流服务活动及其过程。第三方物流发展物流联盟也通过契约的形式来明确各物流联盟参加者之间的权责利。

2)服务个性化

首先,不同的物流消费者存在不同的物流服务要求,第三方物流需要根据不同物流消费者在企业形象、业务流程、产品特征、顾客需求特征、竞争需要等方面的不同要求,提供针对性强的个性化物流服务和增值服务。其次,从事第三方物流的物流经营者也因为市场竞争、物流资源、物流能力的影响需要形成核心业务,不断强化所提供物流服务的个性化和特色化,以增强物流市场的竞争能力。

3)功能专业化

第三方物流所提供的是专业的物流服务。从物流设计、物流操作过程、物流技术工具、物流设施到物流管理必须体现专门化和专业化,这既是物流消费者的需要,也是第三方物流自身发展的基本要求。

4)管理系统化

第三方物流应具有系统的物流管理功能,这是第三方物流产生和发展的基本要求。第三方物流企业需要建立现代管理系统才能满足运行和发展的基本要求。

5)信息网络化

信息技术是第三方物流发展的基础。在物流服务过程中,信息技术发展实现了物流信息实时共享,促进了物流管理的科学化,极大地提高了物流效率和物流效益。

(2)第三方物流的作用

第三方物流随着物流业的发展而发展,是一个新兴的领域,企业采用第三方物流模式对于提高企业经营效率具有重要作用。

企业将自己的非核心业务外包给从事该业务的专业公司,从原材料供应到生产,再到产品销售等各个环节的各种职能,都是由在某一领域具有专长或核心竞争力的专业公司相互协调和配合来完成的,这样形成的供应链具有最大的竞争力。跨国公司在从事电子商务时,通常将物流业务外包给第三方物流企业。在我国的电子商务企业中,将一部分物流作业活动委托给专业物流企业去完成的情况比较普遍。

第三方物流企业作为专门从事物流工作的企业,有许多专门从事物流工作的专家以及专业化的设备设施,有利于确保企业的专业化生产,降低费用,提高企业的物流水平。

(3)西方国家经验

在西方发达国家物流代理的实践中,有以下几点值得注意:

a.物流业务的范围在不断扩大。一方面,商业机构和各大公司面对日趋激烈的竞争不得不将主要精力放在核心业务上,将运输、仓储等相关业务环节交由更专业的物流企业进行操作,以求节约和高效;另一方面,物流企业为提高服务质量,也在不断拓宽业务范围,提供配套服务。

b. 很多成功的物流企业根据第一方、第二方的谈判条款,分析比较自理操作成本和代理费用,灵活运用自理和代理两种方式,提供客户定制的物流服务。

c. 物流产业的发展潜力巨大,具有广阔的发展前景。

6.2.4 物流联盟模式

(1)物流联盟的含义

物流联盟是指企业在物流方面通过签订合同形成优势互补、要素双向或多向流动的相互信任、共担风险、共享收益的物流伙伴关系。企业之间不完全采取导致自身利益最大化的行为,也不完全采取导致共同利益最大化的行为。

绝大多数物流服务利益产生于规模经济,因此专业物流企业的要求是物流方面的规模经济,这种追求规模经济的动力导致物流联盟的产生。物流联盟的效益在于物流联盟内的成员可以从其他成员那里得到过剩的物流能力或具有战略意义的市场地理位置以及卓越的管理能力等。

(2)物流联盟的基本特征

a. 相互依赖。组成物流联盟的企业之间具有很强的依赖性,是以信息技术作为纽带联系起来的。信息技术承担着对各个环节物流作业的实时监控。

b. 分工明晰。对于任何企业来说,物流需求都产生于市场需求。物流服务供应商即物流联盟的各个组成企业应该明确自身在整个物流联盟中的优势以及应担当的角色,这样物流联盟内部的对抗和冲突就会大大减少。这种明晰的分工使供应商能够把注意力集中在提供用户指定的服务上。

c. 强调合作。既然是联盟,就要强调合作。运作高度成功的物流联盟的营销战略是建立一个合作平台。根据中国目前的物流发展状况,结合物流联盟的特征可以看到,对于中国当前的电子商务企业来说,物流联盟可以较好地满足跨地区配送的特性,通过它可获得如下收益:降低成本,减少投资,获得技术和管理技巧,提高为顾客服务的水平,取得竞争优势,降低风险和不确定性等。

(3)物流联盟的应用

一般来说,如果企业自身物流管理水平比较低,组建物流联盟将会在物流设施、运输能力以及专业管理技巧上收益极大。如果物流在企业战略中不处于关键地位,但其物流水平却很高,就应该寻找其他企业共享物流资源,通过增加物流量、降低成本来获得规模效益。另外,许多物流企业自身也利用物流联盟来提高其竞争能力。在物流企业之间形成战略联盟,普遍提高了它们的竞争能力和竞争效率。许多物流联盟致力于把专门承担特定服务的厂商的内在优势汇集在一起。许多不同地区的物流企业正在通过物流联盟共同为某一电子商务客户服务,以满足该电子商务企业跨地区、全方位的物流服务要求。

6.2.5 第四方物流模式

(1)第四方物流的含义

第四方物流是 1998 年美国埃森哲咨询公司率先提出的,是专门为第一方、第二方和第三方物流企业提供物流规划、咨询、物流信息系统、供应链管理等活动,实际却不承担具体的物流运作活动的物流模式。

第四方物流是一个供应链的集成商，是供需双方及第三方物流的领导力量。它不是物流的利益方，而是通过拥有的信息技术、整合能力以及其他资源提供一套完整的供应链解决方案，以此获取一定的利润。它帮助企业降低成本和有效整合资源，并且依靠优秀的第三方物流供应商、技术供应商、管理咨询以及其他增值服务商，为客户提供独特和广泛的供应链解决方案。第四方物流与第三方物流相比，其服务的内容更多，覆盖的地区更广，对从事货运物流服务的公司要求更高，要求必须开拓新的服务领域，提供更多的增值服务。

(2)第四方物流的基本功能

a. 供应链管理功能，即管理从货主、托运人到用户、顾客的供应全过程。

b. 运输一体化功能，即负责管理运输公司、物流公司之间在业务操作上的衔接与协调。

c. 供应链再造功能，即根据货主、托运人在供应链战略上的要求，及时改变或调整战略战术，使其经常处于高效率的运作。第四方物流的关键是以“行业最佳的物流方案”为客户提供服务与技术。

(3)第四方物流的应用

发展第三方物流是解决企业物流的关键，第四方物流则能解决整个社会物流的主要问题。当今经济形势下，货主、托运人越来越追求供应链的全球一体化，以适应跨国经营的需要。跨国公司要集中精力于核心业务上，因而必须更多地依赖于物流外包。基于此理，他们不但在操作层面上进行外协，而且在战略层面上也需要借助外界的力量，昼夜都能得到更快、更好、更廉的物流服务。第四方物流的供应链解决方案共有四个层次，即执行、实施、变革和再造。第四方物流成了第三方物流的“协助提高者”，也是货主的“物流方案集成商”，因此，第四方物流会通过卓越的运作策略、技术和供应链运作实施来提高整个行业的效率。

6.3　物流信息技术

6.3.1　条码技术

所谓条码也称为条形码，是由一组宽窄不同、反射率不同的条和空按规定的编码规则组合起来，用以表示一定信息的代码。为了便于人们识别条码符号所代表的字符，通常在条码符号下部印有所代表的数字、字母或专用符号。条码所包含的信息一般都跟所附着的对象有关，例如对象物的生产国、制造厂商、产地、名称、特性、价格、数量、生产日期等。使用光电扫描阅读设备对条码进行扫描，就能立即获取条码所反映的信息，并快速、正确、可靠地将其输入计算机系统。条码技术的应用解决了物流信息系统中的数据录入和数据采集的“瓶颈”问题，为物流信息管理提供了有力的技术支持。

(1)条码的结构

一个完整的条码组成次序依次是静区(左侧空白区)、起始符、左侧数据符、中间分隔符(主要用于 EAN 码)、右侧数据符、校验码、终止符、静区(右侧空白区)、供人识别字符，如图 6－2 所示。

图 6-2　条码的结构

a. 静区(Clear Area),也叫空白区,指条码左右两端外侧与空的反射率相同的限制区。前面部分称为左侧空白区,后面部分则称为右侧空白区。左侧空白区是让扫描设备做好扫描准备,右侧空白区是保证扫描设备正确识别条码的结束标记。当两个条码距离较近时,静区则有助于对它们加以区分。

b. 起始符(Start Character),指条码符号的第一位字码, 用来标识一个条码符号的开始。扫描器确认此字码存在后开始处理扫描脉冲。

c. 中间分隔符(Central Seperating Character),位于条码中间位置的若干条与空。

d. 数据符(Data Character), 位于条码中间的条、空结构,它是条码的主要内容,包含条码所表达的特定信息。

e. 校验码(Check Character),用来判定此次阅读是否有效的字码,通常是一种算术运算的结果。扫描器读入条码进行解码时,先对读入各字码进行运算。如运算结果与检查码相同,则判定此次阅读有效。

f. 终止符(Stop Character),指位于条码结束的条、空结构。终止码用于告知代码扫描完毕,同时还起到校验计算的作用。

g. 供人识读字符(For People to Read Character),位于条码下方,主要方便人对条码的识读,尤其是当条码扫描失败时,可以人工录入供人识读字符,从而保障条码的输入。

(2)条码的特点

条码是迄今为止最经济、实用的一种自动识别技术。作为一种图形识别技术,条码与其他识别技术相比,具有以下几个特点。

a. 简单、易于制作、可印刷。条码标签易于制作,对设备和材料没有特殊要求,识别设备操作容易,不需要特殊培训,且识别设备也相对便宜。

b. 信息输入速度快。普通计算机的键盘输入最快速度是每分钟 200 个字符,而利用条码扫描输入信息的速度是键盘输入的 20 倍,并且能实现“即时数据输入”。

c. 采集信息量大。利用传统的一维条码可采集几十位字符的信息,二维条码更可以携带数千个字符的信息,并有一定的自动纠错能力。

d. 可靠性高。键盘输入数据出错率为 1/300，利用光学字符识别技术出错率为万分之一，而采用条码技术误码率低于百万分之一，首读率可达 98%以上。

e. 灵活实用。条码标识既可以作为一种识别手段单独使用，也可以和有关识别设备组成一个系统实现自动化识别，还可以和其他控制设备连接起来实现自动化管理。

(3)条码的分类

1)根据维度的不同，条码主要分为一维条码和二维条码

a. 一维条码。一维条码只在一个方向(一般是水平方向)表达信息(见图 6-3)，垂直方向不表达任何信息，所定的高度通常是为了便于阅读器对准。由于一维条码的应用可以提高录入信息的速度，减少差错率，所以自问世以来，很快得到了普及并广泛应用。目前世界上约有 225 种以上的一维条码，每种一维条码都有自己的一套编码规则。一般较流行的一维条码有 EAN 码、UPC 码、39 码、128 码、交叉 25 码、库德巴码以及专门用于书刊管理的 ISBN、ISSN 码等。

图 6-3　一维条码

随着信息自动采集技术的发展，对于条码符号表达更多信息的需求与日俱增。此时，一维条码的不足逐渐显现出来，主要包括数据容量较小(30 个字符左右)，只能包含字母和数字，保密性能不高，条码尺寸相对较大(空间利用率低)，条码遭到损坏后便无法阅读等。

b. 二维条码。二维条码是在水平和垂直方向的二维空间存储信息的条码(见图 6-4)，它是在一维条码无法满足实际应用需求的前提下产生的。二维条码存储数据容量大，可以存放 1KB 字符；可以直接显示英文、中文、数字、符号、图形；可用扫描仪直接读取内容，无须另接数据库；数据可以加密，保密性更高；安全级别最高时，损污 50%仍可读取完整信息。

图 6-4　二维条码

使用二维条码可以解决以下问题：表示包括汉字、照片、指纹、签字、声音之内的小型数据文件；在有限的面积上表达大量信息；对“物品”进行精确描述；防止各种证件、卡片及单据的伪造；在远离数据库和不便联网的环境下实现信息的携带、传递和防伪。

2)按码制分

码制是指条码中条和空的排列规则。常用的一维条码的码制有 EAN 码、128 条码、39 条码、93 条码、交叉 25 条码等；常用的二维条码的码制有 PDF417 条码、QRCode 条码、Code49 条码、Code 16K 条码等。

(4)条码在物流中的应用

1)条码在仓储、运输、配送中的作用

在物品到达物流企业的同时，物流企业可以在物品上粘贴特定的唯一条码标识，用以跟踪该物品在物流中的位置，从而进行实时监控。该条码标识企业可以在收货后使用条码打印机打印出来，并粘贴在物品上(对于企业的自营物流，由于物品是企业制造的物品，也可以使用物品本来的标识)。同时，操作员扫描该物品的条码标识实现该物品的入库操作，并将操作信息反馈给管理系统。此时，用户或管理员登录管理系统，就可以迅速查询出该货物的状态和位置。

在物流中，物品完成了从源客户到目的客户的各种流转过程。物流效率的提高应着重于

物流管理效率和物流准确性的提高。而条码技术这种手段就是用来帮助物流企业提高准确率和操作效率,从而提高整个物流效率的。高效准确的物流,在带给客户更好服务的同时,也为企业赢得了利润。当条码技术帮助物流在各个环节上实现高效准确的货物监控时,物流管理的透明度也提高了,物流企业也实现了从单据到实物的有效管理。

2)条码在生产过程中的应用

为了在激烈的市场竞争中进一步以质量取胜,可以将条码技术应用于生产质量管理跟踪系统。通过这一技术的应用,企业可以实现动态跟踪生产状况,随时从管理系统中得知实际的生产情况及生产的质量情况。例如,可以跟踪整机或部件的型号、生产场地、生产日期、班组生产线、版本号、批量序号等信息。

美国某著名汽车公司的工厂把条码刻在车体底部的金属件上,通过装配线上的扫描装置,可以对车辆自总装开始到发货出厂的全过程进行跟踪。另有一家汽车公司,用条码来区分动力机各主要部件,如阀门、汽化器等。这些部件可组成 1 550 万种不同型号的动力机,但该公司只需要其中的 438 种,通过向计算机输入条码,则可以避免出现那些无用的机型结构。

可见,在一个完整的物流过程中,条码技术可以在各个关键环节采集相应的物品信息,以实现实时监控和跟踪的目的。

6.3.2 射频识别技术

在目前的自动识别领域应用技术中,应用最广泛的是光学技术和无线电技术。条码技术属于光学技术的范畴,而无线电技术在自动识别领域应用中被称为射频识别技术(Radio Frequency Identification, RFID)。所谓 RFID 是一项利用射频信号,通过空间耦合(交变磁场或电磁场)实现无接触信息传递,并通过所传递的信息达到识别目的的技术。简单地说,RFID 是利用无线电波进行数据信息读写的一种非接触式的自动识别技术。RFID 俗称电子标签,其核心部件是一个电子标签,直径不到 2mm,通过相距几厘米到几米距离内传感器发射的无线电波,可以读取电子标签内存储的信息,识别电子标签代表的物品、人和器具的身份(见图 6-5)。

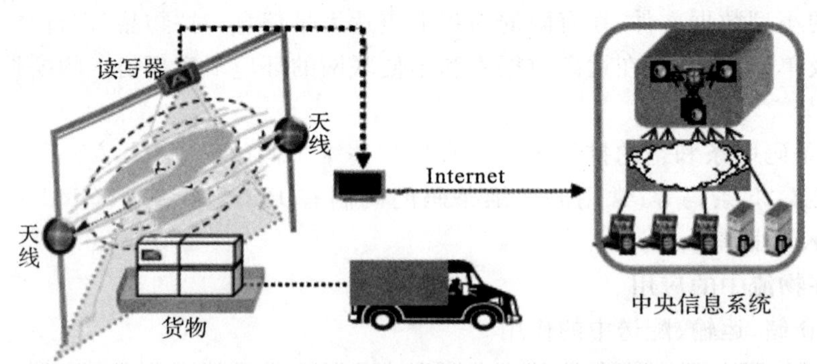

图 6-5 RFID 的应用原理

(1)RFID 的优点

RFID 的广泛应用渐渐有取代条码的趋势。RFID 有以下优点:

a. 数据存储的容量大。RFID 的容量最大可达数兆字节,可识别具体的物品如产品说明、包装、保存日期、色彩、价格等。一维条码的容量是 50 字节，二维条码的最大容量为 2 000～3 000字节，单次仅能识别出单一种类的物品。

b. 可重复使用。RFID 标签的读写方式为 R/W(可读写多次)、R/O(只读)和 WORM(单次写入多次读取)。R/W 所存储的信息可以不断更新，而所有的 RFID 均能不断地被读取；反之，条码经印刷即无法更改，而且会随着产品的耗损而寿终正寝。

c. 识别数据方便。在被覆盖的情况下，RFID 能够穿透纸张、木材和塑料等非金属或非透明的材质，并能够进行穿透性通信。而条码扫描机必须在近距离而且没有物体阻挡的情况下，才可以辨别条码。

d. 可同时读取多笔数据。某些先进的读取设备 1s 可读取 1 200 个 RFID 电子标签，但是条码扫描器一次只能读取一笔数据。

e. 安全性高。RFID 有密码保护，不易被伪造。欧洲已率先在 2005 年将 RFID 标签嵌入欧元支票，以遏止伪钞泛滥，条码则没有防伪功能。

f. 能在恶劣环境下使用。依据不同的材料，RFID 标签的耐热性也有所不同。部分 RFID 标签即使在 180℃的高温下也能正常运作，对水、油、化学药品等物质具有很强的抵抗力；反之，条码一经污染便看不清楚，也无法读取。

g. 使用期限长。RFID 电子标签的使用期限往往可达 10 年以上。

(2)RFID **系统的构成**

最基本的 RFID 系统由电子标签、阅读器和天线三部分组成。

a. 电子标签(Tag)，也称射频卡、射频卷标，由耦合元件及芯片组成，每个电子标签具有唯一的电子编码，附着在物体上标识目标对象。电子标签含有内置天线，用于和射频天线间进行通信，如图 6－6 所示。

图 6－6　电子标签

b. 阅读器(Reader)，读取(在读写卡中还可以写入)电子标签信息的设备，可设计为手持式或固定式，如图 6－7 所示。

图 6－7　阅读器

c. 天线(Antenna)是在电子标签和读取器间传递射频信号的部分。

(3)RFID **在物流中的应用**

以 RFID 为基础的软硬件技术构建的 RFID 信息系统，将使产品、仓储、采购、运输、销售及消费的全过程发生根本性的变化。目前，RFID 技术已经在物流的诸多环节中发挥着重要的作用。

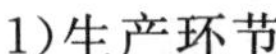

1)生产环节

RFID 技术应用于生产环节的生产线上，能够实现生产线的自动化，原料、产品的识别定位，这将大大减少人工识读成本和出错率，同时也大大提高了生产的效率和质量。RFID 技术还能够对产品进行信息的收集、处理，帮助生产人员轻松掌握整个生产线的运作情况和产品的生产进度。

2)配送/分销环节

在配送环节,采用 RFID 技术能大大加快配送的速度,提高拣选与分发过程的效率与准确率,并能减少人工成本,降低配送成本。如果到达中央配送中心的所有商品都贴有 RFID 标签,在进入中央配送中心时,只需通过一个阅读器,就可以读取托盘上所有货箱上的标签内容。系统将这些信息与发货记录进行核对,以检测出可能的错误,然后将 RFID 标签更新为最新的商品存放地点和状态。

3)运输环节

在运输环节,给运输的货物和车辆贴上 RFID 标签,在运输线的检查点安装上 RFID 接收装置。接收装置检测到 RFID 标签信息后,将标签信息、地理位置等经由 Internet 发送给运输调度中心。这样供应商和经销商就能够比较方便地查询货物的状态。

4)仓储环节

在仓库里,RFID 技术广泛应用于存取货物与库存盘点。当贴有 RFID 标签的货物进入仓储中心时,入口的 RFID 阅读器将自动识别标签并完成库存盘点。在整个仓库管理中,将系统制订的收货、取货、装运等实际功能与 RFID 技术相结合,能够高效完成各种业务操作,如指定堆放区域、上架取货、补货等。

5)销售环节

在销售环节,RFID 技术可以改进零售商的库存管理。当货物被顾客取走时,装有 RFID 识读器的货架能够实时报告货架上的货物情况,并通知系统在适当的时候补货,同时对装有 RFID 标签的货物监控其移动、位置等。所有的这些都能大大节约人工成本,减少出错,提高效率。

【拓展案例】

RFID 技术——隐藏在无人超市背后的功臣!

国际巨头亚马逊收购线下零售超市(以 137 亿美元收购美国全食超市)刺激传统商超大鳄沃尔玛神经(股价反映当日交易跌幅 7%)动作之前,去年年底就哄抢线下零售的细分场景,放出了一个憋了四年的超级大招——全新的线下商店 Amazon Go。无须排队结账的实体店:刷手机进店、选品、拿货,然后走人!亚马逊无人超市让人大开眼界,不排队不结账,拿了东西就走人,Amazon Go 购物简直一气呵成(见图 6-8)。

图 6-8　Amazon Go

Amazon Go 的成功自然让阿里巴巴等巨头企业动了心，通过与高科技企业公司的合作，各大企业也逐渐让无人超市这一新零售概念成为现实。无人超市的出现与 RFID 技术的运用密不可分。根据上海当地用户的体验发现，无人超市中的商品都被贴上了一种标签。

这种标签就是电子标签，也是 RFID 系统中的重要组成部分。该超市中采用了 inlay 系列中全向标签 H47 标签，该标签采用了 impinj 最新的 true 3D 技术。H47 标签采用双天线，读取效果不受读写器天线的限制，可以在 360 度的空间范围被很好地识别，是超高频 RFID 领域的一次重大创新技术。电子标签结合自动收银台中的读写系统，帮助消费者完成付费。

RFID 技术作为一项无线通信技术，非常合适投入新零售的概念之中，因此，将 RFID 技术称为无人超市背后的功臣亦无可厚非。在结合 RFID 相关技术的情况下，无人超市还结合电子监控等技术，尽可能完美地让一个真正的无人超市呈现在人们的面前。

资料来源：物联网世界 http://news.rfidworld.com.cn/2017_07/fe0d1a4617dc11ff.html

6.3.3　全球定位系统

GPS(Global Positioning System)即全球定位系统，是指利用卫星星座（通信卫星）、地面控制部分和信号接收机对被监控对象进行动态定位的系统。GPS 是由美国国防部研制建立的一种具有全方位、全天候、全时段、高精度的卫星导航系统，能为全球用户提供低成本、高精度的三维位置、速度和精确定时等导航信息，是卫星通信技术在导航领域的应用典范。它极大地提高了地球社会的信息化水平，有力地推动了数字经济的发展。

(1)GPS 的功能

1)实时监控功能

可以实时跟踪运输车辆，了解车辆与货物状态。调度员在任何时刻都能查询运输车辆所在的地理位置和运行状态，并在电子地图上直观地查看，以便保障司机、车辆和货物的安全。

2)双向通信功能

无论何时何地，车辆控制中心和司机都可以利用 GPS 进行双向通信，有利于调度中心随时调度车辆和安排装运时间，并获知其他意外情况。

3)动态调度功能

在任意时刻，调度员都能通过调度中心向司机发出调度指令，并得到反馈信息。根据这些反馈信息，调度员可以在运输车辆返回车队之前就做好待命计划，提前下达运输任务，以减少等待时间。此外，调度员还可利用物流信息技术进行运能管理，将车辆的运能信息、维修记录、车辆运行状况等提供给调度中心，以供决策使用。

4)数据存储及分析功能

调度中心可以利用 GPS 事先规划车辆的运行路线和运行区域并将这些信息记录在数据库中，以备日后查询和分析。此外企业也可在调度中心设立服务器，将车辆的运行状况、在途信息、运能信息、位置信息等放在服务器上，让有权限的用户在异地就能方便地获取自己所需要的信息，了解车辆的精确位置、货物交接时间、车辆的实时状态等。

(2)GPS 系统的组成

GPS 系统由空间部分、地面控制部分和用户设备部分三大部分组成。

1)空间部分——GPS 卫星星座

GPS 卫星星座由 24 颗高轨道工作卫星(其中有 3 颗备用卫星)构成，24 颗卫星均匀分布在6个轨道平面内，每个轨道平面焦点的经度相隔60°，轨道平面相对地球赤道的倾角为55°，在每个轨道平面内，各卫星间隔为90°。

2)地面控制部分——地面监控系统

GPS的地面监控系统由主控站、注入站和监控站组成。其中，主控站是整个GPS系统的核心，其功能包括为全系统提供时间基准、监视和控制卫星的运行轨道、处理监控站送来的各种数据等；注入站的作用是将主控站计算出的卫星星历、卫星轨道和卫星钟修正数等导航信息注入卫星的存储器中，并自动向主控站发射信号，每分钟报告一次自己的工作状态；监控站的主要任务是接收信号，检测卫星的工作状态，并向主控站提供观测数据。

3)用户设备部分——GPS信号接收机

GPS信号接收机是一种特制的无线电接收机，用于接收GPS卫星发射的信号，经信号处理而获得用户的位置和速度等信息，再通过数据处理完成导航和定位。GPS信号接收机主要由接收机硬件和软件组成，其中，接收机硬件一般由主机、天线和电源组成，接收机软件主要是机内监控程序和处理导航与定位数据的后处理软件包。

GPS信号接收机的任务是捕获按一定卫星高度截止角所选择的待测卫星信号，并跟踪这些卫星的运行轨迹，对所接收到的GPS信号进行变换、放大等处理，以便测量出GPS信号从卫星到接收机天线的传播时间，解释出GPS卫星发送的导航电文，实时计算出监控站的三维位置，甚至三维速度和时间。

(3)GPS技术在物流领域的应用

GPS应用于第三方物流中，可以使车辆使用方、运输公司、接货方实时了解车辆位置及其运行情况等，有利于三方协调好商务关系，从而获得最大的经济效益。

1)车辆使用方

车辆使用方通过共享的GPS信息，可以较为直观地在网上看到车辆的分布和运行情况，找到适合自己使用的车辆，从而简化交涉环节，缩短运输配货的时间。在货物发出之后，车辆使用方可随时通过互联网或手机查询车辆的运行情况和所处位置，实时掌握货物的在途信息，确保货物运输时效。

2)运输公司

运输公司通过互联网实现对车辆的动态监控式管理和对货物的及时合理配载，加强对车辆的管理。同时，运输公司将有关车辆的信息开放给客户后，既方便了客户的使用，也提高了公司的知名度与可信度。

3)接货方

接货方只需要通过发货方所提供的相关资料及权限，就可在互联网上实时查看货物信息，掌握货物的在途情况和大概的运输时间，以此来提前安排货物的接收、停放及销售等环节，使货物的销售链提前完成。

6.3.4 地理信息系统

地理信息系统(Geographic Information System，GIS)是以地理空间数据库为基础，在计算机软硬件的支持下，运用系统工程和信息科学的理论，科学管理和综合分析具有空间内涵的地理数据，以提供管理、决策等所需信息的技术系统。简单而言，GIS是综合处理和分析地理空间数据的一种技术系统，是以测绘测量为基础，以数据库作为数据存储和使用的数据源，以计算机编程为平台的全球空间分析即时技术。GIS 作为获取、存储、分析和管理地理空间数据的重要工具、技术和学科，近年来得到了广泛关注和迅速发展(见图 6 - 9)。

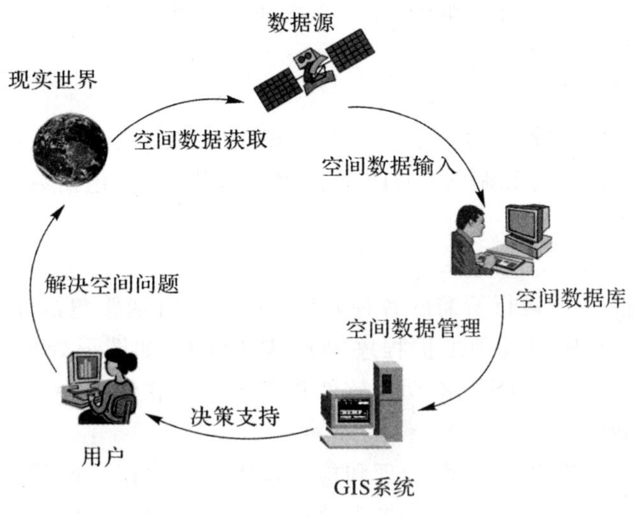

图 6 - 9　GIS 示意图

GIS 是一种具有信息系统空间专业形式的数据管理系统，其主要特征是存储、管理、分析与位置有关的信息。GIS 的主要作用是将表格型数据(无论它来自数据库、电子表格文件或直接在程序中输入)转换为地理图形显示，然后对显示结果浏览、操作和分析。其显示范围可以从洲际地图到非常详细的街区地图，显示对象包括人口、销售情况、运输线路以及其他内容。

(1)GIS **的基本功能**

GIS 可以将表格类数据转换为地理图形显示出来，以便于用户对显示结果进行浏览、操作和分析。具体来说，GIS 的基本功能表现在以下几个方面。

1)空间查询与分析功能

空间查询与分析是 GIS 的核心，也是 GIS 区别于其他信息系统的本质特征。GIS 不仅能进行静态的查询和检索，还可以进行动态的分析，如空间信息测量与分析、地形分析、网络分析和叠置分析。

2)可视化功能

GIS 将空间和信息结合起来，实现了对数据的可视化管理。GIS 通过对跨地域的资源数据进行处理、分析，可以揭示其中隐含的信息，并将这些信息集成在三维动画、图像或多媒体等形式中输出，使用户能在短时间内对资料数据有一个全面直观的了解。

3)制图功能

制图是 GIS 最重要的功能，也是用户用得最多的一项功能。利用 GIS 综合制图功能可以制作专题地图(如矿产分布图、城市交通图、旅游图等)，并在地图上显示出地理要素同时可以将地图放大或缩小以表明不同的细节层次。GIS 不仅可以为用户输出全要素图，而且可以根据用户的要求分层输出各种专题地图，显示不同要素和活动的位置或有关属性内容。

4)辅助决策功能

GIS 通常被用于辅助完成一些任务，如为市场调研、路标设置、新厂房选址等提供信息服务。所有这些数据都可以用地图的形式简洁而清晰地显示出来，使决策者不必在整理和分析数据方面浪费精力。

(2)GIS 系统的组成

完整的 GIS 系统由 4 个部分组成,即计算机硬件系统、计算机软件系统、地理空间数据库和系统管理操作人员。

1)计算机硬件系统

计算机硬件是 GIS 的物理外壳。GIS 的规模、精度、速度、功能、形式、使用方法,甚至软件等都受到硬件指标的支持和制约。GIS 硬件除计算机外,还包括数字化仪、扫描仪、绘图仪和磁带机等外部设备。

2)计算机软件系统

计算机软件是指 G1S 运行所需的各种程序。G1S 软件通常包括计算机系统软件(如操作系统、汇编程序、编译程序和各种维护程序等)、基础软件(如图形处理软件、数据库管理系统等)和 GIS 系统软件(包括 G1S 基本功能软件和 GIS 应用软件)。

3)地理空间数据库

地理空间数据库主要用于储存、管理和检索地理空间数据。地理空间数据是指以地球表面空间位置为参照的自然、社会和人文景观数据,可以用图形、图像、文字、表格和数字等表示,由系统建立者通过数字化仪、扫描仪、键盘或其他通信系统输入 GIS,是系统程序作用的对象。

4)系统管理操作人员

人员是 GIS 的重要组成要素。GIS 从设计、建立、运行到维护的整个生命周期,都离不开人的作用。除了系统软硬件和数据库之外,GIS 系统还需要相关人员进行系统组织、管理、维护和数据更新、系统扩充完善、应用程序开发,并灵活应用地理分析模型提取多种信息,为研究和决策服务。

(3)GIS 技术在物流领域的应用

物流企业通过 GIS 提供的地理数据处理功能,可以将所需数据以电子地图等形式展现出来,并获得与地理相关的企业运营信息。GIS 在供应链中主要应用于物流分析,完整的 GIS 物流分析软件集成了运输路线模型、网络物流模型、分配集合模型和设施定位模型等。

1)运输路线模型

运输路线模型用于解决一个起始点、多个终点的货物运输中如何降低物流作业成本并保证服务质量的问题,包括确定使用车辆的数量和行驶路线等。

2)网络物流模型

网络物流模型主要用于解决配送路径优化问题。例如,将货物从 n 个仓库运往 m 个商店,每个商店都有固定的需求量,因此需要确定从哪个仓库提货送给哪个商店,所消耗的运输费用最小。此时,就要用到网络物流模型。

3) 分配集合模型

分配集合模型可以根据各个要素的相似点把同一层上的所有或部分要素分为几组,用以确定服务范围和销售市场范围等。例如,某公司要设立 x 个分销点,要求这些分销点要覆盖某一区域,而且要使每个分销点的顾客数目大致相等,这时就可以用到分配集合模型。

4)设施定位模型

设施定位模型用于确定一个或多个设施的位置。在物流系统中,物流网点和运输路线共同组成了物流网络。运用设施定位模型可以确定在既定区域内设立的网点数量、位置和规模,以及网点之间的物流关系等问题。

6.3.5　物联网技术

长期以来,人类对物理信息的刚性需求促使了传感器技术不断地发展和完善。1978 年,美国军方提出传感器网络(Sensor Network)的概念。美国国防部高级研究计划局(DARPA)也开始资助分布式传感器网络的研究。但当时的研究仅限于由特定的无线通信传感器节点组成的网络。从此,美国很多大学和企业都开始研究无线传感器网络。

在互联网飞速发展的大背景下,传感网技术及 RFID 技术的发展和应用,导致"泛在网"的概念被诸多国家所重视。"泛在网(Ubiquitous)"即广泛存在的网络,它以无所不在、无所不包、无所不能为基本特征,以实现在任何时间、任何地点、任何人、任何物都能顺畅地通信为目标。构建"泛在网络社会",带动信息产业的整体发展,已经成为一些发达国家和城市所追求的目标。

M2M 是指将数据从一台终端传送到另一台终端,即机器与机器(Machine to Machine)的对话。但广义上说,M2M 涵盖了所有实现人、机器、系统之间通信连接的技术和手段,即包括机器对机器(Machine to Machine)、人对机器(Man to Machine)、移动网络对机器(Mobile to Machine)之间的连接与通信。

在传感网、泛在网概念的基础上,加上 FRID、M2M 技术的发展,人们重新思考人与物、物与物之间的信息交互和工作组织。1995 年,比尔・盖茨在《未来之路》中首次提出"物联网"的概念。受限于无线网络、硬件及传感设备的发展,当时并未引起人们的重视。直到 2005 年 11 月,"物联网"的概念才被正式提出:国际电信联盟(ITU)发布了《ITU 互联网报告 2005:物联网》。该报告全面、透彻分析了物联网的关键技术、市场机遇与挑战,并展望了物联网对社会模式和人类生活的改变。2009 年 1 月,IBM 首席执行官彭明盛提出"智慧地球"的构想,其中物联网成为"智慧地球"不可或缺的一部分。通过"互联网"将"物联网"整合起来,从而使人类能以更精细和动态的方式管理生产和生活,实现"智慧"状态,形成"互联网+物联网=智慧的地球"。从宏观层面上说,"智慧地球"的理念深化了物联网的认识。同年 9 月 15 日,欧洲物联网项目组(Cluster of European Research Projects on the Internet of Things,CERP-IOT)发布的《物联网战略研究路线图》报告中,对物联网提出了新的概念。他们认为物联网是未来 Internet 的一个组成部分,可定义为基于标准的和可互操作的通信协议且具有自配置能力的动态的全球网络基础架构。物联网中的"物"都具有标识、物理属性和实质上的个性。通过智能接口可实现与信息网络的无缝整合。物联网作为一个新兴产业,引起了多国的广泛关注,各国纷纷将物联网的发展提上议事日程。

(1)物联网的概念

物联网作为一个新兴的领域,人们对它仍处于探索和发展的阶段。对物联网的定义,不同的专业、不同的技术、不同的部门,都有着不同的描述和定义。目前,普遍认可的定义是:通过射频识别技术、红外感应器、全球定位系统、激光扫描器等信息传感设备,按规定的协议,将任何物品通过有线或无线方式与互联网连接,进行通信和信息交换,以实现智能化识别、定位、跟踪、监控和管理的一种网络。

对于物联网的定义,我们可以这样理解:物联网是以计算机系统作为基础和支撑,以计算机网络为核心进行延伸和扩展而成的网络;物联网的用户端已延伸和扩展到众多物品与物品之间,物品与物品之间进行数据交换和通信,从而实现许多新的系统功能。

(2)物联网的特点

a. 连通性。国际电信联盟认为,"连通性"主要有三个维度:任意时间的连通性(Anytime Connection),任意地点的连通性(Any Place Connection),任意物体的连通性(Anything Connection)。

b. 技术性。物联网的发展依赖众多技术的支持,如射频识别技术、传感技术、纳米技术、智能嵌入技术等等。它代表了未来计算机与通信技术的发展趋势。

c. 智能性。物联网将人类所处的物质世界最大限度地数字化、网络化,使得世界中的物体能以传感方式、智能化方式关联起来,同时网络服务也得以智能化。

d. 嵌入性。嵌入性主要体现在两个方面:一是各种物体被嵌入人类环境中,二是物联网提供的网络服务将被无缝地嵌入人们的日常工作和生活中。

(3)物联网的总体架构与组成

从技术架构上来看,物联网可以分为三层:感知层、网络层和应用层,具体如图 6-10 所示。物联网各组成部分有机结合,分工协作,实现物与物之间的相互沟通。

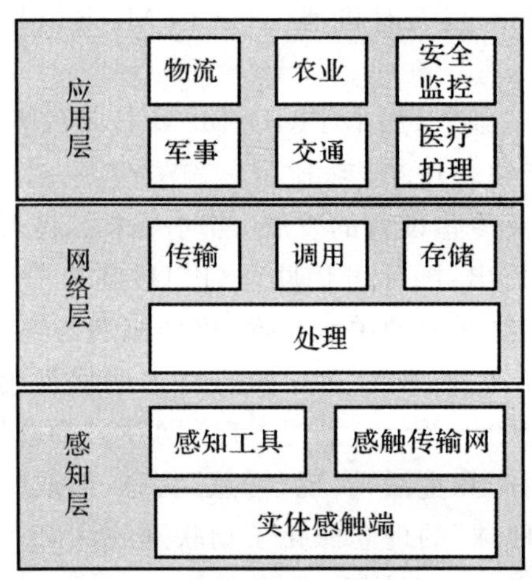

图 6-10　物联网的基本结构

1)感知层

物联网的作用对象是由物理实体的集合构成的物质实体。物联网的感知层就是通过对物质实体的感知布局,实现对物质实体的属性的感知、采集,使之成为可识读和传输的载体。

感知层是由实体感触端、感触传输网与感知工具构成。实体感触端是物联网对物质实体属性信息进行直接接触的载体。它与物质世界紧密相连,是物联网网络的末梢节点。感触传输网是物质实体的属性信息进行传输的网络。感知工具是将物质实体的属性信息转化为可在网络层进行信息传输的工具。

目前,运用于物联网感知层的技术和设备有二维码、RFID 标签和读写器、标签和识读器、GPS、传感器、M2M 终端、传感器网络等。在物联网的发展过程中,感知层所追求的是更安全、更敏感的感知能力,降低功耗、成本和小型化。

2)网络层

物联网的网络层是通过相关工具和媒介对感知层所获得的信息进行汇集、处理、储存、调用、传输。其中，汇集工具是将感知层采集终端的信息进行集中，并接入物联网的传输体系；处理工具负责对传输信息进行选择、纠正，以及转化等处理工作；存储工具主要负责对信息进行存储；调用工具是以某种方式实现对感知信息进行准确调用；传输工具是指通过用可传递感知信息的传输介质构建传输网络，使感知信息传递到物联网的任何工作节点上。

物联网的网络层各功能要素的实现水平，决定了整个物联网体系的工作效率和服务质量。目前，网络层在传输容量、海量信息处理、传输速率、传输安全等方面寻求进一步的发展。

3）应用层

应用层将物联网技术与各类行业应用相结合，实现无所不在的智能化应用，如物流、安全监测、农业、灾害监控、危机管理、军事、医疗护理等领域。物联网通过应用层实现信息技术与各行业、专业应用的深度融合。它是实现物联网社会价值的部分，是物联网拓宽产业需求、带来经济效益的关键，还是推动物联网产业发展的原动力。拓宽产业领域，增加应用模式，创新商业运营模式，推进社会化的信息共享是物联网应用层未来的发展方向。

6.3.6　人工智能技术

【引导案例】

2018 年 618 电商大促期间，南京特殊教育师范学院的小彭抽中了 618 件快递组成的大礼包，包括 HR 赫莲娜绿宝瓶、vivo 新品手机、618 只红功夫小龙虾、480 瓶矿泉水等等。

这些商品横跨美妆、生鲜、母婴、快消等多个品类，来自几十个不同的商家，如果分别下单发货，小彭得陆续取上几十趟。但是这些商家全部使用了菜鸟仓服务，订单可以直接下到菜鸟仓库后台，并迅速派发给距离小彭最近的菜鸟南京仓库。南京仓库接单后，立即开始根据算法自动拣选、打包商品，仅用了 40 分钟就把超级大礼包送到了小彭手里。

“这就是电商大促对物流行业的提升磨砺，电子面单、智慧仓储、智慧路由分单等技术的应用，基本上已经让大促造成的爆仓成为过去时。”菜鸟“618”项目负责人周轩榕表示，“练兵一时，用在千日，大促期间磨合出的配送能力，也让消费者日常的快递收发变得更加方便”。

6 月 19 日早上 6 点，中通快递上海徐汇网点负责人方荣成就来到了快递站。“担心快递包裹来得太多，会不会积压。”方荣成一直守到上午 9 点多，发现包裹数量虽然比平日大增，但从接单到派送的流程还算平稳。“我 2004 年开始做快递，遇到大促，快递员真的要从清晨送到晚上 10 点多，站里恨不得一家子都上场。”方荣成回忆起那时的“爆仓”经历，把原因归结为“快递量太大，一天赶得上一个月”，同时也因为“信息化程度不高、物流堵点太多”。

“双 11”始于 2009 年，“618”开始于 2010 年，起初成交量不过几千万元。直到 2011 年，大促迈入高潮，当年“双 11”销售额达到 52 亿元，包裹量也攀升至 2 200 余万件。包裹洪流冲垮了靠电商起家的“四通一达”，让全国人民都知道了“爆仓”这个词。

“那时候还是一张张手写面单，扫码的靶枪设备也没有普及，公司的系统也不完备，包裹到了分拨中心就是下不来，我们在站里干等。结果，来的时候就是好几车一起来，一下就把站里给爆了。”方荣成记得，直到 2013 年，阿里巴巴联合多家快递成立了菜鸟，信息化才成为了快递站的依仗。

2014 年 5 月份，菜鸟推出公共电子面单平台，与各家快递公司和商家系统打通匹配，并向全行业开放免费申请接入。京东、亚马逊等企业也开始使用自己的电子面单。电子面单的行业使用率迅速从不足 5%提升至目前的 80%左右。

在同等发货量情况下，使用电子面单可以使操作人员减少30%，同时打印速度提升4～6倍，还不容易出错，从源头上提升了商家的发货速度。目前，各平台从消费者下单到商家完成拣货打包，短的只要一两分钟，长的也不过1小时左右。

基于电子面单，人工智能加持的智能路由分拣系统和分拣机也开始在各个分拨中心上岗，由机器取代分拣员自动分派各个快递件该送往哪里。以申通小黄人为例，在1秒内就能读取目的地信息，迅速分析生成最优路线，"不撞车、不打架，一秒能跑3米"，精准率达99.9%以上，可减少70%的分拣人力，也降低了包裹破损率。

除了自动化的流水线，机器人也进入各家快递企业的仓库，从消费者下单到出库的整个过程，AGV(Automated Guided Vehicle)机器人、智能缓存机器人、360度运行的拣选机器人、带有真空吸盘的播种机器人流水作业，堪称机器人总动员，处理一个包裹最快只需要3分钟。

物流智能化的提升，让快递越来越多，送得却越来越快，而且今年快递行业还出现了同城配送增量提速的明显趋势。来自国家邮政局数据显示，2018年前5个月，全国快递同城业务量累计完成41.1亿件，同比增长27.1%，与异地快递的速度差也由去年的8.8%降为今年的1%。同城快递的增量，很大一部分来自线下门店的线上发货。

"618"期间，大润发超市的100家门店加入了天猫大促，实现3公里内1小时送达。大促一周以来，线上订单数量增长了20%，线下客流也比上周环比增加近30%。

在菜鸟网络公布的数据中，包括屈臣氏、361度在内的知名品牌数千家门店接入门店配送系统，目前平均用时40分钟就能送货上门。京东到家与沃尔玛1小时达合作推进也相当顺利。分钟级超强的配送能力，让实体商家享受到了意想不到的红利。

资料来源：搜狐网 http://www.sohu.com/a/237644018_623071

人工智能(Artificial Intelligence)，英文缩写为AI。它是研究、开发用于模拟、延伸和扩展人的智能的理论、方法、技术及应用系统的一门新的技术科学。

人工智能是计算机科学的一个分支，它企图了解智能的实质，并生产出一种新的能以人类智能相似的方式做出反应的智能机器，该领域的研究包括机器人、语言识别、图像识别、自然语言处理和专家系统等。人工智能从诞生以来，理论和技术日益成熟，应用领域也不断扩大，可以设想，未来人工智能带来的科技产品，将会是人类智慧的"容器"。人工智能可以对人的意识、思维的信息过程模拟。人工智能不是人的智能，但能像人那样思考、也可能超过人的智能。

人工智能的定义可以分为两部分，即"人工"和"智能"。"人工"比较好理解，争议性也不大。"智能"涉及诸如意识(consciousness)、自我(self)、思维(mind)(包括无意识的思维(unconscious mind)等等问题。人唯一了解的智能是人本身的智能。但是我们对自身智能的理解非常有限，对构成人的智能的必要元素也了解有限，所以就很难定义什么是"人工"制造的"智能"了。因此人工智能的研究往往涉及对人的智能本身的研究。其它关于动物或其它人造系统的智能也普遍被认为是人工智能相关的研究课题。目前对人工智能比较通用的描述是：所谓人工智能，是指人类的各种智能行为和各类脑力劳动，诸如感知、记忆、情感、判断、推理、证明、识别、理解、通信、设计、思考、学习等思维活动，可用某种物化了的机器予以人工的实现。

【知识拓展】

自古以来，人类就根据认识水平和当时的技术条件，企图用机器来代替人的部分脑力劳动，以提高征服自然的能力。公元850年，古希腊就有制造机器人帮助人们劳动的神话传说。在中国公元前900多年，也有歌舞机器人传说的记载。这说明古代人就有人工智能的幻想。

随着历史的发展,到 12 世纪末至 13 世纪初,西班牙的神学家和逻辑学家罗门·卢乐(Romen Luee)试图制造能解决各种问题的通用逻辑机。17 世纪法国物理学家和数学家帕斯卡(B. Pascal)制成了世界上第一台会演算的机械加法器并获得实际应用。随后德国数学家和哲学家莱布尼茨(G. W. Leibniz)在这台加法器的基础上发展并制成了进行全部四则运算的计算器。19 世纪英国数学和力学家巴贝吉(C. Babbage)致力于差分机和分析机的研究,虽因条件限制未能完全实现,但其设计思想不愧为当时人工智能最高成就。

进入 20 世纪后,人工智能相继出现若干开创性的工作。1936 年,年仅 24 岁的英国数学家图灵(A. M. Turing)在他的一篇《理想计算机》的论文中,就提出了著名的图灵机模型,1945 年他进一步论述了电子数字计算机设计思想,1950 年他又在《计算机能思维吗?》一文中提出了机器能够思维的论述,可以说这些都是图灵为人工智能所做的杰出贡献。1946 年美国科学家莫奇利(J. W. Mauchly)等人制成了世界上第一台电子数字计算机 ENIAC。还有同一时代美国数学家维纳(N. Wiener)控制论的创立,美国数学家香农(C. E. Shannon)信息论的创立,英国生物学家阿什比(W. R. Ashby)所设计的脑等,这一切都为人工智能学科的诞生做了理论和实验工具的巨大贡献。

1956 年美国的几位心理学家、数学家、计算机科学家和信息论学家在达特茅斯学院(Dartmonth College)召开了会议,提出了人工智能这一学科,现在普遍认为人工智能学科是这那建立的,到现在已有 60 多年的历史,它的发展先后经历了"认知模拟""语意信息理解""专家系统"等阶段。

资料来源:百度百科 http://www.baike.com/wiki/%E4%BA%BA%E5%B7%A5%E6%99%BA%E8%83%BD&prd=shouye_newslist

随着 AI 技术的发展,现代几乎各种技术的发展都涉及人工智能技术,可以说人工智能已经广泛应用到许多领域。

(1)符号计算

计算机最主要的用途之一就是科学计算,科学计算可分为两类:一类是纯数值的计算,例如求函数的值;另一类是符号计算,又称代数运算,这是一种智能化的计算,处理的是符号。符号可以代表整数、有理数、实数和复数,也可以代表多项式、函数、集合等。随着计算机的普及和人工智能的发展,相继出现了多种功能齐全的计算机代数系统软件,其中 Mathematic 和 Maple 是它们的代表。由于它们都是用 C 语言写成的,所以可以在绝大多数计算机上使用。

(2)模式识别

模式识别就是通过计算机用数学技术方法来研究模式的自动处理和判读。这里,我们把环境与客体统称为"模式"。用计算机实现模式(文字、声音、人物、物体等)的自动识别,是开发智能机器的一个关键的突破口,也为人类认识自身智能提供线索。计算机识别的显著特点是速度快、准确性和效率高。识别过程与人类的学习过程相似,以"语音识别"为例:语音识别就是让计算机能听懂人说的话,一个重要的例子就是七国语言(英、日、意、韩、法、德、中)口语自动翻译系统。该系统实现后,人们出国预定旅馆、购买机票、在餐馆对话和兑换外币时,只要利用电话网络和国际互联网,就可用手机、电话等与"老外"通话。

(3)机器翻译

机器翻译是利用计算机把一种自然语言转变成另一种自然语言的过程,用以完成这一过程的软件系统叫作机器翻译系统。目前,国内的机器翻译软件不下百种,根据这些软件的翻译特点,大致可以分为三大类:词典翻译类、汉化翻译类和专业翻译类。词典类翻译软件的代表是“金山词霸”，堪称是多快好省的电子词典，它可以迅速查询英文单词或词组的词义并提供单词的发音，为用户了解单词或词组含义提供了极大的便利。汉化翻译软件的典型代表是“东方快车 2000”，它首先提出了“智能汉化”的概念，使翻译软件的辅助翻译作用更加明显。

(4)机器学习

机器学习是机器具有智能的重要标志，同时也是机器获取知识的根本途径。有人认为，一个计算机系统如果不具备学习功能，就不能称其为智能系统。机器学习主要研究如何使计算机具有模拟或实现人类学习的功能。机器学习是一个难度较大的研究领域，它与认知科学、神经心理学、逻辑学等学科都有着密切的联系，并对人工智能的其他分支，如专家系统、自然语言理解、自动推理、智能机器人、计算机视觉、计算机听觉等方面，也会起到重要的推动作用。

(5)问题求解

人工智能的第一大成就是下棋程序，今天的计算机程序已能够达到下各种方盘棋和国际象棋的锦标赛水平。但是，尚未解决包括人类棋手具有但尚不能明确表达的能力，如国际象棋大师们洞察棋局的能力。另一个问题是涉及问题的原概念，在人工智能中叫问题表示的选择，人们常能找到某种思考问题的方法，从而使求解变易而解决该问题。到目前为止，人工智能程序已能知道如何考虑它们要解决的问题，即搜索解答空间，寻找较优解答。

(6)逻辑推理与定理证明

逻辑推理是人工智能研究中最持久的领域之一，其中特别重要的是要找到一些方法，只把注意力集中在一个大型的数据库中的有关事实上，留意可信的证明，并在出现新信息时适时修正这些证明。医疗诊断和信息检索都可以和定理证明问题一样加以形式化。因此，在人工智能方法的研究中，定理证明是一个极其重要的论题。

(7)自然语言处理

自然语言的处理是人工智能技术应用于实际领域的典型范例，经过多年艰苦努力，这一领域已获得了大量令人瞩目的成果。目前该领域的主要课题是计算机系统如何以主题和对话情境为基础，注重大量的常识——世界知识和期望作用，生成和理解自然语言。这是一个极其复杂的编码和解码问题。

(8)分布式人工智能

分布式人工智能在 20 世纪 70 年代后期出现，是人工智能研究的一个重要分支。分布式人工智能系统一般由多个 Agent(智能体)组成，每一个 Agent 又是一个半自治系统，Agent 之间以及 Agent 与环境之间进行并发活动，并通过交互来完成问题求解。

(9)计算机视觉

计算机视觉是一门用计算机实现或模拟人类视觉功能的新兴学科，其主要研究目标是使计算机具有通过二维图像认知三维环境信息的能力，这种能力不仅包括对三维环境中物体形状、位置、姿态、运动等几何信息的感知，而且还包括对这些信息的描述、存储、识别与理解。目前，计算机视觉已在人类社会的许多领域得到成功应用。例如，在图像、图形识别方面有指纹识别、染色体字符识别等；在航天与军事方面有卫星图像处理、飞行器跟踪、成像精确制导、景物识别、目标检测等；在医学方面有图像的脏器重建、医学图像分析等；在工业方面有各种监测系统和生产过程监控系统等。

(10)智能信息检索技术

信息获取和精化技术已成为当代计算机科学与技术研究中迫切需要研究的课题，将人工智能技术应用于这一领域的研究是人工智能走向广泛实际应用的契机与突破口。

(11)专家系统

专家系统是目前人工智能中最活跃、最有成效的一个研究领域，它是一种具有特定领域内大量知识与经验的程序系统。近年来，在“专家系统”或“知识工程”的研究中已出现了成功和有效应用人工智能技术的趋势。人类专家由于具有丰富的知识，所以才能达到出色地解决问题的能力。那么计算机程序如果能体现和应用这些知识，也应该能够解决人类专家所解决的问题，而且能帮助人类专家发现推理过程中出现的差错，现在这一点已被证实。如在矿物勘测、化学分析和医学诊断方面，专家系统已经达到了人类专家的水平。

【知识拓展】

中国电子商务巨头阿里巴巴发布一项人工智能工具，可以每秒写入 2 万行广告文案。在阿里巴巴旗下电商网站上投放广告的企业现在可以在他们的产品页面上插入一个链接，然后点击“产品智能文案”，就可以查看不同的广告创意。“对于商家来说，AI 可以解决他们一部分的文案需求。这将显著改变文案工作者的工作方式。”阿里巴巴说。

资料来源：搜狐网 https://www.sohu.com/a/239634814_100179171

本章小结

物流是指物品从供应地向接收地的实体流动中，根据实际需要，将运输、储存、装卸搬运、包装、流通加工、配送、信息处理等基本功能有机结合来满足用户要求的过程。任何一笔电子商务交易都涉及信息流、商流、资金流和物流。信息流、商流、资金流借于现代信息技术和计算机网络比较容易实现快速、安全、高效的传输，而负责货物交割的系统要达到与信息流、商流、资金流同样的效率则较为困难。电子商务物流管理的目的就是使运输、储存、装卸搬运、包装、流通加工、配送等物流活动实现最佳的协调与配置，提高物流效率，以满足电子商务高效率和全球性的特点，并降低物流成本，提高经济效益。

课后习题

1. 简述电子商务与物流的关系。
2. 电子商务物流包括哪些作业环节？
3. 物流信息技术包括哪些？并举例说明。
4. 什么是第三方物流？第三方物流有哪些特征？
5. GPS 有哪些基本功能？

实际操作训练

1. 在广泛收集资料的基础上，了解我国物流的发展现状，分析我国物流的发展前景，完成物流发展状况报告。

2. 通过互联网资源，查找现阶段电子商务物流的先进技术。进一步深入企业调研，分析我国现阶段电子商务物流技术应用的现状，找出其中存在的问题并思考解决方案。

第7章 网络营销

【引导案例】

青春之酒——江小白

江小白，是重庆江小白酒业有限公司旗下江记酒庄酿造生产的一种自然发酵并蒸馏的高粱酒品牌。江小白致力于传统重庆高粱酒的老味新生，以“我是江小白，生活很简单”为品牌理念，坚守“简单包装、精制佳酿”的反奢侈主义产品理念，坚持“简单纯粹，特立独行”的品牌精神，以持续打造“我是江小白”品牌IP与用户进行互动沟通，持续推动中国传统美酒佳酿品牌的时尚化和国际化(见图7-1)。

图7-1 江小白

江小白做了什么？

1. 有态度的品牌

一个125毫升的小酒瓶，寄托了江小白对这个行业的态度和情怀。

根据“八〇后”“九〇后”这群人的思想特征，提出了“我是江小白，生活很简单”的品牌理念。江小白代表着青春而简单的个性，甚至有些自嘲的屌丝文化情绪，有着强烈的个性表达，爱憎分明的文艺青年情结。他们希望“我是江小白，生活很简单”的生活理念成为每一个人生活的态度，成为“八〇后”“九〇后”自己的表达。

2. 易记的名字

“江小白”的品牌名称来源于青春影视剧的启发。许多大热的电视剧主人公都以“×小×”的公式命名，如《爱情公寓》里贱贱惹人爱的男主人公叫“曾小贤”，《男人帮》中那个略害羞、略文艺的主演叫“顾小白”，这种调调的名字有鲜明的“八〇后”“九〇后”印记，简单通俗又亲切，十分符合我们的目标消费者。

3. 拟人化的形象

一个长着大众脸，鼻梁上架着无镜片黑框眼镜，系着英伦风格的黑白格子围巾，身穿休闲西装的帅气小男士卡通形象，就是江小白的形象代言人。这样的青春文艺，完全颠覆了传统白酒以稳重、传统、历史悠久为主的形象。他时尚、青春、简单、快乐，爱护环境、不喜人情世故，有点文艺范儿，不是高富帅亦绝非纯屌丝。这些性格特质无一例外都契合了“八〇后”一代人的生活形态，很多人都可以在他身上找到自己的影子。

4. 个性化的包装

江小白瓶子上面都印有短小精悍的个性化语录，令品牌包装独一无二。这些文字或感性，或幽默,不知哪句话就戳中你的笑点或泪点,令江小白赢得青睐无数。

江小白以其精彩的文案,获得了社会化营销的成功。下面,盘点一下江小白微博营销的招数。

江小白微博营销招数一:借势热点事件

借势热点事件进行品牌推广是@江小白管用的套路之一。

江小白微博营销招数二:视频、漫画花样多

除了图片形式,@江小白也在微博上通过视频、漫画等方式进行品牌推广。2015年父亲节,@江小白发布视频向父亲节致敬,这也是@江小白的第一条视频微博。该视频通过一对父子端午节团圆饭的故事,强化了其产品消费场景和品牌情感链接功能。这条微博也获得了328次转发,经新浪微舆情旗下工具@微分析分析显示,“推荐”“感人”“好看”成为该微博主要转发提及词汇。

江小白微博营销招数三:互动抽奖

作为微博品牌推广最有效的手段之一,互动抽奖也多次被@江小白使用。从今年微博平台江小白的十大热门转发微博可以看出,这十条微博几乎都为互动抽奖微博。

江小白的一个表达瓶燃爆了整个营销领域,也使得江小白从一个名不见经传的小品牌,一下跃变为一个红遍全国的酒类黑马,更是俘获并牢牢抓住了“八〇后”“九〇后”后年轻人的心。

资料来源:

https://baike.baidu.com/item/%E6%B1%9F%E5%B0%8F%E7%99%BD/7932863?fr=aladdin

http://www.i-jovo.com/

7.1 什么是网络营销

7.1.1 网络营销的定义

网络营销就是以互联网为主要手段,为达到一定的营销目的而进行的营销活动。它是一种以现代营销理论为基础,借助网络、通信和数字媒体技术实现营销目标的商务活动,也就是说,网络营销贯穿于企业开展网上经营的整个过程,从信息发布、信息收集,到开展以网上交易为主的电子商务阶段,网络营销一直是一项重要内容。

(1)网络营销的本质是营销

这是因为网络营销无非是通过各种手段、引导商品或服务从生产者转移到消费者的过程。一种商品或服务从设计生产到实现消费是一个包括信息传递与沟通、商品与货币价值交换的复杂过程,在这个过程中,存在种种时间与空间、意识与技术上的障碍。网络营销可以排除这些障碍,使得企业生产的产品顺利到达消费者手中从而实现竞争优势,增加企业效益。

网络营销的价值,首先在于可以使商品从生产者到消费者的价值交换更便利、更充分、更有效率。它的独特之处在于利用网络技术,面向特殊的网上虚拟市场环境。这个特征已经深刻影响了企业未来的生存方式。随着信息技术的飞速发展和网络设施的进一步改进,以及相关配套体系的逐步完善,网络营销将成为现代营销的基本形式。

网络营销不仅要求有相适应的经营理念和战略,更要求有相适应的现代管理方式。因为开展网络营销不仅是对企业经营管理的考验,也意味着企业经营模式的巨大转变。以互联网和网站为中心的业务经营体系，要求企业的组织机构设置、人员配备、职能分布、业务流程以及经营机制进行相应的调整。企业必须采用现代管理方式，进行业务的重组及组织机构与人员的调整；要求企业配备必要的对网络与营销都具有一定知识与技能储备的管理人员、业务人员；要求建立以网络为中心的服务与销售机制；要求企业更加重视物流与货币流实现方式的现代化，符合网上业务的要求，从而从根本上改变企业的运作机制与方式。

(2)网络营销是经营的创新

网络技术的发展和网上市场的迅速扩展，给企业的经营创新留下了广阔的空间。互联网及通信技术、多媒体技术、数据库技术等的实现和发展，不断地为企业经营者和网上营销者开拓无限的想象空间。新的网上业务不断被创造出来，创业者们利用和开拓了大量新的经营与营销手段。

网络正在不断地创造新的营销方式，很多创新的技术与手段迅速流行起来，而且任何一种方式上的创新都能创造大量的商机。戴尔公司传统的电话直销业务方式迅速被网上直销所替代，成为 PC 市场上成功的典范。网上广告迅速走向成熟，规模迅速膨胀。网上经营者不断地创造、模仿与推广新的经营业务与营销手段，正是网络营销创新本性的一面。

除了手段创新之外，网络还创造了大量的新型业务，诸如阿里巴巴这样的公司，与其说是技术上的创新，不如说是经营理念上的创新。网络环境的巨大变化使得一些所谓的经验成为对创新的束缚，而互联网的精神就是不断创新。

(3)网络营销是机遇与挑战并存的

互联网和电子商务改变了原有市场营销理论的基础，在网络环境下，时空的概念、市场的性质和内涵、消费者的行为方式都在发生着深刻的变化，由此引发了企业经营理念、营销运作模式、市场竞争形态甚至整个商品流通领域的变化。大量的商业机会将迅速涌现，网络营销前景不可限量，网络注定成为企业未来生存的基本环境。企业的经营者应该对网络的发展和企业迅速扩大的影响有清醒的认识，没有束缚的企业将以拓荒者的身份迎接无穷的机遇。

(4)网络营销是学习与实践的过程

企业上网开展网络营销并非一劳永逸。互联网既吸引着企业，又强迫着企业转向网络。网络将再次有力地证明，知识与技术管理已成为企业经营的基本内涵。面对新技术与新手段层出不穷的网络环境，简单模仿与因循守旧必将失败，不断地学习与实践创新成为企业经营管理的重要内容。企业必须成为学习型的组织，学习适应不断变化的环境，学会新的谋生方式。

7.1.2 网络营销的职能

网络营销的核心思想就是营造网上经营环境。实践证明，网络营销可以在八个方面发挥作用：网络品牌、网站推广、信息发布、销售促进、销售渠道、顾客服务、顾客关系、网上调研。这八种作用也是网络营销的八大职能，网络营销策略的制订和各种网络营销手段的实施以发挥这些职能为目的。

(1)网络品牌

网络营销的重要任务之一就是在互联网上建立并推广企业的品牌。知名企业的网下品牌可以在网上得以延伸，一般企业则可以抓住这个机会通过互联网快速树立品牌形象，并提升企业整体形象。网络品牌建设以企业网站建设为基础，通过一系列的推广措施，达到顾客和公众对企业的认知和认可。从一定程度上说，网络品牌的价值甚至高于通过网络获得的直接收益。

(2)网站推广

这是网络营销最基本的职能之一。在网络营销的初始阶段,有人甚至认为网络营销就是网站推广。相对于其他功能来说,网站推广显得更为迫切和重要,网站所有功能的发挥都要以一定的访问量为基础。因此,网站推广是网络营销的核心工作。

(3)信息发布

信息发布也是网络营销的基本职能,而网站仅仅是一种信息载体,通过网站发布信息是网络营销的主要方法之一。同时,也可以这样理解,无论哪种网络营销方式,结果都是将一定的信息传递给目标人群,包括顾客、媒体、合作伙伴、竞争者等。

(4)销售促进

营销的基本目的是为增加销售提供帮助,网络营销也不例外。大部分网络营销方法都直接或间接与促进销售有关,但促进销售并不限于促进网上销售,事实上,网络营销在很多情况下对促进线下销售也十分有价值。

(5)销售渠道

一个具备网上交易功能的企业网站本身就是一个网上交易场所,网上销售是企业销售渠道在网上的延伸。网上销售渠道的建设也不限于网站本身,还包括建立在综合电子商务平台上的网上商店,以及与其他电子商务网站不同形式的合作等。

(6)顾客服务

互联网提供了更加方便的在线顾客服务手段,从形式最简单的常见问题解答(FAQ),到邮件列表,以及 BBS、聊天室等各种即时信息服务。顾客服务质量对于网络营销效果具有重要影响。

(7)顾客关系

良好的顾客关系是网络营销取得成效的必要条件,通过网站交互式的顾客参与等方式,在开展顾客服务的同时,也增进了顾客关系。

(8)网上调研

通过在线调查表或者电子邮件等方式,可以完成网上市场调研。相对于传统市场调研,网上调研具有高效率、低成本的特点,因此,网上调研是网络营销的主要职能之一。

网络营销的职能是通过各种网络营销方法与手段来实现的,网络营销的各个职能之间并非相互独立,一个职能可能需要多种网络营销方法的共同作用,而同一种网络营销方法也可能适用于多个网络营销职能。开展网络营销的意义就在于充分发挥各种职能,使网上经营的整体效益最大化,因此,不能仅仅由于某些方面效果欠佳而否认网络营销的作用。

7.1.3　网络营销的优势

与传统营销相比,网络营销无疑具有许多明显的优势。归纳起来,具体表现在以下几个方面。

(1)网络营销具有极强的互动性,可以帮助企业实现全程营销的目标

不论是传统营销管理强调的 4P 组合,还是现代营销管理所追求的 4C,都需要遵循一个前提,那就是企业必须实行全程营销,即应该从产品的设计阶段就开始充分考虑消费者的需求和意愿。在网络环境下,这种状况将会有较大的改观。不管是大型企业,还是中小企业,均可以通过电子布告栏、线上讨论和电子邮件等方式,以极低的成本在营销的全过程中对消费者进行即时的信息搜集,而这是在非网络环境下的中小企业所不敢想象的;同时,也为消费对产品的设计、包装、定价、服务等发表意见提供了方便。这种双向互动的沟通方式,确实提高了消费者的参与性和积极性,也提高了企业营销策略的针对性,十分有助于实现企业的全程营销目标。

(2)网络营销有利于企业降低成本费用

对企业来说,网络营销最具诱惑力之一就是可以降低企业的交易成本,这可以从以下两个方面来说明。

1)运用网络营销可以降低企业的采购成本

企业采购原材料往往是一个程序烦琐的过程。通过电子商务活动,企业可以加强与主要供应商之间的协作关系,将原材料的采购与产品的制造过程有机地配合起来,形成一体化的信息传递和信息处理体系。我国已经有一些大公司通过商业增值网络使用电子数据交换(EDI)建立一体化的电子采购系统,带来了劳动力、打印和邮寄成本的降低。有资料表明,使用 EDI 通常可以为企业节省 5%~10%的采购成本,而采购人员也有更多的时间专心致力于合同条款的谈判,并注重与供货商建立更加稳固的购销关系。

2)运用网络手段,可以降低促销成本

尽管建立和维护公司的网站需要一定的投资,但是与建设其他销售渠道相比,使用互联网的成本已经大大地降低了。首先,可以减少材料等费用。产品特征、公司简介等信息都存储在网络里,可供顾客随时查询;所有的营销材料都可直接在线上更新,从而可以大大节省打印、包装,存储、交通等费用。其次,可以节省广告宣传费用。与传统的广告相比,无论是宣传范围的广度还是内容的深度方面,网络广告均具有无与伦比的优点,最主要的还是网络广告的功效费用比。有调查资料表明,假如使用互联网作为广告媒介进行网上促销活动,其结果是在增加 10 倍销售量的同时,只花费传统广告预算的 1/10。一般而言,采用网上促销的成本只相当于直接邮寄广告花费的 1/10。利用互联网发布广告的平均费用仅为传统媒体的 3%。再次,可以降低调研费用。在销售过程中,往往需要进行广泛的市场调查。互联网的运用,既为进行市场调查提供了国际化的空间,又空前地降低了调查的各种费用。最后,在提高售后服务效率的同时,大大降低了运作成本。传统的售后服务主要运用电话、书信等手段,不但需要较多的人手,而且常常会造成延误,使本来有可能快速满意解决的问题变成顾客的抱怨甚至退货行为。在应用网络营销之后,企业可在网页上提供精心设计的“商品注意事项”“问题解答”“使用程序”等资料,供顾客随时查询。几乎不需要花费多少费用就能顺利解决小问题。即使是大问题,也能在低成本条件下及时得到解决。

(3)网络营销能够帮助企业增加销售,提高市场占有率

首先,在网络上可提供全天候的广告及服务而不需增加多少开支。除了专业设计的计算机软件在不间断地全自动处理往来信息、统计、存档之外,还有计算机工程师全天候监控系统的运作,处理突发情况。这种 24 小时不间断的服务有利于增加企业与顾客的接触机会,更好地发挥潜在的销售能力。

其次,网络营销能把广告与订购连为一体,促成购买意愿。传统的广告与订购是分开的,虽然广告媒体可能抓住了顾客的注意力,使顾客产生了购买意愿,但需要顾客以另外的方式亲自购买,顾客就有可能因不便而未购买。而在网上,顾客可直接在线上下单,这便为顾客提供了更快速、更直接的购买渠道。

最后,通过互联网,可以即时连通国际市场,减少市场壁垒。互联网创造了一个即时全球社区,它消除了不同国家的企业与客户之间沟通的时间、地域障碍。同时,在网络环境下,是否能切实满足消费者的需求、是否有独特的创意成为生意达成的关键。这样减少了歧视和市场壁垒,带来了更多的公平。尤其为中小企业,特别是发展中国家的企业带来了更多的机会。

(4)通过互联网可以有效地服务顾客,满足顾客的需要

当今世界,买方市场已经形成,商业竞争日趋激烈。任何一家企业,要想取得竞争优势,就必须充分考虑顾客的需要,正所谓"得顾客心者方能得天下"。网络营销正是实现这一目标的极佳方式。

网络营销是一种以顾客为导向,强调个性化的营销方式。网络营销比市场营销的任何一个阶段或方式,都更能体现顾客的"中心"地位,顾客将拥有更大的选择自由。他们可根据自己的个性特点和需求,在全球范围内不受限制地寻找满意的商品。例如,一家销售户外活动商品的商家,在网络上开展定制旅行袋的业务,允许顾客利用 PC 和网络,自行设计或修改旅行袋的式样、颜色、材料、尺寸、装饰品和附件等,还可绣上自己的姓名或其他标志。这种方式相当新颖,充分满足了顾客的需求。

网络营销能满足顾客对购物方便性的需求,提高顾客的购物效率。在传统的购物活动中,顾客一般要经过引起需要—收集信息—看样—选择商品—确定所需购买的商品—付款结算—包装商品—取货(或送货)这一系列过程。这个过程中的相当部分是在售货地点完成的,再加上消费者为购买商品所占用的路途时间等,无疑需要付出很多时间和精力。同时拥挤的交通和日益扩大的店面也使消费者为购物耗费了更多的时间和精力。现代社会的快节奏不可能给消费者在购物方面留下如此多的时间和精力,因为人们越来越珍惜闲暇时间,越来越希望多从事一些有益于身心健康的活动,充分享受生活。网络营销的优势在于能够改变这种局面,使购物过程不再是一种沉重的负担。在销售之前,通过网络向顾客提供丰富生动的产品信息及相关资料,如质量论证、专家品评、用户意见等,而且界面友好清晰,有的甚至充满亲情,顾客在不受干扰的环境下,可以在理智地比较同类产品的方方面面后,做出购买决定。在买卖过程中,顾客无须花费时间去商场购物,不必为联系送货而与商场工作人员交涉。在网络上,这一切将会变得简单迅速,身在家中即可到虚拟商店游逛,用电子货币结算,省却了许多的麻烦。用户在购买后若发生问题,可以随时与卖家联系,得到来自卖方及时的技术支持和服务。

7.2 网络营销的方式

7.2.1 电子邮件营销

电子邮件营销是网络营销手法中最古老的一种,可以说电子邮件营销要早于绝大部分网站推广和网络营销。电子邮件营销,即 Email 营销(Email Direct Marketing,EDM),是在用户事先许可的前提下,通过电子邮件的方式向目标用户传递有价值信息的一种网络营销方式。电子邮件营销成功开展的三个前提:基于用户许可、传播媒介为电子邮件、信息具有价值。三个因素是缺一不可的,否则不能称为完整意义上的电子邮件营销。电子邮件营销是利用电子邮件与受众客户进行商业交流的一种直销方式。

【知识拓展】

电子邮件营销的起源还得追溯到 1994 年 4 月 12 日,一对从事移民业务的夫妇坎特和西格尔，把一封"绿卡抽奖"的广告信发到他们可以发现的 6 500 个新闻组，在当时引起疯狂的下载与转发。他们的"邮件炸弹"使很多服务商的服务处于瘫痪状态。后来两位律师在 1996 年还合作编写了一本书——*How to Make A Fortune on the Internet Superhighway*，书中介绍了他们的这次辉煌经历：通过互联网发布广告信息，只花了不到 20 美元的上网通信费用就吸引到了 25 000 个潜在客户，其中有 1 000 位转化为新客户，从中赚到了 10 万美元。他们认为，通过互联网进行电子邮件营销是前所未有的几乎无须任何成本的营销方式。然而现在看来，这种以未经用户许可而"滥发"邮件的行为并不能算是真正的电子邮件营销。1999 年，营销专家赛斯·高汀(Seth Godin)推出的《许可式营销》一书，对许可式邮件营销进行了全面系统的论述。后来，人们称赛斯·高汀为许可式营销之父。

资料来源：百度百科 http://www.baike.com/wiki/%E9%82%AE%E4%BB%B6%E8%90%A5%E9%94%80

(1)电子邮件营销的分类

在电子邮件营销实际中，其实存在着许多不规范的现象，不同形式的电子邮件营销也有不同的方法和规律。

1)按照是否经过用户许可分类

按照发送信息是否事先经过用户许可来划分，可以将电子邮件营销分为许可电子邮件营销和未经许可的电子邮件营销。未经许可的电子邮件营销也就是通常所说的垃圾邮件，正规的电子邮件营销都是基于用户许可的。

2)按照电子邮件地址的所有权分类

潜在用户的电子邮件地址是企业重要的营销资源，根据对用户电子邮件地址资源的所有形式，可将电子邮件营销分为内部电子邮件营销和外部电子邮件营销，或者叫内部列表和外部列表。

3)按照营销计划分类

根据企业的营销计划，可分为临时性的电子邮件营销和长期电子邮件营销。长期电子邮件营销通常以企业内部注册会员资料为基础，主要表现为新闻邮件、电子杂志、顾客服务等各种形式的邮件列表，其作用更多表现在顾客关系、顾客服务、企业品牌等方面。

4)按照电子邮件营销的功能分类

根据电子邮件营销的功能，可分为顾客关系电子邮件营销、顾客服务电子邮件营销、在线调查电子邮件营销、促销邮件等。

5)按照电子邮件营销的应用方式分类

按照是否将电子邮件营销资源用于为其他企业提供服务，电子邮件营销可分为经营型和非经营型两类。当以经营性质为主时，电子邮件营销实际上已经属于专业服务商的范畴了。

开展电子邮件营销需要一定的营销资源，获得和维持这些资源要投入相应的经营资源，当资源积累达到一定的水平，便拥有了更大的营销价值。积累的资源不仅可以用于企业本身的营销，也可以通过出售邮件广告空间直接获得利益。

(2)电子邮件营销的特点

1)范围广

随着国际互联网的迅猛发展，中国的上网总人数以达数亿之众。面对如此巨大的用户群，作为现代广告宣传手段的电子邮件营销正日益受到人们的重视。只要你拥有足够多的 Email 地址，就可以在很短的时间内向数千万目标用户发布广告信息，营销范围可以是中国全境乃至全球。

2)操作简单效率高

使用专业邮件群发软件,单机可实现每天数百万封的发信速度。操作不需要懂得高深的计算机知识,不需要烦琐的制作及发送过程,发送上亿封的广告邮件一般几个工作日内便可完成。

3)成本低廉

电子邮件营销是一种低成本的营销方式,所有的费用支出就是上网费,成本比传统广告形式要低得多。

4)应用范围广

广告的内容不受限制(符合相关法律法规),适合各行各业。因为广告的载体就是电子邮件,所以具有信息量大、保存期长的特点。具有长期的宣传效果,而且收藏和传阅非常简单方便。

5)针对性强、反馈率高

电子邮件本身具有定向性,可以针对某一特定人群发送特定的广告邮件;可以根据需要按行业或地域等进行分类,然后针对目标客户进行广告邮件群发,使宣传一步到位。这样做可使营销目标明确,具有较好的收效。

(3)电子邮件营销的优势与劣势

1)邮件营销人士利用邮件的优势

a. 利用邮件营销发展自己的潜在客户。互联网使营销人员看到无数的潜在和意向客户。

b. 低成本的投入可以得到高额的回报。花几百元购买一些邮件库,每天给库里的邮件发送。从 10 万个邮件中提取 10 个客户就算是高回报了。

c. 快速增加网站流量访问。通过密集且匿名的发送,即使无意点击到了邮件打开网页,也是网站的流量。

d. 节省公司成本。电子邮件的发送比传统信件传送可以减少 99%的费用。

2)从用户角度看电子邮件营销的劣势

a. 垃圾邮件的泛滥。由于许可电子邮件营销意识薄弱、电子邮件地址信息不准确、更新不及时、产品宣传的市场定位不准确等原因,许多消费者收到大量无价值商业性电子邮件。这样往往给消费者一种滥寄垃圾邮件的印象,从而损坏了电子邮件营销的形象。大量垃圾邮件的存在,显然已经影响了用户的信心,人们对于正规的邮件广告同样产生拒绝心理,这种状况已经严重危害电子邮件营销的发展。

b. 邮件的可信度不足。传统媒体如报纸、杂志、电视对广告信息的传播需要一些专门的机构进行操控才能进行,而电子邮件是人人都可以使用的媒体,每个人只要具有一个电子邮件账号就可以发布营销信息。这种传播者多元化的状况导致网上虚假广告越来越多,假新闻流传、色情泛滥、垃圾信息成灾,从而影响了网络媒体的可信度,降低了网络广告的促销效果。美国学者托马斯·约翰逊和芭芭拉·凯在《互联网与传统媒介信息可信度的比较》一文中指出:"多数分析家指出,互联网为任何人发表其意见开辟了一个无拘无束、不受限制的空间的事实可能会削弱已作为有信度的信源价值。"

c. 电子邮件的反馈有难度。尽管从理论上说可以对电子邮件的送达率、开信率、阅读率、转发率等给予详细跟踪记录,但实际上是做不到的,因为这种测量的基本原理是在 HTML 代码中加入一段跟踪代码，但这些代码往往被屏蔽，而对于纯文本格式的电子邮件，根本无法进行跟踪。因此实际上很难知道究竟有多少邮件被送达和阅读，这也就很难准确地说明电子邮件营销的效果到底如何。

(4)电子邮件营销需要注意的技巧

1)增加对邮件相关数据的统计分析

发邮件要进行相关数据统计，为邮件活动策划提供数据支持，对效果进行分析、改良，使电子邮件营销更加专业、科学。需要统计的数据如下：

a. 邮件到达率：分析我们发送的邮件究竟有多少真正到达了用户的信箱：邮件到达率＝(总发送量一收到退件提示的邮件量)/总发送量。

b. 邮件阅读率：在邮件内容中插入一张图片，URL 是由程序生成的，这样就可以由程序统计出该图片的展示次数，从而间接计算出邮件被打开的次数。如果在这张图片的 URL 中插入邮件地址参数，则还可以做到精确统计具体是哪个邮箱地址打开了邮件。

c. 链接点击率：判断哪些邮件的主人对我们推广的内容产生了兴趣，他们是我们高质量的目标受众和重点营销对象。

d. 转化率 ：用户收到邮件后行动转化的百分率。

2)提醒加入白名单

在订阅页面或者账号激活页面或者某个用户能看到的页面，要提醒用户将我们的邮件地址设置到白名单，这样有利于我们的邮件地址在对方邮件运营商那里建立信誉，同时也可保证我们日后的邮件畅通无阻。

3)邮件内包含退订链接

在邮件内应该有明显的退订链接或按钮，这样一来，如果真的被用户所反感，也可以轻松退订，而不是选择加入黑名单或者是向服务商投诉。如果被加入黑名单或投诉服务商则对企业的不良影响更大，更容易被封杀。

4)订阅成功后要有感谢

在用户收到的第一封确认邮件中要表示感谢。

5)明确告诉收件的频率，使用户建立心理预期

这样可以在一定程度上打消用户心理上的反感，树立企业负责任的形象，这样用户在心理上更容易接受企业。

6)关于防屏蔽技巧

a. 经常检测邮件 IP 地址是否进入黑名单。

b. 避免邮件内出现垃圾词汇。有一些词汇明显带有广告色彩，若出现的话则会被邮件运营商注意到，若经常出现的话则有被屏蔽的风险。

c. 减少夸张色，感叹号的使用。

d. 控制文字与图片的比例，图片数量不宜过多。

e. 提醒用户点击不是垃圾。

7)三封连发策略

权威统计表明，三封邮件连续发送的话，被用户浏览的概率是最大的。所以应该将同一封邮件在一日之内向用户发送三次。这样可以极大提高邮件浏览率。

8)吸引用户打开邮件

a. 调查显示，影响用户是否阅读一封邮件最重要的是对发件人是否信任。一般来说，应该如实地显示发件人地址，以给客户提供真实的信息。这样，一方面即使用户不打开邮件也可以在一定程度上起到宣传的效果，另一方面用户也可以根据发件人是否和自己有关来判断要不要阅读邮件内容。

b. 预览信息很重要。现在很多邮箱都带有邮件预览功能，如果用户预览时就认为这封邮件广告味太浓，那么肯定是不会打开的。一定要保证预览信息能够对用户产生足够的吸引力，至少不要引起用户的反感。

c. 标题个性化处理。如："小月月，移不动网络营销祝您情人节快乐！"或"小月月，你知道怎么创业最容易获得成功吗？"标题要包含用户的姓名或用户名等信息。

9）严格执行定期发送策略

成熟的电子邮件营销计划必须严格按照预先的频率定期发送，不能出现发完邮件间隔几个月没音信的情况。这样更容易使用户对企业建立信任，对留住用户十分重要，否则很可能因为用户连续几个月没有收到邮件而忘记企业，当企业几个月后再次发送邮件的时候，用户认为这是一封垃圾邮件。

7.2.2　病毒营销

病毒营销（Viral Marketing），又称病毒式营销、病毒性营销、基因营销或核爆式营销，是利用公众的积极性和人际网络，让营销信息像病毒一样传播和扩散，营销信息被快速复制传向数以万计、数以百万计的观众，它能够像病毒一样深入人脑，快速复制，迅速传播，将信息短时间内传向更多的受众。病毒营销是一种常见的网络营销方法，常用于进行网站推广、品牌推广等。也就是说，病毒营销是通过提供有价值的产品或服务，"让大家告诉大家"，通过别人为你宣传，实现"营销杠杆"的作用。病毒式营销已经成为网络营销最为独特的手段，被越来越多的商家和网站成功利用。

病毒营销也可以称为口碑营销的一种，它是利用群体之间的传播，让人们建立起对服务和产品的了解，从而达到宣传的目的。

（1）病毒营销的特点

1）有吸引力的"病原体"

之所以说病毒营销是无成本的，主要指它利用了目标消费者的参与热情，但渠道使用的推广成本依然存在，只不过目标消费者受商家信息的刺激自愿参与到后续的传播过程中，原本应由商家承担的广告成本转嫁到了目标消费者身上，因此对于商家而言，病毒营销是无成本的。

2）几何倍数的传播速度

大众媒体发布广告的营销方式是"一点对多点"的辐射状传播，实际上无法确定广告信息是否真正到达了目标受众。病毒营销是自发的、扩张性的信息推广，它并非均衡地、同时地、无分别地传给社会上每一个人，而是通过类似于人际传播和群体传播的渠道，产品和品牌信息被消费者传递给那些与他们有着某种联系的个体。例如，目标受众读到一则有趣的 flash，他的第一反应或许就是将这则 flash 转发给好友、同事，这样一传十，十传百，无数个参与的"转发大军"就构成了几何倍数传播的主力。

3）高效率的接收

大众媒体投放广告有一些难以克服的缺陷，如信息干扰强烈、接收环境复杂、受众戒备抵触心理严重。以电视广告为例，同一时段有各种各样的电视广告同时投放，其中不乏同类产品“撞车”现象，大大减少了受众的接受效率。而对于那些可爱的“病毒”，是受众从熟悉的人那里获得或是主动搜索而来的，在接受过程中自然会有积极的心态；接收渠道也比较私人化，如手机短信、电子邮件、封闭论坛等等（存在几个人同时阅读的情况，这样反而扩大了传播效果）。以上优势，使得病毒营销尽可能地克服了信息传播中的噪声影响，增强了传播的效果。

4）更新速度快

网络产品有自己独特的生命周期，一般都是来得快、去得也快。病毒营销的传播过程通常是呈 S 形曲线的，即在开始时很慢，当其扩大至受众的一半时速度加快，而接近最大饱和点时又慢下来。针对病毒营销传播力的衰减，一定要在受众对信息产生免疫力之前，将传播力转化为购买力，方可达到最佳的销售效果。

（2）病毒营销的基本要素

1）提供有价值的产品或服务

在市场营销人员的词汇中，“免费”一直是最有效的词语，大多数病毒营销计划用提供有价值的免费产品或服务来引起注意，例如，免费的 Email 服务、免费信息、免费“酷”按钮、具有强大功能的免费软件（可能不如“正版”强大）。“便宜”或者“廉价”之类的词语可以产生兴趣，但是“免费”通常可以更快引人注意。病毒营销市场人员从事的是报酬滞后的行业，他们今天或者明天不能盈利，但是如果他们能从一些免费服务中刺激高涨的需求兴趣，他们知道，将在“不久和余生”获利。

2）提供无须努力地向他人传递信息的方式

公众健康护士在流感季节提出严肃的劝告：远离咳嗽的病人，经常洗手，不要触摸眼睛、鼻子和嘴。病毒只在易于传染的情况下才会传播，因此，携带营销信息的媒体必须易于传递和复制，如：Email、网站、图表、软件下载等。病毒营销在互联网上得以极好地发挥作用是因为即时通信变得容易而且廉价，数字格式使得复制更加简单。从营销的观点来看，必须把营销信息简单化，使信息容易传输，信息越简短越好。

3）信息传递范围很容易从小向很大规模扩散

为了像野火一样扩散，传输方法必须从小到大迅速改变，HOTMAIL 模式的弱点在于免费 Email 服务需要有自己的邮件服务器来传送信息，如果这种战略非常成功，就必须迅速增加邮件服务器，否则将抑制需求的快速增加。如果病毒的复制在扩散之前就扼杀了主体，就什么目的也不能实现了，只要你提前对增加邮件服务器做好计划，就没有问题。你的病毒性模型必须是可扩充的。

4）利用公共的积极性和行为

巧妙的病毒性营销计划要利用公众的积极性。在网络的早期是什么原因使得“Netscape Now”按钮需求数目激增？是人们渴望酷的原因，贪食是人们的驱动力，同样，饥饿、爱和理解也是驱动力。通信需求的驱动产生了数以百万计的网站和数以十亿计的 Email 信息。为了传输而建立在公众积极性和行为基础之上的营销战略将会取得成功。

5）利用现有的通信网路

大多数人都是社会性的。社会学家告诉我们，每个人都生活在一个 8～12 人的亲密网络之中，网络之中可能是朋友、家庭成员和同事。根据在社会中的位置不同，一个人的关系网络中可能包括几十、几百或者几千人。例如，一个服务员在一星期里可能定时与数百位顾客联系。网络营销人员早已认识到这些人类网络的重要作用,无论是坚固的、亲密的还是松散的关系网络。互联网上的人们同样也发展关系网络,他们收集电子邮件地址以及喜欢的网站地址,把自己的信息置于人们现有通信网络之中,迅速地把信息扩散出去。

6)利用别人的资源

最具创造性的病毒营销计划是利用别人的资源达到自己的目的。例如会员制计划,在别人的网站设立自己的文本或图片链接,提供免费文章的作者,试图确定他们的文章在别人网页上的位置,一则发表的新闻可能被数以百计的期刊引用,成为数十万读者阅读文章的基础。别的新闻或网页转发你的营销信息,耗用的是别人的而不是你自己的资源。

【知识拓展】

2017 年最具现象级的网红非《办公室小野》莫属了,《办公室小野》是国内首例真正具备国际影响力的原创短视频,以办公室料理为题材,创作了很多轻松搞笑的美食制作视频,其创作者小野全网粉丝已超过 2 000 万,其中约 500 万来自海外。

让办公室小野地位急速飙升的,正是这 500 万海外粉所带来的国际影响力。在 Facebook 平台,根据官方披露的数据,办公室小野同样打破平台的增速纪录,成为亚太区粉丝第一的视频博主,同时也是亚太地区 Facebook 粉丝数第三的博主,仅次于阿信和周杰伦。

在众多国内创作者遭遇天花板时,办公室小野另辟蹊径,开辟了国际化路线,个人 IP 的含金量和品牌价值让众多同行们遥不可及。

资料来源:搜狐网 http://www.sohu.com/a/229296110_99919463

7.2.3　即时通信营销

即时通信营销(Instant Messaging),又叫 IM 营销,是企业通过即时工具 IM 推广产品和品牌,以实现目标客户挖掘和转化的网络营销方式。

企业 IM 营销不等于 IM 单独的广告,本书所谈的 IM 营销,主要还是指以 IM 平台为载体,进行广告发布或事件营销以及售前售后服务等活动。对于企业而言,由于受企业自身因素影响,IM 广告并不是企业利用 IM 平台的首选。企业在用到 IM 平台时,需与企业产品以及企业自身相结合。中小企业 IM 营销需要符合中小企业的需求特征,那就是讲究投资回报率,注重营销效果。

IM 营销不是简单的即时通信营销。IM 作为即时通信工具,其最基本的特征就是即时信息传递。对于被动展示信息模式的网站营销而言,IM 营销能够弥补其不足,同潜在访客进行即时互动,并能够主动发起沟通交流,有效扩大营销途径,使流量利用最大化。由此可见,IM 营销不是简单的即时通信营销,而是以 IM 为载体获取商机的高级营销活动。

IM 营销的即时性是基本特征。顾名思义,即时性就是指在最短时间内给客户提供需要的服务。这种情况主要体现在一些较为大众化的商品之间的竞争,比如汉堡和披萨,它们往往在最后比较的并非食品的味道,而是谁能最快地将食品送到客户的手中,以取得客户最好的评价。此外通过即时通信工具来进行即时的下单和沟通也可以促进销售量的增加,这也是一种最快将流量转化为收益的方式。

(1)IM 营销的优势

1)交互强

不论是哪种 IM 平台,都拥有各自庞大的用户群体,并且这些用户群体在某些方面都极其相似，即平台可以让企业在最短时间内掌握信息，运用各种不同的营销方式始终掌握主动权，主动精准展示品牌、产品和服务等信息。但过多的 IM 展示会让消费者产生疲劳感，此时需要巧妙利用 IM 的各种交互应用工具，比如说虚拟形象服务秀、IM 聊天表情等，将产品信息的发送与这些信息进行搭配，让消费者没有抵触情绪，并且用户也会乐于参与这种互动，乐于进行传播。没有抵触下的浏览才会带来潜在的消费者。

2)营销成功率高

对 IM 平台上的网民可以进行不同的分类，如年龄、职业、性别、地区、爱好等，不同类型的人群能够在同一个平台上出现，说明他们之间具有相似性。针对特定人群，发送专门的信息，诱导客户进行点击和访问，并且能够促使网民参与传播和讨论，这样能使营销效果达到最佳。IM 是随着互联网的兴起而存在的，无地域、无时空的限制，通过网络找到同类型的网民是非常便捷的。只要运用得好，IM 的营销成功率是非常高的。

3)传播范围大

正因为 IM 是在互联网基础上发展起来的，所以其传播范围会很广。IM 工具最大的特点就是能联结成一张非常庞大的关系网络，在这张关系网下，好友之间有很强的信任感。只要企业操作得当，很多时候 IM 传播的信息远比口碑传播的信息要多得多。

4)IM 的关联性强

IM 工具发展到现在，俨然已经成为流量的入口和出口。IM 是平台，要想利用这个平台，平台提供者会强加给用户一些信息，这些信息都具有很大的关联性，这些信息会增加 IM 的聚集性，很多时候，信息的关联性是信息传播的途径之一。

IM 具有营销价值最主要的原因之一还是 IM 能聚集大批用户，用户是一切营销活动的基础，没有用户做后盾，任何方法都显得无能为力。正因为此，越来越多的企业关注到 IM 领域。随着计算机技术不断发展，IM 在功能和形式上发生了很大变化。对于转型的企业而言，IM 营销是必不可少的。

(2)IM 类别分析

根据即时通信的应用范围及其组成不同，可以将 IM 即时通信工具分为以下几类。

1)个人 IM

个人 IM 主要是以个人用户为主，非营利性，方便聊天、交友、娱乐，例如腾讯 QQ、新浪 UC、百度 HI、移动飞信等即时通信工具。这类工具可以单独使用，也可以负载在企业网站上，大多数都是免费的，在免费过程中提供相关增值服务。

2)商务 IM

此处的商务泛指业务往来关系。商务 IM 以阿里旺旺诚信通、阿里旺旺淘宝版为代表。商务 IM 主要是为了用户在寻找到信息后方便沟通和交流，便于商务联系，降低企业沟通成本。此类 IM 在买卖双方信息交流等方面可以发挥很大作用。

3)企业 IM

企业 IM 有两种，一种主要是为了方便企业内部交流，保守企业机密内容而设置的，旨在提高企业工作效率。另一种以即时通信为基础，系统整合各种实用功能，如腾讯提供的企业 QQ。

4)行业 IM

行业 IM 主要是在行业内交流和应用的软件，应用范围比较窄，不被大众所知。例如盛大圈圈，主要在网游圈内盛行。行业 IM 也包括行业网站所推出的 IM 软件，如化工类网站推出的 IM 软件。行业软件主要依赖于单位购买或定制的软件。

(3)IM 与客户关系管理整合提供的营销与服务

IM 与客户关系管理(Customer Relationship Management，CRM)的整合，最关键的是能够基于 IM 号码来识别唯一客户，IM 客服代表利用 IM 与客户沟通时可以同时调阅 CRM 系统的相关信息，或者企业提供 IM Bot(机器人)来自助服务，基于 CRM 系统向客户提供全方位服务。IM Bot 可以利用菜单生成器，类似于我们拨打电话银行的语音流程，通过不同的菜单进行导航和交互，让客户进行选择或者主动提醒客户。数据库查询可以实现与各种后台数据库进行交互，比如知识库、订单、产品目录等等的数据查询交互。当然，也可以为垂直行业设计其他类型的 IM Bots，特定的 Bots 根据行业经验创建，确保基于 IM 的解决方案满足通用的行业需求。

客户服务方面，客户可以通过 IM 或者 Web IM 来提交服务请求，IM Bot 会自动进行回复或者分派到相应的服务代表、服务团队进行处理，或者从知识库中进行自动响应。

营销方面，企业可以通过 IM Bot 向指定的客户群或者一对一地进行 IM 营销提醒或者推广、促销，包括简单的文本消息、复杂的带有菜单选项的消息，或者是富媒体形式的音频、视频等 IM 消息，也可以进行交互的营销调查、客户反馈等活动。

销售方面，客户可以通过 IM 进行产品预订或者服务预约，IM Bot 可以根据客户在 IM 里面的选择自动进行报价，并且可以接受通过 IM 的订单，以及举办由 IM Bot 主持的拍卖等。

客户沟通方面，可以提供企业员工和团队间的协同以及客户群组间的自发协同，包括提醒、群聊、文档共享、交付等等。

这一切，都需要将 IM 与 CRM 无缝连接起来，通过 IM 识别唯一的客户，从而基于 CRM 系统和数据库为客户提供全面的服务和营销沟通。

7.2.4　BBS 营销

BBS 是 Bulletin Board System 的缩写，即电子公告板。它是以文字为主的界面，为广大网友提供了一个彼此交流的空间。BBS 与 Email 都是早期 Internet 最普遍的应用之一，至今仍然广泛使用。BBS 的每个用户都可以在上面书写，可发布信息或提出看法。大部分 BBS 由教育机构、研究机构或商业机构管理。像日常生活中的黑板报一样，电子公告板按不同的主题分成很多个布告栏，布告栏的设立是以大多数 BBS 使用者的要求和喜好为依据的，和一般论坛一样。

BBS 营销就是利用论坛这种网络交流的平台，通过文字、图片、视频等方式发布企业的产品和服务的信息，从而让目标客户更加深刻地了解企业的产品和服务。最终达到宣传企业的品牌、加深市场认知度的网络营销活动。

(1)论坛营销的优势

1)话题具有开放性、内容具有互动性

几乎所有公司网站的营销诉求都可以通过论坛得到有效的传播。论坛发帖、跟帖、回复等功能，能够有效地调动广大网友与网站之间的互动，增进网站与目标客户之间的感情，使网站的营销信息得到更为有效的传播。

2)行业具有精准性、事件具有传播性

通常来说，论坛的行业性和专一性非常强，并且版块分类清晰，网站可以根据自己的产品或服务的类型，在相应的版块内发帖，从而精准营销推广，进行快速传播。

3)成本低、见效快

注册论坛账号、发帖、回帖等都是免费的，作为网络营销的工具，论坛营销推广的成本很低，几乎可以忽略不计。不过，论坛营销对发帖者对话题的把控能力、创新能力以及沟通交流能力要求很高，需要人力长期去维护。

4)权重高、排名好

在论坛中发布网站链接，相当于论坛对网站进行投票。在高权重的论坛内发布外链，能够在一定程度上拉动网站自身权重的提升，同时也提升了网站关键词的排名。

(2)论坛营销的方法

1)寻找目标市场高度集中的行业论坛，知己知彼，方能百战百胜

在进行论坛营销时，首先要对本身所在的行业进行一个透彻的分析，根据分析得出的结果寻找所在行业的一些著名论坛和主题论坛。据了解，在主题集中的论坛上进行论坛营销，往往会起到事半功倍的效果。

2)参与论坛，建立权威

在论坛营销的前期，为了打响企业知名度，建立权威性，要积极在论坛上参与讨论、发表意见和看法，同时也要时刻留意其他会员的动态。当你发现其他会员有问题和困难的时候，应主动出击，积极帮忙。久而久之，热心助人的你一定会在各位会员的心目中建立起一个权威的形象。权威性建立后，在这时候推广产品和服务，其可信度一定会大大提高。

3)不要发广告

不要在论坛上发广告，尤其是广告性很强的广告。据了解，基本上所有的网民都会排斥论坛上的广告，而且会对发广告的人产生抵触心理。为了避免被会员排斥甚至封账号，切勿在论坛上发广告。

4)在论坛签名中促销

论坛签名是一个比较好的促销平台，当然促销的效果跟签名的吸引力密切相关。打造一个个性化的签名，在论坛签名中插进产品和服务的介绍，并且在论坛中留下签名链接，加大宣传的力度。这样可以让有意者看到你的产品和服务，并主动和你联系。

5)个人图像和免费推广位

在论坛注册后，制作一张尺寸大小适中的广告图片作为个人图像，加大公司的曝光率。与此同时，也方便看帖的朋友了解你的信息，达到广告宣传的效果。有些论坛的主题会有一个免费的广告位，可以利用这个广告位刊登产品、服务信息，充分达到了推广营销的效果。

(3)论坛营销的技巧

1)收集整理论坛

对所收集的论坛进行分类(如娱乐、地区、女性、财经、综合等)及属性标注(如人气、严肃程度、是否支持可链接 URL)。

2)注册账号

注册统一的中文账号，以提高后续发帖效率。注册账号要求所有账号资料必须填写完整，必须上传头像，并且用户名必须使用中文，这样可以使账号更加正式，增强账号的可信度。

为了制造气氛，需要注册大量“马甲”，这是保证炒作的前期条件。通常如果是强势品牌炒作，可能仅需要少量“马甲”即可引起用户自发讨论，如果还不算是强势品牌，就需要更多的“马

甲”，投入更多的人力。

3)发布主题

将事先撰写好的软文发布到论坛相应的版块，要求找准版块并分析版块内容及气氛，防止主题与版面内容偏差太大，导致高删帖率。必要时可根据版面内容调整文章标题或内容，使软文最大限度贴近主题。

4)跟踪及维护

主题发布后，将主题 URL 整理成文档存放，以便后续效果分析及维护。主题发布后，要做到定期回访主题。回访项目包括：检查主题是否被删除、是否被执行管理操作(如加精、提升、置顶、掩埋)，是否有人回复提出问题或者质疑，回复用户的疑问，顶贴。

5)账号维护

对于热门论坛，需要培养高级账号。使用该高级账号与论坛成员建立互动关系，提高账号知名度、美誉度、权威性，使该账号成为该社区的舆论领袖，从而使由该账号发布的主题更具说服力。

6)效果评估

效果评估参数有发布论坛数、发布主题数、帖子浏览量、帖子回复量、帖子被加精、置顶、删帖率等。

【知识拓展】

BBS 营销的六大关键

关键一，推广论坛。这是开始论坛营销的必要条件，首先，站长们要有自己的论坛推广团队，那么，你的团队成员要去一些大型的、人气比较高的论坛推广自己的论坛，增加曝光度。也可以按照论坛营销的产品不同，去相关的论坛建立“马甲”，从而更能针对性地推广。

关键二，吸引人气。站长们如果把第一步做好，吸引到人气。那么，接下来需要维护自己论坛的人气。不知道站长们有没有发现，你们的论坛注册率很高，但是，发帖子的可能就一个人而已，甚至于很多帖子只有一个楼主，都没有去回复。这样的话，是论坛管理做得不到位。

举例说明：一位朋友因为特别喜欢你的论坛，慕名加入以后，发了一些自己的心得或感想，就算不是什么好的信息，但是，只要不是广告，那么，发了一周时间，没有人看，一个月没有人看，你觉得在一个月以后，这位朋友是否还会记得你的论坛？所以说，你的论坛的人气虽然在注册上一点点升温，但是，却因为你没有好好管理，人气一点点流失。

关键三，话题营销。对于论坛营销来说，话题营销是一个非常好的方法，每天找到一个大家比较热衷的话题，再让管理员们都参加。像是一个论坛管理至少二三十人，那么，这二三十人再去互动，每个人互动二三十次，那么，今天的话题营销至少回复达到几百，天长日久，还愁没有人气吗？这样的话题营销不仅仅是在增加你的论坛的曝光度，同时，也是一种很好的营销论坛的方式。很多论坛采用这样的方式在做，效果的确是很好的。

关键四，正确引导回帖。如果之前你采用话题来营销一个论坛，那么，你一定会遇到争论。其实，对于争论来说，是一件好事情，因为，你可以通过争论增强你的论坛互动性与曝光率，特别是不知名企业，通过论坛途径演变成大范围病毒营销。但是，如果适得其反，就会给你的论坛带来不好的影响。

举例说明：有的论坛会用一些比较热门的话题来讨论，这样的话题必然会引起很大的分歧，然而，作为一个论坛的管理者，如果你掺和进去，甚至出现过激的行为，这首先给网友们一个不好的印象，朋友们不会觉得你这个管理员做得不到位，而是这个论坛做得不好，连最起码的都做不好。既然作为一个管理员，你需要知道自己的行为和说辞是一个官方的形象。

在做论坛营销的时候，千万不要拿石头砸自己的脚。

关键五，多增加新内容。这点，相信站长们都是做这行的，很了解内容对于一个网站的意义有多大。如果一个论坛没有得到很好的管理，那么，你凭什么要求网友们廉价地为你服务呢？管理论坛应积极鼓励版主多发帖子，这样才能带来更多的新鲜血液。

关键六，你真的喜欢这个论坛吗？这是对一个论坛最重要的。

资料来源：百度百科 https://baike.baidu.com/item/%E8%AE%BA%E5%9D%9B%E8%90%A5%E9%94%80/493659?fr=aladdin

7.2.5 微信营销

微信营销是伴随微信的火热而兴起的一种网络营销方式，是网络经济时代企业或个人营销模式的一种。微信不存在距离的限制，用户注册微信后，可与周围同样注册的“朋友”形成一种联系。用户订阅自己所需的信息，商家通过提供用户需要的信息，推广自己的产品，从而实现点对点的营销。

微信已经成了当下最火热的互联网聊天工具，用户规模发展惊人。基于腾讯微信的微信营销主要指通过安卓系统、苹果系统的手机或平板电脑中的移动客户端进行的区域定位营销。商家通过微信公众平台，结合微信会员管理系统展示商家微官网、微会员、微推送、微支付、微活动，形成一种主流的线上线下微信互动的营销方式。

(1)微信营销的特点

首先，通过微信开放平台，应用开发者可以接入第三方应用，还可以将应用的LOGO放入微信附件栏，使用户可以方便地在会话中调用第三方应用进行内容选择与分享。在微信公众平台上，每个人都可以用一个QQ号码打造自己的微信公众账号，并在微信平台上实现和特定群体的文字、图片、语音的全方位沟通和互动。例如，“美丽说”的用户可以将自己在“美丽说”中的内容分享到微信中，可以使一件“美丽说”的商品得到不断传播，进而实现口碑营销。

其次，微信营销是点对点的精准营销。微信拥有庞大的用户群，借助移动终端、天然的社交和位置定位等优势，每个信息都是可以推送的。它能够让每个个体都有机会接收到信息，继而帮助商家实现点对点精准化营销。

最后，可以运用二维码与位置功能。用户可通过扫描识别二维码来添加朋友、关注企业账号；企业则可以设定自己品牌的二维码，用折扣和优惠来吸引用户关注，开拓O2O的营销模式。

总之，微信的点对点产品形态注定了它能够通过互动的形式将普通关系发展成联合关系，从而产生更大的价值。

(2)微信营销的模式

1)草根广告

微信中基于移动位置服务(Location Based Service，LBS)的功能插件“附近的人”可以让更多陌生人看到这种强制性广告。用户点击“附近的人”后，可以根据自己的地理位置查找到周围的微信用户。在这些附近的微信用户中，除了显示用户姓名等基本信息外，还会显示用户签名档的内容。用户可以利用这个免费的广告位为自己的产品打广告。营销人员在人流最旺盛的地方后台 24 小时运行微信，如果“附近的人”使用者足够多，随着微信用户数量的上升，那么这个简单的签名栏可能会变成移动的“黄金广告位”。

2)品牌活动

“漂流瓶”移植到微信后，“漂流瓶”的功能基本保留了原始简单、易操作的风格。微信官方可以对“漂流瓶”的参数进行更改，使得合作商家推广的活动在某一时段内抛出的“漂流瓶”数量大增，普通用户“捞”到的概率会增加。加上“漂流瓶”模式本身可以发送不同的文字内容甚至是语音、小游戏等，如果营销得当，也能产生不错的营销效果，而这种语音的模式，也让用户觉得更加真实。但是如果只是纯粹的广告语，则很容易引起用户的反感。

3)O2O 折扣

二维码发展至今，其商业用途越来越多，所以微信就顺应潮流结合 O2O 展开商业活动，将二维码图案置于取景内，然后用户将可以获得会员折扣、商家优惠看成是一些新闻资讯。移动应用中加入二维码扫描，这种 O2O 方式早已普及开来，坐拥上亿用户且活跃度足够高的微信，价值不言而喻。

4)互动营销

微信作为一种移动互联网上不可忽视的营销渠道，渠道更加细化和直接。

5)微信店铺

这里并非微信“精选商品”频道升级后的腾讯自营平台，而是由商户申请获得微信支付权限并开设微信店铺的平台。截至 2013 年年底，公众号要申请微信支付权需要具备两个条件：第一必须是服务号；第二需要申请微信认证，以获得微信高级接口权限。商户申请了微信支付后，才能进一步利用微信的开放资源搭建微信店铺。

(3)微信营销的技巧

1)充分利用独特的语音优势

微信不仅支持文字、图片、表情符号的传达，还支持语音发送。如果用户疲于打字发信息，就可以直接通过微信发语音信息。每一个人都可以用一个 QQ 号码打造本人的一个微信公众号，并在微信平台上完成和特定集体的文字、图片、语音的全方位交流、互动，但是，如果把微信当成一种营销方式的话，直接的语音信息的传达既是优势也有可能成为一大失误。因为语音的发送既要求传达者声音甜美，也要求有特定的知识积累。

2)充分利用定位功能

微信也具备 LBS 功能，在微信“附近的人”插件中，用户可以查找本人所处地理方位邻近的微信用户。该功能除了显现邻近用户的名字等基本信息外，还会显现用户签名档的内容。商家也可以运用这个免费的广告位做宣传乃至打广告。但微信便利的定位系统也暴露了用户的具体位置，很有可能使一些不法分子有机可乘。

3)充分利用高端用户

微信用户主要分布在一线大城市，多为年轻人、白领阶层、高端商务人士、时尚一族。这一强大的优势使很多企业的营销有了更好的方向，特别是针对白领的产品。

4)充分利用稳定的人际关系

微信用户通常是真实的、私密的、有价值的。微信关注的是人，人与人之间的交流才是这个平台的价值所在。微信基于朋友圈的营销能够使营销转化率更高。但微信基于隐私的保护，会使用户看不见朋友的朋友与他的谈话，而查看“附近的人”这个功能会使自己的相册暴露在任何一个陌生人面前。熟人社区和陌生人交友，这两个极端的关系链混合在一起，让朋友圈这个产品的定位变成一个艰难的决定。

5）充分利用移动客户端

截至 2017 年 12 月，中国手机网民规模达到 7.24 亿人，智能手机普及率很高。微信用户主要集中在安卓系统和苹果系统，都属于智能系统。为此，基于移动客户端安卓系统和苹果系统安装的微信软件具有全国任意位置附近人自动打招、添加好友、添加通讯录、通讯录群发广告信息、摇一摇等智能营销功能，大大提升了企业移动营销的能力。微信从诞生的第一天起，就只有移动互联这一个方向，腾讯的技术平台能力，以及腾讯在电商、团购等领域的经验也有助于其快速整合。

6）充分利用信息推送

一般公众账号，可以群发文字、图片、语音三类内容。微信公众账号可以经过后台的用户分组和地域操控，完成精准的音讯推送。经过认证的账号则有更高的权限，不仅能推送单条图文信息，还能推送专题信息。值得注意的是，微信的信息推送服务难免会步微博的后尘，产生很多使用户反感的垃圾信息。

7.2.6 视频营销

为什么土耳其冰淇淋能够在短视频平台上那么火？为什么海底捞的新吃法能够引发消费者竞相模仿？为什么答案茶能够在茶饮品类中脱颖而出？其实就是选对了营销平台和方法！抖音主打短视频社交媒体属性，制作成本低、传播效率快、覆盖范围广，商家可以通过平台快速聚集人气，打响知名度。短视频作为适合移动端的新媒介，已经成为移动互联网时代新的流量洼地。内容丰富而有趣的短视频，在时间碎片化的年代也更符合人们的消遣需求。

视频营销是指主要基于视频网站为核心的网络平台，以内容为核心、创意为导向，利用精细策划的视频内容实现产品营销与品牌传播的目的；是“视频”和“互联网”的结合，具备二者的优点；既有电视短片的优点，如感染力强、形式内容多样、创意新颖等，又有互联网营销的优势，如互动性、主动传播性、传播速度快、成本低廉等；既有由专业团队制作的精美“微电影”，如益达口香糖的视频广告，又有中小企业的独立制作、小型外包甚至众包。

视频包含电视广告、网络视频、宣传片、微电影等各种方式。视频营销归根到底还是营销活动，因此成功的视频营销不仅要有高水准的视频制作，更要发掘营销内容的亮点。

(1)视频营销的优点

1）成本低廉

相比传统广告，动辄投入几百万、上千万的广告费用而言，视频营销只需要几千元就可以搞定。只需要一个好的创意、几名员工，就可以做出一个好的短视频，免费放到视频网站上进行传播。

2）目标精准

网络营销与传统营销方式相比，最大的不同就是能比较精准地找到企业想要找的潜在消费者。作为网络营销新兴的方式之一，视频营销更精准地发挥了这一特性。视频更有利于搜索引擎的优化，只要设置好关键词，视频往往会在搜索引擎结果中获得更好的排名。由于访客是有需求从而主动搜索的，因此这些都是精准流量。这相比传统营销的广撒网，精准程度要高得多。

3)效果更好

在文字、图片、音频、视频这四种形式中,视频涵盖了前三种形式,它将文字、图片、声音三者立体展现出来,形成形式丰富多样的视频。这种立体表现形式效果对人的视觉和大脑感官冲击力,并不是图文广告所能比拟的。一个内容价值高、观赏性强的视频,在让顾客全方位了解产品的同时,也会锁住顾客的心,与图片、文字、音频相比,视频更能造成人的情绪化反应,更能引起用户的情感共鸣。

4)互动+主动

互联网营销具有互动性,这一点也被视频营销所继承。视频作者在发布视频的时候取好标题很关键,这可以引发用户对之感兴趣并进行评论、转发,增加互动性。甚至网友还可以把他们认为有缺点或者认可的视频转发到自己的博客或其他社交平台中去,让视频进行主动性的"病毒式传播",这一优势是电视广告所不具备的。

5)传播快、复制难

在网络营销中,把所发布的信息变成完全属于自己的产品才是王道。在这点上,文字、图片都可以被轻易复制,但视频却很难被复制,在视频里打上网站信息和公司标识(LOGO),并在操作编辑时不间断地插入公司的联系方式等,别人就很难复制了。同时,视频转发非常方便,只要将视频的网址进行复制粘贴,通过其他网络渠道转发就可以进行快速传播。例如,2016年,令所有网民深度中毒的洗脑神曲《PPAP》,短时间内被无数网民疯狂转发和传播,瞬间成为"神曲"。

(2)视频发布的渠道

1)在线视频渠道

一些专门的视频网站,播放量主要靠搜索或者小编推荐来获得。如爱奇艺、优酷、腾讯视频等。

2)资讯客户端

这类渠道播放量更多的是通过自身系统的推荐机制来获得。如今日头条媒体平台、企鹅媒体平台、一点资讯等。

3)短视频渠道

这类渠道粉丝的多少对播放量影响比较大。如美拍、秒拍、抖音、快手等。

4)社交平台

这类渠道的传播性比较强。如QQ空间、微博、微信等。

【知识拓展】

百度"唐伯虎":中国最早成功的视频营销

在中国,第一个利用网络视频做营销的案例似乎已经不可考,但百度的"我知道你不知道我知道你不知道我知道你不知道"的"唐伯虎"视频宣传片,应该属于早期非常有名的视频营销案例之一。

这个视频的完成和开始传播的时间大致是在2005年的第三季度,此时YouTube也是刚刚成立不到一年,更遑论中文的视频网站。但这段视频流传得很广,当时主要的传播渠道是BBS。

"唐伯虎"是一段非常草根的视频短片,主角看上去是一个周星驰版的唐伯虎,利用中国经典断句难题"我知道你不知道我知道你不知道我知道你不知道",狠狠地嘲弄了那个只晓得"我知道"的老外。最终老外吐血倒地,一行大字打出:百度,更懂中文。

稍微接触过两大搜索引擎的人都可以看出这段视频是对 Google 的嘲弄。这个通常无法在电视渠道播放,它所产生的病毒化绝对是传统的电视广告无法想象和做到的事情。

资料来源:梅花网 https://www.meihua.info/a/61322

7.3 网络促销策略

网络促销是指利用现代化的网络技术向虚拟市场传递有关产品和服务的信息,以启发需求,引起消费者的购买欲望和购买行为的各种活动。它突出地表现为以下三个明显的特点:①网络促销是通过网络技术传递产品和服务的存在、性能、功效及特征等信息的。它是建立在现代计算机与通信技术基础之上的,并且随着计算机和网络技术的不断改进而改进。②网络促销是在虚拟市场上进行的。这个虚拟市场就是互联网。互联网是一个媒体,是一个连接世界各国的大网络,它在虚拟的网络社会中聚集了广泛的人口,融合了多种文化。③互联网虚拟市场的出现,将所有的企业,不论是大企业还是中小企业,都推向了一个世界统一的市场。传统的区域性市场的小圈子正在被一步步打破。

7.3.1 网上折价促销

折价亦称打折、折扣。网上直接折价促销是目前网上最常用的一种促销方式,指的是在目标顾客购买产品时,所给予不同形式的价格折扣之促销手段。这种活动形式是在网上通过使用折扣券、商品特卖或者限时折扣的方式,让消费者以低于商品的原本价格购买该商品。

电子商务自身存在的某些缺陷,造成网上购物的积极性没有传统购物那么大,而幅度比较大的折扣可以弥补这一不足,促使消费者进行网上购物的尝试并促成购买行为。2011 年初开始,各大电子商务网站都亮出了自己的价格促销牌,如京东商城的 618 大促销、当当网的春季特价书、淘宝的双十一等一批促销活动专题,价格优势非常明显。

(1)网上折价促销的优点

a. 网上商品的价格一般都要比传统方式销售时要低,能够吸引人们购买。

b. 容易引起消费者的注意,并有效促使消费者购买,特别是对于日用消费品来说。

c. 通过直接的商品折价,还能塑造消费者以"最低的花费买到较大、较高价值产品"的印象,能够淡化竞争者的广告及促销力度。

d. 能够吸引已试用过的消费者再次购买,以培养和留住既有的消费群。

(2)网上折价促销的缺点

a. 网上销售商品不能给人全面、直观的印象,也不可试用、触摸,容易使消费者在购买时产生犹豫和不放心的心理。

b. 配送成本和付款方式的复杂性,造成网上购物和订货的积极性下降。

c. 网上直接价格折扣容易使消费者对商品品质产生怀疑。

d. 不能解决根本的营销困境,只可能带来短期的销售提升,不能解决市场提升的深层次问题。

e. 容易引发竞争对手的反击,导致价格竞争,造成两败俱伤的结局,不利于企业和行业的长远发展。

【知识拓展】

方案 1 错觉折价——给顾客不一样的感觉

例:"花 100 元买 130 元商品",错觉折价等同打七折,但却告诉顾客我是优惠不是折扣货品。

方案 2 一刻千金——让顾客蜂拥而至

例:超市"10 分钟内所有货品 1 折",客户抢购的是有限的,但客流却带来无限的商机。

方案 3 超值一元——舍小取大的促销策略

例:"几款价值 10 元以上的货品以超值一元的活动参加促销",虽然这几款货品看起来是亏本的,但吸引的顾客却可以以连带销售方式来销售,结果利润是反增不减的。

方案 4 临界价格——顾客的视觉错误

例:10 元改成 9.9 元,这是普遍的促销方案。

方案 5 阶梯价格——让顾客自动着急

例:"销售初期 1～5 天全价销售,5～10 天降价 25%,10～15 天降价 50%,15～20 天降价 75%"这个自动降价促销方案是由美国商人爱德华·法宁发明的。表面上看似"冒险"的方案,但因为抓住了顾客的心理,对于店铺来说,顾客是无限的,选择性也是很大的,这个顾客不来,那个顾客就会来。但对于顾客来说,选择性是唯一的,竞争是无限的。自己不去,别人还会去,因此,最后投降的肯定就是顾客。

方案 6 降价加打折——给顾客双重实惠

例:"所有光顾本店购买商品的顾客满 100 元可减 10 元,并且还可以享受八折优惠"先降价再打折。100 元若打 6 折,损失利润 40 元;但满 100 元减 10 元再打 8 折,损失 28 元。但力度上双重的实惠会诱使更多的顾客销售。

资料来源:搜狐网 https://www.sohu.com/a/49767198_264160

7.3.2　网上赠品促销

戴尔公司经常使用 PC 产业喜欢采用的营销技巧——免费赠品,以吸引客户并对竞争者使出杀手锏。戴尔电脑公司对一些笔记本电脑和台式机用户提供免费的 MP3 播放机、CD 刻录机和 DVD-ROM 免费升级及其他东西。卓越网也曾推出赠品促销,购书满 129 元免费送超级畅销书。

赠品促销也是目前常用的促销手段之一,一般在新产品推出试用、产品更新、对抗竞争品牌等情况下,利用这种促销手段可以达到比较好的促销效果。

(1)赠品促销的优点

a. 可以提升品牌和网站的知名度。

b. 鼓励人们经常访问网站以获得更多的优惠信息。

c. 能根据消费者索取赠品的热情程度,从而总结分析营销效果和消费者对产品本身的反应等情况。

(2)赠品促销应注意赠品的选择

a. 不要选择次品、劣质品作为赠品,这样做只会适得其反。

b. 明确促销目的,选择适当的能够吸引消费者的产品或服务。

c. 注意时间和时机,注意赠品的时间性,如冬季不能赠送只在夏季才能用的物品,另外在危急公关等情况下也可考虑不计成本的赠品活动以挽回公关危急。

d. 注意预算和市场需求，赠品要在能接受的预算内，不可过度赠送而造成营销困境。

【知识拓展】

满额赠：消费达到一定额度，则赠送相应东西给用户，赠送内容一般是特定赠品，例如消费满 1 000 元送围巾。

满件赠：消费达到一定件数，则赠送相应东西给用户，赠送内容可以是相同商品，例如满 2 件送 1 件。

设置内容包括：活动名称、活动时间、满赠方式、活动商品、赠品。

资料来源：人人网 http://zhan.renren.com/pigcmscn?gid=3602888498067140117&from=post&checked=true

7.3.3 网上抽奖促销

抽奖促销是大部分网站乐意采用的促销方式。抽奖促销是以一个人或数人获得超出参加活动成本的奖品为手段进行商品或服务的促销，网上抽奖活动主要附加于调查、产品销售、扩大用户群、庆典、推广某项活动等。消费者或访问者通过填写问卷、注册、购买产品或参加网上活动等方式获得抽奖机会。

(1)抽奖促销的形式

1)一次抽奖形式

消费者凭借购物发票或者其他凭证参加抽奖，根据预先设定的方案，中奖者领取奖品。购物发票或者凭证在参加一次抽奖活动后，就失去抽奖效用，消费者不再享有参加抽奖的资格。

2)多次抽奖形式

消费者凭借购物发票或者其他凭证可以多次参加抽奖活动，兼中兼得。这种抽奖活动对于提高品牌的忠诚度具有积极的作用。例如 JVC 的“震撼促销活动”规定，凡购买任何一款 JVC 产品，即可获得两次中奖机会：一是佳佳奖，赠送特制手表；二是旅游奖。这就是多次抽奖的促销形式。

3)答题式抽奖

根据广告宣传作品或者其他介绍材料甚至社会读物，回答企业设置的问卷表，所有问题回答正确的公众，即可凭借问卷编号或者电话号码，参加抽奖活动，中奖后到指定地点领取奖品。

4)游戏式抽奖

预先设置某种游戏项目，消费者完成游戏项目后，获得参加抽奖活动的资格，中奖者领取奖品。

5)连动抽奖

消费者凭借优惠券、贵宾卡等，自动享有资格参加抽奖活动。

(2)网上抽奖促销活动的注意事项

a. 奖品要有诱惑力，可考虑大额超值的奖品吸引人们参加。

b. 活动参加方式要简单化。网上抽奖活动要策划得有趣和容易参加，太过复杂和难度太大的活动较难吸引匆匆的访客。

c. 抽奖结果的公正公平性。由于网络的虚拟性和参加者的广泛性，要保证抽奖结果的真实性，及时请公证人员进行全程公证，并及时通过 Email、公告等形式向参加者通告活动进度和结果。

【知识拓展】

最热门的微信抽奖活动

1. 微信大转盘

可以强制关注公众号，分享增加抽奖次数。制作微信大转盘活动需要使用第三方平台【微信人家营销系统】，注册账号绑定公众号，后台有现成的模板，简单编辑一下，保存即可上线，粉丝可通过菜单等多种途径参与其中(见图 7－2)。

图 7－2

2. 微信刮刮卡

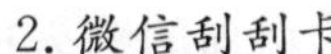

图 7－3

同微信大转盘抽奖活动一样，微信刮刮卡也可设置先关注再参与，分享好友增加抽奖次数，同时还可以设置部分人参与，比如仅限领取了会员卡的粉丝参与，还可以设置 IP 白名单，限制参与粉丝所在的地域(见图 7－3)。

3. 微信九宫格

微信九宫格抽奖活动就是我们平时看到的九个格子的抽奖游戏，点击开始后，光标会动起来，最后停在哪个格子就代表中了哪个奖项，亦可设置强制关注和分享增加抽奖次数，粉丝中奖后手机页面上会弹出填写个人信息的弹窗，提交后商家在后台就可以看到该信息(见图 7－4)。

图 7－4

4. 微信砸金蛋

图 7－5

微信砸金蛋抽奖活动是一个带有音乐的互动抽奖游戏，页面上有 3 个金蛋，参与者选择其中一个，锤子会自动落在上面，只听“duang”的一声，金蛋裂开，里面会弹出对应的奖品，中奖者填写个人兑奖信息后，商家在后台就会同步收到信息，活动结束后在指定的时间点进行兑奖。同上面几个功能一样，微信砸金蛋也是可以设置强制关注等吸粉设置的(见图 7－5)。

资料来源：搜狐网 https://www.sohu.com/a/252838834_100198152

7.3.4　积分促销

积分在网络上的应用比起传统营销方式要简单和易于操作，它可以很容易地通过编程和数据库等来实现，而且结果可信度高。积分促销一般设置价值较高的奖品，消费者通过多次购买或多次参加某项活动来增加积分以获得奖品。积分促销是指将积分作为一种消费行为的累计记录，获得的积分不仅对消费者的下一次消费产生影响，同时也会对未来一定时间的选择产生影响的营销模式。如果下一次选择消费成功的话，所产生的新积分对再下次的选择又形成新的正面影响，往复循环，达到提高消费者忠诚度的目的。

据说1793年，美国一个杂货铺老板，设计了一种回馈客人的方式，每当你到店里买东西，根据金额可获得对应数量的铜板，累积铜板可换取礼品。这种模式成为早期积分促销的雏形。

现在我们的生活中，到处都能找到积分的身影：信用卡积分、酒店积分、运营商积分，还有著名的飞行常客计划(乘客通过飞行积累里程，用里程兑换免费机票)，大量的企业选择了用积分提升和维护与用户的关系。

对商家而言，积分营销通过消费者在下次消费后可获得的正向反馈，吸引已选择本商家的消费者在再次消费时优先考虑本产品，该优先选择随着正向反馈的不断累计并加强，形成选择偏好及品牌的忠诚度，最终长期有效地捆绑客户群体，而该选择偏好所对应的增加的购买可能性乘以每次选择后商家获得利润所得到的期望值是积分营销在下一次消费时带来的额外的收益。

(1)积分促销的种类

按照积分营销的反馈模式，将积分促销分为以下几种类型。

1)以有形商品作为正反馈的积分促销

这是积分促销最普遍也是最容易被消费者所理解的营销方式，通过对消费者的积分进行有形商品的实物奖励，吸引消费者进行再次消费。比如银行为了鼓励刷卡而设立的积分换礼物计划；电信公司使用的积分换手机计划等；星巴克提供的积分卡，每次饮用一杯咖啡可以在卡上获得一枚印章，满12枚印章可以免费获得一杯星巴克的饮品等。由于有形商品的价格便于从市场上获得公允价格，所以消费者可以比较直观地计算出积分获得的礼品价值；而对于商家而言，如果并非自己生产的商品，则需要增加直接的支出购买用于积分兑换的实物商品。

2)以服务作为正反馈的积分促销

随着经济的不断进步，经济活动越来越多地集中于服务业。为了避免采购实物商品的直接支出，很多服务提供商采用本企业所提供的服务作为积分促销的回馈手段。如航空公司为积累到一定里程数的旅客提供免费的机票；又如香格里拉酒店在淡季推出的“住四天送一天”的活动，即在任何香格里拉酒店入住累计满4晚可获得在任意香格里拉旗下的酒店免费入住一晚的免费券。

3)以优先购买权或折扣购买权作为正反馈的积分促销

以优先购买权或购买折扣权作为正反馈，商家本身不仅不需要付出直接的成本，而且消费者必须在再次消费时才能得到该部分正反馈。与用产品或服务作为正反馈不同，该种“权益”必须在消费者再次消费时才能够被使用，此次正反馈所带来的不仅仅是消费者的再次购买偏好，而是直接第二次消费，而商家的付出仅是减少再次销售时的部分收益而已。如果消费者没有再次购买，则商家无须承担费用。比如在奢侈品营销中，商家会生产数量有限的“纪念版”或“限量版”，而拥有高积分的会员才拥有优先挑选的权利；某些品牌的“特卖会”只对拥有积分的会员提供入场的机会；对于部分保健品积分的增加可以提高购买的折扣，根据累计积分从1 000～50 000分，分别可以销售零售价9.5～7.5折的优惠；在某些商场搞活动时，只有持有本商场的积分卡才能享受相应的优惠活动等。

4)以虚拟物资或荣誉作为正反馈的积分促销

该种积分促销方式多用于互联网营销或在线游戏。作为正反馈提供给消费者的荣誉(头衔，昵称，更改头像，编辑签名等)本身并无实际价值，仅作为该用户使用时间或游戏时间长短的象征。但对于消费者而言，该虚拟荣誉可以作为经验丰富或者信誉良好的保证并满足其个性化的需求，吸引着消费者继续使用该网站。如知名的网络交易平台淘宝网就拥有一套十分成熟的信用积分制度，淘宝会员在淘宝网每使用支付宝成功交易一次，就可以对交易对象做一次信用评价。

(2)积分促销的特征

1)积分的产生是伴随着消费行为而产生的“附加价值”

这种积分的产生并不是直接出售给消费者，也不是消费者预先需要满足一定的条件才可以获得积分。因此，“积分促销”和“会员制”并没有必然的联系。有积分不一定必须成为会员，而“会员制”也不一定均使用积分营销作为其营销手段。如高尔夫会员制的俱乐部，需要你支付一定金额才能成为会员；这种预付费方式的会员制营销方式并不是我们所讨论的积分营销。

2)所针对的目标群体是已经发生过消费行为的消费者，而非从未消费过该商品的新消费者

积分促销是通过奖励来提高客户忠诚度的营销方式，积分营销给我们提供了巩固与现有客户之间的关系，以及把他们转化成多次购买者甚至长期会员的有效方法。忠诚的客户可以成为企业的竞争优势甚至使企业获得高于其他竞争者的超额利润。近些年来，各家公司越来越重视 CRM 的建设，确切地说应该是客户忠诚计划(Customer Loyalty Program，CLP)。有研究表明，发展一个新客户的成本是留住一个老客户成本的 5～7 倍。

3)为了提高已选择至少一次本产品的消费者在未来继续优先选择本产品的期望值

积分促销所进行的正反馈是鼓励“未来”的消费者行为，而非当前的消费者行为。累积的越多，未来的收益就会更高，而且未来正反馈收益增加的速度往往大于积分的累积速度，这样就会使消费者产生“积分越多”“积累越久”就越划算的心理预期，从而对积分营销计划产生欲罢不能的紧密联系。因此，从理论上说，积分营销对消费者未来行为的影响并不是一段时间就会结束或者消失，而是永久存在的(尽管随着未来时间的推移本次积分的影响会不断递减并趋向于零)。积分促销不同于有奖销售或者折扣销售，有奖销售是指为了提高消费者当次的消费数量，对于当次的消费给予奖励的行为；折扣销售，作为一种促销手段在一定时间内对部分商品提供折扣从而鼓励在折扣期间内消费者购买该产品；这些促销方式主要是对当前的消费者行为进行正反馈，但是对于消费者未来消费行为的影响十分有限，相反，有奖销售或折扣销售反而可能会对消费未来的消费者行为产生负面影响。

(3)积分促销中虚拟资产的法律保护

从法律意义而言，积分促销是建立在《合同法》的基础上，就供应方与消费者关于消费所达成的一致，消费者通过花费一定的时间或金钱，从商家处取得对应的一定价值的正反馈(如礼品，服务或虚拟荣誉等)，或者获得可能在未来一定时间或满足一定条件后得到正反馈的资格。从这个意义上而言，积分既然可以获得收益或者未来的收益，也就可以称其为虚拟资产，同时，消费者与商家的有关积分的规则作为一种双方的约定也应该受到《合同法》的法律保护。

之所以把积分作为虚拟财产，是因为积分具有以下特征：

a. 虚拟性。积分只是一个累计记录，本质上只是一组保存在商家处的数字信息。

b. 有偿性。财产应该凝结着某种体力或脑力劳动，并且具有稀缺性、价值和使用价值。积分的获得有两种方式，其一自己通过不断的消费所得到，其二通过支付对价[①]从其他消费者那里直接获得。但本质上两种方式无异，消费者为获得积分需要付出一定金钱、时间、精力或

① 支付对价是指非流通股票进入市场，避免给流通股带来新的损失而对流通股所做的补偿。

情感等(消费者使用金钱并非为了积分本身,但积分的获得以消费者的支出为前提),因此虚拟角色具有经济学上的价值的特点,而且这种价值在玩家这一特定的群体之间得到了普遍的认可和接受,这种虚拟财产应该成为法律意义上的虚拟财产。

c. 价值性。积分的持有人可以获得商家提供的正反馈,这种正反馈是有形的或者是无形的,但是,无积分的消费者就无法获得,或者说,需要用其他的进行交换才可以获得。从这个意义上说,积分为消费者提供了未来的收益,因此,积分具有一定的价值。

d. 可转换性。积分可以通过买卖的方式在商家和消费者之间转让,如航空公司在使用积分进行机票兑换时,如果所持有的积分无法换到所需目的地机票,可以直接用金钱购买积分并进行机票兑换,也可以在消费者之间进行转让。

7.4 网络营销新形势

7.4.1 大数据在网络营销中的应用

随着云计算等信息化技术的发展,大数据已深入各行各业,在互联网时代扮演着关键角色。大数据在网络营销中的运用愈发普遍,基于大数据的网络营销成为营销的重要手段,精准营销在大数据时代得到进一步升华。

(1)什么是大数据和大数据营销

大数据(Big Data),指无法在一定时间范围内用常规软件工具进行捕捉、管理和处理的数据集合,是需要新处理模式才能具有更强的决策力、洞察发现力和流程优化能力的海量、高增长率和多样化的信息资产。

现在的社会是一个高速发展的社会,科技发达,信息流通,人们之间的交流越来越密切,生活也越来越方便,大数据就是这个高科技时代的产物。阿里巴巴创办人马云就提到,未来的时代将不是IT时代,而是DT的时代,DT就是Data Technology(数据科技),显示出大数据对于阿里巴巴集团来说举足轻重。有人把数据比喻为蕴藏能量的煤矿。煤炭按照性质有焦煤、无烟煤、肥煤、贫煤等分类,而露天煤矿、深山煤矿的挖掘成本又不一样。与此类似,大数据并不在"大",而在于"有用"。价值含量、挖掘成本比数量更为重要。对于很多行业而言,如何利用这些大规模数据是赢得竞争的关键。

大数据营销是指基于多平台的大量数据,依托大数据技术的基础上,应用于互联网广告行业的营销方式。大数据营销衍生于互联网行业,又作用于互联网行业。依托多平台的大数据采集,以及大数据技术的分析与预测能力,能够使广告更加精准有效,给品牌企业带来更高的投资回报率。

(2)大数据营销的特点

1)多平台化数据采集

大数据的数据来源通常是多样化的,多平台的数据采集能将网民行为刻画得更加全面而准确。数据采集的平台可包含互联网、移动互联网、广电网、智能电视,未来还有户外智能屏等。

2)强调时效性

在网络时代,网民的消费行为和购买方式极易在短时间内发生变化。在网民需求最高点时及时进行营销非常重要。全球领先的大数据营销企业 AdTime 对此提出了时间营销策略,它可通过技术手段充分了解网民的需求,并及时响应每一个网民当前的需求,让他在决定购买的“黄金时间”内及时接收到商品广告。

3)个性化营销

在网络时代,广告主的营销理念已从“媒体导向”向“受众导向”转变。以往的营销活动须以媒体为导向,选择知名度高、浏览量大的媒体进行投放。如今,广告主完全以受众为导向进行广告营销。因为大数据技术可让他们知晓目标受众身处何方,关注着什么位置的什么屏幕。大数据技术可以做到当不同用户关注同一媒体的相同界面时,广告内容却有所不同,大数据营销实现了对网民的个性化营销。

4)性价比高

和传统广告“一半的广告费被浪费掉”相比,大数据营销在最大程度上,让广告主的投放做到有的放矢,并可根据实时性的效果反馈,及时对投放策略进行调整。

5)关联性

大数据营销的一个重要特点在于网民关注的广告与广告之间的关联性。由于大数据在采集过程中可快速得知目标受众关注的内容,以及知晓网民身在何处,这些有价值信息可让广告的投放过程产生前所未有的关联性,即网民所看到的上一条广告可与下一条广告进行深度互动。

(3)大数据营销的主要用途

1)基于用户的需求定制改善产品

消费者在有意或无意中留下的信息数据作为其潜在需求的体现是企业定制改善产品的一项有力根据。ZARA 公司内部的全球资讯网络会定期把从各分店收集到的顾客意见和建议汇总并传递给总部的设计人员,然后由总部做出决策后再立刻将新的设计传送到生产线,直到最终实现“数据造衣”的全过程。利用这一点 ZARA 作为一个标准化与本土化战略并行的公司,还分析出了各地的区域流行色并在保持其服饰整体欧美风格不变的大前提下做出最靠近客户需求的市场区隔。同样,在 ZARA 的网络商店内,消费者意见也作为一项市场调研大数据参与企业产品的研发和生产,且由此映射出的前沿观点和时尚潮流还让“快速时尚”成为 ZARA 的品牌代名词。

2)开展精准的推广活动

基于数据的精准推广活动可大致分为三类:

a. 企业作为其产品的经营者可以通过大数据的分析定位到有特定潜在需求的受众人群并针对这一群体进行有效的定向推广以达到刺激消费的目的。红米手机在 QQ 空间上的首发就是一项成功的“大数据找人”精准营销案例。通过对海量用户的行为(包括点赞、关注相关主页等)和他们的身份信息(包括年龄、教育程度、社交圈等)进行筛选后,公司从 6 亿 Qzone 用户中选出了 5 000 万可能对红米手机感兴趣的用户作为此次定向投放广告和推送红米活动的目标群体并最终预售成功。

b. 针对既有的消费者,企业可以通过用户的行为数据分析他们各自的购物习惯并按照其特定的购物偏好、独特的购买倾向加以一对一的定制化商品推送。Turge百货的促销手册、沃尔玛的建议购买清单、亚马逊的产品推荐页无一不是个性化产品推荐为企业带来不可预测销售额的体现。

c. 企业可以依据既有消费者各自不同的人物特征将受众按照“标签”细分(如“网购达人”),再用不同的侧重方式和定制化的活动向这些类群体进行定向的精准营销。对于价格敏感者,企业需要适当地推送性价比较高的产品并加送一些电子优惠券以刺激消费;而针对喜欢干脆购物的人,商家则要少些干扰并帮助其尽快完成购物。

3)维系客户关系

召回购物车放弃者和挽留流失的老客户也是大数据在商业中的一种应用。中国移动通过客服电话向流失到联通的移动老客户介绍最新的优惠资讯;餐厅通过会员留下的通信方式向其推送打折优惠券来提醒久不光顾的老客户消费;YouTube根据用户以往的收视习惯确定近期的互动名单,并据此发送给可能濒临流失的用户相关邮件以提醒并鼓励他们重新回来观看。大数据帮助企业识别各类用户,而针对忠诚度各异的消费者实行“差别对待”和“量体裁衣”是企业客户管理中一项重要的理念基础。

【引申阅读】

餐饮“大数据营销”的天机

基于对大数据的认知,国际上大部分知名品牌都在这方面投入大量的精力和资金。

日本麦当劳耗资数百亿日元,建设了一套顾客信息挖掘系统,并对门店采集的用户交易数据进行非常精准的挖掘分析,然后向用户推送个性化的优惠信息,大大提高了用户重复购买率。同时,7-Eleven也定制APP充当终端数据搜集器,再结合地点、天气和时间信息,提供给消费者实时的商品优惠信息,从而在提高消费频次的同时,大幅提升用户体验的满意度。

那么,餐饮企业究竟该如何利用大数据开展精准营销?锁定核心消费人群。

通过大数据技术分析,结合自身餐厅的定位,针对核心消费人群制订营销策略。

例如,小米将目标人群精准锁定在草根人群,并通过大数据技术手段对用户年龄、个性、区域分布等各方面进行分析,然后集中力量在核心区域。针对手机发烧友造势,这是小米能聚集到最初1 000个铁杆粉丝的关键一步,也为后续社群营销奠定了基础。

1. 消费用户群画像分析

通过大数据的人群画像,对消费人群的行为习惯、个性特质、行为习惯、影响消费购买的主要因素等做系统分析,再针对性地推出营销方案。

例如,某品牌将客户使用优惠券的过程转变成了收集客户信息的过程,收集的信息包括消费者的性别、年龄等自身特征,以及他们的消费特征,从而形成一个非常有价值的数据库。

基于此,对于周六、周日白天频繁购买咖啡的顾客,会向他们发送周末早上免费兑换咖啡的优惠券;对于光顾率很高,但还没有购买过新品的顾客,会向他们发送新品的打折优惠券,如此一来,到店率和销售额都大大提高。

2. 分析产品的受欢迎程度

利用产品数据对菜品的受欢迎度进行分析,选择用户好评率高、点击率高、毛利高的“三高”产品进行促销,对于一些差评、点击率低的菜品及时进行淘汰。

例如,某集团拥有先进的CRM,可扶持加盟合作者更好地创业。每一个加盟店面的店内经营状况，总部实时监控，根据消费者消费情况，及时给予解决方案。哪些菜品更受欢迎、点单量较高，都有专业人员进行数据分析，第一时间发现问题，第一时间解决问题。

店铺到总部的信息，以及供货商、订货系统的信息，该集团均实现了网络化，在提高顾客体验的同时，也方便了数据采集，而且数据里会提示，哪一类型的餐品更受当地消费者欢迎，继而影响新品开发与菜品升级。

3. 防患未然，做预知性营销

大数据不仅能为当前营销提供参考，更能预知未来市场的发展趋势，因此可利用大数据分析竞争对手，做预知性营销。

例如，通过手机支付软件得知消费者的消费频次、消费周期、消费"淡季"等，继而提前推送恰当的优惠活动；利用订货系统分析数据，能显示某一种商品在某一时段容易出现缺货问题，从而让仓库提前备货。

互联网大数据能非常清楚地告诉餐饮企业需要针对什么样的人群进行营销，向目标消费人群推介什么样的餐品成功率更高，为目标消费人群策划怎样的优惠活动更恰当，在什么地段和时间段进行某种营销更有效，如何规避消费者的常见质疑与店面所遇到的常见问题等。基于这些，实现精准营销再也不是什么难事。

资料来源：搜狐网 http://www.sohu.com/a/239825361_399374

7.4.2 AR 技术在网络营销中的应用

互联网营销已经从 PC 时代的广告、互动、公关，发展到移动端的精准营销，目前已经是人工智能技术推动的智能营销阶段。

AR 是 Augmented Reality 的字母缩写，中文译为"增强现实"，是一种全新人机交互技术。通过 AR 技术，参与者与虚拟对象可进行实时互动，从而获得一种奇妙的视觉体验，而且能够突破空间、时间以及其他客观限制，感受到在真实世界中无法亲身经历的体验。如某汽车品牌的 AR 互动中，我们可以零距离感受"几何多光束 LED 大灯"等功能亮点，可以用手指随意拖拉车查看细节，甚至可以听到新 E-class 发动机的轰鸣声。未来，随着语音识别、图像识别等技术与 AR 相结合，用户能通过语音、手势等人机交互方式，与 AR 内容展开互动，进而满足年轻用户强参与的诉求。

AR 技术的根源可以追溯到现代计算机的诞生时期。早在 1968 年，哈佛大学电气工程副教授萨瑟兰发明了一款名为"达摩克利斯之剑"的头戴式显示设备，这也是第一套虚拟现实系统。这套系统使用一个光学透视头戴式显示器，同时配备两个 6 度追踪仪，分别是机械式和超声波式。由于当时技术并不发达，整套设备非常笨重，因此只能将显示设备放置在用户头顶的天花板上，并通过连接杆和头戴设备相连。该设备能够将简单线框图转换为具有 3D 效果的图像。

在 2016 年十一期间，由百度地图推出的一款 AR 游戏 ，突如其来地在首页刷屏。如果你走在街上看见一群人在手机上快速地点来点去，不用问，那一定是在捉"十二生肖"。首先，打开百度地图，点击左上角的"小猴 "图标进入活动地图，进入活动后会在你附近分布着三只嗷嗷待"捕"的生肖小动物 。然后，点击小动物即可进入 AR 模式，为了更好地发现这些小可爱，你可以按照屏幕中指示的方向转动手机，靠近生肖小动物 ，非常形象生动。只需要一部手机，就能让消费者投身其中，不但获得快乐，还能在不知不觉中感受到网络商家的活动意义。最后消费者在获得宠物的同时，还可以体验抽奖。这种非常人性化的活动，让百度地图着实火了一把。

2017年春节前夕，支付宝展开集五福活动。男女老少，大街小巷，纷纷拿出手机，对着墙上、橱窗上的福字，一通乱扫，就是为了凑齐这五个福——富强福、和谐福、友善福、爱国福和敬业福。这个活动的成功之处在于入口明显，消费者口口相传的比率非常高，加上上一年已经有过先例，人均分得了上百元，再加上此次AR扫一扫不限制场景，只要有福字就可以，让消费者在生活中的任何一个场景都可以参与到这个活动。

AR对网络营销的影响主要表现在以下几方面。

(1)打破同质化营销困境，才能脱颖而出

如今，同质化广告扎堆成灾，已经反向成为品牌伤害。消费者的厌恶情绪将波及产品，波及品牌。2017年，越来越多的知名品牌意识到了这点，逐渐把资金和精力转移到AR广告上，极具科技感的AR营销也屡次抢占热点。例如宝洁、威露士、脉动、施华蔻、可口可乐旗下产品推出了差异化的AR场景营销，引发众多关注。

AR技术本身就具有很强的前瞻性，话题热度高。AR品牌营销所带来的二次社交传播，在当前营销圈中，可以说是最抢眼的。首先，AR营销视觉性强。3D虚拟形象的场景化展示效果，以及交互式产品体验，AR营销总能在一众产品营销中，成为视觉焦点。其次，AR营销实现了听觉、触觉的融合，空间音效搭配肢体互动。AR营销中的多感参与，能引起消费者更多关注。最后，创新的AR营销方式，在社群中可形成狂热化的传播效果。当AR营销与消费者发生紧密联系之后，自然就形成社交热点，自发带动品牌营销的二次开发。

(2)取悦消费者，实质是粉丝拉新、VIP盘活、好感建立、成交加速

AR营销，本质上是一种互动娱乐。从消费者的广告体验来说，他们不再是那只被填食的鸭子。他们换了角色，成为享受者。

在取悦消费者上，AR营销堪称典范。AR可以进行实地场景互动，虚拟和现实交织所带来的愉悦感，可以良性驱动消费者，从体验到买单，实现营销。AR营销注重体验，自然轻松的交互可以很好地取悦用户，累积品牌好感，促进转化。

AR营销取悦消费者的最终目的，就是要拉新、盘活、推广、促销。现在各大品牌开始联合AR科技团队，通过新颖的AR营销手段，提升品牌活力，拉拢年轻人，新建核心消费力。同时AR营销也能盘活VIP，带动二次消费。

(3)打通线上线下，AR营销开发的是实体场景的潜力

2017年，各大巨头抢滩新零售。这说明线上线下，最后是要走到一起去的。单打独斗，最后得亡。营销也是如此。只有线上线下相连，才能把营销潜力完全开发出来。传统行业例如商场、会馆、餐厅、酒店、汽车4S店等场景，仍具有庞大的线下流量。AR场景营销，打通线上线下，实现引流导销。线下的AR场景营销一经启动，将形成了良性的生态闭环，到店导流、虚拟营销和现场消费，构成了完整经济链条，促进消费转化。

扎克伯格曾预测，AR和VR(Virtual Reality，虚拟现实)都将在5～10年内成为最强的现实与虚拟的互动平台。是否会一语成真，目前还是未知。但可以确定的是，成为全球杀手级革新的AR技术，还将继续惊喜世界，创新未来。

本章小结

网络的出现改变了现在和将来的信息获取、处理和传播的方式，其强大的交互功能和成本的使用特性，深刻地影响着人们对时间和空间等概念的认识，改变了人们交流沟通和交易的方式。它已经对商业、工业、政府、教育、娱乐等领域产生了巨大的影响，也使市场的性质和内涵、交易方式和消费者购买行为发生了变化，改变了原有的市场营销理论的环境和基础。网络营销是当代信息技术革命，尤其是以互联网为核心的网络技术发展的产物。网络营销主要研究网络环境下市场营销的性质、特点和方法，是技术、经济和管理相结合的产物，具有极强的实践性。本章主要介绍了网络营销的概念和功能，重点介绍了网络营销方式，以及网络促销的方法和网络营销新的发展趋势。

课后习题

一、选择题

1. 网络营销产生的技术基础是(　　)。

A. 付款手段　　B. 互联网　　C. 计算机　　D. 营销策略

2. Email 之所以能够成为一种流行的营销工具，主要是因为 Email(　　)。

A. 宣传面广　　B. 简单　　C. 成本低　　D. 具有独立性

3. 下列不属于常见的许可电子邮件营销范畴的是(　　)。

A. 代开发票的广告邮件　　B. 某电商网站的节日优惠邮件

C. 某电商网站新产品通知邮件　　D. 某航空公司的会员积分对账单

4. 在互联网上利用用户口碑快速传播的信息方式被称为(　　)。

A. 即时信息　　B. 群发信息　　C. 病毒性营销　　D. 社会化营销

5. 网络营销工具中，BBS 即(　　)。

A. 邮件列表　　B. 新闻组　　C. 论坛　　D. 博客

二、简答题

1. 什么是网络营销？网络营销具有哪些功能？

2. 常见的网络促销方式有哪些？

3. IM 的分类。

4. 电子邮件营销成功的因素。

5. 病毒营销的特点。

三、案例分析题

“新江南”是一家旅游公司，为了在“五一黄金周”之前进行公司旅游项目促销，公司营销人员计划将网络营销作为一项主要的促销手段，其中将 Email 营销作为重点策略之一。由于公司在网络营销方面并没有多少经验，因此这次活动计划将上海作为试点城市，并且在营销预算方面比较谨慎，并不打算大量投入广告，仅选择部分满足营销定位的用户发送 Email 广告。目前暂时没有条件开展网上预订活动，主要是品牌宣传，并为线下传统渠道的销售提供支持。

“新江南”公司的网络营销现状：公司网站已经建立两年多，但是网站的功能比较简单，主要是公司介绍、旅游线路介绍、景点介绍等等，网站上有一个会员注册区，有用户 1 000 多人，但是由于疏于这方面的管理，网站已经有半年多的时间没有向会员发送过信息了，最后一次发送是元旦前的促销信息，向会员发送新增的旅游线路。因此，公司内部的营销资源非常有限，还需要借助于专业服务机构来发送 Email 广告。

在服务的选择上，公司花费了比较多的时间，因为首先要对服务的邮件列表定位程度、报价和提供的服务等方面进行比较分析，在多家可提供 Email 营销服务的网站中，“新江南”最终选择了新浪上海站。该网站有一份关于上海市白领生活的电子周刊，订户数量超过 300 000，这份电子刊物将作为本次 Email 营销的主要信息传递载体。为了确保此次活动取得理想的效果，计划从 3 月 26 日开始连续四周投放 Email 营销信息，发送时间定为每周三，前两周以企业形象宣传为主，后两周针对公司新增的旅游路线进行推广。

接下来该公司市场人员的主要任务是设计 Email 广告的内容，针对内部列表和外部列表分别制作，并且每个星期的内容都有所不同，他们仍然有许多工作需要准备。

Email 营销活动结束后，当网络营销人员分析每个月的公司网站流量时，惊喜地发现，在进行 Email 营销期间，公司网站的日平均访问量是上个月的 3 倍多，日均独立用户数量超过了 1 000 人，而平时公司网站独立用户数量通常不到 300 人，尤其在发送邮件的次日和第三日，网站访问量的增加尤为明显，独立用户数量的最高记录日达到 1 500 人。

分析：新江南公司网站访问量提升的原因。

实际操作训练

1. 通过查阅统计报告，了解中国互联网发展状况的历史、现状。

登录 CNNIC 网站，查阅最新的中国互联网发展状况统计报告，必要时和以前的资料进行对比分析。

2. 登录自己的 QQ，假如通过 QQ 来展示企业信息，可以从哪些方面来展示？

3. 选择一种产品，收集其相关信息，为其设计一个网络促销方案。

第 8 章　电子商务法律

【引导案例】

一刚上小学二年级的男童，在某购物网站以他父亲李某的身份证号码注册了客户信息，并且订购了一台价值 1 000 元的小型打印机。但是当该网站将货物送到李某家中时，曾经学过一些法律知识的李某却以“其子未满 10 周岁，是无民事行为能力人”为由，拒绝接收打印机并拒付货款。由此，交易双方产生了纠纷。

李某主张，电子商务合同订立在虚拟的世界，但却是在现实社会中得以履行，也应该受现行法律的调控。而依我国现行《民法通则》第 12 条第 2 款和第 55 条的规定，一个不满 10 周岁的未成年人是无民事行为能力人，不能独立进行民事活动，应该由他的法定代理人代理民事活动。其子刚刚上小学二年级，未满 10 周岁，不能独立订立货物买卖合同，所以该打印机的网上购销合同无效；其父母作为其法定代理人有权拒付货款。

对此，网站主张：由于该男童是使用其父亲李某的身份证登录注册客户信息的，从网站所掌握的信息来看，与其达成打印机网络购销合同的当事人是一个有完全民事行为能力的正常人，而并不是此男童。由于网站是不可能审查身份证来源的，也就是说网站已经尽到了自己的注意义务，不应当就合同的无效承担民事责任。

8.1　电子商务法概述

随着互联网应用的日益普及，电子商务作为一种全新的贸易方式和商业模式也得到了蓬勃发展，这也给现行法律法规和商业惯例带来了新的挑战，法律的缺失严重制约了电子商务的健康发展，已经成为我国发展电子商务的瓶颈之一。因此，加快电子商务法制建设，尽快确立电子商务活动必需的法律规则，创建一个良好的法律环境已成为国际社会的共识。电子商务立法的目的在于消除阻碍电子商务发展的法律障碍，消除现有法律适用上的不确定性，建立一个清晰的法律框架，以统一调整电子商务的发展。

8.1.1　电子商务法的概念及特点

(1)电子商务法的概念

电子商务法是指调整电子商务活动中通过电子行为设立、变更和消灭财产关系和人身关系的法律规范的总称，是一个新兴的综合法律范畴。

任何法律部门或法律领域，都以一定的社会关系为调整对象。随着计算机和通信技术的发展及其广泛的商业化应用，商务交易形式问题变得越来越多样性、复杂化，已经到了必须有专门的法律规范对其调整的地步。无论是证券交易、票据流通、公司运作，还是银行、保险、投资等行业的经营，都丝毫不能离开数据电文手段，以产生实体交易法律关系。特别是随着互联网的广泛应用，甚至会出现如果不以专门的电子商务法来对之进行调整，就可能严重阻碍商务关系的发展。电子交易形式关系已经成为必须由法律调整的重要的社会关系，这也是电子商务法产生的重要原因之一。

电子商务法的基本含义中已经涉及了电子商务法的调整对象问题。电子商务法是调整以数据电文(Data Message)为交易手段而形成的商务关系的规范体系。联合国国际贸易法委员会(简称“贸法会”)在《电子商务示范法》中对数据电文的定义是：就本法而言，数据电文是指以电子手段、光学手段或类似手段生成、发送、接收或存储的信息。数据电文包括但不限于电子数据交换、电子邮件、电报、电传或传真所传递的信息。当以数据电文为交易手段，即为无纸化形式时，一般应由电子商务法来调整。从广义上来理解，电子资金传输、网络证券交易等，都属于电子商务，这些具体的商务交易关系，也由电子商务法来调整。

(2)电子商务法的特点

1)国际性

电子商务是一种世界范围的商务活动，不应以一国或几国的法律来规范它，应该建立一种全球性的电子商务法律框架，使全世界的电子商务活动受到统一的法律规范的约束，这样才能使电子商务真正成为一种全球性的活动，从而有利于电子商务活动的开展。电子商务法最终要以适应全世界的要求为特征，自然而然地，国际性就成为电子商务法的特征之一。在世界范围内统一使用的电子商务法出现之前，各国制定其关于电子商务的国内法律也很有必要，但需要注意的是将来与国际接轨的问题。

2)技术性

电子商务是现代高科技的产物，它需要通过互联网来进行，规范这种行为的电子商务法必然要适应这种特点。在电子商务中，许多法律、规范都是直接或间接地由技术规范演变而成的。应运而生的电子商务法将传统法律与现代高科技相结合，对电子商务的有关技术问题做出合理的规定，使电子商务这个信息时代的新生事物逐渐走上法制化的轨道。例如，网络协议的技术标准，当事人若不遵守，就不可能在开放环境下进行电子商务交易。所以，技术性是电子商务法的重要特征之一。

3)开放性

电子商务法还在不断发展之中，必须以开放的态度对待任何技术手段与信息媒介，设立开放型商务规范，让所有有利于电子商务发展的设想和技巧都能容纳进来。目前，国际组织及各国在电子商务立法中，大量使用开放性条款和功能等同性条款，其目的就是为了开拓社会各方面的资源，以促进科学技术及其社会应用的广泛发展。它具体表现在电子商务法的基本定义的开放、基本制度的开放，以及电子商务法律结构的开放等方面。

4)安全性

计算机网络的技术性和开放性也使得它具有极大的脆弱性。计算机及网络技术的发展使各行各业对计算机信息系统具有极强的依赖性，与此同时，计算机“黑客”和计算机病毒也变得越来越猖獗，它们对计算机信息系统的入侵或攻击有可能使商家的商业秘密被窃取、经营数据被破坏和丢失，甚至使计算机信息网络陷入瘫痪，这将给商家乃至整个社会造成极大的损失。电子商务法以解决电子商务的安全性为己任，通过对电子商务安全性问题进行规定，有效地预防和打击各种计算机犯罪，切实保证电子商务乃至整个计算机信息系统的安全运行。所以，安全性是电子商务法的又一特征。

5)复合性

电子商务交易关系的复合性,来源于其技术手段上的复杂性和依赖性,它表现在通常当事人必须在第三方的协助下,完成交易活动。例如,在合同订立中,需要有网络服务商提供接入服务,需要有认证机构提供数字证书等。此外,在线合同的履行,可能需要第三方加入协助履行。例如,在线支付,往往需要银行的网络化服务,这就使得电子交易形式具有复杂化的特点。最后还要第三方提供物流配送服务。实际上,每一笔电子商务交易的进行,都必须以多重法律关系的存在为前提,这是传统口头或纸面条件下没有的,它要求多方位的法律调整。

6)程序性

电子商务法中有许多程序性规范,主要解决交易的形式问题,一般不直接涉及交易的具体内容。从贸法会的《电子商务示范法》和新加坡的《电子交易法》来看,也都是以规定电子商务条件下的交易形式为主的。电子商务法所调整的是当事人之间因交易形式的使用而引起的权利义务关系,即有关数据电文是否有效、是否归属于某人、电子签名是否有效、是否与交易的性质相适应、认证机构的资质如何、它在证书的颁发与管理中应承担何种责任等问题。随着电子商务立法的发展,会有更多的实体法加入,电子商务应该朝着程序法和实体法相结合的方向发展。

8.1.2　电子商务立法的必要性

(1)电子商务的发展需要法律的保障

电子商务在虚拟的网络空间里进行,涉及电子资金划拨、网络知识产权、网上交易的产品质量等内容,电子商务独特的运作方式向现有的商务规范模式提出了技术、财务和交易安全等方面的重大挑战。从总体上说,与电子商务的迅速发展相比,与之相关的法律法规显得滞后。不仅发展中国家如此,就是发达国家也并未彻底解决。

据报道,美国许多州政府都在报怨电子商务使它们损失数十亿美元的税收。从目前中国的立法情况看,国内关于电子商务方面的法律很不完善,在目前的技术和管理条件下,对政府而言,网络贸易已经成了税收“漏斗”;对消费者而言,网上购物的权益和安全性无法得到保障;由于网上金融的发展尚未完善,网上黑客随时可能出现,网上交易的安全性远远低于有形交易,尤其是个人隐私问题更是无法保障;对生产厂家而言,欺诈更是无处不在,信誉无从保证,一系列侵犯网络安全和信息安全的恶性事件不断给人们敲响警钟。由此可见,电子商务在快速发展的同时,也产生了很多传统法律无法顾及的新问题,这些问题迫切需要通过专门的法律去解决。

(2)电子商务立法有利于促进电子商务发展

电子商务立法的目的是消除阻碍电子商务发展的法律障碍,消除现有法律上的不适用性,保护合理的商业预期,保障交易安全。例如,新加坡《电子交易法》第一章的第三条“目的与结构”中对其立法目的有明确的阐述,其中(b)款规定:本案立法的目的是“促进电子商务,消除因书面和签名要求的不确定所致的电子商务的壁垒,推动实施安全的电子商务所必需的法律基础和商务基础的发展。”

(3)电子商务立法还存在着大量问题需要完善

目前在世界范围内虽然有了贸法会的《电子商务示范法》及一系列的国际统一规则,但均不构成直接有效的国际法律规范，只是起到参考的作用；且由于各国法律制度的差异性，在许多方面没再做出具体的规定，有的只提出一个总原则，留待各国的国内法今后解决。与此同时，尽管许多国家都对国内的原有立法进行了相应的调整，但仍限于局部性与临时性的对策，专门性与基础性的立法很少。在电子商务实践中，仍多以当事人之间协议的方式来弥补法律规范的不足，具有很大的局限性。由此可见，电子商务的法律问题目前远未解决，而这一解决最终将取决于各国立法的彻底调整以及有关国际统一规则的最终确立。

(4)我国电子商务的法制建设任重而道远

首先，我国仍旧处于社会主义建设初级阶段，市场经济条件下的法制建设远远落后于发达的工业国家，加上我国现行涉及商务的法律法规基本上都是针对传统的商务活动而建立的，实践中已有很多不能适应电子商务的迅速发展。

其次，发达国家和发展中国家在发展电子商务方面必然存在着利益冲突，围绕如何制定规则和应当遵守什么样的规则等原则问题也必然会进行力量和智慧的较量。在国内，电子商务带来的变革也必然会引发各方既得利益的重新分配，为此需要通过立法加以协调。

最后，电子商务的全球性特点使得中国电子商务的法制建设既要考虑国内的环境，又要与全球电子商务的法制建设同步。如果中国有关使用现代信息技术的法规与国际规范有较大差异，就会限制中国企业积极参与国际竞争。我们必须密切关注国际上电子商务方面的立法活动，积极融入国际规则的制定当中，并结合中国国情不断完善中国电子商务发展的法律环境，推动电子商务的发展，以期谋得未来竞争的主动权。

8.1.3 电子商务立法指导原则

我国电子商务立法主要遵循了下述几项指导原则。

(1)技术中立原则

技术中立原则是指政府或立法机构对于各种有关电子商务的技术、软件、媒体等采取中立的态度，由实际从事电子商务者和信息服务中介商自己根据技术发展选择采取新的或与国际社会接轨的技术，政府应当不偏不倚，鼓励新技术的采用和推广。只有这样才能建立开放的、全球性的电子商务运行的法制环境。

电子商务法旨在提供必不可少的程序和原则，以利于在各种不同情况下使用现代技术记录和传递信息。但是，在电子商务法的起草过程中不应偏重任何技术手段。例如，电子商务法不应当确定一种相当于任何一种书面文件的计算机技术等同物；相反，电子商务法只需要提出书面形式要求中的基本作用，以作为标准。任何数据电文，不管采用什么技术，一旦达到这些标准，即可同起着相同作用的相应书面文件一样，享受同等程度的法律认可。

技术中立原则还意味着，电子商务立法必须考虑信息技术的高速发展趋势，为新技术的采纳留有余地，或者不应排斥对新技术的采纳，以适应电子技术和电子商务模式的新发展。

(2)尊重当事人意思自治及市场导向原则

所谓尊重当事人意思自治及市场导向原则，是指电子商务法应当尊重当事人意思自治以及市场导向，消费者应在政府介入程度最低的情况下，在网络上自由买卖商品或服务。该原则可以从两个方面来理解。

a. 从政策的角度，国家应当采取适当的鼓励措施，促进电子商务交易形式的普及和运用，电子商务需要法律规制，电子商务也需要政府管制，但是，所有这些强制性规制只是为了给电子商务创造一个良好的法律环境和制度保障。尤其是电子商务还是一种新生事物，许多规范尚需要探索和实践，国家应当鼓励和尊重市场导向。在市场准入方面，应当降低市场准入门槛；在税收方面应鼓励企业采取电子商务，同时积极寻找课税的新途径和新方法。

b. 从法律规范的角度，电子商务法应尽可能地为当事人自治和行业自治留有余地，对于调整交易行为的法律规范仍然强调引导性、任意性，为当事人全面表达与实现自己的意愿预留充分的空间；在法律实施领域坚持私法自治原则，只要现行法律没有禁止的，就是允许的或者不视为违法，只要法律没有强制规定，那么当事人之间的安排就是合法的。这种态度有利于商家不断地探索电子商务运行的经验和习惯，有利于形成成熟的行为规范。

(3)体系化和必要性原则

体系化原则是指任何一个国家的法律要得到较好的实施，一个很关键的要求就是法律之间应当无矛盾，互相兼容，形成一个完善的法律体系。同样，电子商务法要得到实施，必须要和其他法律互相兼容、互相协调。反过来，如果当现行法律对电子商务的发展造成障碍时，就应当对现行法律做出修正。因此，电子商务立法不仅意味着制订新的法律，还意味着改或者废。比如，德国的《信息与通信服务法》就对《通信服务使用法》《通信服务中个人信息的保护法》《电子签名法》《刑法典修正案》《行政违法修正案》《禁止对未成年人传播不道德出版物修正案》《版权法修正案》《价格标示法修正案》等多部法律进行了修正。

必要性原则意味着，对于经由网络发生的商业活动，政府应避免制定不必要的法律规则，只有在现行法律仅在影响电子商务发展而属必要时，始作修正；而仅有在原先的法律不能规范电子商务活动时，始有必要另行制定新的法规。此原则之目的在于消除电子商务交易与传统交易方式之鸿沟。

(4)功能等同原则

功能等同(Functional Equivalent)原则是1996年贸法会《电子商务示范法》提出的，是指根据针对纸质文件的不同法律要求的作用，使数据通信与相应的具有同等作用的纸质文件一样，享受同等的法律地位和待遇。现行的法律都是以纸质文件为基础而订立的，而电子商务中的各种信息都是存储在磁介质上，一旦电子商务出现法律问题，在适用现行的法律时，因为磁介质信息不同于纸质文件，难以产生与纸质文件同等的法律效力，就会为司法实践带来困难和困惑，故在电子商务法中应实行作用等同原则。这一原则的出现为电子商务适用现行法律扫清了障碍，为电子商务的发展提供了坚强的法律支持。正如各国电子商务法规定电子证据与传统书面证据享有同样的法律地位。

(5)国际协调原则

所谓国际协调原则，是指各国在立法过程中尽量采纳一套国际上可接受的规则，以便排除传统法律中的障碍，为电子商务创造更加安全的法律环境。电子商务是无地域界线或超国界的商业方式，因此，它比传统商业活动更需要采取统一规则。在这方面，贸法委《电子商务示范法》率先确立了一些基本原则，为电子商务立法基本原则的统一奠定了基础。事实上，之后许多国家立法均采纳了示范法的基本原则。因此，我国电子商务立法也应当尽量与《电子商务示范法》保持一致，这样有利于我国电子商务规范与世界接轨。与此同时，吸收其他国际组织和发达国家成熟的立法经验，既可以避免走弯路，也可以减少摩擦和规则冲突，使我国立法一开始就融入全球电子商务大环境中。

(6)保护消费者权益原则

所谓保护消费者权益原则,就是网络上对于消费者的保护不能小于其他环境下对于消费者的保护。国家应提供清楚、一致且可预测的法律架构,以促进对网络交易当事人的保护。

从各国电子商务立法来看,美国的电子商务立法侧重于具体技术的解决,而忽略了消费者权益的保护,实际上,由于美国是判例法国家,消费者权益的保护可以得到很好的解决。而欧洲国家在电子商务立法时则侧重于消费者权益的保护,由于欧洲国家大部分是大陆法系,在电子商务立法时对消费者权益的保护加以规定是必要的。我国属于大陆法系,在电子商务立法时,不仅要解决电子商务技术问题,也应当对消费者权益的保护加以规定。

(7)安全原则

所谓安全原则,是指确立保障电子商务交易的安全规范,使电子商务在安全和公平的法律环境下运行。商法的基本目标是保障商务交易安全,而电子商务法更是如此。电子商务法是在虚拟的环境中运行的,在线交易给人们带来效率的同时,也带来不安全因素。因为在线交易是全球性的、非面对面的交易,是以电子信息或数据电文为手段的,这里不仅有传统法律环境下的不安全,如对方丧失履约能力,而且存在特有的风险,比如交易当事人是否真实存在、资信如何等。因此,电子商务法具有特别保障其交易安全的规范,如数字签字、身份认证制度等。

安全原则是电子商务立法中强制性规范立法的基础。在民商交易领域,法律之所以对主体资格、契约形式、契约效力等存在强制性规范,其目的就是为了保障交易安全。例如对认证程序和认证机构的强制性规定,对网上交易格式条款的监督、对网上广告的监督、对缔结过程的提示义务的规定等强制性规定均是为了保护交易的安全和公平。

8.1.4 国内外电子商务立法概况

放眼全球,随着以大数据、云计算、移动互联网、物联网以及人工智能为代表的新一代信息技术的普及应用,电子商务的发展已经不再局限于以传统 PC 第三方平台为中心的传统电商模式,而是日益突出地表现为各类以分享为核心的新型电商业务。电子商务是时代大潮的必然,所以我们必须拥抱它,但同时对它存在的问题也要正视,不能一俊遮百丑。随着全球电子商务的迅速发展,电子商务的规范化、法制化在全球范围内获得实质性突破。

在全球电子商务治理规范格局方面,欧盟与美国的电子商务立法具有突出的典型意义和实际影响。一方面,从目前美国在电子商务领域的立法现状来看,虽然立法层级和表现形式纷繁复杂,但总体呈现比较清晰的立法取向,更注重于保护公平交易、保护平等竞争、保护消费者免受欺诈、保护知识产权免受侵权以及保护个人隐私等环节。另一方面,对更具制度性意义的欧盟而言,其电子商务立法的核心价值追求之一是培育、壮大统一的内部市场,实现人员、物资与服务在欧盟境内的自由流动,进而打造以知识为基础、富有竞争力的世界级经济体。电子商务立法的核心,主要围绕电子签名、电子合同、电子记录的法律效力展开。从 1995 年美国犹他州颁布《数字签名法》至今,已有几十个国家、组织和地区颁布了与电子商务相关的法律,其中较重要或影响较大的有:贸法会 1996 年的《电子商务示范法》和 2000 年的《电子签名统一规则》,欧盟的《关于内部市场中与电子商务有关的若干法律问题的指令》和《电子签名统一框架指令》,德国 1997 年的《信息与通用服务法》,俄罗斯 1995 年的《俄罗斯联邦信息法》,新加坡 1998 年的《电子交易法》,美国 2000 年的《国际与国内商务电子签章法》等。它们是世界各国电子商务立法经验的总结,同时又指导着各国的电子商务法的实践。据不完全统计,目前世界上已有几十个国家与地区制定、颁布了实质意义上的电子商务法。而正在酝酿、起草、审议电子商务法的国家和地区就更多了。

中国虽然在电子商务的立法上起步较晚，但是十几年来我们一直在努力。2000 年 12 月，全国人大常委会审议通过了《关于维护互联网安全的决定》；2004 年 8 月通过了《中华人民共和国电子签名法》，2005 年 4 月 1 日，《中华人民共和国电子签名法》开始实施，使我国的信息化告别了过去无法可依的时代；2012 年 12 月，通过了《关于加强网络信息保护的决定》。近年来，我国电子商务迅猛发展，对推进供给侧结构性改革，激发社会创新创业活力，满足人民日益增长的美好生活需要发挥了重要作用。中国已成为世界领先的电子商务市场，积累了丰富的创新发展经验。为了进一步支持、促进电子商务发展，维护市场秩序，保障电子商务各方主体的合法权益，2013 年 12 月 7 日，全国人大常委会在人民大会堂召开了《中华人民共和国电子商务法》(以下简称《电子商务法》)第一次起草组会议，正式启动了《电子商务法》的立法进程。同年，12 月 27 日，全国人大财经委在人民大会堂召开《电子商务法》起草组成立暨第一次全体会议，正式启动电子商务法立法工作。根据十二届全国人大常委会立法规划，《电子商务法》被列入第二类立法项目。2014 年 11 月 24 日，全国人大常委会召开《电子商务法》起草组第二次全体会议，就电子商务重大问题和立法大纲进行研讨。2015 年 1 月至 2016 年 6 月，开展并完成《电子商务法》草案起草。2018 年 8 月 31 日，十三届全国人大常委会第五次会议表决通过《电子商务法》。2019 年 1 月 1 日起，《电子商务法》正式实施。《电子商务法》全文共有总则、电子商务经营者、电子商务合同的订立与履行、电子商务争议解决、电子商务促进、法律责任以及附则共 7 章的内容，这是中国首部电子商务领域的综合性法律，涉及市场主体、税务、合同、消费者保护、隐私、网络安全等多方面，针对舆论关注的个人代购、刷单、大数据杀熟、捆绑搭售等都做了相关规定。

【知识拓展】

为了规范电子商务的发展，国家政府在电子商务立法方面一直努力，以下列举了一些由国家牵头出台的相应法律法规，以供参考(见表 8 - 1)。

表 8 - 1　电子商务相关的主要法律法规

法律名称	施行时间	主要内容
《计算机信息系统安全保护条例》	1994 年 2 月 18 日	分为总则、安全保护制度、安全监督、法律责任、附则等五章，共 31 条
《计算机信息网络国际联网管理暂行规定》	1996 年 2 月 1 日	为了加强对计算机信息网络国际联网的管理，保障国际计算机信息交流的健康发展，制定本规定，共 17 条
《中国公众多媒体通信管理办法》	1997 年 12 月 1 日	为了加强公众多媒体通信管理，促进公众多媒体通信的健康、有序发展，根据国务院关于电信市场管理的有关规定，制定本规定，共 20 条
《互联网 IP 地址备案管理办法》	2005 年 3 月 20 日	为加强对互联网 IP 地址资源使用的管理，保障互联网络的安全，维护广大互联网用户的根本利益，促进互联网业的健康发展，制定本规定，共 20 条
《电子认证服务管理办法》	2009 年 3 月 31 日	本管理办法分为总则、电子认证服务机构、电子认证服务、电子认证服务的暂停与终止、电子签名认证证书、监督管理、罚则、附则等八章，共 43 条

续表

法律名称	施行时间	主要内容
《中国互联网络域名注册实施细则》	2009 年 6 月 5 日	本细则分为总则、域名注册服务机构、域名注册的申请与审核、域名的变更与注销、域名注册服务机构的变更、域名争议处理、域名运行费用、用户投诉机制、附则等九章，共 52 条
《第三方电子商务交易平台服务规范》	2011 年 4 月 12 日	正文分为范围、规范性引用文件、术语和定义、基本原则 、第三方交易平台的设立与基本行为规范、平台经营者对站内经营者的管理与引导、平台经营者对消费者的合理保护、平台经营者与相关服务提供者的协调、监督管理等九章
《证券投资基金销售机构通过第三方电子商务平台开展业务管理暂行规定》	2013 年 3 月 15 日	为了进一步拓宽公开募集证券投资基金(以下简称基金)的销售渠道，保障基金销售机构在第三方电子商务平台上基金销售活动的安全有序开展，维护基金投资人合法权益，根据《证券投资基金销售管理办法》等有关法律法规，制定本规定，共 18 条
《国务院办公厅转发商务部等部门关于实施支持跨境电子商务零售出口有关政策意见的通知》	自 2013 年 10 月 1 日在全国有条件的地区实施	解决近年来我国迅速发展的跨境电子商务，特别是跨境电子商务企业对消费者模式下，现行管理体制、政策、法规及现有环境条件已无法满足其发展要求的实际问题，支持跨境电子商务零售出口健康快速发展。分为 3 部分，共 12 条
《商务部关于促进电子商务应用的实施意见》	2013 年 10 月 31 日	本意见分为工作目标和原则、重点任务、保障措施三个部分，共 19 点
《互联网域名管理办法》	2017 年 11 月 1 日	本办法分为总则、域名管理、域名服务、监督检查、罚则和附则等六章，共 58 条

8.2 我国电子商务法的主要内容

8.2.1 《国务院办公厅关于加快电子商务发展的若干意见》

为了贯彻落实党的十六大提出的信息化发展战略和十六届三中全会关于加快发展电子商务的要求，2004 年，国务院组织有关专家开始起草《国务院办公厅关于加快电子商务发展的若干意见》(以下简称《加快电商发展的意见》)。

《加快电商发展的意见》阐明了电子商务对我国国民经济和社会发展的重要作用，这种作用突出表现在三个方面。第一，推进电子商务是贯彻科学发展观的客观要求，有利于促进我国产业结构调整，推动经济增长方式由粗放型向集约型转变，提高国民经济运行质量和效率，形成国民经济发展的新动力，实现经济社会的全面协调可持续发展；第二，加快电子商务发展是应对经济全球化挑战、把握发展主动权、提高国际竞争力的必然选择；第三，推广电子商务应用是完善我国社会主义市场经济体制的有效措施。

《加快电商发展的意见》提出了加快电子商务发展的指导思想：按照科学发展观的要求，紧紧围绕转变经济增长方式、提高综合竞争力的中心任务，实行体制创新，着力营造电子商务发展的良好环境，积极推进企业信息化建设，推广电子商务应用，加速国民经济和社会信息化进程，实施跨越式发展战略，走中国特色的电子商务发展道路。提出了加快电子商务发展的基本原则：政府推动与企业主导相结合、营造环境与推广应用相结合、网络经济与实体经济相结合、重点推进与协调发展相结合、加快发展与加强管理相结合。还专门对电子商务的政策法律环境建设提出具体建议，包括加强统筹规划和协调配合、推动电子商务法律法规建设、研究制定鼓励电子商务发展的财税政策、完善电子商务投融资机制；加快信用、认证、标准、支付和现代物流建设，形成有利于电子商务发展的支撑体系等。

8.2.2 《中华人民共和国电子签名法》

1995 年 7 月，一个名叫杰夫·贝索斯的美国青年在西雅图市郊成立了一家网上销售书籍的公司，这就是电子商务的鼻祖，后来赫赫有名的亚马逊书店。亚马逊书店宣告了一种新的经济模式——电子商务的诞生。电子商务自其出现之日起便迅猛发展。

随着电子商务的发展，电子签名应运而生。所谓电子签名，是指数据电文中以电子形式所含、所附用于识别签名人身份并表明签名人认可其中内容的数据，通俗地说，也就是通过密码技术对电子文件所进行的电子形式的签名。电子签名运用一定的加密技术，将签名人信息转化为加密状态，并在需要时进行解密还原。电子文件在经过电子签名后，就可以用来识别签名人的身份以及文件内容是否是签名人所认可的原本内容。

电子签名在电子商务交易过程中起着不可缺少的重要作用。道理很简单，如果没有电子签名，那么电子合同如何签订？电子商务交易又从何谈起呢？因此，电子签名是电子商务开展过程中一个不可缺少的重要环节。传统的法律文本是以纸张为介质，以当事人的手写签名为认定标准。在长达几千年的人类文明中，这被认为是一个极其自然、没有人会发生任何疑问的规则。但是，电子签名的出现提出了新问题：首先，电子签名能不能具有和纸面签名同样的法律效力？其次，什么样的电子签名才能成为有效的电子签名？同时，还有其他方面的一些问题，如电子签名的安全性、电子签名人的行为规范、电子交易中的纠纷认定等等。

所有这些问题都带来了法律上的空白，电子商务的飞速发展使得相关立法成为必要。因此，电子商务产生不久，一些发达国家就相继制定了相关的法律规范。1995 年美国犹他州制定了世界上第一部电子签名法，1996 年贸法委制定了《电子签名示范法》，1999 年欧盟制定了《电子签名指令》，2000 年美国制定了《国际国内商务电子签名法》，日本出台了《关于电子签名及认证业务的法律(电子签名法)》，新加坡、韩国等许多国家也制定了相关法律。到目前为止，全世界有 40 多个国家制定了有关电子商务方面的法律，对规范电子签名活动、保障电子交易安全、维护电子交易各方的合法权益、促进电子商务的健康发展起了重要作用。

《中华人民共和国电子签名法》(以下简称《电子签名法》)是为了规范电子签名行为，确立电子签名的法律效力，维护有关各方的合法权益而制定的法律。《电子签名法》由中华人民共和国第十届全国人民代表大会常务委员会第十一次会议于 2004 年 8 月 28 日通过，自 2005 年 4 月 1 日起施行。当前版本为 2015 年 4 月 24 日第十二届全国人民代表大会常务委员会第十四次会议修正。其立法目的如下：

a. 规范电子签名行为。

b. 确立电子签名的法律效力。电子签名的法律效力是电子签名法所要解决的最重要问题。确立电子签名的法律效力，关键在于解决两个问题：一是通过立法确认电子签名的合法性、有效性；二是明确满足什么条件的电子签名才是合法的，有效的。

c. 维护有关各方的合法权益。这里讲的有关各方包括电子签名人、电子认证服务提供者以及与电子签名人进行交易的电子签名依赖方等参与电子签名活动的当事人。有关各方在电子签名活动中的合法权益都受到法律的保护。《电子签名法》规定了各方在电子签名活动中的权利义务，明确了电子签名活动规则，确立各方当事人在电子签名活动中的行为准则，并规定违反法定义务和约定义务的当事人要承担相应的法律责任，以达到平等保护各方当事人合法权益的目的。

《电子签名法》的出台是我国电子商务发展中的一座里程碑，它对保证电子商务交易、促进电子商务发展具有举足轻重的意义，而且对今后电子政务以及未来全面的社会信息化都将产生深远的影响。《电子签名法》的出台为我国电子商务发展提供了基本的法律保障，它解决了电子签名的法律效力这一基本问题，并对电子商务认证机构、电子签名的安全性、签名人的行为规范、电子交易中的纠纷认定等一系列问题做出了明确的规定。有了《电子签名法》的相关规定，电子商务发展中的许多问题就有了解决的依据，真正的网上交易将会逐步发展起来，制约电子商务发展的一些问题也会在发展中逐步解决，我国电子商务将会很快走出无法可依、盲目无序的状态。

《电子签名法》明确和规范了以下几个方面的问题：

a. 明确了电子签名的法律效力。《电子签名法》明确规定，“民事活动中的合同或者其他文件、单证等文书，当事人可以约定使用或者不使用电子签名、数据电文。当事人约定使用电子签名、数据电文的文书，不得仅因为其采用电子签名、数据电文的形式而否定其法律效力。”这样，电子签名便具有与手写签字或者盖章同等的法律效力；同时承认电子文件与书面文书具有同等效力，从而使现行的民商事法律可以适用于电子文件。

b. 明确了电子签名所需要的技术和法理条件。电子签名必须同时符合“电子签名制作数据用于电子签名时，属于电子签名人专有”“签署时电子签名制作数据仅由电子签名人控制”“签署后对电子签名的任何改动能够被发现”“签署后对数据电文内容和形式的任何改动能够被发现”等若干条件，才能被视为可靠的电子签名。这一条款为确保电子签名安全、准确以及防范欺诈行为提供了严格的、具有可操作性的法律规定。

c. 对电子商务认证机构和行为做了规定。电子商务需要第三方对电子签名人的身份进行认证，这个第三方称为电子认证服务机构。认证机构的可靠与否对电子签名的真实性和电子交易的安全性起着关键作用。考虑到目前中国社会信用体系还不健全，为了确保电子交易的安全可靠，《电子签名法》规定了认证服务市场准入制度，明确了由政府对认证机构实行资质管理的制度，并对电子认证服务机构提出了严格的人员、资金、技术、设备等方面的条件限制。

d. 明确了电子商务交易双方和认证机构在电子签名活动中的权利、义务和行为规范。如对电子合同中数据电文的发送和接收时间、数据电文的发送和接收地点、电子签名人向电子认证服务提供者申请电子签名认证证书的程序、电子认证服务提供者提供服务的原则、电子签名人或认证机构各自应承担的法律义务与责任等问题，都做出了明确的规定。

e. 明确了“技术中立”原则。这次立法借鉴了贸法委《电子签名示范法》的“技术中立”原则，只规定了作为可靠的电子签名应该达到的标准，没有限定使用哪一种技术来达到这一标准，这为以后新技术的采用留下了空间。

f. 增加了有关政府监管部门法律责任的条款。“负责电子认证服务业监督管理工作的部门的工作人员，不依法履行行政许可、监督管理职责的，依法给予行政处分；构成犯罪的，依法追究刑事责任。”由立法明确指出追究不依法进行监督管理人员的法律责任，这是国外电子商务立法中所没有的，也是针对目前我国市场信用制度落后、电子商务大环境不完善而特别需要加强监管的国情而实际做出的。

【引申案例】

微博照片弄丢工作

陈小姐是一名外企白领，在上海一家外资企业已工作 10 年之久。2012 年 6 月，她收到公司的解除聘用关系通知，称其从当年 1 月份开始累计旷工天数超过 8 天，按照公司规定，决定即刻解除聘用关系。陈小姐对此颇为不满，她认为自己每次请假均有申请，并没有旷工，公司的行为系违法解约，应当支付违法解约赔偿金。于是，陈小姐将公司诉至上海市黄浦区人民法院，索赔 16 余万元赔偿金。

庭审中，围绕到底是否存在旷工行为，陈小姐与公司展开了唇枪舌剑。“从原告在微博上发布的照片可以看出，她外出旅游的日期和地点。”法庭上，被告方公司提交的第一组证据让陈小姐颇为意外。原来，公司为证明陈小姐旷工的事实不仅出示了电子邮件、电话记录、护照等一系列证据，还将陈小姐在微博上随手发布的旅游照片和博客上写的游记，一一截图并公证后提交法庭。

公司指出，在近 1 年中，陈小姐未经申请擅自外出旅游旷工达 27.5 天，微博上的照片可以清晰地证明她外出游玩的情况，并且出游期间公司的电脑和电话上均无任何记录。公司还出示了陈小姐的年休假记录表，印证其缺勤天数。

最终，法院经过审理，结合双方各自提供的证据和陈述，采纳了公司的观点，认定陈小姐多次利用工作时间国内游、出境游，有意隐瞒实际休假天数，半年中累计 12 天缺勤未经申请和登记，公司解聘行为合法。

微信证明劳动关系成立

陈小姐微博上的照片让她丢了工作，而在李小姐与公司的劳动争议案件中，一组微信上的聊天记录则被她用来证明她与公司之间成立劳动关系。

李小姐是一名设计师，2012 年年底，她开始为一家设计公司在深圳等地的项目开展工作，而让李小姐感到困惑的是，自己虽然为公司工作，但公司却迟迟不愿和她签订劳动合同，也不缴纳社会保险。

在多次与公司协商未果后，李小姐提出辞职，并将公司诉至黄浦区人民法院，要求公司赔偿未签订劳动合同的双倍工资差额。对此，公司认为李小姐并不是公司员工，双方没有劳动关系，李小姐是在为案外人工作。

庭审中，为证明自己的确属于这家设计公司的员工，李小姐一连提交了 20 余组证据，包括公司的通行证、银行转账明细等等。而为了证明自己日常是接受公司实际管理人马某的管理，她向法庭提交了自己与马某的微信聊天记录，涉及日常费用报销事项等内容。虽然李小姐为微信记录进行了公证，并证实该微信号就是马某，但公司仍提出了不同的意见，质疑微信的来源和真实性。

最终，法庭经过审理，认为李小姐提供的一系列证据，能够相互印证，并形成了完整的证据链，证实了她日常进出设计公司的工作场所为公司工作，公司向其支付劳动报酬、公司对她进行管理等事实，因此确认李小姐与公司存在劳动关系。公司不仅要支付李小姐未订立劳动合同的两倍工资差额，还要支付解除劳动关系经济补偿金等共计近 8 万元。

电子证据取舍及认证存难点

上海市黄浦区人民法院副院长金民珍介绍说，当前电子证据的种类早已从早期的电子邮件、手机短信逐渐扩展到微博、微信、QQ聊天记录、电子考勤数据等各种形式。在该院的审判实践中，已出现了多起涉及新类型电子证据的劳动争议案件，所要证明的内容囊括了劳动关系的建立、变更、终结，以及入职时间、岗位工资、辞职原因、加班与否的认定等方方面面。

“虽然电子证据越来越多地出现在劳动争议案件审理中，但实践中对于这些证据的取证、质证、认证仍然存在诸多难点。”

金民珍分析，一方面，在取证环节，基于电子证据的属性，其固定和提取需要较高的计算机专业知识，许多当事人取证需要借助专业的鉴定机构和公证机构进行，无形中增加了诉讼成本。同时，在当事人申请法院对电子证据进行保全时，往往还涉及保全的范围、电子证据掌控方的配合度等等难题。

另一方面，当事人对另一方提供的电子证据自认的仅占二成左右，大多情况下，提供电子证据一方会通过公证、鉴定、证人辅助作证等形式对电子证据予以补强，但由于缺乏明确的电子证据认证规则，部分公证、鉴定存在瑕疵缺漏，这些都增加了法院对电子证据认证的难度。

金民珍提醒，遇有电子证据时，用人单位与劳动者应注意取证的及时性，必要时借助专业机构，提高证据的证明力。同时，特别要注意收集能补强电子证据的其他证据，比如涉及单位内部系统有关电子数据时，单位技术人员或服务器管理方的相关证明对增强证据效力有一定作用。

8.2.3 《电子支付指引(第一号)》

为规范电子支付业务，防范支付风险，保证资金安全，维护银行及其客户在电子支付活动中的合法权益，促进电子支付业务健康发展，中国人民银行制定了《电子支付指引(第一号)》(以下简称《支付指引》)，现予公布。本公告自2005年10月26日起施行。

《支付指引》明确了银行通过网上支付个人资金一般每日累计金额不应超过5 000元。《支付指引》规定，银行通过互联网为个人客户办理电子支付业务，除采用数字证书、电子签名等安全认证方式外，单笔金额不应超过1 000元人民币，每日累计金额不应超过5 000元人民币；银行为客户办理电子支付业务，单位客户从其银行结算账户支付给个人银行结算账户的款项，其单笔金额不得超过5万元人民币，但银行与客户通过协议约定，能够事先提供有效付款依据的除外；银行应在客户的信用卡授信额度内，设定用于网上支付交易的额度供客户选择，但该额度不得超过信用卡的预借现金额度。

自发布之日起开始实施的《支付指引》，主要包括五个方面的内容：一是界定了电子支付的概念、类型和业务原则；二是统一了电子支付业务申请的条件和程序；三是规范了电子支付指令的发起和接收；四是强调了电子支付风险的防范与控制；五是明确了电子支付业务差错处理的原则和要求。

8.2.4 《网络商品交易及有关服务行为管理暂行办法》

《网络商品交易及有关服务行为管理暂行办法》(以下简称《网络商品交易及服务办法》)是我国第一部规范网络商品交易及有关服务行为的行政规章。从2010年7月1日起正式实施。办法对网络商品经营者和网络服务经营者在境内从事网络商品交易及有关服务行为进行了规范。根据规定，通过网络从事商品交易及有关服务行为的自然人，需向提供网络交易平台服务的经营者提出申请，提交姓名和地址等真实身份信息。这意味着，网上开店正式进入了“实名制”时代。

制定《网络商品交易及服务办法》的指导思想和原则，可以用一句话概括，就是：“坚持两个促进和两个维护”。“两个促进”是指，促进网络商品交易及有关服务行为的发展，促进网络商品交易及有关服务行为的健康发展。“两个维护”是指，维护消费者的合法权益，维护经营者的合法权益。消费者信任网络市场是网络市场发展的基础，经营者信任网络市场是网络市场发展的根基。能否有效保护网络消费者的合法权益、保护经营者的合法权益，关系到网络市场能否协调可持续发展。维护消费者的合法权益，就是要处理好消费者和经营者之间的买卖关系，努力为消费者营造便利、安全、放心的网络消费环境；维护经营者的合法权益，就是要处理好经营者之间的关系，维护好市场主体公正公平的经营关系。只有切实维护消费者合法权益，工商行政管理才有群众支持的根基；只有切实维护经营者的合法权益，工商行政管理才会得到市场主体的拥护。

《网络商品交易及服务办法》共分为六章，主要内容如下：

第一章：主要规定了立法依据、立法宗旨和原则、立法调整对象、网络商品经营者和网络服务经营者经营原则、工商行政管理部门促进网络商品交易及有关服务行为发展的职责和任务以及行业自律等方面的内容。

第二章：主要规定了网络商品交易及有关服务行为规范。规范的内容覆盖网络商品交易及有关服务行为的全部过程和各个环节。主要内容包括市场主体准入、商品准入、交易信息、交易合同、交易凭据、交易竞争、注册商标专用权和企业名称权等权利的保护、消费者和经营者权益保护等方面。

第三章：主要规定了提供网络交易平台服务的经营者的义务与责任。主要规定了提供网络交易平台服务的经营者在平台交易主体准入，商品准入，交易信息检查监控、使用、保存，注册商标专用权、企业名称权等权利保护，经营者商业秘密和消费者个人信息保护，消费者权益保护，网络平台服务合同签订，网络平台规章制度制定，协助配合工商行政管理部门查处网络违法行为等方面的义务和责任。同时制定了鼓励、提倡网络交易平台建立消费者权益保护和交易信用评估服务自律制度等方面的内容。

第四章：主要规定了网络商品交易及有关服务行为监督管理职责。①规定了各级工商行政管理部门职责及分工；②规定了工商行政管理部门监管网络商品交易及有关服务行为的基本方式；③规定了网络违法行为管辖权，按照有利于维护权益、便于查处的原则，规定网络商品交易及有关服务违法行为由发生违法行为的网站的经营者住所所在地县级以上工商行政管理部门管辖；④规定了工商行政管理部门与国家有关行政执法部门之间配合协作工作方面的内容。

第五章：主要规定了违反该办法的法律责任。一是规定违反《网络商品交易及服务办法》规定的行为，凡法律法规已有规定的，依照法律、法规的规定处罚；二是规定违反《网络商品交易及服务办法》规定的行为，法律法规没有规定的，依照《网络商品交易及服务办法》的规定进行处罚。

第六章：附则。规定本办法由国家工商行政管理总局负责解释，省级工商行政管理部门可以依据本办法的规定制定网络商品交易及有关服务行为实施指导意见。本办法自 2010 年 7 月 1 日起施行。

保护消费者合法权益既是制定《网络商品交易及服务办法》的重要指导原则，又是《网络商品交易及服务办法》的主要内容之一。《网络商品交易及服务办法》根据网络消费特点,从消费者有效识别网络经营主体真实身份、网络商品和服务经营行为规范、交易合同、交易凭证、交易信息保护、提供网络交易平台服务的经营者维护消费者权益应当履行的义务、消费者申诉处理办法等几个方面做出了保护消费者权益的规定。

【引申案例】

2014 年 3 月,冯某通过网上购物平台“××商城”累计购买 53 盒“猴菇酥性饼干”,共花费 5 360 元,该饼干外包装上标明每 100 克能量为 540 千焦。但冯某按照《食品安全国家标准预包装食品营养标签通则》中所列公式,将包装上所写的蛋白质、脂肪、碳水化合物等成分含量加以计算得出,该饼干每 100 克能量应为 1 713 千焦,和饼干外包装上标明每 100 克能量为 540 千焦不相符。

冯某觉得“食品安全无小事”,于是起诉饼干的销售平台——××商城。

庭审时,“××商城”并无出庭,但书面答辩称“没有过错”,称公司曾对供应商的各种资质进行了审查,确认饼干来源合法、质量合格,虽然涉案商品能量标示有误,但饼干并未对冯某造成损害,因此拒绝承担赔偿责任。

黄埔区法院审理认为,被告作为该饼干的销售者,销售能量标识不符合规定的商品,可以认定为销售不符合食品安全标准的食品,而按照《中华人民共和国食品安全法》,生产不符合食品安全标准的食品或者销售明知是不符合食品安全标准的食品,消费者除要求赔偿损失外,还可以向生产者或销售者要求支付价款十倍的赔偿金。

最后,黄埔区法院判决“××商城”所在的广州某贸易有限公司退还冯某货款 5 360 元,并赔偿冯某 5.36 万元。

8.2.5 《非金融机构支付服务管理办法》

随着网络信息、通信技术的快速发展和支付服务的不断分工细化,越来越多的非金融机构借助互联网、手机等信息技术广泛参与支付业务。非金融机构提供支付服务、与银行业既合作又竞争,已经成为一支重要的力量。传统的支付服务一般由银行部门承担,如现金服务、票据交换服务、直接转账服务等,而新兴的非金融机构介入支付服务体系,运用电子化手段为市场交易者提供前台支付或后台操作服务,因而往往被称作“第三方支付机构”。实践证明,非金融机构利用信息技术、通过电子化手段提供支付服务,大大丰富了服务方式,拓展了银行业金融机构支付业务的广度和深度,有效缓解了因银行业金融机构网点不足等产生的排队等待、找零难等社会问题。非金融机构支付服务的多样化、个性化等特点较好地满足了电子商务企业和个人的支付需求,促进了电子商务的发展,在支持“刺激消费、扩大内需”等宏观经济政策方面发挥了积极作用。虽然非金融机构的支付服务主要集中在零售支付领域,其业务量与银行业金融机构提供的支付服务量相比还很小,但其服务对象非常多,主要是网络用户、手机用户、银行卡和预付卡持卡人等,其影响非常广泛。

随着非金融机构支付服务业务范围、规模的不断扩大和新的支付工具推广,以及市场竞争的日趋激烈,这个领域一些固有的问题逐渐暴露,新的风险隐患也相继产生。如客户备付金的权益保障问题、预付卡发行和受理业务中的违规问题、反洗钱义务的履行问题、支付服务相关的信息系统安全问题,以及违反市场竞争规则、无序从事支付服务问题等。这些问题仅仅依靠市场的力量难以解决,必须通过必要的法规制度和监管措施及时加以预防和纠正。

党中央、国务院高度重视非金融机构支付服务监管工作,多次做出重要批示。中国人民银行作为我国支付体系的法定监督管理者，认真贯彻落实党中央、国务院关于“大力发展金融市场，鼓励金融创新”“加强风险管理，提高金融监管有效性”的要求，在鼓励各类支付服务主体通过业务创新不断丰富支付方式、提高支付服务效率、顺应社会公众不断发展变化的支付服务需求的同时，大力推进支付服务市场相关制度建设，强化对非金融机构支付服务的监督管理，防范各类金融风险。在组织开展非金融机构支付服务登记、征求社会各方面意见和建议、学习借鉴国际经验的基础上，2010 年 6 月 21 日，中国人民银行在网站上正式公布了《非金融机构支付服务管理办法》(以下简称《支付服务办法》)，办法规定未经中国人民银行批准，任何非金融机构和个人不得从事或变相从事支付业务。该方法已经于 2010 年 5 月 19 日第 7 次行长办公会议通过，并于 2010 年 9 月 1 日起施行。自 2018 年 6 月 30 日起，支付机构受理的涉及银行账户的网络支付业务全部通过网联平台处理。各银行和支付机构已于 2017 年 10 月 15 日前完成接入网联平台和业务迁移相关准备工作。

《支付服务办法》的制定和实施，是以科学发展观指导中国人民银行监督管理支付体系的重要实践，是落实党中央、国务院领导同志指示精神，顺应社会公众意愿的一项重要举措。《支付服务办法》的出台符合非金融机构在遵循平等竞争规则基础上规范有序发展的需要，符合广大消费者维护正当权益、保障资金安全的需要，符合国家关于鼓励金融创新、发展金融市场、维护金融稳定和社会稳定要求的需要，必将对我国金融体系的健康发展产生积极而重要的影响。

《支付服务办法》共五章五十条，主要内容如下：

第一章总则，主要规定《支付服务办法》的立法依据、立法宗旨、立法调整对象、支付业务申请与许可、人民银行的监管职责以及支付机构支付业务的总体经营原则等。

第二章申请与许可，主要规定非金融机构支付服务市场准入条件和人民银行关于《支付业务许可证》的两级审批程序。市场准入条件主要强调申请人的机构性质、注册资本、反洗钱措施、支付业务设施、资信状况及主要出资人等应符合的资质要求等。此外，明确了支付机构变更等事项的审批要求。

第三章监督与管理，主要规定支付机构在规范经营、资金安全、系统运行等方面应承担的责任与义务。规范经营主要强调支付机构应按核准范围从事支付业务、报备与披露业务收费情况、制定并披露服务协议、核对客户身份信息、保守客户商业秘密、保管业务及会计档案等资料、规范开具发票等。资金安全主要强调支付机构应在同一商业银行专户存放接受的客户备付金，且只能按照客户的要求使用。系统运行主要强调支付机构应具备必要的技术手段及灾难恢复处理能力和应急处理能力等。此外，支付机构还需配合人民银行的依法监督检查等。

第四章罚则，主要明确人民银行工作人员、商业银行、支付机构等各责任主体相应承担的法律责任等。

第五章附则，主要明确《支付服务办法》的过渡期要求、施行日期等。

《支付服务办法》明确非金融机构支付服务是指非金融机构在收付款人之间作为中介机构提供的货币资金转移服务，包括网络支付、预付卡的发行与受理以及银行卡收单等。

a. 网络支付业务。《支付服务办法》所称网络支付是指非金融机构依托公共网络或专用网络在收付款人之间转移货币资金的行为，包括货币汇兑、互联网支付、移动电话支付、固定电话支付、数字电视支付等。

b. 预付卡发行与受理业务。《支付服务办法》所称预付卡是指以营利为目的发行的、在发行机构之外购买商品或服务的预付价值，包括采取磁条、芯片等技术以卡片、密码等形式发行的预付卡。

c. 银行卡收单业务。《支付服务办法》所称银行卡收单是指通过销售点(POS)终端等为银行卡特约商户代收货币资金的行为。

d. 中国人民银行根据支付服务市场的发展趋势等确定的其他支付业务。

国际上,在非金融机构支付服务市场发展较早、较快的一些国家,政府对这类市场的监管逐步从偏向于“自律的放任自流”向“强制的监督管理”转变。美国、欧盟等从维护客户合法权益角度出发,要求具有资质的机构有序、规范从事支付服务。具体措施包括实行有针对性的业务许可,设置必要的准入门槛,建立检查和报告制度,通过资产担保等方式保护客户权益,加强机构终止退出及撤销等管理。

美国将类似机构(包括非金融机构和非银行金融机构)界定为货币服务机构。美国有40多个州参照《统一货币服务法案》制定法律对货币服务进行监管。这些法律普遍强调以发放执照的方式管理和规范从事货币服务的非银行机构。从事货币服务的机构必须获得专项业务经营许可,并符合关于投资主体、营业场所、资金实力、财务状况、从业经验等相关资质要求。货币服务机构应保持交易资金的高度流动性和安全性等,不得从事类似银行的存贷款业务,不得擅自留存、使用客户交易资金。这类机构还应符合有关反洗钱的监管规定,确保数据信息安全等。

欧盟就从事电子货币发行与清算的机构先后制定了《电子货币指令》和《内部市场支付服务指令》等,并于2009年再次对《电子货币指令》进行修订。这些法律强调欧盟各成员国应对电子货币机构以及支付机构实行业务许可制度,确保只有遵守审慎监管原则的机构才能从事此类业务。支付机构应严格区分自有资金和客户资金,并对客户资金提供保险或类似保证;电子货币机构提供支付服务时,用于活期存款及具备足够流动性的投资总额不得超过自有资金的20倍。与之类似,英国的《金融服务与市场法》要求对从事电子支付服务的机构实行业务许可,并且电子货币机构必须用符合规定的流动资产为客户预付价值提供担保,且客户预付价值总额不得高于其自有资金的8倍。

韩国、马来西亚、印度尼西亚、新加坡、泰国等先后颁布法律规章,要求电子货币发行人必须预先得到中央银行或金融监管当局的授权或许可,并对储值卡设置金额上限等。

8.2.6 电子商务的其他相关立法

(1)《互联网著作权行政保护办法》

2005年4月30日,《互联网著作权行政保护办法》由国家版权局与信息产业部联合发布,并于5月30日起实施。作为我国第一部真正意义上的互联网内容著作权保护法规,此法的制定实施对互联网产业乃至整个信息服务业的发展产生了重要和深远的影响。

《互联网著作权行政保护办法》的制定实施填补了国内关于网上著作权行政保护的法律空白,对规范著作权人信息网络传播权的保护有一定的积极意义,为互联网信息服务业的发展初步营造了良好的环境,有利于促进其健康发展。

(2)《第三方电子商务交易平台服务规范》

为倡导诚信规范的经营服务理念,完善电子商务发展环境,促进电子商务健康发展,商务部于2011年4月12日发布《第三方电子商务交易平台服务规范》(以下简称《服务规范》)从平台设立与基本行为规范、平台经营者对站内经营者的管理与引导、平台经营者对消费者的保护、平台经营者与相关服务提供者的协调、监督管理等5个方面对第三方平台经营与管理做出了规范。对此,业内专家指出,《服务规范》的发布,能对家电网购市场起到规范和引导作用。

该《服务规范》主要呈现以下特点：

a. 确定了第三方电子商务交易平台的运行原则、设立条件与服务规则。作为独立于交易双方的第三方平台，《服务规范》要求其应当遵从“业务隔离”原则，必须分离平台自营业务与第三方服务业务，从制度上确保平台相对交易双方的公平、公正和独立。

b. 调整了第三方电子商务交易平台、站内经营者与消费者之间的关系。《服务规范》要求平台经营者从会员注册、合同规范、行为规范、信息管理、秩序维护、错误交易处理、知识产权保护以及禁止行为等 8 个方面对站内经营者进行监督管理。

c. 对第三方电子商务交易平台提出新要求。如《服务规范》提出，平台应当通过合同或其他方式要求和督促站内经营者建立和实行各类商品信誉制度，方便消费者监督和投诉，从而约束站内经营者的不当行为。

d. 明确了网络交易中的禁止行为。例如，《服务规范》要求利用自有平台进行商品与服务交易的平台经营者不得操纵市场价格，扰乱市场秩序，损害其他经营者和消费者的合法权益。

(3)《中华人民共和国消费者权益保护法》(2013 年修正版)

2013 年 10 月 25 日，十二届全国人大常委会第五次会议通过《关于修改〈中华人民共和国消费者权益保护法〉的决定》，自 2014 年 3 月 15 日起实施。这次对《中华人民共和国消费者权益保护法》(以下简称《消法》)的修订，是《消法》颁布实施 20 年来的首次大修，进一步强化了对消费者权益的保护，是我国消费者权益保护发展史上的一个重要的里程碑。

新《消法》的实施，九大亮点值得大家关注，其中，与电子商务相关的主要如下：

《消法》第 25 条规定：经营者采用网络、电视、电话、邮购等方式销售商品，消费者有权自收到商品之日起七日内退货，且无须说明理由，但下列商品除外：①消费者定做的；②鲜活易腐的；③在线下载或者消费者拆封的音像制品、计算机软件等数字化商品；④交付的报纸、期刊。

《消法》第 14 条规定：消费者在购买、使用商品和接受服务时，享有其人格尊严、民族风俗习惯得到尊重的权利，享有个人信息依法得到保护的权利。第 29 条规定：经营者收集、使用消费者个人信息，应当遵循合法、正当、必要的原则，明示收集、使用信息的目的、方式和范围，并经消费者同意。

《消法》第 44 条规定：消费者通过网络交易平台购买商品或者接受服务，其合法权益受到损害的，可以向销售者或者服务者要求赔偿。网络交易平台提供者不能提供销售者或者服务者的真实名称、地址和有效联系方式的，消费者也可以向网络交易平台提供者要求赔偿。

(4)《中华人民共和国合同法》

电子合同是双方或多方当事人之间通过电子信息网络以电子的形式达成的设立、变更、终止财产性民事权利义务关系的协议。通过上述定义可以看出电子合同是以电子的方式订立的合同，其主要是指在网络条件下当事人为了实现一定的目的，通过数据电文、电子邮件等形式签订的明确双方权利义务关系的一种电子协议。

1999 年 10 月 1 日起实施的新的《中华人民共和国合同法》(以下简称《合同法》)在合同形式方面大胆地吸收了数据电文形式，并视之为书面合同。可以说这是世界上第一部采纳电子合同形式的合同法，这为电子合同的推广应用以及为今后的电子商务立法奠定了基础。其中，第 11 条规定“书面形式是指合同书、信件和数据电文(包括电报、电传、传真、电子数据交换和电子邮件)等可以有形地表现所载内容的形式”。第 16 条和第 34 条分别规定了采用数据电文形式订立合同的成立时间和地点，这是我国法律首次规定了数据电文可以作为书面形式用于合同的签订。

【引申案例】

据媒体报道，一款原价为 14 500 元的超级平板电脑因商务公司员工操作的失误，最后被标价为 1 450 元在国美在线销售，仅仅过了 3 个小时，该款电脑就售出 500 余台，销售商损失 600 万元。而令人大跌眼镜的是，销售商北京某商务公司还将其中一名消费者诉至法院，要求撤销双方买卖合同关系，海淀区法院受理了此案。

其实，行业内出现这样的错价乌龙事件并不少见。2014 年 5 月，苏宁易购因负责价格维护的工作人员手误，一款原价 1 999 元的 AcerW3 平板电脑在苏宁易购的网站上被标价 499 元，虽然苏宁在第一时间发现并恢复了原价，但短短几分钟内，这款“史上最实惠的平板电脑”仍然被卖出了 1 000 余台。苏宁易购此次标错价事件损失上百万元。

无独有偶，2014 年 3 月，在联想官方商城及京东商城，原本售价 1 888 元的联想平板电脑被错标成了 999 元。对此，联想方面并没有取消已经生成的近 11 万台订单，因此损失近 1 亿元。

媒体查阅了近年来出现过的“价格乌龙”事件，发现大多数商家会采取直接取消订单的做法，一部分电商会尝试与消费者沟通，通过给予一定金额的补偿，与消费者协商取消价格错误的订单；较少数商家会像苏宁与联想那样，选择自掏腰包按照错误价格来履行订单。

电商为何频现价格乌龙？

如今，我国电商的发展已日趋成熟，交易规模日益扩大，商家线上竞争激烈程度也丝毫不亚于线下。因而，电商平台在运营过程中因操作失误出现价格乌龙也情有可原，但不可否认的是，价格乌龙虽有偶然，可也不排除个别商家为博“眼球效应”，将“偶然”变“必然”的嫌疑。

一方面，电商平台在运营过程中因工作人员操作失误而误标价格。在电商行业，电商网站调价较为频繁，而调价的原因是多方面的，有可能是上游供应商价格发生变化，也有可能是采购环节发生变化而造成的价格差异，还有可能是随库存量、季节变化、竞争对手价格变化而进行的临时调整，所以网站系统很难统一判断价格，必须依靠人工手段操作，而人工的介入就不可避免地带来了高出错率，偶然出现价格乌龙事情也非不可原谅。

另一方面，对于网站和商家来说，消费者的关注度与点击量事关其存亡，不管是打价格战还是活动促销，所能够带来的获利并非只是订单金额，更多的是博得消费者眼球，从而获得更多的潜在客户。从这个角度而言，不排除个别商家为夺得“眼球经济”效益，而刻意把“偶然乌龙”变“必然乌龙”的嫌疑。

电商频频出现“错标价格”事件，是真乌龙还是吸引眼球？我们不得而知。而之所以许多如北京某商务公司这样的商家宁愿遭受舆论也不愿为自身失误买单，甚至牛气十足地状告消费者，还在于其抓住了不少消费者“疲于维权”的心理。

对消费者而言，通过法律手段维权，容易出现付出与收获难成正比的尴尬局面。首先，一旦需要靠打官司维权，务必需要付出时间成本；其次，即使付出官司的公证费，也难以保证最终能获得赔偿；最后，在此类价格乌龙事件中，消费者本身并未遭受实际损失，消费者从心理上难以付出维权行动。因此，在过去历次价格乌龙事件中，虽然网络上不乏情绪激动的消费者，但最终通过法律维权的只是极少数，许多出错商家正是看准了消费者的这一心理才敢于单方面撤销订单，甚至状告消费者。

为什么“乌龙订单”在电商行业屡见不鲜，却依然难以找到“对症”的解决方案？

有业内人士提出，截至目前，我国并没有一部专门针对此类电子商务纠纷的法律法规。而此前出现的类似纠纷只能按照《合同法》的内容来解决。

按照《合同法》第 54 条规定，如买卖双方的合同中因重大误解订立的、在订立合同时显失公平的，或者一方以欺诈、胁迫的手段或者乘人之危，使对方在违背真实意思的情况下订立的合同，受损害方有权请求人民法院或者仲裁机构变更或者撤销。本次北京某商务公司与消费者的纠纷确实可以属于存有“重大误解”订立的合同。不过，该商务公司也存有明显过错，最好的方法就是与消费者协商解决。

而随着电商的发展日趋成熟，无论是真“误标价格”还是“为博眼球”，都会涉及消费者与电商平台的利益，双方都需要一个更为具体、更为规范、更为有效的处理方式，一旦再出现类似事件，有法可依、有据可循才能保证消费者的合法权益，促进电商之间的良性竞争，为中国金融改革做出应有的贡献。

(5)《中华人民共和国网络安全法》

《中华人民共和国网络安全法》(以下简称《网络安全法》)是为保障网络安全，维护网络空间主权和国家安全、社会公共利益，保护公民、法人和其他组织的合法权益，促进经济社会信息化健康发展制定。由全国人民代表大会常务委员会于 2016 年 11 月 7 日发布，自 2017 年 6 月 1 日起施行。

《网络安全法》是我国第一部全面规范网络空间安全管理方面问题的基础性法律，是我国网络空间法治建设的重要里程碑，是依法治网、化解网络风险的法律重器，是让互联网在法治轨道上健康运行的重要保障。《网络安全法》将近年来一些成熟的好做法制度化，并为将来可能的制度创新做了原则性规定，为网络安全工作提供切实法律保障。本法在以下几个方面值得特别关注。

1)《网络安全法》的基本原则

第一，网络空间主权原则。《网络安全法》第 1 条“立法目的”开宗明义，明确规定要维护我国网络空间主权。网络空间主权是一国国家主权在网络空间中的自然延伸和表现。习近平同志指出，《联合国宪章》确立的主权平等原则是当代国际关系的基本准则，覆盖国与国交往各个领域，其原则和精神也应该适用于网络空间。各国自主选择网络发展道路、网络管理模式、互联网公共政策和平等参与国际网络空间治理的权利应当得到尊重。第 2 条明确规定《网络安全法》适用于我国境内网络以及网络安全的监督管理。这是我国网络空间主权对内最高管辖权的具体体现。

第二，网络安全与信息化发展并重原则。习近平总书记指出，安全是发展的前提，发展是安全的保障，安全和发展要同步推进。网络安全和信息化是一体之两翼、驱动之双轮，必须统一谋划、统一部署、统一推进、统一实施。《网络安全法》第 3 条明确规定，国家坚持网络安全与信息化并重，遵循积极利用、科学发展、依法管理、确保安全的方针；既要推进网络基础设施建设，鼓励网络技术创新和应用，又要建立健全网络安全保障体系，提高网络安全保护能力，做到“双轮驱动、两翼齐飞”。

第三，共同治理原则。网络空间安全仅仅依靠政府是无法实现的，需要政府、企业、社会组织、技术社群和公民等网络利益相关者的共同参与。《网络安全法》坚持共同治理原则，要求采取措施鼓励全社会共同参与，政府部门、网络建设者、网络运营者、网络服务提供者、网络行业相关组织、高等院校、职业学校、社会公众等都应根据各自的角色参与网络安全治理工作。

2)《网络安全法》提出制定网络安全战略，明确网络空间治理目标，提高了我国网络安全政策的透明度

《网络安全法》第 4 条明确提出了我国网络安全战略的主要内容，即明确保障网络安全的

基本要求和主要目标，提出重点领域的网络安全政策、工作任务和措施。第 7 条明确规定，我国致力于“推动构建和平、安全、开放、合作的网络空间，建立多边、民主、透明的网络治理体系”。这是我国第一次通过国家法律的形式向世界宣示网络空间治理目标，明确表达了我国的网络空间治理诉求。上述规定提高了我国网络治理公共政策的透明度，与我国的网络大国地位相称，有利于提升我国对网络空间的国际话语权和规则制定权，促成网络空间国际规则的出台。

3)《网络安全法》进一步明确了政府各部门的职责权限，完善了网络安全监管体制

《网络安全法》将现行有效的网络安全监管体制法制化，明确了网信部门与其他相关网络监管部门的职责分工。第 8 条规定，国家网信部门负责统筹协调网络安全工作和相关监督管理工作，国务院电信主管部门、公安部门和其他有关机关依法在各自职责范围内负责网络安全保护和监督管理工作。这种“1+X”的监管体制，符合当前互联网与现实社会全面融合的特点和我国监管需要。

4)《网络安全法》强化了网络运行安全，重点保护关键信息基础设施

《网络安全法》第三章用了近三分之一的篇幅规范网络运行安全，特别强调要保障关键信息基础设施的运行安全。关键信息基础设施是指那些一旦遭到破坏、丧失功能或者数据泄露，可能严重危害国家安全、国计民生、公共利益的系统和设施。网络运行安全是网络安全的重心，关键信息基础设施安全则是重中之重，与国家安全和社会公共利益息息相关。为此，《网络安全法》强调在网络安全等级保护制度的基础上，对关键信息基础设施实行重点保护，明确关键信息基础设施的运营者负有更多的安全保护义务，并配以国家安全审查、重要数据强制本地存储等法律措施，确保关键信息基础设施的运行安全。

5)《网络安全法》完善了网络安全义务和责任，加大了违法惩处力度

《网络安全法》将原来散见于各种法规、规章中的规定上升到法律层面，对网络运营者等主体的法律义务和责任做了全面规定，包括守法义务，遵守社会公德、商业道德义务，诚实信用义务，网络安全保护义务，接受监督义务，承担社会责任等，并在“网络运行安全”“网络信息安全”“监测预警与应急处置”等章节中进一步明确、细化。在“法律责任”中则提高了违法行为的处罚标准，加大了处罚力度，有利于保障《网络安全法》的实施。

6)《网络安全法》将监测预警与应急处置措施制度化、法制化

《网络安全法》第五章将监测预警与应急处置工作制度化、法制化，明确国家建立网络安全监测预警和信息通报制度，建立网络安全风险评估和应急工作机制，制定网络安全事件应急预案并定期演练。这为建立统一高效的网络安全风险报告机制、情报共享机制、研判处置机制提供了法律依据，为深化网络安全防护体系，实现全天候全方位感知网络安全态势提供了法律保障。

本章小结

随着计算机与通信技术的发展以及商业化的广泛应用，商务交易形式问题变得越来越多样性、复杂化，已经到了必须由专门的法律规范对之调整的地步。电子商务法是指调整电子商务活动中通过电子行为设立、变更和消灭财产关系和人身关系的法律规范的总称，是一个新兴的综合法律范畴。电子商务法主要研究电子商务法的概念、特点，立法的必要性和指导原则。在国内外电子商务立法现状的基础上，本章还重点介绍了目前适用于国内电子商务发展的几

部典型法律法规。

课后习题

1.什么是电子商务法?
2.电子商务法有什么特点?
3.为什么必须要有电子商务法?
4.请简述电子商务法立法的指导原则。
5.什么是国际协调原则?我们为什么要遵循这一原则?
6.《电子商务法》的主要内容有哪些?
7.什么是电子签名?《电子签名法》的立法目的是什么?
8.请简述《网络商品交易及有关服务行为管理暂行办法》的立法指导原则。
9.什么是电子合同?

实际操作训练

通过网络或其他手段查找陕西省在电子商务法律方面的相关地方性法规或文件,详细记录其发布日期、生效日期、主要条款等内容,写一份 1 000 字左右的报告。

第 9 章　电子商务案例分析

【引导案例】

张家界创新“电商＋扶贫”模式 拓宽农户增收致富渠道

日前，自“2018 年湖南省张家界‘一县一品’电商扶贫专项活动暨永定区‘张家界莓茶’专题活动”开展以来，张家界的农特产品受到电商和商超企业的青睐，京东湖南扶贫馆、家乐福等与当地莓茶企业、椪柑种植合作社等达成合作意向，提升了张家界农特产品的产销渠道，助力精准脱贫。

近年来，以实施国家电子商务进农村示范市项目为契机，张家界市粮食和商务局大力发展农村电商，积极探索“电商＋扶贫”模式，搭建“电商＋”精准产销渠道，打造“电商＋”名优特色产品，成立“电商＋”农业合作社，积极拓宽农特产品增收渠道，让农村电商带动贫困农民脱贫致富，助力脱贫攻坚。

搭建“电商＋”精准产销渠道

张家界因旅游建市，是国内最重要的旅游城市之一，传统优势农产品资源丰富，特色鲜明，久负盛名。张家界莓茶、土家腊肉、菊花芯柚、葛根粉、白茶和大鲵、富硒大米、杜仲茶等都是当地远近闻名的名优产品。近年来，张家界市把产销渠道作为推动电商扶贫的重要环节，让消费者更方便地买到物美价优的农特产品。

在永定区，一提起红土地电商公司，整个张家界市无人不晓。初冬时节，这家位于张家界粮食产业园内的 O2O 体验店，前来看货、网上下单和上门购买农特产品的顾客络绎不绝。张家界莓茶、葛根粉、杜仲茶等当地农特产品琳琅满目，摆满了整个展台，将贫困户家庭的张家界特产直接销往全国各地，解决贫困户农产品销售渠道窄、价格低的难题。

“今年 4 月，红土地的电商平台上线后就一直受到消费者追捧，整个农特产品销售量增长了 30％以上。明年线下线上一起预计可突破 500 万。”张家界红土地电子商务有限公司负责人覃志刚谈起电商销售平台信心满满。通过本次电商扶贫活动，不到 10 天时间，该电商平台就吸纳了 10 多万的会员，用实际行动帮助贫困户脱贫致富。

近几年来，张家界市商务和粮食局广泛借鉴外地电子商务发展成功经验，积极开展对外合作，一是借助阿里、友阿、京东、苏宁、步步高和家乐福等产销平台推介和销售本地农特产品；二是大力扶持本土电商企业发展，重点做好创业企业的培育孵化，对从事孵化服务的企业给予支持；三是建立县级电子商务服务中心，聘请实力专业团队，成立电商协会，借助“互联网＋媒介＋渠道＋消费者”方式，让贫困群众“淘”出一条精准脱贫之路。

打造“电商＋”名优特色产品

在张家界，一款名叫“土家贡莓茶”的特色农产品，主打“纯天然”“健康绿色”的养生理念，日益深受消费者的青睐，也成为当地农户脱贫致富的法宝。“这次我们带来了多款土家贡莓茶产品,效果还不错!"张家界茅岩河投资有限公司负责人覃国银说。

"2017年过后,我们加大对传统商超渠道和电商平台的重视和投入,通过与国内知名电商和商超企业的合作,让土家贡莓茶能够在线上和线下同时销售,公司仅莓茶全年实现销售收入400多万元。"覃国银还表示。在张家界"一县一品"产销渠道对接会上,土家贡莓茶受到电商和商超等产销渠道青睐,该公司和京东湖南扶贫馆、家乐福等达成了产销意向合作协议,这或将带动张家界莓茶产业的发展。

近年来,慈利县为打造"一县一品"及"一乡一品"区域公用品牌,注册了"硒有慈利"这一区域公共品牌,实现产品的标准化、品牌化、规模化,打造慈利特色产品。大力发展富硒大米、油茶、果蔬等特色产业,加强猕猴桃、杜仲茶、富硒鸡、富硒鸡蛋、辣椒酱、腊制品等农特产品的品牌化建设,强化注册认证,提升农特产品的品质和价值知名度,通过电商和传统商超渠道远销全国各地,深受消费者喜爱。

在武陵源,该区积极挖掘和包装了网销的名优特商品,将产品定位于"一贡米""一菜葛""一辣椒",效果较为明显。如张家界湘阿妹食品有限公司通过挖掘包装名优特商品,实现销售收入400多万元,为每户贫困农户增加收入10多万元。

成立"电商+"农业合作社

"此次作为合作社的代表,参加本次活动产销渠道对接会受益匪浅,我们下一步借助产销渠道,让更多的农户实现脱贫致富。"张家界富民椪柑种植合作社负责人李启业说。此次和家乐福和湖南邮政等渠道的合作,让他看到脱贫致富的希望。在他看来,"靠每个农户单打独斗是行不通的,必须统一调配资源,形成品牌和销售合力。"

在永定区前坪村,椪柑往往成为村民的致富果。在"张家界'一县一品'电商扶贫推介会"上,家乐福商超采购负责人通过现场品尝,发现其口感和品相等均不错,和当地椪柑种植合作社达成了意向采购协议。据了解,家乐福商超此次的采购量约为10万斤,后续椪柑采购还将陆续进行,这将大大增加当地橘农的实际收入,实现增收致富。

在桑植,越来越多的贫困村、贫困户借助电子商务把村里的土特产销售到了全国各地,在互联网上搭建起优势资源走向市场的快车道。据统计,桑植县发展电子商务,带来就业岗位超过3 000个,全县发展各类农民专业合作组织419家,其中市级以上农业龙头企业33家,省级农业龙头企业6家,带动从事产业人数达19.8万人,其中贫困人口8万余人,10万余农民通过产业发展实现了脱贫致富。

"开展2018张家界市'一县一品'电商扶贫专项活动暨永定区'张家界莓茶'专题活动"产品对接会,推动张家界市农业产业发展,让贫困户有稳定的增收渠道。截至目前,全市有各类电商企业、网(微)店1 800多家,建成农村电子商务站点300多个,电子商务年交易额将突破55亿元,通过'互联网+生产基地+合作社+种植户'模式,使全市1万多户贫困农户、5万多名贫困人口受益。"张家界市商务和粮食局副局长谭国贵说。

9.1 电子商务案例分析方法

案例分析作为一种学习的方法,是加深对所学知识了解深度的一个非常重要的途径。在学习数学的时候要学习例题,学习物理的时候会做实验,大学还有各种各样的实习和实训。这些其实都是案例分析的一种形式的体现。早在人类文明发展的初期,哲学家们就总结出了人认识事物的过程是实践—理论—实践—理论……这样的一个循环过程。那么可以理解成对于知识的学习,不能仅仅停留在理论的理解,更要放到实际中去学习和分析,才可以做到真正的理解。

当然,大家也许会认为,实习或实践并不是案例分析。但对于电子商务这个领域来说,对现有电子商务活动的分析就是对现有情况的一种实际的模拟和推演,而且在分析过程中还可以有一些实际的调查和实验行为。因此,案例分析的过程可以看成是实践的另一种形式。

人类通过案例分析来学习知识的这种方式在很早就已经出现了。比如早期著名的希腊哲学家苏格拉底,在他的书籍中所记录的内容大都以问答式的方式展开,学生就现实中遇到的问题向他提问,他通过回答问题阐述自己的哲学思想。我国记录孔子思想的《论语》,也是通过一问一答的方式阐述儒家的经典思想。这本书是他的弟子根据平时他对学生的提问所做的回答进行的记录和整理。而这些都可以看成是案例教学的早期形式,代表着东西方的两位先贤们采取了类似的方式教化大众,可见案例分析在教学过程中的重要程度。

在现代社会,案例分析教学法也常常被用到。在电子商务专业范畴内,一般最为常见的案例教学通过两种方式来体现:第一种是教师在课堂上讲授案例。以教师为主,学生通过学习教师分析案例的过程和思路来认识和理解所学的知识点。这样的方式便于学生理解,容易掌握,但是对于学生自主思考和分析能力缺乏锻炼。第二种方式是由教师给出案例分析的题目或范围,由学生选择题目,在课余时间先进行分析或组内讨论,得出一定的结论或者疑问,然后在课堂上阐述自己的观点及疑问,由老师和同学一起讨论案例。这种方式的好处是可以最大限度地提高学生的参与性,锻炼对问题的分析能力和理解能力。当然如果没有教师适当的引导可能会偏离案例中需要分析的重点。

电子商务案例分析在电子商务的教学过程中具有重要意义。它可以让学生更为全面地认识电子商务,激发学生的创新能力,大大提高分析问题和解决问题的能力。通过对大量实际案例的分析,学生可以更快地积累在电子商务实务方面的经验,对于电子商务的内在本质和发展规律有一个更深刻的认识。

具体案例分析主要有以下几种方法。

(1)形式逻辑思维法

以理论知识中的定义、概念作为基础条件,以推演、归纳、分析作为推理及判断的方法。常用的逻辑思维方法如下:

a. 比较和分类。在逻辑顺序上应该对分析对象先进行比较,找出异同点,然后再进行分类。这是认识客观事物或现象的一种很常用的手段。

b. 归纳和演绎法。这是两个相反的推导过程,归纳是从一个个具体的、个别的客观事物或现象概括出具有共性的知识或规律的一种逻辑方法;演绎则刚好相反,它以基于理论方面的一般规律为原则,推演出一个个个别事物或现象的发展结果的一种逻辑方法。

c. 分析和综合法。分析是具体的、个别的,针对事物进行分解,然后对分解后的各个要素进行逐一的分析观察;综合方法是全局的、共同的,它把事物的各个方面的要素综合在一起进行分析和总结,发现它们的联系,建议从整体的角度观察和分析。

d. 抽象法,是从客观事物中通过分析,抽取出最本质、最基础的属性加以分析和研究的方法。另外抽象可以进行叠加。

e. 证明。利用理论、概念或显示调查结论等,证明其正确性的方法。

(2)辩证逻辑思维法

辩证可以理解为从两个对立的方面去分析、理解或阐述同一个问题，通过分析和总结这个事物的概念、判断和推演中表现出来的特点和规律建立自己的逻辑体系。常用的具体方法有矛盾分析法，它是分析事物的对立和统一，认识事物内的矛盾的特殊性和普遍性；辩证分析法，即对同一事物一分为二的矛盾分析法。

(3)比较分析法

这种分析方式是比较常见的一种分析方法。通过不同形式的比较来加深对被分析事物的认识和理解，发现该事物与其他事物之间的区别与联系。具体比较的角度可以是横向比较、纵向比较或理想类型比较法，即对具体事物进行一定的抽象作为标本进行比较。

(4)统计分析法

这个方法是通过对事物或现象的各项指标，如规模、程度、范围等的数量统计，研究和发现数据中体现出来的规律和意义。在保证统计过程客观真实的前提条件下，这种方法得出的结论是最为客观、准确的。

【知识拓展】

当 1908 年哈佛商学院成立时，案例教学还只是学院第一任院长埃德温·盖伊(Edwin F. Gay)的一个想法。到了 1912 年，阿奇·威尔金森·萧(Arch Wilkinson Shaw)在哈佛商学院院长多纳姆(Donham)的支持下，在经营策略这门课时首次尝试案例教学法，并且在 1920 年出版了其第一本案例(见图 9-1)。

经过 100 多年的发展，案例教学法不仅成为哈佛商学院的主要教学方法，还成为全球商学院进行管理教育，培养管理人才的重要方法。哈佛商学院教授每年编写的案例大概为 350 个，数量占到了全球商学院案例使用量的 80%。这些案例横跨不同学科、不同行业和不同国家，而且还在持续扩展和更新中。

图 9-1

什么是案例教学法？

案例教学，就是将现实中的问题带到课堂，以案例为中心，围绕一个教学目标，课前进行策划与准备，通过教、学双方的共同讨论分析，达到提高学生分析问题和解决问题能力的目的。

课堂之前。学生要以当事人的身份花几个小时的时间独立研究每个案例，参考多方面数据，进行适当的定量。在上课之前，他们在学习小组中讨论各自的发现，验证自己的思路，为扮演首席决策者做好充分准备。

课堂之中。哈佛商学院的课堂以“随机提问”方式展开。教授向学生提出一个有争议的问题引出案例，进而激发学员对这一部分讨论内容的整体思考。以这种开放式提问和反馈开始，学生将会在接下来的时间中分析、辩论、认知，最终形成自己的观点并提出解决方案。

课堂之后。讨论课一般很少以一个确定的解决方案结束。通常的结果是，学生对案例中的复杂因素有深刻的了解，明确如何运用适当的技巧来分析和评估问题，对处理实际商业活动中不确定的问题有了新的认识。

案例教学的收获

案例给了学生一种身临其境的感觉——了解公司的历史、经营风格、组织结构、财务状况、所处的外部环境等等一切在做决策时可能需要的信息。通过案例教学，学生往往能够在多方面获得提高。

(1)提高了短时间内处理信息及分析和解决问题的能力

作为MBA学生,经常会被要求在一天之内阅读大量的文章和数据并在阅读之后要求找出你所认为的核心问题是什么,以及你所推荐的解决方案是什么。大量而频繁的这种训练可以使学生相对轻易地在复杂的环境下迅速找出核心问题并将之解决。当前商业社会的节奏正在变得越来越快,作为一个未来的商业领袖,决策能力至关重要,而这种大强度的训练无疑是一种比较仿真的练习。

(2)意识到自己思维的局限性

一个很有意思的事情是通过案例教学法,学生能发现来自不同背景的人们对同一个问题的看法是千差万别的,而这种现象对学生本人而言,绝对是一个巨大的思想冲击。没有解决方案不代表讨论是无效的。这种看似无聊的争论,却可以让每一个参与者获得更多的视角,意识到自己思维的局限性。

(3)了解一些重要的国际商业案例并积累大量生动而有趣的素材

每一个案例都是一个精心陈述的故事。故事中的很多细节都可以成为商业灵感的来源,比如星巴克是如何进行服务管理的,沃尔玛是如何进入中国市场以及他们所走过的一些弯路,亦或者是当年墨西哥政府是如何走出债务危机的,等等。这些经过教授们精心挑选的案例往往都是某一个领域里面很有代表性企业的经典运作。

在当今时代,颠覆性技术不断涌现,新兴经济体快速腾飞,再加上全球人口老龄化,这些因素都造成经济发展的不确定性以及商业社会管理的复杂性。在这种环境下,成功的经验,包括比较稳定的商业模式都会被颠覆,过去经验的有效性会大大减弱。哈佛商学院的案例教学法旨在为学生提供学习并加强领导技能的机会,以应对不可预知的挑战。而因其培养商业领袖的有效性,在全球得到了广泛的应用。

9.2 电子商务案例分析模型

电子商务的案例分析是对具体案例的具体分析,所以在形式上没有一个完全一样的分析模型,但是它的基本原则和分析策略应该是一致的。一般来说都是通过采用一种或几种分析方法,对分析对象进行材料的整理、分类、汇总,然后通过采用的逻辑方法进行必要的研究,得出对事物或现象的最基本的认识,总结其规律。

案例分析的具体过程是对分析人员综合能力的一个考验。它既要求分析人员对具体现象进行研究,又要求分析人员能够从逻辑思维的角度,从理论上分析具体问题。这里涉及的内容比较广泛,具体如下:

a. 对分析对象客观存在的特点进行分析。

b. 对分析对象提供的材料的客观性、代表性进行分析论证。

c. 针对不同研究对象,对采用何种研究方法及分析方法的分析。

d. 对研究对象的行为目的分析,进而对整个案例中重大规律的总结和分析。

e. 根据众多研究数据及分析结论,综合得出最终结论,给出自己观点的分析过程。

从案例分析对象的角度,分析人员应该从以下几个方面入手:

a. 被研究对象的背景资料。这里包括管理体系、经营策略、产权所有方、资本结构及人员构成等等。

b. 被分析对象的经营特色。这里包括营销策略的分析、销售体系分析、支付与结算方式分析、物流配送方法的分析等。

c. 被分析对象的盈利点。主要包括财务经营现状分析、经营风险分析、市场占有率分析、竞争优劣势分析等。

d. 被分析对象的技术支持。主要包括平台的基本架构分析、平台的安全性能分析、日常维护方式分析等。

无论是从分析方法还是从分析对象的角度来看，电子商务案例分析模型的建立，要求分析者先全面把握住分析对象的基本情况，再进行具体分析。这里具体分析的重点，其实是对分析对象商业模式的分析。一般情况下，应该从以下几个方面进行分析：

a. 企业的战略目标。对于企业来说，其具体商业行为和经营策略，必然围绕其战略目标实施展开。企业战略目标的全面性、合理性直接决定了企业目前的生存状况和未来的发展趋势。好的战略目标会让企业的经营具备可持续的发展，保持企业核心竞争力的同时，不断开拓新的盈利点，让企业始终处于竞争的优势位置。在案例分析过程中，无论成功还是失败的案例，其战略目标都是导致当前结论的直接原因。

b. 企业的核心竞争力。对一个企业的分析要明确目前它所拥有的资源、占有的市场，识别自身的核心竞争力。任何一个企业能够在一段时间内成功地运营，一定来源于其自身的核心竞争力。这个核心竞争力是企业最根本的经营动力。通过分析不仅要了解当前竞争力的现状，还要了解它的形成过程并分析它将来的持续发展性。

c. 企业盈利模式分析。利润是任何电子商务行为的前提条件，如果最终目标没有盈利，那就不可能产生商业行为。对于企业来说，如何盈利是企业的根本。无论在经营过程中采用何种形式，归结到最后，都是以是否盈利来判断经营形式的合理性。所以，一个企业的盈利模式最能体现企业管理者对企业的经营思维和战略方针，对它的分析最能体现企业经营的本质。

d. 价值链及可持续性发展。从传统商业模式的价值链到电子商务环境下的价值链，可以说变化是非常大的。随着互联网的进一步普及，电子商务背景下，几乎所有的商业活动都可以放在互联网上实现。此外，物流业务也成为价值链中一个不可忽视的力量甚至可能成为直接决定电子商务企业成败的关键因素。另外，电子商务环境下，商业活动的效率大大提高，使得市场的变化也随之加快。电子商务企业必须及时关注市场变化，并做出相应的调整和改善，不断开发新的电子商务服务，提供更好的用户交易体验，保证企业的可持续性发展，否则其被淘汰的速度也会快于传统商业企业。

除了商业模式的分析，还应该包括对企业的技术模式分析、经营模式分析、管理模式分析、资本模式分析等。但要强调的是，商业模式分析应该是分析的重点。

9.3 电子商务案例分析内容

9.3.1 电子商务的商业模式分析

一般来讲，商业模式是指企业创造价值的基本逻辑架构，也就是企业为了实现客户价值最大化和持续盈利的目标，整合内外各要素，形成独特核心竞争力和可复制的价值链体系和实体系统。

一个好的商业模式,必须围绕客户、产品(服务)、关键资源及核心能力等四个要素进行。对于大多数电子商务企业来说,对商业模式的分析应该从以下几个方面进行。

(1)产品的市场定位

产品必须具备市场竞争力,这是毋庸置疑的。只有具备了竞争力,才能实现价值的增值。电子商务企业是产品内容创造的主体,在产品市场上,必须给出一个个性化的产品和服务的定位,这是企业价值和客户价值得以实现的前提条件。所以,市场定位的高低决定了竞争力的强弱。

(2)对潜在用户的挖掘

一个好的电子商务产品应该符合网络用户的消费特点,并能引导和培育消费理念。在电子商务市场,产品的需求变化极快。如何把握用户对产品需求的变化直接导致产品将来的市场前景。与其被动等待变化,不如主动引导和分析可能的变化,提前做好预判,大力发展潜在的客户。比如,年轻用户接受新事物的能力普遍比较强,但是可支配收入相对较低,购买力不够,但是如果通过前期的市场培养,这些年轻人总有一天会成为消费的主力。如果前期市场培养得当,这些人会从潜在的消费群体变成主要客户。

(3)技术创新引发的经营创新

无可否认,基于互联网的商业实体基本都是技术密集型行业,新技术的运用将是企业获取竞争力的重要手段。现在很多的商业模式,都是建立在技术创新的基础之上。传统的商业活动中,商业模式的变化是根据市场及客户来进行改变的,但对于互联网背景下的电子商务企业,技术创新也能带来商业模式的变化。比如,京东通过对无人机技术、智能分拣技术、人脸识别等技术的研究和应用,推出了无人配送和无人超市。这都是技术为先导的经营模式的创新。

(4)交易手段

交易手段和支付方式是否便捷和安全。交易手段直接涉及用户体验和企业价值能否快速实现。这些对于买卖双方来说都是一种交易体验的提升。

(5)成本控制

以前流行一种看法,互联网是“烧钱”的行业,而且烧得越快,死得越快。这种看法有一定的道理。大多数互联网企业在创建初期,为了抢夺流量,必将通过一系列的市场推广抢夺客户资源,在这方面的资金消耗是非常巨大的。比如几年前滴滴打车为了培养消费者通过手机APP打车的习惯,推出了几乎免费打车的促销活动。诸如此类的活动,几乎每个互联网企业都经历过,但是在大张旗鼓扩展市场的同时,企业也必须考虑成本控制问题。众所周知,企业能否降低运营成本,缩短亏损到盈利的周期,将是考验企业创新能力的重要方面。特别是在当前资本市场,对于投资方的业绩回报直接影响企业能否得到下一轮投资。

(6)商业模式的创新

电子商务企业的商业模式从本质上来说大体相同,但是在实际经营过程中为了体现自身的竞争优势,必然会有创新,这是电子商务案例分析中必须注意的一个关键点。一般来讲,根据创新的程度,电子商务企业商业模式的创新可以分为两大类型:一类是宏观创新,另一类是微观创新。顾名思义,前者是对原有商业模式颠覆性的变革,创造一种新的商业模式;后者是在已有商业模式的基础上进行局部修订,提高商业运作的效率,包括精准用户定位、创新用户体验、完善物流体系、改变交易方式等。

在实际分析过程中，分析人员既要在保持已有的理论原则的基础上进行研究，还要敢于打破传统理论的束缚，通过前面提到的逻辑分析方法，客观总结和分析，给出自己的结论。

对于一个企业的商业模式来说，抓住最核心的成本、盈利、核心竞争力这几个要点，就不会出现太大的偏差。

9.3.2　电子商务的运营模式分析

电子商务运营(Electronic Commerce Operation，ECO)，最初定义为电子商务平台的建设，其中包括搜索产品的优化与推广，电子商务平台维护、重建、扩展以及网络产品研发等。一般包括从后台优化内部服务，到创建执行销售过程和开拓新市场等。电子商务运营的概念，从作用范围上分析，比电子商务的商业模式要更为具体。

电子商务运营比企业运营的范围要小，企业运营包含了整个企业从线上的产品销售到线下的企业内部行政方面的管理。而电子商务的运营仅指与企业电子商务平台相关的运营事务，一般包括调研、产品定位、管理分类、开发规划、运营策划、产品管控、数据分析、分析执行及跟进等。

电子商务的运营模式来源于其经营模式或商业模式。常见的模式有企业对企业进行网上交易(B2B)，商业机构对消费者的电子商务(B2C)，消费者与消费者之间的电子商务(C2C)等。这几种商业模式前面的章节都有详细介绍，这里就不再赘述。

无论采取什么运营模式，作为一个网络上的经营实体，在案例分析当中，都应该从以下几个方面来进行分析。

(1)对目标市场的需求分析

对于一个互联网商业平台来说，最为重要的就是要了解其目标市场的需求以及消费者的习惯和偏好，只有在这个基础上，提出的运营策略或改善方案才是有效的、可行的。在案例分析时，分析人员也要像经营者一样，先对平台所处的目标市场进行足够的需求分析，才可以评估和判断该平台的运营是否合理。也可以这样理解，目标市场的需求分析是运营模式分析的一个基本依据。

此外，需求分析还应该包含对竞争对手的研究。如果竞争对手的产品和服务能够为用户带来价值的话，必然说明它的合理性及优越性。这样的横向比较，能够更为深入地对目标市场进行理解。

(2)电子商务平台的内容建设

电子商务平台的内容建设非常重要，客户对于平台的消费体验大都最先来源于对内容的接受程度。因此，内容的建设是运营的重要工作。平台的内容建设，是一个长期积累的过程。网站内容质量的提升，应当是设计人员所追求的目标，更是公司经营风格、战略方针的一种体现。

(3)营销策划

分析营销策划，不仅分析策划活动本身的内容，还应该包括前期市场调研、可行性分析、策划文档撰写、业务流程说明等内容。策划是维持电子商务平台保持流量的一个重要的手段。好的策划应该首先根据需求进行有效的规划，并且在细节上也要严格要求，比如文章标题和内容怎么显示、功能键怎么摆放、广告如何展示等等，都需要进行科学和合理的规划。

(4)产品维护和改进

大多数互联网企业,都拥有数量众多的客服人员。很多时候,客服人员对技术、产品等问题可能不是非常清楚,对顾客的不少问题又未能做出很好的解答,这时候,就需要运营人员分析和判断问题,或向顾客给出合理的解释,或把问题交给技术部门去处理,或找出更好的解决方案。从这个角度来说,客服人员是运营人员的"顾客"。一个电子商务平台在运营过程中如果在产品维护和改进方面做得比较出色,其用户的使用体验就会不断提升,从而带来更为稳定和忠实的用户群体。

(5)数据统计与分析的规模

电子商务平台本身的技术属性使得对平台运营期间的用户行为可以进行详细的统计和跟踪,这就给平台提供了一个很好的数据分析资源。企业可以根据用户习惯来调整网站方向,对网络媒介的每一个细节进行分析,完成和提高网站对用户的黏性,提高吸引力及网站关注度,用完善的数据分析来调整网络介质的传播方式及表现形式,例如,系统功能改进,美工设计变动调整,改版等。以数据分析来指导运营才能更为准确地抓住核心问题,及时迎合用户的喜好,更好地提升运营效果。因此,一个企业对于数据分析的规模也往往可以体现企业的运营水平和技术能力。

(6)协同工作能力

一个完整的电子商务平台,从基层的客服、网站的美工、网管,到管理人员,所涵盖的专业、等级多种多样,要协调的关系也比较复杂。因此,一个平台可以高效地运行,就必须具备良好的沟通能力和合理的管理体系及协同工作的能力。这也是体现电子商务平台运营能力的一个重要指标。

9.3.3 电子商务的管理模式分析

电子商务的管理模式是指从组织上提供的一套为了保证系统正常运行或出现意外时能保护系统、恢复系统的一套规则体系。它还能对系统的运行进行监测和评估,进行预测,并给出运营过程中事务性的决策。

电子商务的管理模式依托于管理学理论,针对实际情况进行合理的设计以适应电子商务的要求。从组织发展的角度来看,企业电子商务的组织形式演化应该是从传统企业管理模式向电子商务企业特有的模式的转化,从金字塔形多重管理组织向扁平化多样性的管理组织的转化。

对管理模式的分析,先从企业电子商务的组织结构入手。一般来讲,电子商务的组织形式有以下两种。

(1)企业电子商务

企业电子商务是指传统企业通过计算机技术、通信技术、网络技术三大技术平台来配置资源,进行生产经营的一种组织形式。这种电子商务平台是为了拓展传统企业原有的销售渠道,填补市场在互联网方面的空白而建立起来的电子商务。在组织形式上,多少还有传统企业组织模式的影子,但是通过发展也出现了网络化的一些特点,如打破传统理念与地理、产品范围,形成跨地区、跨国界的经营,组织管理层次减少、控制幅度加大,同层次组织之间平等互利,纵向及横向的联系更加密切,整个系统向扁平化的组织体系靠拢。

(2)电子商务企业

这里和前面的企业电子商务仅仅是语序上的差别，但概念却完全不同。这里的企业从创建开始，就以电子商务平台为基本形式，其组织形式更为网络化、电子化。这样的变化，扩展了交易主体的选择空间。从全球电子商务的角度来分析，它加速了经济活动的全球化进程，交易主体之间“多对多”的交易关系推动“全球网络化供应链”的形成。因此，纯粹的电子商务企业是组成全球网络供应链的一个重要环节，其目标是通过提供交易信息和交易平台公共服务，提高交易主体之间的交易效率。

电子商务的管理流程要以科学的业务和管理流程为前提。这方面更多地来源于传统的管理学科给出的理论。这些理论并不过时，从原理上来看，无论是传统的业务流程还是电子商务业务流程，本质都是一样的，只不过在具体的实现方式上表现出了不同的形式。

9.3.4　电子商务的资本模式分析

电子商务的资本模式分析，贯穿于整个商业运作的过程之中，从电子商务资本的进入、运营到退出的整个过程。从电子商务企业的资本模式来看，主要有风险投资型资本模式和传统投资型资本模式两种。

(1)风险投资型电子商务资本模式

什么是风险投资？它是指由职业金融投资家的风险投资公司构成的投资主体，跨国公司或投资银行所设立的风险投资基金投入到新兴的、迅速发展的及有巨大竞争潜力的企业中的一种权益资本。在这种投资方式下，投资人为融资人提供长期股权投资和增值服务，并且培育企业快速成长，数年后再通过上市、兼并或其他股权转让等方式撤出投资，取得高额投资回报。

风险投资型电子商务资本模式，就是指风险投资对电子商务企业的直接投资或已经建立电子商务平台的电子商务公司吸引风险投资的介入。这种风险投资一般在电子商务公司创业阶段就已经进入，所以也被称为创业投资。

风险投资发源自美国，而且在20世纪曾经取得了令人瞩目的成功。许多电子商务企业都因为得到了大量风险投资的支持而快速发展。20世纪90年代末以来，我国的电子商务以及互联网服务领域也开始吸引国外的风险投资。

(2)传统投资型电子商务资本模式

传统投资型电子商务资本模式是指传统企业通过各种资本形式进入电子商务领域，将资本引入电子商务企业。具体有以下几种进入形式。

a. 传统企业出资建立自己的互联网门户网站，实现企业上网。比如前几年在我国各大国企的信息化建设中，企业上网成为一个热点，每个企业都建立了自己的官方网站。此外，政府建立的政务网站，实现了日常业务的网上办理。各大医院也通过建立自己的官方网站向患者提供了很多的便利。这类网站大都是企业形象或主营业务的一个辅助或补充。对于网站的投资较小，也没有形成一定的规模，甚至网站的维护也处于半荒废状态。严格来讲，这种形式不算是真正的电子商务。

b. 传统企业直接投资建设电子商务业务平台。这类电子商务资本模式主要指一些实力比较雄厚的大企业投资开发自己的业务网站，并且实现在线交易。它与前一个类型最大的区别在于这里的网络平台经营的是企业的主营项目，是有经营行为的。它已经基本具备了企业电子商务的功能，其显著特征是实现了网上订购。比如苏宁电器、H&M、迪卡侬的网上销售平台。

c.传统企业和电子商务网站间的资本联合,实现传统企业与电子商务的结合。这种电子商务资本运作模式有两种具体形式:一种是电子商务企业通过参股的方式进入传统企业组建电子商务平台;另一种是传统企业通过参股或收购电子商务企业的形式进军电子商务。

d.电子商务公司之间的并购。这种并购是电子商务公司竞争中的一种手段,其实与传统企业间的并购没有区别。并购者一般希望通过并购迅速拓展自己在某一个领域或地区的市场占有率及知名度。此外对于企业内部来讲,通过并购吸引到其他公司的大量人才和技术,可以提高企业的综合素质。这种并购方式是资本发展的一个大的趋势,在传统商业活动中,这是很多企业常用的方法。目前由于电子商务企业的逐步做大,这种企业间的并购也变得越来越多。

在进行企业电子商务资本模式分析时,需要考虑:①明确企业电子商务网站的资本来源属于风险投资还是传统的产业资本,主要有哪些来源渠道。②企业电子商务网站的资本来源如果是风险投资,其投资主体有哪些,其投资运作已经进入到哪个阶段,呈现出哪些特点;如果企业电子商务网站的资金来源属于传统投资型资本模式,就需要明确是采取何种投资形式,其运作过程具有什么特点。

【引申阅读】

为什么星巴克会这么成功?

如果微软产品的边际成本几乎是零,而餐馆、制造公司等的运营成本、材料成本很高,那为什么还有人去开餐馆、建制造公司呢?这些公司依然存在并且还在增多,这本身不就说明还能赚钱吗?的确是这样,各个行业都有赚钱的机会,关键还得看有没有办法降低成本,或者巧妙地创新商业模式。比如说,我们经常去的星巴克咖啡店,咖啡馆是人们社交、休闲的场所。1675 年,仅英国就有 3 000 多家咖啡馆。在 17 世纪,纽约、波士顿等地也到处都是咖啡馆。

你看,咖啡馆在西方、美国已开了 300 多年,其数量早已成千上万,多数人都尝试过开咖啡馆、也赚过钱,像这么老的行业,谁能想到还会有创造亿万富翁的机会呢?

美国人霍华德·舒尔茨(Howard Schultz)通过开咖啡馆成为亿万富翁。他于 1985 年成立了今天的星巴克的前身,到今天星巴克的市值是 254 亿美元,短短 34 年就创造这种奇迹,而且是在有着 300 多年历史的老行业里创造这种奇迹!像星巴克这样既没有新科技,又是一个老掉牙的行业,怎么还有机会呢?

首先在于规模,星巴克现在有差不多 3 000 家分店,遍及全球,这是星巴克跟微软、谷歌类似的地方,都有广泛的客户群体。在全球范围内,星巴克一周销售 4 000 多万杯咖啡饮料,每月销售两亿杯左右,按每杯 3 美元算,仅咖啡销售额每月就是 6 亿美元!这是过去 300 多年没有人做到的,史无前例!

为什么星巴克的品牌这么好,世界各地的人都愿意去,而且愿意为星巴克咖啡付这么高的价格?他们是不是靠花很多钱做广告呢?

的确,几乎所有公司都会花大量资本做广告,以此在消费者中建立信任和形象,像服装、食物品牌都这样。营销专家得出的结论是,一般来说,人在看到一种品牌两三次之后才会愿意掏钱买它,才会信任它,所以,广告投入极为关键。但是,到目前为止,星巴克没有花过一分钱做广告,可它的品牌却是全球咖啡行业最响的,这是星巴克最大的成功妙诀所在。正因为它不做广告也能有最好的品牌,它每卖出一杯咖啡的边际成本就很低,盈利空间就更大了。

为什么星巴克不花钱做广告就能建立顶尖品牌呢?从一开始,星巴克就只选择在最繁忙的市区交叉路口开咖啡店，虽然这些地段租金很高，但非常醒目的位置给星巴克带来大量客流。当然，这一点算是常识，没有多特殊的。

所以，更重要的是第二个因素，那就是全球化，全球范围内的人口流动为星巴克这样的品牌连锁店带来空前的机会。有一点很关键，就是人们在各地、各国间的流动要具有规模，要频繁，也就是空运、高速公路等交通网必须很发达，跨国旅游才方便、容易。否则，这种跨地区、跨国的品牌协同效应就很差。这就是为什么在全球化于20世纪80年代重新启动之前，即使有人想像舒尔茨先生这样去创办全球连锁咖啡馆，也难以成功。全球化带来的跨国人口流动造就了星巴克，为星巴克节省了许多广告开支，使它每卖一杯咖啡的边际成本很低。有了星巴克这种规模的全球咖啡馆之后，以往传统咖啡馆的日子就不好过了，它们正在被逐步淘汰。

第三个因素是星巴克于1992年在纳斯达克上市，也就是说，我们都可以通过买股票成为星巴克股东。许多人认为，向大众发行自己公司的股票只是一个融资事件，如果我的公司不需要资金，就不必上市。实际上，远不是这样，让公司上市除了融资之外，另一个同样重要的效果是巩固公司的品牌、增加公司的知名度。在1992年上市之前，星巴克只是在美国西海岸有一定的知名度，其他地方的人不知道有这么一家公司，更不知道它的咖啡如何。但是，在准备上市的过程中，美国大大小小媒体都在报道星巴克这个公司、介绍它的咖啡是如何如何好。这样，连没喝过星巴克咖啡的人都好奇了，也想去试试，一下把星巴克咖啡变成了时尚品。股票上市之后，股价一天天涨，这本身又使星巴克成为新闻，使更多人知道这个品牌。

本章小结

案例分析作为一种学习方法，是加深对所学知识了解深度的一个非常重要的途径。作为一门新兴学科，电子商务案例分析在电子商务的教学过程中具有重要意义。电子商务案例分析是对具体案例的具体分析，所以在形式上没有一个完全一样的分析模型。但是它的基本原则和分析策略应该是一致的，除了商业模式的分析，还应该包括对企业的技术模式分析、经营模式分析、管理模式分析、资本模式分析等。

课后习题

1. 案例教学法的方式都有哪些？
2. 电子商务案例分析主要的分析方法有哪些？
3. 从案例分析对象的角度去分析，我们应该从哪些方面入手？
4. 什么是商业模式？
5. 电子商务案例分析的内容主要包括什么？
6. 对商业模式的分析应该从哪几个方面进行？

实际操作训练

登录京东、阿里巴巴、淘宝网，收集相关资料，按照电子商务案例分析的思路，分析以下问题：

(1)分析这三家企业的技术模式是什么?

(2)分析这三家企业的经营模式是什么?

(3)分析这三家企业的管理模式是什么?

(4)分析这三家企业的资本模式是什么?

(5)归纳总结各个企业成功的因素、面临的问题,并提出建议。

第 10 章　跨境电子商务与移动电子商务

【引导案例】

2000 年以后，出国留学、旅游、经商的人越来越多，他们往往会利用在国外停留的机会，帮助亲朋好友代为购买一些海外商品。随着国人对海外商品的需求越来越大，海外代购逐渐演变成了一项职业。一些长期居住在海外的华人，利用博客、微博、QQ、微信及其他专业论坛进行宣传，以淘宝为交易平台，专业从事代购生意。

这类代购业务发展得越来越大，以至于淘宝在 2007 年专门为此开辟了一个区域，即“淘宝全球购”，如图 10－1 所示。如果非要追溯一个进口跨境电商行业的开创者，那么淘宝全球购可得此殊荣。全球购是淘宝网奢侈品牌的时尚中心，全球购抱着帮助会员实现“足不出户，淘遍全球”的目标，期望通过严格审核每一位卖家，精挑细选每一件商品，为淘宝网的高端用户提供更好的服务。

图 10－1　淘宝全球购首页

10.1　跨境电子商务概述

10.1.1　跨境电子商务的定义及特点

(1)跨境电子商务的定义

跨境电子商务(Cross-Border Electronic Commerce，CBEC)是指分属不同关境的交易主

体，通过电子商务平台达成交易、进行支付结算，并通过跨境物流送达商品、完成交易的一种国际商业活动。

从产业发展看，跨境电子商务涵盖营销、支付、物流和金融服务的完整产业链，把投资和贸易有机结合起来，以投资带动贸易发展，积极同沿线国家和地区共同商建自贸区，加强信息互换、监管互认、执法互助的海关合作，降低非关税壁垒，共同提高技术性贸易措施透明度，提高贸易自由化和便利化水平。

(2)跨境电子商务的特点

跨境电子商务是基于网络发展起来的，网络空间相对于物理空间来说是一个新空间，是一个由网址和密码组成的虚拟但客观存在的世界。网络空间独特的价值标准和行为模式深刻影响着跨境电子商务，使其不同于传统的交易方式而呈现出自己的特点。

1)全球性

网络是一个没有边界的媒介，具有全球性和非中心化的特征。依附于网络发生的跨境电子商务也因此具有全球性和非中心化的特性。电子商务与传统的交易方式相比，一个重要特点在于电子商务是一种无边界交易，丧失了传统交易所具有的地理因素。互联网用户不需要考虑跨越国界就可以把产品尤其是高附加值产品和服务提交到市场。任何人只要具备了一定的技术手段，在任何时候、任何地方都可以让信息进入网络，相互联系，进行交易。

2)无形性

网络的发展使数字化产品和服务的传输盛行。而数字化传输是通过不同类型的媒介，例如数据、声音和图像在全球化网络环境中集中而进行的，这些媒介在网络中是以计算机数据代码的形式出现的，因而是无形的。以一个 Email 信息的传输为例，这一信息首先要被服务器分解为数以百万计的数据包，然后按照 TCP/IP 协议通过不同的网络路径传输到一个目的地服务器并重新组织转发给接收人，整个过程都是在网络中瞬间完成的。

数字化产品和服务基于数字传输活动的特性也必然具有无形性，传统交易以实物交易为主，而在电子商务中，无形产品却可以替代实物成为交易的对象。以书籍为例，传统的纸质书籍，其排版、印刷、销售和购买被看作是产品的生产、销售。然而在电子商务交易中，消费者只要购买网上的数据权便可以使用书中的知识和信息。

3)匿名性

由于跨境电子商务的非中心化和全球性的特性，因此很难识别电子商务用户的身份及其所处的地理位置。在线交易的消费者往往不显示自己的真实身份和自己的地理位置，重要的是这丝毫不影响交易的进行，网络的匿名性也允许消费者这样做。

4)即时性

对于网络而言，传输的速度和地理距离无关。传统交易模式，信息交流方式如信函、电报、传真等，在信息的发送与接收间，存在着长短不同的时间差。而电子商务中的信息交流，无论实际时空距离远近，一方发送信息与另一方接收信息几乎是同时的，就如同生活中面对面交谈。某些数字化产品(如音像制品、软件等)的交易，还可以即时清结，订货、付款、交货都可以在瞬间完成。

5)无纸化

电子商务主要采取无纸化操作的方式，这是以电子商务形式进行交易的主要特征。在电子商务中，电子计算机通信记录取代了一系列的纸面交易文件，用户发送或接收电子信息。由于电子信息以比特的形式存在和传送，整个信息发送和接收过程实现了无纸化。

6)快速演进

互联网是一个新生事物，现阶段它尚处在幼年时期，网络设施和相应的软件协议的发展具有很大的不确定性。基于互联网的电子商务活动也处在瞬息万变的过程中，短短的几十年电子交易经历了从 EDI 到电子商务零售业的兴起，而数字化产品和服务更是花样出新，不断改变着人类的生活。

10.1.2　跨境电子商务的模式分类

当前，我国跨境电子商务的主要模式有以下几种。

(1)入驻 B2C 模式

入驻第三方平台，到比较知名的第三方平台开店，比如天猫国际、京东全球购、苏宁海外购等等。做第三方平台，企业的运营团队需要擅长于通过第三方平台获取流量。否则，再知名的第三方平台，流量再好，不是你的店铺的流量也没有用。

(2)自建 B2C 模式

自建商城就是自己搭建一个类似于聚美这样的 B2C 的商城。现在很多企业基本上都采用这种模式，这对整个公司知名度的提升很有帮助。不过对于一个新兴的购物商城，对于引流方面，也需要多做努力。如何让大众接受你的平台，并且购买产品就一定去你的平台，这也要看一个企业的运营团队的市场推广能力。

(3)O2O 模式

线上线下结合的模式，线上有自建商城，线下有实体店，能够通过线下引流到线上，也可以实现线上线下会员信息的同步、优惠活动的同步，做一个人群的互补，如图 10－2 所示。

图 10－2　跨境电商 O2O 模式

(4)B2B 模式

这种模式主要是针对一些货源有优势的企业，他们的客户不直接面对消费者，而是为一些电商平台进行供货，一般贸易产品批发给中小型面对 C 端消费者企业，保税备货或者直邮产品，提供一件代发业务。

(5)BBC 模式

即境外供应商—境内进口商—消费者模式，也叫保税仓模式，这种模式是电商采购在海外集中采购完成，将货物先通过国际空运、海运等物流方式入境，集中储存在保税区，待销售后台接到订单后，利用电子清关，然后进行国内派送，也就是说商家提前从国外批量备货到国内保税仓，待客户下单后，再从保税仓发货。国内跨境电商大多为保税仓模式。

(6)BPB 模式

这是个供应链的服务平台，业务主体也是大 C 和小 B 用户，不直接面对终端消费者。搭建一个平台，主要是管理自己的分销商，平台可以卖自己的货，也可以买自己上游供应商的货，可以对外公开，主体是每一个供货商。也可以不对外公开，分销商在平台看到的就是一家供应商。目前许多做供应链的公司都需要这样的平台，来管理他们的分销商。

10.2 跨境电子商务现状及趋势

10.2.1 跨境电子商务的发展历程

(1)跨境电商 1.0 **阶段**(1999—2003 **年**)

主要商业模式是网上展示、线下交易的外贸信息服务模式。主要功能是为企业信息以及产品提供网络展示平台,并不在网络上涉及任何交易环节。

(2)跨境电商 2.0 **阶段**(2004—2012 **年**)

2004 年,跨境电商 2.0 阶段来临。这个阶段,跨境电商平台开始摆脱纯信息黄页的展示行为,将线下交易、支付、物流等流程实现电子化,逐步实现在线交易平台。

相比较第一阶段,跨境电商 2.0 更能体现电子商务的本质,借助于电子商务平台,通过服务、资源整合有效打通上下游供应链,包括 B2B(平台对企业小额交易)平台模式,以及 B2C(平台对用户)平台模式两种模式。在跨境电商 2.0 阶段,B2B 平台模式为跨境电商主流模式,通过直接对接中小企业商户实现产业链的进一步缩短,提升商品销售利润空间。

(3)跨境电商 3.0 **阶段**(2013 **年至今**)

2013 年成为跨境电商重要转型年,跨境电商全产业链都出现了商业模式的变化。随着跨境电商的转型,跨境电商 3.0“大时代”随之到来。

10.2.2 我国跨境电子商务的发展现状

为促进、规范和引导跨境电子商务行业的健康发展,我国政府制定了跨境电子商务行业相关的产业政策和法律法规,明确了跨境电子商务行业的发展规划方向,为行业的发展创造了较好的政策环境。近年来,庞大的市场需求为我国跨境电商带来前所未有的发展机遇。国内各大电商巨头依托其已有优势在跨境电商领域快速崛起,如天猫国际、网易考拉、京东、苏宁等纷纷开展了海外商品导购服务。此外,还有大量的中小型企业依托亚马逊、eBay、速卖通等国际成熟电商平台来开展海淘业务。

从食品、药品、保健品、母婴、生鲜到化妆品、日用品等等,跨境进口电商所提供的产品几乎覆盖了我们生活的方方面面,为消费者提供多样化、全球化产品的同时也推动了整个行业的发展和进步,还带动了其他行业的共同繁荣。中研普华产业研究院高级研究员屈先生认为,随着跨境电商这一市场的不断发展和成熟,各大巨头的加入无疑使整个市场竞争更为激烈,如何确保货源、构建有竞争力的供应链成为跨境电商企业生存的关键。

据电子商务研究中心监测数据显示,2017 年中国进口跨境电商市场交易规模达到 1.76 亿元,同比增长 46.7%,2017 年进口跨境电商占跨境电商总体规模的比例为 20.3%。具体表现为:①2017 年进口跨境电商在激烈竞争中不断提升用户体验,同时仍以增长的趋势向前发展。政府对跨境电商的政策进行不断的调整与制定,让跨境电商在更舒适的政策环境下自由发展,同时又不失规范化地有序进行,让国民与国际接轨。②我国鼓励进口,已宣布下调部分消费品关税。进口关税的调整对跨境电商平台是一个直接利好,将减少海淘税收监管的盲区,促进更多国外产品通过正规渠道进入国内，从而实现消费留在国内、税收留在国内，也会让商品的品质和供应链管控更有保证。

10.2.3　我国跨境电子商务的发展趋势

中研普华产业研究院高级研究员屈先生认为，当前跨境电子商务行业蒸蒸日上，而平台关于商品品质的保障仍然需要改善，跨境物流的天然障碍等也是跨境电子商务当前面临的巨大挑战，跨境电子商务未来仍需不断创新变革，积极适应迅速变迁的时代需求，谋求长远发展，所以往品质化、专业化平台转型对跨境电子商务的发展至关重要。随着“一带一路”的推进，跨境电子商务将收获更为丰厚的政策红利；未来跨境电子商务的经营品类将更细分化，区域特色也会愈发明显，个性化、定制类的商品与服务也会愈加成熟，跨境电子商务平台的升级将是新突破点。

另外，通过综合分析近年来中国跨境电商卖家发展得出未来有以下几大趋势：

(1)趋势一:新兴市场成必争之地

新兴市场的网络普及率逐渐提升、跨境电商政策逐渐放开、消费者购买力提升，这些都有望成为我国出口跨境电商的一个潜在订单增长点。

(2)趋势二:资本化、品牌化进程加快

从现在的跨境电商发展现状来看，在整体经济下滑、传统贸易下滑的大背景下，跨境电商却风景独好，从一级市场迈入二级市场是未来的趋势。

(3)趋势三:“数据＋生态”驱动明显

未来跨境电商将以数据为依托，提高电商企业的成本效率，提高跨境电商运营的精确程度，“数据＋生态”双轮驱动是跨境电商发展的未来。

(4)趋势四:本地化服务是大势所趋

亚马逊、谷歌等大公司的逐步进入，势必会给当地的经营者带来更多的培育，本地化是跨境电商成功的一个要素，也是一个发展的趋势。

10.3　跨境电子商务政策支持

10.3.1　中国跨境电子商务发展存在的问题

随着“一带一路”国家战略的实施，中国与“一带一路”沿线各国的双边贸易额在同步上升，也带动了投资和旅游的发展，这意味着巨大的跨境支付市场将被打开，同时海陆空渠道也逐步建成，为跨境物流行业带来了广阔的发展空间，带动了国内跨境电商产业的发展。然而我国跨境电商依然存在着许多问题，具体表现在以下四个方面。

(1)税收问题

由于跨境的存在，不同国家之间的实物商品的入关交易必然涉及税收的问题。在过去电子商务中主要涉及的税收有进口关税、进口环节增值税、消费税以及行邮税。在征税的过程中，主要存在以下问题：①由于涉及跨境、网络、物流、海关等多个环节，各个部门之间的信息不能及时共享，加大了税收监管的难度。②境内的消费者通过电商平台购买境外的商品，绝大部分承担的仅仅只是少量的行邮税，并没有缴纳进口相关的其他税款，这也导致了国家税收的损失，同时也对国内企业造成不平等的竞争，导致资本外流，对我国的经济造成不利的影响。

(2)支付问题

无论是消费者从境外购买商品还是商家将自己的产品销往其他国家，在这过程中都涉及支付问题。各个国家都有自己的货币，外汇之间的转换也是一大问题。以前，海外购物需要使用维萨、万事达等双币卡消费，国内跨境支付的大部分市场份额基本被进行支付清算的国际卡组织占据。国内的跨境支付机构一直未能占据这一重大市场。直到 2013 年才有相关国家政策出台，但获批的支付平台也不多，只有 20 多家。其中支付宝、财付通等都是第一批获得跨境支付试点资格的支付平台，目前处于领先地位。

第三方支付平台的迅猛发展同时也伴随着支付行业危险的上升。网上支付本身就是在虚拟平台上进行的，因而很容易给不法分子可乘之机。个人隐私以及交易信息的泄露都会给买卖双方带来不同程度的损失，同时降低彼此对网络交易的信任度与安全感。

(3)物流问题

在信息化快速发展的今天，越来越多的人喜欢网上购物，真正做到了足不出户就能把东西买回家。在这个过程中随之而蓬勃发展的一个行业就是物流行业。过去的物流主要是由邮政来服务，以信件、明信片或者包裹为主。自从电商行业的崛起，带动了顺丰、申通、韵达等一系列快递公司的发展。虽然相对于发达国家，我国的物流发展时间较短，但成长的速度却是相当惊人的。虽然国内的物流正在快速发展，但绝大部分都是为国内的电子商务提供服务的。从事跨境电子商务的物流企业则不多，大部分还是由国际快递公司来完成相关商品的配送问题。而对于目前愈来愈大的跨境流量，仅仅依靠国际快递是远远不够的。一旦出现大型活动，往往会出现爆仓、无法送货的情况。

当前制约跨境电商发展的一个主要原因就是成本高、物流慢的问题。一直以来，跨境电商的物流供应链因为存在众多中间环节并且结算周期长，缺乏时效性，阻碍了送货速度的进一步提升。跨境电子商务涉及的中间环节比较多，跨区域的储藏、长距离的运输保存以及报关报税等等都是制约其发展的关键性因素。

(4)知识产权纠纷

无论从国外形势还是从国内数据分析，都可以看出我国跨境电商所面临的知识产权风险巨大，已成为我国跨境电商行业发展的重要“短板”。根据中国海关总署在 2018 年 4 月 27 日发布的《2017 年中国海关知识产权保护状况》显示，中国海关 2017 年采取知识产权保护措施 2.25万余次，实际扣留进出境侵权嫌疑货物 1.91 万余批，涉及货物 4 094 万余件。海关扣留的货物涉及的知识产权类型包括商标专用权、专利权、著作权和与著作权有关的权利等，其中，涉及侵犯商标专用权的货物占侵权嫌疑总量的 98.48%，涉及专利权保护的货物案值呈现持续增长态势，同比增长 41.2%。东部沿海地区是海关打击侵权的主战场，其中上海、深圳、宁波、厦门、杭州、天津、黄埔、南京等海关合计查处 3 920 余万件，约占总量的 96%；从侵权嫌疑商品种类看，以五金机械、烟草类为主，药品、其他机电类、服装的数量呈下降趋势。在进口环节，海关查处的涉嫌侵犯知识产权的货物数量较 2016 年同期增长 20.7%，连续 10 年呈增长态势，商品主要是通信设备、服装鞋帽、箱包和药品。近年来，跨境电子商务蓬勃兴起，极大拓展了企业进入国际市场的路径，海关全年在邮递、快件渠道共查处侵权案件批次 17 700 余起。

10.3.2　中国跨境电子商务相关政策

一直以来，国家都非常重视对外贸易的发展，几乎每年发文指示。我们注意到，自 2013 年起，在国务院下发的促进外贸稳定发展的相关文件中，均涉及跨境电商。跨境电商已经作为一个常态事项，列入国务院对国际贸易的例行指导文件中。

a.《关于促进进出口稳增长调结构的若干意见》(2013.7)积极研究以跨境电子商务方式出口货物(B2C、B2B 等方式)所遇到的海关监管、退税、检验、外汇收支、统计等问题，完善相关政策，抓紧在有条件的地方现行试点，推动跨境电子商务的发展。

b.《关于支持外贸稳定增长的若干意见》(2014.5)出台跨境电子商务贸易便利化措施。鼓励企业在海外设立批发展示中心、商品市场、专卖店、“海外仓”等各类国际营销网络。

c.《关于加快培育外贸竞争新优势的若干意见》(2015.5)大力推动跨境电子商务发展，积极开展跨境电子商务综合改革试点工作，抓紧研究制订促进跨境电子商务发展的指导意见。培育一批跨境电子商务平台和企业，大力支持企业运用跨境电子商务开拓国际市场。鼓励跨境电子商务企业通过规范的“海外仓”等模式，融入境外零售体系。

除了这几份针对外贸的例行文件外，国务院在其他相关文件中也多次提及跨境电商。

a.《关于加强进口的若干意见》(2014.10)抓紧总结试点经验，按照公平竞争原则，加快出台支持跨境电子商务发展的指导意见。

b.《国务院关于改进口岸工作支持外贸发展的若干意见》(2015.4)支持跨境电子商务综合试验区建设，建立和完善跨境电子商务通关管理系统和质量安全监管系统，为大众创业、万众创新提供更为宽松、便捷的发展环境，取得经验后，逐步扩大综合试点范围。加快出台促进跨境电子商务健康快速发展的指导意见，支持企业运用跨境电子商务开拓国际市场，按照公平竞争原则开展并扩大跨境电子商务进口业务。

c. 此外，在 2013 年 8 月，国务院办公厅还转发了九部委(包括外经贸部、国家计委、国家经贸委、财政部、中国人民银行、海关总署、国家税务总局、国家外汇管理局和国家出入境检验检疫局)拟定的《关于实施支持跨境电子商务零售出口有关政策的意见》。

以上这些政策文件，主要强调以下三点：

第一，完善政策、制度。

跨境电商自 2012 年开始试点后，海关、商检、外汇、财税均出台了相关的指导意见支持跨境电商的发展。在这些部委的顶层政策中，目前还缺少财税部门针对进口跨境电商的政策。然而，就算这些顶层政策都齐了，也并不代表工作的结束。具体到各个地方监管单位，还需要制定相应的管理办法、实施流程。例如，海关总署在 2014 年颁布了 56 号文规范跨境电商的通关流程，各个跨境电商的试点城市海关就需要在此基础上制定相应的管理细则。这个时候，我们会发现，虽然面对同一份总局指导文件，但各个地方在具体落实的时候会有较大差异。因此，有必要在试点的基础上，建立综合试验区，进行更大程度的探索和创新。从某种程度上讲，综试区是“试点中的试点”，其试验成功的制度将复制推广到其他试点城市。只有在各个地方都建立符合跨境电商行业发展的配套监管制度和流程后，政策才算较为完善。

实际上，在国务院2015年5月印发的《关于大力发展电子商务加快培育经济新动力的意见》中，对这部分说得更细：

“提升跨境电子商务通关效率。积极推进跨境电子商务通关、检验检疫、结汇、缴进口税等关键环节‘单一窗口’综合服务体系建设，简化与完善跨境电子商务货物返修与退运通关流程，提高通关效率。探索建立跨境电子商务货物负面清单、风险监测制度，完善跨境电子商务货物通关与检验检疫监管模式，建立跨境电子商务及相关物流企业诚信分类管理制度，防止疫病疫情传入、外来有害生物入侵和物种资源流失。大力支持中国(杭州)跨境电子商务综合试验区先行先试，尽快形成可复制、可推广的经验，加快在全国范围推广。”

完善政策、制度的关键目标就是“提升跨境电商通关效率”。文件中提到的“单一窗口”是达到这一目标的重要举措。在检验检疫方面，则需要建立“负面清单、风险监测制度”。负面清单用来规定不允许进行贸易的商品，风险监测制度用来管理所有允许贸易的商品，让低风险商品(例如家具)能够快速进出，高风险商品(例如保健品)则在一定的监管下高效通关。单一窗口、负面清单、风险监测制度正是杭州综试区正在探索设立的，未来有望全国推广复制。当越来越多综试区的经验得到推广时，针对跨境电商的政策、制度也将趋于完善。

第二，支持“海外仓”。

从《关于支持外贸稳定增长的若干意见》(2014.5)这个文件开始，国务院在后续的跨境电商政策文件中均谈及“海外仓”。对于企业来说，海外仓能很好地改善客户的物流体验，进而提升效益；对于国家来说，海外仓更多的是一种战略层面的布局，能将跨境电商渗入到当地，形成一定的外国直接投资(FDI)规模，做到真正地“走出去”。

建立海外仓可以很简单，例如企业在美国当地租用几千平方米的仓库，雇佣一些工人进行分拣打包即可；然而，规范化的海外仓可以做得很复杂，例如嵌入先进的仓储物流管理系统、自动化分拣设备等，并进行公司化运作，在税收、环保、用工等方面符合当地法规要求。一个完全规范化运作的海外仓，需要的资金投入比较大。国家鼓励的正是这类海外仓，例如《关于加快培育外贸竞争新优势的若干意见》(2015.5)中提到，鼓励跨境电子商务企业通过规范的“海外仓”等模式，融入境外零售体系。

在商务部最近的一份文件《“互联网＋流通”行动计划》中，要求力争在1～2年内，运用市场化机制，推动建设100个电子商务海外仓。此前，浙江省在《浙江省跨境电子商务发展三年行动计划(2015—2017)》中明确提出，2015—2017年要建立60个覆盖五大洲主要出口国家的公众海外仓。可见，在国务院的鼓励文件下，相关部委、地方政府都在积极制定政策鼓励海外仓发展。

第三，培育跨境电子商务平台和企业。

文件中谈到的跨境电商平台和企业包括三类：第三方平台(例如速卖通)、独立网站(例如兰亭集势)、平台卖家(例如深圳通拓)。这些企业是跨境电商行业的主体，他们通过电子商务积极为中国商品开拓国际市场。在传统外贸中，我们称它们为“创汇”企业。

基于国务院的文件，各地也将出台相关的支持文件。作为综试区，杭州颁布了《关于2015年推进跨境电子商务发展的通知(征求意见稿)》，其中明确提出对平台、企业的补贴扶持政策。

例如，对于各类经营主体办理进出口经营权，开展跨境电子商务，且年进出口额超过 50 万美元的，给予不超过 3 万元的一次性扶持；再如，对于年成交额超过 1 亿美元的跨境电子商务平台，每招引 1 家年进出口额在 100 万美元以上的外贸企业在平台上开展跨境电子商务业务，给予不超过 2 万元的扶持。

总之，在国务院提及跨境电商的大部分文件中，都是在强调以上三点内容：完善政策、制度；支持“海外仓”；培育跨境电子商务平台和企业。

需要注意的是，以上文件均是提及跨境电商，而不是专门针对跨境电商的文件。2015 年 6 月，国务院印发《关于促进跨境电子商务健康快速发展的指导意见》（以下简称《指导意见》），从多个方面列明了对跨境电商的政策支持。这份文件，是目前国务院唯一的一份专门针对跨境电商的指导意见文件。（注：2013 年 8 月印发的《关于实施支持跨境电子商务零售出口有关政策的意见》是由九部委拟定的，国务院办公厅转发）同样，在这份文件中，国务院再次强调了以上三点：《指导意见》第 1、2 条旨在培养跨境电商平台和企业，第 3、4、5、6 条分别要求海关、商检、税务、外汇等部门进一步完善跨境电商相关政策、制度，第 1、8 条谈及的物流均与“海外仓”息息相关。

此外，《指导意见》还要求对跨境电商进行财政补贴（第 7 条），并支持跨境电商综合服务体系的建立（第 8 条）。针对跨境电商中存在的交易欺诈、侵犯知识产权等问题，《意见》要求各相关部门通过有效措施规范跨境电子商务经营行为（第 9 条）。由于跨境电商还处于初级发展阶段，并属于国际贸易范畴，因此《指导意见》还提出充分发挥行业组织作用（第 10 条），并加强多双边国际合作（第 11 条）。

根据统计，截至 2015 年 7 月，国务院合计印发了八份涉及跨境电商的文件。足以见得，跨境电商已经成为国务院的“重点关注对象”。我们相信，在国务院的推动下，跨境电商必然能够支撑起中国外贸的转型，并引领中国电子商务走向全球。

10.4　国内跨境电子商务平台介绍

10.4.1　天猫国际

2015 年 11 月 11 日，一年一度的“双十一”如期而至。这一次，阿里巴巴的重心在两块：移动端和全球化。全天成交额 912 亿元，移动端占比 68%，表现非常抢眼。至于全球化，抛开出口不说，仅进口这块，就有 3 000 万中国消费者购买了国外商品。

从 2014 年 2 月 19 日正式上线经营，到 2015 年的“双十一”狂欢，天猫国际仅用两年时间，就将对手远远甩在身后。但这一切，都始于此前周密的筹备。在 2012 年“双十一”，天猫专门针对国外品牌设置了国际分会场。通过这次活动，阿里巴巴发现，中国消费者对国外商品的需求很高，于是萌生了做天猫国际的想法。这个想法得到了“逍遥子”（阿里巴巴集团总裁张勇）的大力支持，于 2013 年付诸实践（见图 10－3）。

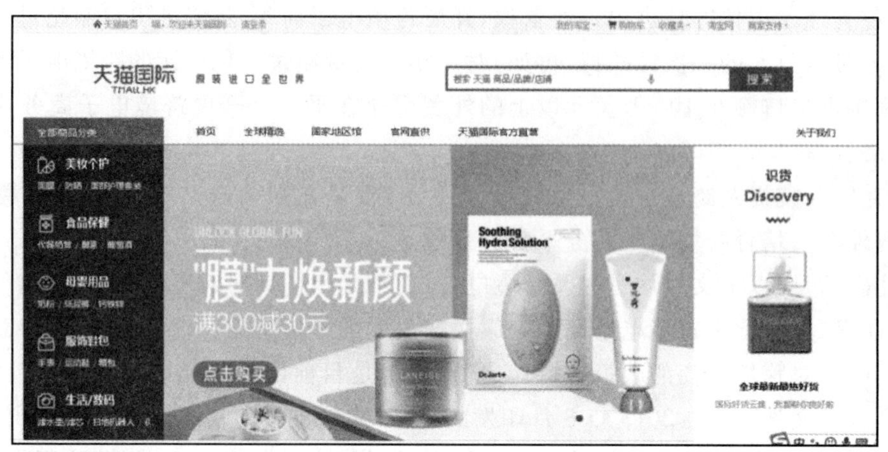

图 10-3　天猫国际主页

天猫国际主要为国内消费者直供海外原装进口商品，天猫国际自 2013 年 7 月招商以来，卓悦网、东森严选、kenko、ashford 等海淘平台陆续在天猫开设海外旗舰店。天猫国际店铺超过 140 家，入驻天猫国际的商家均为中国大陆以外的公司实体，具有海外零售资质；销售的商品均原产于或销售于海外，通过国际物流经中国海关正规入关。受到如此追捧的天猫国际，也不断提高入驻门槛，不仅将之前的商铺申请制改为邀请制，还要求商家提供一手品牌授权证书，以清理此前入驻的代购商。总之，天猫国际已经成为连接国外品牌商品和中国消费者的第一平台。

所有天猫国际入驻商家将为其店铺配备旺旺中文咨询，并提供国内的售后服务，消费者可以像在淘宝购物一样使用支付宝买到海外进口商品。而在物流方面，天猫国际要求商家 120 小时内完成发货，14 个工作日内到达，并保证物流信息全程可跟踪。

天猫国际的成功在于它拥有中国电商市场的流量优势，据此吸引国外商家入驻，进而形成"下游流量＋上游货源"的双向促进。至于物流仓储，天猫国际外包给阿里系的菜鸟物流完成。流量，是天猫国际成功的终极秘密。

实际上，阿里巴巴在进口跨境电商领域的布局不只是天猫国际。早在 2007 年，淘宝就孵化出了淘宝全球购项目，并一直持续至今。2014 年年底，淘宝重整全球购业务，并将一淘网的海淘业务并入其中。整合后的淘宝全球购，不仅有 C2C 代购，还有官网直购、社区等频道。天猫国际做的是 B2C 第三方平台，淘宝全球购做的是 C2C 第三方平台，而 1688. com 则开启了阿里巴巴在 B2B 进口跨境电商方面的布局。2015 年 5 月，1688 全球货源平台正式上线，使得国外商家可以在该平台上实现货源分销。依托 1688 原有的巨大 B 端客户流量，1688 全球货源平台已经成为中国第一大 B2B 进口跨境电商平台。

可以看出，阿里巴巴在进口跨境电商的布局已经非常完善。这家全球电商巨擘，从来就不会错过电商领域的任何机会。独领风骚的天猫国际，将与淘宝全球购、1688 全球货源平台一起，继续为阿里巴巴在进口跨境电商领域书写传奇。

10.4.2　网易考拉海购

网易考拉海购是网易旗下以跨境业务为主的综合型电商，于 2015 年 1 月 9 日公测，网易 CEO 丁磊寄语：做事有态度，做人有良心，无论是做新闻、邮箱，还是电商，都是一样的。网易考拉海购以 100%正品，天天低价，7 天无忧退货，快捷配送服务，提供消费者海量海外商品购买渠道，希望帮助用户"用更少的钱，过更好的生活"，助推消费和生活的双重升级，销售品类涵盖母婴、美容彩妆、家居生活、营养保健、环球美食、服饰箱包、数码家电等，如图 10－4 所示。

图 10－4　网易考拉主页

网易考拉海购主打自营直采的理念，在美国、德国、意大利、日本、韩国、澳大利亚等地设有分公司或办事处，深入产品原产地直采高品质、适合中国市场的商品，从源头杜绝假货，保障商品品质的同时省去诸多中间环节，直接从原产地运抵国内，在海关和国检的监控下，储存在保税区仓库。除此之外，网易考拉海购还与海关联合开发二维码溯源系统，严格把控产品质量。

通过保税的模式，既可以实现合法合规，又能降低成本，实现快速发货，所以能够给跨境电商用的保税仓是稀缺资源。

网易考拉海购在杭州、郑州、宁波、重庆四个保税区拥有超过 15 万平方米的保税仓储面积，为行业第一。并于 2015 年启动网易考拉 1 号仓项目，1 号仓总计面积达 34 万平方米，可满足超过 6 000 万件商品的存储需求，跨境订单处理能力可达每日 30 万件，一年可处理超过 1 亿件跨境订单。该仓库于 2019 年 6 月 5 日投入使用。目前，网易考拉海购已经成为跨境电商中拥有保税仓规模最大的企业。未来，网易考拉海购还将陆续开通华南、华北、西南保税物流中心。

网易考拉海购初步在美国、中国香港建成两大国际物流仓储中心，并将开通韩国、日本、澳大利亚、欧洲等国家和地区的国际物流仓储中心。

虽说没有自建物流，但在物流的选择上，网易考拉海购把物流配送交给了中外运、顺丰等合作伙伴，还采用了更好的定制包装箱，让用户享受"相对"标准化的物流服务。网易考拉海购已建立一套完善的标准，通过与中外运合作整合海外货源、国际运输、海关国检、保税园区、国内派送等多个环节，打通整条产业链。

作为"杭州跨境电商综试区首批试点企业"，网易考拉海购在经营模式、营销方式、诚信自律等方面取得了不少建树，获得由中国质量认证中心认证的"B2C 商品类电子商务交易服务认证证书"，认证级别四颗星，是国内首家获此认证的跨境电商，也是目前国内首家获得最高级别认证的跨境电商平台之一。

作为一家媒体驱动型电商，网易考拉海购是网易集团投入大量优质资源打造的战略级产品，良好解决了商家和消费者之间信息不对等的现状，并凭借自营模式、定价优势、全球布点、仓储、海外物流、资金和保姆式服务七大优势，仅一年就跻身跨境电商第一梯队，并成为增长速度最快的电商企业之一。

10.4.3 全球速卖通

越来越多的公司和个人通过互联网，突破传统外贸销售模式所受到的制约，将产品直接销售给全球消费者。这一商机成为对外贸易的新锐力量，也推动跨境电子商务零售出口成为新的外贸增长点。而全球速卖通就是承接了这一商机，让更多的中国制造货通全球。

全球速卖通(英文名:AliExpress)，于 2009 年推出，正式上线于 2010 年 4 月，是阿里巴巴旗下唯一面向全球市场打造的在线交易平台，被广大卖家称为“国际版淘宝”，目前已成为全球最大的跨境交易平台之一，国内跨境零售电商四大平台之一，现有买家超过 1 亿，覆盖全球 220 个国家。尤其是在俄罗斯、西班牙、巴西等国家，颇有成效。全球速卖通面向海外买家，通过支付宝国际账户进行担保交易，并使用国际快递发货，是全球第三大英文在线购物网站，如图 10－5 所示。

图 10－5　全球速卖通主页

全球速卖通(AliExpress)是阿里巴巴帮助中小企业接触终端批发零售商，小批量多批次快速销售，拓展利润空间而全力打造的融合订单、支付、物流于一体的外贸在线交易平台，通过互联网的方式缩短优化外贸产业供应链，帮助中国商家获得更高的利润。全球速卖通覆盖 3C、服装、家居、饰品等共 30 个一级行业类目，其中优势行业主要有服装服饰、手机通信、鞋包、美容健康、珠宝手表、消费电子、电脑网络、家居、汽车摩托车配件、灯具等等。

纵观全球速卖通的发展历程，其实它和淘宝、天猫走过的路是非常相似的。

第一阶段：从零门槛发展，靠广大人民群众的力量疯狂上品，丰富产品池，平台同步，强势攻占海外市场。

2009 年 9 月，全球速卖通上线，交纳 19 800 元年费先成为中国供应商即可免费使用，单笔交易收取佣金，主攻美国市场。

2010 年 3 月，全面开放，所有用户免费注册运营，单笔收取交易总额 5％左右的佣金。

2012 年 9 月，速卖通开通淘代销，速卖通卖家后台和淘宝卖家后台打通，引入海量商品。减少美国市场投入，重点发力俄罗斯、巴西市场。

第二阶段：逐步抑制疯狂铺品，重视物流、系统、规则等服务体系优化。

2013 年 3 月，速卖通陆续关闭淘代销工具，淘代销商品数量限制从 5 000 个调整到 500 个，鼓励精细化运营。

2014 年 8 月，个别类目逐步出台 3 万～5 万不等的年费政策，部分行业类目实行了招商准入。

2015 年底，2016 年新规出台，类目梳理并且全面引入 3 万～10 万不等年费制度。加强对于商家服务指标考核，增加考核不达标关店机制。

第三阶段：逐步提高门槛，在洗牌的过程中朝品牌化、品质化的方向不断推进。

2016 年底，2017 年新规出台，启动全行业商标化，清理个人账户，新用户注册只接受企业身份。

2017 年，个别类目商家清理，引入品牌封闭管理机制。

截止到目前，全球速卖通整个平台覆盖全球 230 个国家和地区，排名前五的国家，占了 60%～70%的交易量。目前拥有 18 个语种的站点，英文站以及 17 个小语种的站点，在 Alexa 全球排名 41 位，海外成交买家数突破 1 亿。创始人马云给阿里巴巴集团一个宏大的目标，2036 年服务全球 20 亿消费者，海外速卖通首先实现 1 亿个买家的小目标，前途任重道远。

10.4.4　亚马逊

2004 年，亚马逊并购卓越进军中国，2012 年亚马逊中国创始总裁王汉华离职，冯思哲代为负责中国业务，直到 2014 年，亚马逊中国举办十周年庆典，并宣布任命葛道远(Doug Gurr)为新任总裁。按理说，亚马逊这样的跨国企业深谙本土化之道，理应聘任华人负责中国业务，为什么这次任命外国人呢？答案或许跟亚马逊中国战略的重新定位相关：一个购买高品质国际正品的最佳购物平台。用葛道远自己的话来说就是：让 Z. cn 成为中国消费者挑选国际正品、海淘世界的最佳电商平台。即，亚马逊中国需要一位国际化总裁来发展跨境电商业务。

在这样的背景下，亚马逊海外购业务成为亚马逊中国的战略重心。2014 年 10 月 29 日，亚马逊中国宣布，即日起开通海外六大站点直邮中国的服务，消费者可享受到来自亚马逊美国、德国、西班牙、法国、英国和意大利在内的共计 8 000 多万种国际选品。在“11. 11”之前，亚马逊中国“海外购”服务也将开始试运营，全面拉开“海淘”攻势，开启国际品牌战略，如图10－6所示。

图 10－6　亚马逊海外购主页

从架构来看，亚马逊海外购包括“海外购·直采”“海外购·直邮”“海外购·闪购”三块。其中“海外购·直采”指亚马逊直接从商品的原产地采购，并通过一般贸易的方式入境销售，本质上并不属于跨境电商业务；“海外购·直邮”“海外购·闪购”则分别属于跨境电商的直邮模式和保税模式。

据介绍，此次开通直邮中国的六大亚马逊海外站点，汇聚了 8 000 多万种能够直邮到中国的国际选品，包括来自美国亚马逊的 2 500 万种选品、德国亚马逊的 1 200 万种选品、西班牙亚马逊的 1 200 万种选品、法国亚马逊的 1 000 万种选品、英国亚马逊的 1 000 万种选品，以及来自意大利的 800 多万种选品。开通直邮的品类都是各个站点最具本地特色以及备受中国消费者喜爱的选品，如鞋靴、服饰、母婴、营养健康及个人护理等。

亚马逊海外直邮可以帮助消费者快速处理清关手续，并提供三种(标准、加快、特快)可选的配送服务。而亚马逊美国站点大幅调降了直邮中国的国际运费并缩短了直邮配送时间，平均运送时间缩短为 9～15 天，最快三个工作日就可以送达消费者。

此外，为了让更多的消费者能够方便地开展“海外购”，亚马逊中国在 2014 年“11.11”期间开始试运营亚马逊中国“海外购”服务。消费者登录亚马逊中国网站时，部分消费者将会有机会访问“海外购”商店，享受与美国亚马逊时时同步的价格，体验全中文本地化的购买方式和本地售后支持。除了中文界面外，对于关税和售后服务，亚马逊中国也做出调整。亚马逊中国方面表示，在消费者下单购买海外购商品时，亚马逊中国将为消费者代收进口关税，如果关税实际金额与代收金额不符，亚马逊中国将把多收的金额退还至消费者的账户，少收部分则无须消费者补交，实行“多退少不补”。另外，消费者在“亚马逊海外购”商店所选购的产品均可享受中国本地售后服务支持。

10.5 移动电子商务概述

随着 4G 网络的发展、5G 网络的到来以及免费 Wi-Fi 和智能终端的普及，移动互联网的发展势头日益强劲，人们已经不再满足于 PC 的连线上网，而更渴望随时随地地查阅新闻、收发邮件、手机购物、手机支付等，真正实现移动互联，这就促使移动电子商务的不断发展。

10.5.1 移动电子商务概念及特点

(1)移动电子商务的定义

移动电子商务(Mobile-Commerce)由电子商务(E-Commerce)的概念衍生而来，从广义上讲是指应用移动终端设备，包括手机、PDA、掌上电脑等，通过移动互联网来进行各种商务活动的新型电子商务模式；从狭义上讲，是指以手机为终端，通过移动通信网络连接互联网所进行的电子商务活动，如图 10－7 所示。

图 10－7 移动电子商务

移动电子商务将因特网、移动通信技术、短距离通信技术及其他信息处理技术完美结合，使人们可以在任何时间、任何地点进行各种商贸活动，实现随时随地、线上线下的购物与交易、在线电子支付以及各种交易活动、商务活动、金融活动和相关的综合服务活动等。有人预言，移动电子商务将决定 21 世纪新企业的风貌，也将改变生活与旧商业的地形地貌。

(2)移动电子商务的服务

互联网、移动通信技术和其他技术的完美组合缔造了移动电子商务，提供多样的服务来推动市场发展。随着移动智能终端的广泛应用，移动终端正向功能增强化、多模化、定制化、平台开放化的方向发展，移动应用服务(即移动 APP)，就是手机或无线工具的应用服务，是我们最常使用的移动电子商务的服务。目前，移动电子商务主要提供以下服务。

1)银行业务

移动电子商务使用户能随时随地在网上安全地进行个人财务管理，进一步完善因特网银行体系。用户可以使用其移动终端核查自己的账户、支付账单、进行转账以及接收付款通知等。

2)交易

移动电子商务具有即时性，因此非常适用于股票等交易应用。移动设备可用于接收实时财务新闻和信息，也可确认订单并安全地在线管理股票交易。

3)订票

通过网络预订机票、车票或入场券已经发展成为一项主要业务，其规模还在继续扩大。移动电子商务使用户能在票价优惠或航班取消时立即得到通知，也可支付票费或在旅行途中临时更改航班或车次。借助移动设备，用户可以浏览电影剪辑，阅读影评，然后订购邻近电影院的电影票。

4)购物

借助移动电子商务，用户能够通过其移动通信设备进行网上购物。即兴购物会是一大增长点，如订购鲜花、礼物、食品或快餐等。传统购物也可通过移动电子商务得到改进。例如，随着智能手机的普及，用户可以使用安装了支付宝等支付工具的移动设备，在商店或自动售货机上进行购物，让顾客体会到购物的随意与便利。

5)娱乐

移动电子商务将带来一系列娱乐服务。用户不仅可以从他们的移动设备上收听音乐，还可以订购、下载或支付特定的曲目，并且可以在网上与朋友们玩交互式游戏。

6)无线医疗

医疗产业的显著特点是每一秒钟对病人都非常关键，在这一行业十分适合于移动电子商务的开展。在紧急情况下，救护车可以作为治疗的场所，而借助无线技术，救护车可以在移动的情况下同医疗中心和病人家属建立快速、动态、实时的数据交换，这对每一秒钟都很宝贵的紧急情况来说至关重要。在无线医疗的商业模式中，病人、医生、保险公司都可以获益，也愿意为这项服务付费。这种服务是在时间紧迫的情形下，向专业医疗人员提供关键的医疗信息。由于医疗市场的空间非常巨大，并且提供这种服务的公司为社会创造了价值，同时，这项服务又非常容易扩展到全国乃至世界，相信在这整个流程中，存在着巨大的商机。

7)移动应用服务提供商(Mobile Application Service Prooider，MASP)

一些行业需要经常派遣工程师或工人到现场作业。在这些行业中，移动 MASP 将会有巨大的应用空间。MASP 结合定位服务技术、短信息服务、WAP(Wireless Application Protocol)技术，以及 CallCenter 技术，为用户提供及时的服务，提高用户的工作效率。

(3)移动电子商务的特点

1)方便

移动终端既是一个移动通信工具,又是一个移动POS机,一个移动的银行ATM机。用户可在任何时间、任何地点进行电子商务交易和办理银行业务,包括支付。

2)不受时空控制

移动电子商务是电子商务从有线通信到无线通信、从固定地点的商务形式到随时随地商务形式的延伸,其最大优势就是移动用户可随时随地地获取所需的服务、应用、信息和娱乐。用户可以在自己方便的时候,使用智能手机查找、选择及购买商品或其他服务。

3)安全

使用手机银行业务的客户可更换为大容量的SIM卡,使用银行可靠的密钥,对信息进行加密,传输过程全部使用密文,确保安全可靠。

4)开放性、包容性

移动电子商务因为接入方式无线化,使得任何人都更容易进入网络世界,网络范围也延伸得更广阔、更开放;同时,使网络虚拟功能更带有现实性,因而更具有包容性。

5)潜在用户规模大

中国互联网络信息中心(CNNIC)发布的第四十一次《中国互联网络发展状况统计报告》显示,截至2017年12月,我国网民规模达7.72亿人,普及率达到55.8%,超过全球平均水平4.1个百分点,超过亚洲平均水平9.1个百分点。其中,手机网民占97.5%。显然,从电脑和移动电话的普及程度来看,移动电话远远超过了电脑。

6)易于推广使用

移动通信所具有的灵活、便捷的特点,决定了移动电子商务更适合大众化的个人消费领域。比如:自动支付系统,包括自动售货机、停车场计时器等;半自动支付系统,包括商店的收银柜机、出租车计费器等;日常费用收缴系统,包括水、电、天然气等费用的收缴等;移动互联网接入支付系统,包括登录商家的WAP站点购物等。

7)易于技术创新

移动电子商务领域因涉及IT、无线通信、无线接入、软件等技术,并且商务方式更具多元化、复杂化,因而在此领域内很容易产生新的技术。随着即将到来的5G技术的应用和推广,这些新兴技术将转化成更好的产品或服务。移动电子商务领域将是下一个技术创新的高产地。

10.5.2 移动电子商务商业模式

网购人群与购买力的不断增加、网络安全与便利的不断升级,促进了电子商务的快速发展。移动互联网相对于传统的互联网有着明显的优势,必将促进新时期电子商务产业的蓬勃发展。作为一种新型的移动电子商务技术,其商业模式的形成为电子商务产业的发展创造了有利的条件,使产业发展的速度不断加快,竞争机制不断升级,价值链传递与转移不断完善。截至目前,移动电子商务的商业模式可以归纳为以下两种。

(1)基于价值链的移动电子商务商业模式

在整个移动电子商务中,有着众多的参与者,主要包括:产品供应商、硬件供应商、软件供应商、金融服务供应商、移动数据服务商、消费者、物流供应链服务商以及平台提供商,所有这些实体及其相关活动所组成的链式结构就形成了移动电子商务的产业价值链，如图10－8所示。

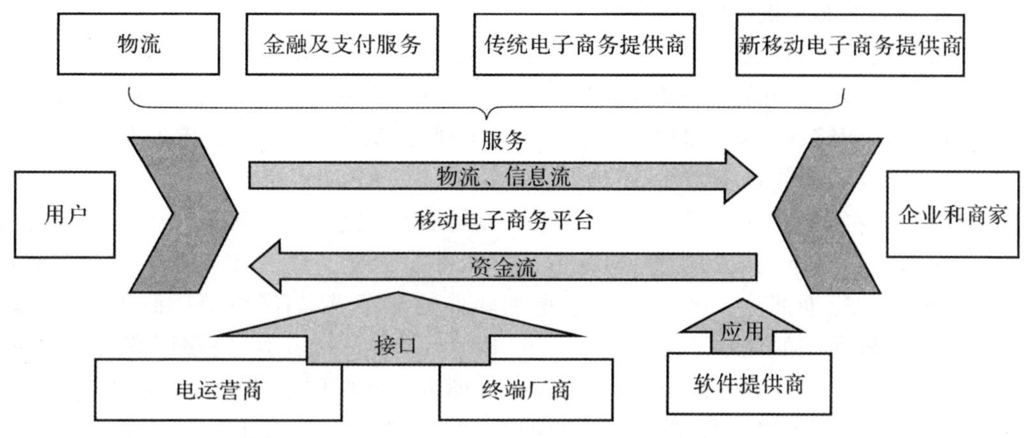

图10－8　移动电子商务产业价值链

基于移动电子商务的产业价值链，不同主体主导下的移动电子商务商业模式如下：

1)以传统电子商务企业为主导的商业模式

以传统电子商务企业为主导的商业模式的特点为“营运＋品牌”。实质是传统电子商务移动化。京东商城是传统电子商务企业的代表，通过对原有的网络页面呈现形象进行改造，推出了适合在移动智能终端浏览的移动电子商务。当前，国内越来越多的电子商务企业开始开展移动电子商务，移动电子商务仅仅是传统电子商务形式的补充。

2)以运营商为主导的商业模式

以运营商为主导的商业模式的特点为“渠道＋平台”。运营商主要指的是移动通信运营商，主要的服务是提供数据服务。移动通信运营商能够与商业的客户或者用户建立直接的联系，通过SIM卡等卡片对用户的身份进行识别，对用户的交易环节进行参与。

3)以金融机构为主导的商业模式

以金融机构为主导的商业模式的特点为“渠道＋平台”。当前，信用卡商城是金融机构参与电子商务的主要体现，通过将信用卡商城向移动平台的移植，金融机构能够开展移动电子商务。我国大多数的银行都已经开展了信用卡商城，而且随着网银的发展，手机银行的用户也不断增加。银行相对于其他组织而言具有天然的公信力，在商家的审核方面也较为严格，实现了对产品品质的保障，能够增加消费者对商家的信任感，促进在线交易实现。信用卡商城的用户具有较强的消费能力，再加上银行提供的免息分期还款服务，使银行信用卡商城更加适用于奢侈品。起步较晚的信用卡商城在客户资源、支付环境、购物渠道等方面具有其他平台不可比拟的优势。

4)以设备制造商为主导的商业模式

以设备制造商为主导的商业模式的特点为“设备＋服务”。设备制造商指的是终端设备提供商，Apple公司的App Store是该模式的代表。

5)以新兴商务平台为主导的商业模式

以新兴商务平台为主导的商业模式的特点为“专注＋创新”。随着移动电子商务的不断发展，很多专注于移动电子商务的新兴商务平台应运而生，有着针对移动电子商务的服务模式方面的创新,能够提供更加具有移动特色的服务和产品。

(2)应用商店生态系统下的商业模式

当前,智能终端市场代表性的操作系统包括 Apple 公司的 iOS 系统、Google 公司的 Android 系统、Microsoft 公司的 Windows Phone 系统三种,其中 Google 公司开发的 Android 系统属于开源项目,能够在开源项目授权的基础上实现对 Android 系统的定制化开发与发布。除了这三种代表性的操作系统之外,还包括 Symbian、BlackBerry 等。

相应的应用商店主要分为以下三种:①上层软件公司主导型,一般情况下,上层软件公司在技术、受众等方面具有先天的优势,但是由于其软件技术过于专一,有时也会成为劣势,如果发行平台的硬件与标准都是多样化的,就会增加软件的开发成本;②终端厂商主导型,这种类型的应用商店比较典型的包括 App Store、BlackBerry App World 等,终端厂商主导的应用商店在初期仅仅是作为硬件服务的附加服务,是硬件商进入互联网软件中的渠道之一;③运营商主导型,国内较有影响力的运营商主导的应用商店为中国移动的 Mobile Market,它是提供数字产品的消费专区。

移动电子商务应用商店生态系统下的商业模式主要有以下两种。

1)Apple 的 App Store 生态链

在整个 App Store 模式中,包含了手机软件产业链的整个生态系统,App Store 属于一种智能终端数字产品电子交易平台。Apple 公司是整个生态链中的核心,具有绝对的话语权。

网络运营、智能终端、操作系统、应用平台、数字内容是智能手机产业链中的五个重要环节,在 Apple 的 App Store 生态链中,iPhone 是手机终端,iOS 是独有操作系统,AppDeveloper 是软件开发平台,App Store 是应用程序商店,iCloud 是数据存储平台,iTunes 是数字娱乐平台。Apple 能取得这样的成果是因为实现了品牌、设计、商业模式之间的结合。

2)Google 的 Play 市场生态链

Android 操作系统的成功代表了 Google 商业模式的成功。Google 公司的 Android 操作系统属于开源操作系统,既能够保护硬件厂商核心驱动程序,又能够促进厂商利用开源社区的开发群体,具有较高的灵活性。Android 系统通过"开发社区+应用商店"的模式实现了应用程序的可扩展性,但开源系统导致的版本问题与终端硬件配置问题,造成了 Android 系统的应用体验始终低于 Apple 的 iOS 系统。尽管如此,由于 Android 系统是 Google 公司的主推操作系统,在应用开发、支撑优化等方面都具有一定的优越性,因此仍是当前发展势头强劲的操作系统。

10.5.3 移动电子商务的实现技术

(1)无线应用协议

无线应用协议(Wireless Application Protocol,WAP),是一项全球性的网络通信协议。它使移动 Internet 有了一个通行的标准,其目标是将 Internet 的丰富信息及先进的业务引入移动电话等无线终端之中。

无线应用协议定义可通用的平台,把 Internet 上 HTML(HyperText Markup Language,超文本标记语言)的信息转换成用 WML(Wireless Markup Language,无线标记语言)描述的信息,显示在移动电话的显示屏上。WAP 只要求移动电话和 WAP 代理服务器的支持,而不要求现有的移动通信网络协议做任何的改动,因而可以广泛地应用于 GSM、CDMA、TDMA、

3/4G 等多种网络。

(2)通用分组无线业务

GPRS(General Packet Radio Service,通用无线分组业务)是移动通信由 GSM 时代向 3G 过渡时的一个重要的阶段,它是一项高速数据处理的技术,以分组的"形式"把数据传递给用户,类似于固定交换技术里的数据分组业务,原来的 GSM 业务为电路交换业务,GPRS 采用了与 GSM 同样的无线调制技术,一样的频率,同样的 TDMA 帧结构。利用现有的基站子系统(BSS)从一开始就可提供全面的 GPRS 覆盖。

GPRS 从很多方面弥补了 WAP 的不足,使 WAP 有了更大的发挥空间,具有永远在线、费用合理及高速率等优势。GPRS 的基本原理是:当有数据传送需要时,将利用分组在网络中传送数据,而非利用当前承载服务所采用的固定电路连接。

(3)移动 IP 技术

移动 IP 不是移动通信技术和因特网技术的简单叠加,也不是无线话音和无线数据的简单叠加,它是移动通信和 IP 的深层融合,也是对现有移动通信方式的深刻变革,它将真正实现话音和数据的业务融合,它的目标是将无线话音和无线数据综合到一个技术平台(IP 协议)上传输,从而实现移动计算机在互联网中的无缝漫游。

移动 IP 技术使得节点在从一条链路切换到另一条链路时无须改变其 IP 地址,也不必中断正在进行的通信。移动 IP 技术可应用于用户需要经常移动的所有领域。例如,使用具有无线上网卡的笔记本式计算机,用户可以随时随地上网,通过 IP 技术还可以与公司的专用网相连;移动 IP 扩展技术还可以使一个网络移动,即把移动节点换成移动网络。

(4)蓝牙技术

所谓蓝牙(Bluetooth)技术,实际上是一种短距离无线电技术。利用"蓝牙"技术,能够有效简化掌上电脑、笔记本电脑、手机等移动通信终端设备之间的通信,也能够成功地简化以上这些设备与因特网之间的通信,从而使这些现代通信设备与因特网之间的数据传输变得更加迅速高效,为无线通信拓宽道路。说得通俗一点,就是蓝牙技术使得现代一些轻易携带的移动通信设备和电脑设备,不必借助电缆就能联网,并且能够实现无线接入因特网,其实际应用范围还可以拓展到各种家电产品、消费电子产品和汽车等信息家电,使其组成一个巨大的无线通信网络。

"蓝牙"技术属于一种短距离、低成本的无线连接技术,是一种能够实现语音和数据无线传输的开放性方案,其传输速度最高为 1Mb/s,蓝牙收发器的一般有效通信范围为 10m,配置功率放大器可以使通信距离进一步增加,强的可以达到 100m 左右。正如爱立信蓝牙组负责人所说,设计蓝牙的最初想法是"结束线缆噩梦"。因此,目前无线通信的"蓝牙"刚刚露出一点儿芽尖,却已经引起了全球通信业和广大用户的密切关注。

在办公室、家庭和旅途中,无须在任何电子设备间布设专用线缆和连接器。通过蓝牙遥控装置可以形成一点到多点的连接,即在该装置周围组成一个"微网",网内任何蓝牙收发器都可与该装置互通信号。而且,这种连接无须复杂的软件支持。

(5)移动定位技术

移动定位是指通过特定的定位技术来获取移动手机或终端用户的位置信息(经纬度坐标),在电子地图上标出被定位对象的位置的技术或服务。定位技术有两种,一种是基于 GPS

的定位，一种是基于移动运营网基站的定位。基于GPS的定位方式是利用手机上的GPS定位模块将自己的位置信号发送到定位后台来实现移动定位的。基站定位则是利用基站对手机的测算距离来确定手机位置的。后者不需要手机具有GPS定位能力，但是精度很大程度依赖于基站的分布及覆盖范围的大小，有时误差会超过1km。前者定位精度较高。此外还有利用Wi-Fi在小范围内定位的方式。

移动定位技术的应用领域：可开展周边信息查找服务，如就近的银行、餐馆、加油站等；本地黄页服务；小范围内的天气预报；就近的交通信息发布；定向广告和基于位置的电子赠券；与动态位置相关的会员俱乐部服务；位置格斗游戏；就近交友聊天业务；公众信息服务；紧急呼叫，如110、119、120、122等。

(6)4G(第四代移动通信系统)

4G(第四代移动通信系统，即第四代移动电话行动通信标准)具有非对称的传输速度，超过2Mb/s的数据传输能力，数据率超过通用移动通信系统(Universal Mobile Telecommunications System，UMTS)，是支持高速数据率(2～20Mb/s)连接的理想模式，上网速度从2Mb/s提高到100Mb/s，具有不同速度间的自动切换能力。它包括宽带无线固定接入、宽带无线局域网、移动宽带系统和交互式广播网络。

4G的主要指标：①数据传输速度从2Mb/s提高到100Mb/s，移动速度从“步行”到“车速”上。②支持高速数据和高分辨率多媒体服务的需要。宽带局域网应能与B－ISDN和ATM兼容，实现宽带多媒体通信，形成综合宽带通信网。③对全速移动用户能够提供150Mb/s的高质量影像等多媒体业务。

4G移动通信网络结构可分为三层：物理网络层、中间环境层、应用网络层。物理网络层提供接入和路由选择功能，它们由无线和核心网的结合格式完成。中间环境层的功能有QoS映射、地址变换和完全性管理等。物理网络层与中间环境层及其应用环境之间的接口是开放的，它使发展和提供新的应用及服务变得更为容易，可提供无缝高数据率的无线服务，并运行于多个频带。

(7)Wi-Fi技术

Wi-Fi(Wireless-Fidelity，无线保真)是一种允许电子设备连接到一个无线局域网(WLAN)的技术，连接到无线局域网通常是有密码保护的，但也可以是开放的，这样就允许任何在WLAN范围内的设备都可以连接上。Wi-Fi是一个无线网络通信技术的品牌，由Wi-Fi联盟所持有。目的是改善基于IEEE802.11标准的无线网路产品之间的互通性。有人把使用IEEE802.11系列协议的局域网就称为无线保真，甚至把Wi-Fi等同于无线网际网路(Wi-Fi是WLAN的重要组成部分)。

无线网络上网可以简单地理解为无线上网，几乎所有的智能手机、平板电脑和笔记本电脑都支持Wi-Fi上网，Wi-Fi是当今使用最广的一种无线网络传输技术。实际上就是把有线网络信号转换成无线信号，使用无线路由器供支持其技术的相关电脑、手机、平板电脑等接收。手机如果有Wi-Fi功能的话，在有Wi-Fi无线信号的时候就可以不通过移动、联通的网络上网，省掉了流量费。用户可以在Wi-Fi覆盖区域内快速浏览网页，随时随地接听、拨打电话。Wi-Fi技术与蓝牙技术一样，同属于在办公室和家庭中使用的短距离无线技术。建设无线宽带城域网络能在企业、学校、图书馆、医院以及政府之间搭建一个能随时随地良性互动的环境，提供便捷、可支付、丰富的、个性化的公共服务，并为城市经济发展提供新的商业机会。

(8)RFID 射频识别技术

RFID 技术，是一种无线通信技术，可以通过无线电信号识别特定目标并读写相关数据，而无须识别系统与特定目标之间建立机械或者光学接触，其最大的特征是识别工作无须人工干预，具有可障碍识别、穿透性强、快速批量读取数据、使用寿命长、体积小、形状多样化等特点。第 6 章已介绍，这里不再赘述。

(9)云计算

云是网络、互联网的一种比喻说法。过去在图中往往用“云”来表示电信网，后来也用来表示互联网和底层基础设施的抽象。云计算(Cloud Computing)是分布式计算(Distributed Computing)、并行计算(Parallel Computing)、效用计算(Utility Computing)、网络存储(Network Storage Technologies)、虚拟化(Virtualization)、负载均衡(Load Balance)、热备份冗余(High Available)等传统计算机和网络技术发展融合的产物。

云计算是基于互联网的相关服务的增加、使用和交付模式，通常涉及通过互联网来提供动态易扩展且经常是虚拟化的资源。云计算将计算分布在大量的分布式计算机上，而非本地计算机或远程服务器中，这样企业数据中心的运行将与互联网更相似。这使得企业能够将资源切换到需要的应用上，根据需求访问计算机和存储系统。因此，云计算甚至可以让你体验每秒 10 万亿次的运算能力。用户通过电脑、笔记本、手机等方式接入数据中心，按自己的需求进行运算。好比是从古老的单台发电机模式转向了电厂集中供电模式，云计算意味着计算能力也可以作为一种商品进行流通，就像天然气、水、电一样，取用方便，费用低廉。最大的不同在于，它是通过互联网进行传输的。

(10)大数据技术

随着云时代的来临，大数据(Big Data，Mega Data)也吸引了越来越多的关注。大数据，或称巨量资料，指的是需要新的处理模式才能具有更强的决策力、洞察力和流程优化能力的海量、高增长率和多样化的信息资产。在维克托·迈尔-舍恩伯格及肯尼斯·库克耶编写的《大数据时代》中，大数据指不用随机分析法(抽样调查)这样的捷径，而采用所有数据进行分析处理。

大数据是指以多元形式自许多来源搜集而来的庞大数据组，往往具有实时性。在企业对企业销售的情况下，这些数据可能来自社交网络、电子商务网站、顾客来访记录，还有许多其他来源。这些数据并非公司顾客关系管理数据库的常态数据组。大数据技术的战略意义不在于掌握庞大的数据信息，而在于对这些含有意义的数据进行专业化处理。换言之，如果把大数据比作一种产业，那么这种产业实现盈利的关键在于提高对数据的“加工能力”，通过“加工”实现数据的“增值”。简言之，从各种各样类型的数据中，快速获得有价值信息的能力，就是大数据技术。

从技术上看，大数据与云计算的关系就像一枚硬币的正反面。大数据必然无法用单台计算机进行处理，必须采用分布式架构。它的特色在于对海量数据进行分布式挖掘，但它必须依托云计算的分布式处理、分布式数据库、云存储和/或虚拟化技术。

大数据具有 5V 特点：Volume(大量)、Velocity(高速)、Variety(多样)、Value(价值密度)、Veracity(真实性)。大数据之“大”，不仅在于其“大容量”，更在于其“大价值”，并已成为除人力、土地、财务、技术之外的另一种重要的资源。对于很多行业而言，如何利用这些大规模数据成为赢得竞争的关键。大数据的价值体现在以下几个方面：

a. 对大量消费者提供产品或服务的企业可以利用大数据进行精准营销。

b. 做小而美模式的中长尾企业可以利用大数据做服务转型。

c. 面临互联网压力之下必须转型的传统企业需要与时俱进，充分利用大数据的价值。

随着大数据的应用越来越广泛，应用行业的门槛也越来越低。我们每天都可以看到大数据的新奇的应用，从而帮助人们从中获取到真正有用的价值。以下是社会上常见的 9 个价值非常高的大数据的应用，这些都是大数据在分析应用上的关键领域。

1)理解客户、满足客户服务需求

大数据的应用目前在该领域是最广为人知的。重点是如何应用大数据更好地了解客户以及他们的爱好和行为。比如美国的著名零售商 Target 就是通过大数据分析，得到有价值的信息，精准地预测到客户在什么时候想要小孩。另外，通过大数据的应用，电信公司可以更好预测出流失的客户，沃尔玛则更加精准地预测哪个产品会大卖，汽车保险行业会了解客户的需求和驾驶水平，政府也能了解到选民的偏好。

2)业务流程优化

大数据也用于企业业务流程优化。利用社交媒体数据、网络搜索以及天气预报可以挖掘出有价值的数据，其中大数据应用最广泛的就是供应链以及配送路线的优化。

3)改善我们的生活

大数据不单单只是应用于企业和政府，同样也适用于生活当中的每个人。比如，可以利用大数据分析来寻找属于我们的爱情，大多数时候交友网站就是用大数据应用工具来帮助需要的人匹配合适的对象。

4)提高医疗和研发

大数据分析的计算能力可以让我们能够在几分钟内就解码整个脱氧核糖核酸(DNA)，让我们可以制定出最新的治疗方案，同时可以更好地去理解和预测疾病。就好像人们戴上智能手表等产生的数据一样，大数据同样可以帮助病人对于病情进行更好的治疗。大数据技术目前已经在医院应用于监视早产婴儿和患病婴儿的情况，通过记录和分析婴儿的心跳，医生针对婴儿的身体可能会出现的不适症状做出预测。这样可以帮助医生更好地救助婴儿。

5)提高体育成绩

现在很多运动员在训练的时候应用大数据分析技术。比如用于网球比赛的 IBM SlamTracker 工具，我们使用视频分析来追踪足球或棒球比赛中每个球员的表现，而运动器材中的传感器技术(例如篮球或高尔夫俱乐部)让我们可以获得比赛的数据以及改进方案。很多精英运动队还追踪比赛环境外运动员的活动，通过使用智能技术来追踪其营养状况、睡眠情况，通过记录社交对话来监控其情感状况。

6)优化机器和设备性能

大数据分析还可以让机器和设备在应用上更加智能化和自主化。例如，大数据工具曾经被谷歌公司用来研发谷歌自驾汽车。丰田的普瑞就配有相机、GPS 以及传感器，在交通上能够安全地驾驶，不需要人类的干预。大数据工具还可以应用优化智能电话。

7)改善安全和执法

大数据现在已经广泛应用到安全执法的过程当中。想必大家都知道美国安全局利用大数据进行恐怖主义打击,甚至监控人们的日常生活。而企业则应用大数据技术进行防御网络攻击。警察应用大数据工具捉捕罪犯,信用卡公司应用大数据工具来拦截欺诈性交易。

8)改善城市环境

大数据还被应用于改善我们日常生活的城市。例如基于城市的实时交通信息、利用社交网络和天气数据来优化最新的交通情况。目前很多城市都在进行大数据的分析和试点。

9)金融交易

大数据在金融行业主要应用于金融交易。高频交易(HFT)是大数据应用比较多的领域。其中大数据算法应用于交易决定。现在很多股权交易都是利用大数据算法进行的,这些算法现在越来越多地考虑了社交媒体和网站新闻,以此来决定在未来几秒内是买进还是卖出。

以上是大数据应用最多的九个领域,当然随着大数据的应用越来越普及,还有很多新的大数据的应用领域,以及新的大数据应用。

10.6　中国移动电子商务发展现状及趋势

10.6.1　移动电子商务发展现状

中国互联网络信息中心(CNNIC)发布的第四十一次《中国互联网络发展状况统计报告》显示,截至 2017 年 12 月底,我国网民规模达 7.72 亿人,普及率达到 55.8%,超过全球平均水平 4.1 个百分点,超过亚洲平均水平 9.1 个百分点。其中,手机网民规模达 7.53 亿人,网民中使用手机上网人群的占比由 2016 年的 95.1%提升至 97.5%。与此同时,台式电脑、笔记本电脑、平板电脑的使用率均出现下降,手机不断挤占其他个人上网设备的使用。以手机为中心的智能设备,成为“万物互联”的基础,车联网、智能家电促进“住行”体验升级,构筑个性化、智能化应用场景。移动互联网服务场景不断丰富、移动终端规模加速提升、移动数据量持续扩大,为移动互联网产业创造更多价值挖掘空间。

2018 年 5 月 8 日,全球领先的新经济行业数据挖掘和分析机构艾媒咨询(iiMedia Research)权威发布《2017—2018 中国移动电商行业研究报告》。数据显示,2017 年移动电商用户规模达 4.73 亿人,增长 13.2%,2018 年预计能增长至 5.12 亿人,其中,83.8%的受访中国移动电商用户明确使用线上支付的方式进行付款,其中 56.7%使用第三方平台,22.6%使用银行卡。从年龄上看,使用移动电商购物的年轻用户较多。使用淘宝的用户更加呈现年轻化特点,年龄在 30 岁以下用户的占比为 73.4%;使用天猫的用户年龄整体偏大,41 岁以上用户占比 18.8%。另外,数据还显示,2017 年网络零售市场交易额达 65 500 亿元,移动端交易额达 46 370 亿元,占比为 70.8%。

艾媒咨询分析师认为,随着电子商务逐步成熟,新零售、拼购电商概念的提出,农村网民规模的增大,移动电子商务市场仍存在较大的发展空间。

移动电子商务的深入开发和成熟应用早已成为可能,大大增强了用户的体验效果。就现状来看,移动电子商务主要有五大因素推动其发展:移动电商的技术日趋完善;手机应用程序的下载不断增加;合理的移动电商产业链分布;不断提升的高性能智能终端;国家政策积极推进"互联网+"。

10.6.2 移动电子商务的未来发展

科技的发展必将带来各行各业的变革,在移动电子商务领域,已经有一些技术相对成熟并正发挥着重要的作用。例如物联网帮助供应链结构转型,并利用实时数据和智能算法优化物流网络;人工智能基于数据做精准营销,自动问答节省人工成本; VR、AR 设备带来移动电子商务购物体验新变革等。高科技领域正迅速发展,只不过人工智能、虚拟现实目前发展仍不成熟,未能实现大规模普及。移动电子商务深入人们的日常生活,未来它在各个方面的发展将更加契合人们的生活。移动电商的未来发展趋势主要体现在以下几个方面。

(1)移动化

随着移动互联网与智能终端设备的普及,越来越多的消费者在购物时选择了移动电商。移动电商的本质是电商的移动化,从电脑端转移到移动端,消费者与互联网连接的方式已经发生了根本性的改变,移动互联网逐渐渗透至各行各业,如医疗、餐饮、美妆、住宿等。

(2)O2O 化

O2O 在未来几年都是移动互联网电子商务的主流发展方向。中国网络的发展从工业时代直接进入了互联网时代,互联网的浪潮还未平息,如今又进入了移动互联网时代。因此,移动互联网时代和工业时代的碰撞产生了中国特色的移动 O2O 电子商务模式。在传统的商业经营理念中,用服务和产品吸引顾客,才是商业的本质目的。理论只能在一定程度上促进商业的发展,而商业本质一定是尽心做好产品和服务。因为消费者需要的是优质的产品和良好的服务体验,这是永远不会变的。

例如,快递巨头顺丰速运,它与电商有着密切的关系,最后它选择了以"快速配送+社区实体店+网购预售"的形式布局 O2O。从发展规划看,顺丰速运还将继续扩大在全国的布点,以完成"最后一公里"的客户与市场的把握。

(3)社交化

如今,在移动互联网上导入社交元素,并将社交场景和用户进行连接,已经成为移动电商向社交化发展的趋势。

随着移动互联网、社交网络的到来,电话、短信等传统的联络方式已经逐渐落寞,商家和消费者之间的沟通方式变得多种多样,手机 QQ、微信、Facebook、微博、Twitter 等被用来维持彼此的互动关系。在移动社交媒体上,消费者能随时享受商家提供的服务,而商家也能随时了解消费者的需求,这样的联络方式使得商家与消费者之间的联系变得更加紧密。

(4)个性化

移动电商出现的初期,许多传统企业认为做一个 App 就是移动电商,其实这种认识是非常片面的,App 只不过是一种传播工具。现在越来越多的传统行业开始尝试涉足移动电商,进行移动互联网转型,这个现象值得人们思考。在探索的道路上,人们发现每个行业因行业性质的不同出现了行业化的移动电商发展特点。在移动互联网转型的过程中,企业也将通过行业化突出产品和服务的个性化,契合其目标客户的需求。

定制化服务是一对一的模式,它带给消费者的是个性的感受,追求的最终结果是没有两个人能够得到完全相同的体验。这是一种量身打造、有需有供的活动，它不会出现生产过剩，也不会出现需求抱怨，进而保证经济运行的平衡与稳定。

(5)智能化

从表皮或思维上的感觉到反映到大脑神经产生记忆再到做出反应的这一指令思维过程被称为“智慧”。智慧的结果产生了行为和语言，将行为和语言的表达过程称为“能力”，两者合称“智能”。“智能化”是由现代通信与信息技术、计算机网络技术、行业技术、智能控制技术汇集而成的针对某一个方面的应用。

移动时代要求高度的信息化，中国的信息化和智能化从出现到建设的时间过于短暂，由于建设起步较晚，政府和电商企业、物流企业、IT 厂商等都要从多方面进行相互配合，协同作战。只有把握好契机，才能将中国的移动电商系统驶入赶超世界先进水平的“快车道”。

(6)体验化

实体门店在过去与现在的意义不一样了，过去的实体门店是商品流动的一个平台，而现在的实体门店更多是消费者体验服务和实现与商家沟通交流的平台。由此可见，在移动电商时代，将碎片化的时间随时随地地用于上网已成为用户体验最直接的要求，体验化将是移动电商发展的又一重要趋势。

很多拥有实体门店天然优势的传统企业，已经意识到体验化优势带来的好处。例如，苏宁云店被称为“可以玩上一天的生活驿站”，将体验化做到极致。苏宁云店采用全新的“所见即商品”的全新情景化布展模式，这意味着消费者在现场看到的产品都能够通过手机扫码进行购买。

移动互联网的发展只是为电商提供了一种新的传播途径，但内容永远是传播的王道，只要把握好内容就可以在任何媒体时代纵横驰骋。体验化的核心不是媒体的传播，而是品牌内容的互动。

例如，源自瑞典的牛仔品牌 Dopure 首先在天猫开了一家旗舰店，由于产品价位较高，所以在运营初期并没有多少顾客。但是 Dopure 利用体验式营销在全国开展了试穿活动，通过赠送，用户很快就体验到了 Dopure 的品质。经过这样的活动，Dopure 赢得了非常好的口碑，成为为数不多的在天猫快速成长的牛仔品牌之一。

因此，移动电商不但要很好地完成“提示消费”的任务，更重要的任务是为消费者制造极佳的可参与的体验化环境，让消费者与品牌深度接触，让消费者愿意分享自己亲身参与品牌的精彩体验。

本章小结

跨境电子商务构建的开放、多维、立体的多边经贸合作模式，极大地拓宽了进入国际市场的路径，大大促进了多边资源的优化配置与企业间的互利共赢。移动电子商务作为一种新型的电子商务方式，利用了移动无线网络的优点，是对传统电子商务的有益的补充。本章重点介绍了跨境电子商务的概念和特点，阐述了跨境电子商务的发展现状以及未来趋势，分析了跨境电子商务得以发展的支持政策，并介绍了几个主要的跨境电子商务平台。最后，又阐述了何为移动电子商务、移动电子商务的发展现状和趋势，重点分析了发展移动电子商务用到的技术。

课后习题

1.什么是跨境电子商务,它有什么特点?

2.目前,国内跨境电子商务的模式有哪些?试举例说明。

3.结合国内跨境电子商务的发展现状,预测一下跨境电子商务的未来。

4.中国跨境电子商务发展过程中存在哪些问题?

5.什么是移动电子商务?移动电子商务主要提供的服务有哪些?

6.相比较传统电子商务,移动电子商务有什么特点?

7.移动电子商务的商业模式有哪些?

8.实现移动电子商务的技术主要有哪些?

9.举例说明移动电子商务在哪些方面改变了人们的工作和学习。

10.你认为未来移动电子商务发展的特点是什么?

实际操作训练

1.登录阿里巴巴速卖通网站,了解其结构和功能,掌握平台规则,能准确选择产品类目,并合理拟定产品英文标题和选定关键词,有条件的同学可以注册速卖通网店并激活国际支付宝。

2.登录网易考拉或其他跨境电子商务平台,在平台上购买一件生活日用品,了解跨境电子商务的交易流程,并详细记录,写一份500字左右的报告。

参考文献

[1] 李洪心,王东.电子商务网站建设[M].北京:电子工业出版社,2010.

[2] 李洪心,刘继山.电子商务网站建设[M].北京:机械工业出版社,2008.

[3] 王耀,王爱赪.中小企业网站建设与管理[M].北京:清华大学出版社,2016.

[4] 臧良运,崔连和.电子商务网站建设[M].北京:北京大学出版社,2009.

[5] 李洪心,刘继山.电子商务网站建设[M].北京:机械工业出版社,2013.

[6] 林小芳,吴怡,张英娥.电子商务网站开发与设计[M].北京:清华大学出版社,2009.

[7] 宋文官.电子商务概论[M].3版.北京:清华大学出版社,2012.

[8] 杨坚争,杨立钒.电子商务基础与应用[M].8版.西安:西安电子科技大学出版社,2012.

[9] 覃健诚,白中英.网络安全基础[M].北京:科学出版社,2011.

[10] 张仕斌,陈麟,方睿.网络安全基础教程[M].北京:人民邮电出版社,2009.

[11] 张润彤.电子商务[M].北京:科学出版社,2009.

[12] 张宽海.电子商务概论[M].北京:电子工业出版社,2009.

[13] 肖德琴.电子商务安全保密技术与应用[M].广州:华南理工大学出版社,2008.

[14] 商玮,段建.网络营销[M].2版.北京:清华大学出版社,2015.

[15] 李逸平.网络营销[M].北京:机械工业出版社,2016.

[16] 秦勇,陈爽.网络营销:理论、工具与方法[M].北京:人民邮电出版社,2017.

[17] 李洪心.电子支付与结算[M].2版.北京:电子工业出版社出版,2015.

[18] 柯新生.网络支付与结算[M].3版.北京:电子工业出版社出版,2016.

[19] 韩琳琳,张剑.跨境电子商务实务[M].上海:上海交通大学出版社,2017.

[20] 吴喜龄,袁持平.跨境电子商务实务[M].北京:清华大学出版社,2018.

[21] 吴健.电子商务物流管理[M].北京:清华大学出版社,2013.

[22] 李军.大数据:从海量到精准[M].北京:清华大学出版社,2016.